上海市学校心理咨询考试用书

学校心理咨询
专业理论与技术

XUEXIAO XINLIZIXUN ZHUANYELILUNYUJISHU

陈福国◎主编

 华东师范大学出版社
·上海·

图书在版编目(CIP)数据

学校心理咨询专业理论与技术/陈福国主编. —上海:
华东师范大学出版社,2017
上海市学校心理咨询考试用书
ISBN 978 - 7 - 5675 - 6227 - 1

Ⅰ.①学… Ⅱ.①陈… Ⅲ.①教育心理学-心理咨
询 Ⅳ.①G448

中国版本图书馆 CIP 数据核字(2017)第 071086 号

学校心理咨询专业理论与技术

主 编 陈福国
策划组稿 翁春敏
项目编辑 师 文
审读编辑 师 文
责任校对 邱红穗
装帧设计 俞 越

出版发行 华东师范大学出版社
社 址 上海市中山北路 3663 号 邮编 200062
网 址 www.ecnupress.com.cn
电 话 021 - 60821666 行政传真 021 - 62572105
客服电话 021 - 62865537 门市(邮购)电话 021 - 62869887
地 址 上海市中山北路 3663 号华东师范大学校内先锋路口
网 店 http://hdsdcbs.tmall.com

印 刷 者 苏州工业园区美柯乐制版印务有限责任公司
开 本 787毫米 × 1092毫米 1/16
印 张 21.25
字 数 493 千字
版 次 2017 年 9 月第 1 版
印 次 2023 年 8 月第 6 次
书 号 ISBN 978 - 7 - 5675 - 6227 - 1/G · 10190
定 价 55.00 元

出版人 王 焰

前　言

心理健康是青少年健康成长与发展的重要主题,学校承担了青少年成长教育的主要责任,因此,学生心理健康教育与辅导是学校开展全面素质教育的不可或缺的重要内容。随着经济科技的迅猛发展、社会的转型,青少年在学习、生活、人际交往、自我意识等方面的压力日益凸显,这些都给学生德、智、体、美、劳等方面的发展带来了严峻的挑战。在这种情形下,加强学生心理健康教育不仅是社会和时代发展的需要,也是促进学生健康成长与终身发展的关键之处。

2022年10月,习近平总书记在二十大报告中指出,推进健康中国建设要重视心理健康和精神卫生。2023年5月,为认真贯彻党的二十大精神,教育部等十七部门联合印发了《全面加强和改进新时代学生心理健康工作专项行动计划(2023—2025年)》,强调五育并举促进心理健康,加强心理健康教育,规范心理健康监测,完善心理预警干预,建强心理人才队伍,支持心理健康科研,优化社会心理服务,营造健康成长环境。

加强学生心理健康教育与辅导,要从相关的专业队伍建设着手,做好基础心理健康教育的普及,提高社会民众对青少年心理健康的认识。因此,专业队伍建设是扎实推进学生心理健康教育事业的基础保障条件与前提。2012年,教育部修订印发了《中小学心理健康教育指导纲要(2012年修订)》,指出要加强心理健康教育师资队伍建设,建立一支科学化、专业化稳定的中小学心理健康教育教师队伍。2020年4月,国家卫生健康委办公厅联合八个部门发布了《关于印发全国社会心理服务体系建设试点2020年重点工作任务及增设试点的通知》,提出培育心理健康服务人才和人才信息库。2021年7月,教育部办公厅发布《关于加强学生心理健康管理工作的通知》,要求配齐建强骨干队伍,加大对辅导员、研究生导师、中小学班主任及各学科教师心理健康教育的培训力度。

上海市长期以来高度重视学生的心理健康教育,把心理健康教育工作作为学校德育工作的重要内容纳入到了教育工作的整体规划当中。在市教委德育处的指导下,通过心理健康教育大中小学(含中职校)一体化的系统构建,不断完善体制机制,健全工作网络,加强队伍建设,扩大心理健康教育工作的覆盖面,提升心理健康教育工作的专业水平,建立了高校"心理健康教育示范中心和达标中心"、"区县中小学生心理辅导示范中心和达标中心"、"中小学心理健康教育达标校和示范校"工作体系及"生命教育"、"生涯规划教育"等一系列初具影响力的心理健康教育品牌特色,积极针对不同学段学生的身心发展规律与特点,开展重点围绕预防性和发展性的心理健康教育工作,在促进学生身心健康发展、培养学生健全人格、建设和谐校园等方面发挥了重要的、不可替代的作用。

在以上海市学校心理健康教育教师培训领导小组和上海市学校心理健康教育专家委员会为核心的组织架构下,在上海市教委德育处的直接领导下,学校心理健康教育与咨询专业培训在上海市各大中小学(含中职校)大力推进。学校心理健康教育教师培训采用集中授课与实践实习相结合的形式,根据《上海市学校心理咨询专业技术水平认证考试标准》,将主要培训与认证内容分为《学校心理咨询基础理论》、《学校心理咨询专业理论与技术》、《学校心理咨询实务》等三个模块,并组织专家编写了配套的三本教材作为培训考试用书。自2005年启动上海市学校心理咨询专业技术水平认证与心理健康教育教师培训工作(以下简称"学校心理咨询师认证与教师培训工作")以来,至今已有18年,为全市各级各类学校的心理健康教育事业发展和各级各类学校学生的心理健康成长培养了一支素质过硬的心理健康教育与咨询专业队伍,取得了较为明显的成效。

为适应时代发展的新要求,在深化改革、转变政府职能的总体发展趋势下,上海市学校心理咨询专业人员任职资格、教育培训与继续教育工作被确定为由上海市教育人才交流协会、上海高校心理咨询协会、上海市中小学心理辅导协会和上海学生心理健康教育发展中心共同组织实施。本次教材的重新编写汇集了上海市学校心理健康教育与咨询的专家资源,在对原有的三本教材进行了深入评价、研究的基础上,对它们做了较大幅度的调整改进。新出版的《学校心理咨询基础理论》、《学校心理咨询专业理论与技术》以及《学校心理咨询技术与实务》三本书将作为上海市学校心理咨询考试用书,其内容涵盖了普通心理学、发展心理学、社会心理学等与学校心理咨询密切相关的心理学学科领域的基础知识;心理测量与评估、异常心理学、心理咨询的理论与技术、心理咨询专业伦理以及学校心理健康教育等有关心理咨询专业的理论与技术;还有面谈沟通技术、个案处理技术、学校心理咨询的半结构化流程与效果评估以及尤其适用于学校心理健康教育和咨询专业实践的诸如完形治疗、沟通分析理论、心理剧和表达性艺术治疗、家庭治疗等专业实务指导。**相关考试大纲考生可登录网址 www. ehrea. cn 下载。**

期待我们的努力能为学生心理健康发展和学生心理健康教育事业的进步发挥重要的推动作用。在此感谢上海市教委德育处、上海市教育人才交流协会和上海学生心理健康教育发展中心为本套教材的撰写、出版提供的帮助和大力支持。

编者

2023 年 8 月

目　　录

第一章　心理咨询概述

一、关于心理咨询的常见误解

提到心理咨询(psychological counseling)，许多人脑海里立即会出现这样一幅场景：在静谧、安全的室内一角，一个善解人意、侃侃而谈的智者模样的人在给一个忧郁、困惑的人进行安慰，为他提供信息、同情、支持、建议、忠告等帮助，以使其走出阴影、解除疑惑、重拾快乐。不错，心理咨询确实是一个帮助求助者的过程，但人们对它的助人机制和方式、助人目标等诸多方面存在许多似是而非的见解。要真正理解心理咨询的内涵和实质，就有必要先对这些误解予以澄清。

误解一：心理咨询就是信息提供过程。

咨询一词，就中文字面来理解，确实有提供信息、析疑解惑、给以忠告建议的意思。现代社会的许多行业和领域都使用咨询一词，如管理咨询、法律咨询、行政咨询、政策咨询、留学咨询等等，但心理咨询与它们的重要区别在于信息的提供远不是心理咨询的主要内容，心理咨询更加强调通过构建心理咨询师和来访者之间的建设性关系和情感来解决问题。

误解二：心理咨询就是替人解决问题。

不错，来访者往往都是因为被问题困住多时、束手无策才前来向心理咨询师寻求帮助。帮助来访者解决问题应是心理咨询的关键。但是不是来访者就可以如此被动，坐等心理咨询师——给出解决问题的良方，或是干脆就等咨询师解决问题呢？不是。事实上，心理咨询特别强调来访者的自助意愿和努力，也肯定来访者有足够的自助资源和潜能，而心理咨询师只不过充当了助产士的角色，不能替代来访者的"生产"过程。

误解三：心理咨询就是安慰、同情来访者，给来访者提供建议和忠告的过程。

日常生活中，我们对面临困境的亲朋好友经常予以安慰、同情，进而提出忠告，在这当中也取得过不错的助人效果。但在心理咨询师看来，他们往往置助人者和被助者于不平等地位，不够尊重被助者，忽视了求助者的意愿和需要，有违心理咨询的宗旨和原则。

误解四：心理咨询就是说教。

心理咨询师往往有一定的专业、学历背景，受过专业的训练，这很容易让来访者期望找到他们人生的导师，认为他们负有为来访者规划人生、指点迷津的职责，有些心理咨询师也自觉或不自觉地以此为荣、以此为责。但是说教会置来访者于无知和无能的地位，其结果在彰显心理咨询师的优越感的同时会损伤来访者的自尊。此外，说教往往抽取的是片面的人生哲理或解决问题之道，并不必然符合求助者的具体需要和情境，也并不必然给来访者带来行为改变和行动实施。

误解五：心理咨询就是逻辑分析。

为避免心理咨询师由于过分的情感投入而不能自拔,有人认为心理咨询师应该"超然事外",保持自己的客观立场,就事论事,以自己的专业知识和丰富经验对来访者的问题进行条分缕析,并顺理成章地提出建议。诚然,心理咨询师需要对来访者的困境及问题作准确而客观的心理评估,并提出相应的对策建议。但如果没有彼此信任的咨访关系,咨询师忽视或不能激活来访者的意愿、感受、动力,那么咨询恐怕会过早结束,咨询建议或流于空谈,或被来访者置之高阁。

二、心理咨询的定义及特征

澄清了对心理咨询的常见误解,我们便以为可以对心理咨询轻易地下一个定义了。然而,问题并不是这么简单。也许是心理咨询的内涵太丰富了,国内外许多学者从不同角度给出了不同的定义,以致"没有哪一种已知定义得到专业工作者的公认,也没有哪一种定义能简洁、明了地反映出咨询与治疗工作的丰富内涵"[①]。以下列举了不同学者给心理咨询下的定义:

"(心理咨询是)通过与个体继续的、直接的接触,向其提供心理援助并力图其行为、态度改变的过程。"(C. Rogers,1942)

"(心理)咨询乃是通过人际关系而达到的一种帮助过程、教育过程和增长过程。"(D. R. Riesman,1963)

"咨询是一种人际关系,在这种关系中咨询人员提供一定的心理气氛或条件,使对象发生变化,作出选择,解决自己的问题,并且形成一个有责任感的独立个性,从而成为更好的人和更好的社会成员。"(C. Patterson,1967)

"咨询是通过人际关系,运用心理学方法,帮助来访者自强自立的过程。"(钱铭怡,1994)

"心理咨询是运用有关心理科学的理论和方法,通过解除咨询对象的心理问题,来维护和增进心理健康,促进个性发展和潜能开发的过程。"(马建青,1996)

国际心理学联合会推出的《心理学百科全书》对心理咨询是这样界定的,心理咨询始终是遵循着教育的,而不是临床的、治疗的或医学的模式,咨询对象不是病人,而是被认为是在应付生活中的压力和任务方面需要帮助的正常人。心理咨询师的任务就是教会他们模仿某些策略和新行为,从而能最大程度地发挥自己已有的潜能,或形成更为适当的应变能力。

以上可见,心理咨询是一种构建心理咨询师和来访者之间人际关系的过程,是一个助人自助的过程,是一个运用心理学有关理论和方法以促使来访者的心理和行为有所改变的过程。从心理咨询的工作对象、工作人员、工作手段、工作目标和工作过程的角度,我们可以尽可能准确地理解和把握心理咨询的性质。

首先,心理咨询的工作对象是来访者的心理问题,如焦虑、紧张等情绪障碍,强迫、成瘾等行为障碍,偏执、反社会等人格障碍,抱住认知偏差不放等认知障碍等。尽管来访者所带

---

① 钱铭怡:《心理咨询与心理治疗》,北京大学出版社1994年版,第1页。

来的问题往往并非纯粹的心理问题,它们经常与现实生活事件直接相连,可能涉及法律、政治、经济、思想和道德等很多方面,但心理咨询师主要关注和处理的是来访者心理层面的问题,或者说是帮助来访者进行心理调整和心理适应。

其次,心理咨询的工作人员是受过心理咨询专门训练的专业人员。尽管亲朋好友的安慰支持可以暖心,让人去除困惑与烦恼,但不能说他们提供的是心理咨询服务。因为助人者没有受过心理学,严格地说没有受过心理咨询的专业训练。成熟的心理咨询业对从业人员的专业培训及资格作出了严格的规定,并借此将心理咨询工作纳入专业轨道与专业考量,由此也赢得了求助者的信赖、增强了求助者的主动性和合作性。

第三,心理咨询的工作手段是运用心理学原理和技术来减轻或解决来访者的心理问题。尽管有时运用行政、政治、法律、经济等手段也可能使来访者的心理问题得以减轻或暂时解决,但心病还要心药治,心理咨询师必须运用心理学的许多原理,采取一定的咨询策略,使用合适的心理学技术与方法,以帮助来访者恰当地认识自己和现实情境,恰当评估自己行为的意义和有效性,作出有效抉择,最终达到自助的目标。

第四,心理咨询的根本目标在于来访者的自助。心理咨询需要帮助求助者,但帮助本身不是目的,通过咨询师的帮助使来访者获得心理成长,使其即使在以后碰到类似问题时也能够自主抉择,这才是咨询的根本目标。举例来说,一个女大学生前来咨询,她的问题是男友对她似乎不是很在意,她不知道是不是要与他分手,为此特意征求心理咨询师的意见。对此,咨询师不能简单地给她出主意,此时她和男友分不分手的建议都不能帮助她摆脱迷茫与困惑,而且任何建议都无助于她的心理成长,反而可能增加她的依赖性。比较正确的做法是接纳她此时此刻的情绪感受,帮助她分析其恋爱动机和择友要求,掂量男女双方在对方心中的分量和价值,最后由来访者理智地作出选择。因此,有人将咨询简要地归纳为助人自助的过程,确实是有道理的。

第五,心理咨询是一个助人的过程。作为一个助人过程,心理咨询师通常要经过建立良好的人际关系,通过会谈或心理测验评估来访者心理问题,与来访者商定咨询目标,选择合适的干预策略和技术、实施干预,最后评估咨询效果结束咨询等阶段。鉴于每一次咨询都受到时间的限制(一次咨询通常是 50 分钟到 1 个小时),以使求助者在咨询间隙可以将咨询结果运用于工作、学习和社会实践,因此心理咨询极少能在短时间里一次性解决问题,即使来访者的问题很简单。通常一个常规个案少则需要 2～3 次,多则需要 10 余次的咨询历程。

三、心理咨询与心理治疗、心理辅导的关系

（一）心理咨询与心理治疗的关系

提到心理咨询就不能不提到心理治疗(psychotherapy)。与心理咨询一样,心理治疗也很少被严格地定义过,学者们对什么是心理治疗也各有看法。从以下所列举的关于心理治疗的定义就可见一斑。

"在心理治疗的过程中,一个人希望消除症状,或解决生活中出现的问题,或因寻求个人发展而进入一种含蓄的或明确的契约关系,以一种规定的方式与心理治疗家相互作用。"(《美国精神病学词汇表》,1978)

"心理治疗是针对情绪问题的一种治疗方法,由一位经过专门训练的人员以慎重细致的态度与来访者建立起一种业务性的联系,用以消除、矫正或缓和现有症状,调解异常行为方式,促进积极的人格成长和发展。"(L. R. Wolberger, 1967)

"心理治疗是治疗者与来访者之间的一种合作努力的行为,是一种伙伴关系;治疗是关于人格和行为的改变过程。"(陈仲庚,1989)

"心理治疗是指应用心理学的方法来治疗病人的心理问题。其目的在于通过治疗者与病人建立的关系,善用病人求愈的愿望与潜力,改善病人的心理与适应方式,以解除病人的症状与痛苦,并帮助病人,促进其人格的成熟。"(曾文星、徐静,1987)

从以上心理治疗的定义可以看出,与心理咨询一样,心理治疗也强调构建良好的治疗关系,强调心理治疗也是一个助人过程,强调治疗者的专业性,强调工作对象及解决问题手段的心理性。正因如此,许多学者认为两者性质相同,几乎是同义词,并无区分的必要。但与此同时,也有许多学者认为在实践中两者还是有一些细微的差别。哈恩的一段话最能表明心理咨询与心理治疗之间可分又不可分的怪结:

"就我所知,极少有咨询工作者和心理治疗家对于已有的对咨询与治疗之间的明确的区分感到满意……意见最一致的几点可能是:其一,咨询与心理治疗之间是不能完全区别开的;其二,咨询者的实践在心理治疗家看来是心理治疗;其三,心理治疗家的实践又被咨询者看作是咨询;其四,尽管如此,咨询与心理治疗还是不同的。"(M. E. Hahn, 1953)

综合国内外文献及学者的看法,心理咨询与心理治疗的区别主要体现在以下几个方面:

(1) 在工作对象上,心理咨询主要针对正常人的心理适应与心理成长、发展问题,如人际适应、学习适应、升学择业等等,帮助对象往往被称为来访者、咨客、求询者。心理治疗主要针对具有心理障碍的人,这些心理障碍主要包括情绪障碍、行为障碍、人格障碍、神经症、心身疾病等等,帮助对象可以被称为患者或病人。(近年来,越来越多的人使用当事人这一更加中性的词来称呼咨询或治疗对象。)

(2) 在专业人员上,提供心理咨询帮助者往往被称为咨询师或咨询心理学家,他们接受心理学的专业训练。心理治疗的提供者往往被称为治疗者或医生,接受医学训练或临床心理学训练。

(3) 在干预策略上,心理咨询重视支持性、指导性、发展性,强调来访者潜能和资源的开掘、利用和来访者的自助,耗时相对较短。心理治疗则重视治病,重视人格的重建和行为的矫正,耗时相对较长,可以从几次到几个月、甚至几年。

(4) 在组织构建上,心理咨询多在学校、社区等非医疗机构中开展,心理治疗多在医院、诊所等医疗机构中进行。

本书主要讨论心理咨询的问题,但有时也兼取心理治疗的内容,因而是侧重心理咨询但又不将它与心理治疗严格区分。

(二) 心理咨询与心理辅导的关系

在学校心理健康教育中,心理咨询与心理辅导经常被作为同义词使用,但细细体会仍有区别。

与心理咨询、心理治疗有确定的、相对应的英文词不同,中文中"辅导"一词有至少两个相对应的英文词,即 counseling, guidance。我们前面已经谈到,counseling 就是心理咨询。之所以又被叫做辅导,主要是翻译不同的缘故。在我国香港和台湾地区可见的文献中,许多学者直接将 counseling 译作心理辅导,尤其是在学校教育领域和青少年成长指导机构中,这种译法用得更加广泛。这除了纯粹翻译的技术性问题之外,恐怕还与这些领域中的心理咨询实践更加强调心理咨询师对大部分发展正常的来访者的指导、引导有关。而 guidance 一词被译作辅导,虽然中文同词、同义,但对应两个不同的英文词,自然在内涵方面有一些区别,最主要的区别在于其应用范围扩大了,不仅指学校教育人员对学生的一种协助,也泛指专业人员给他人所提供的服务。以下列举的是国内外学者给"辅导"所下的有代表性的几个定义:

"辅导(counseling)是一个过程,在这个过程当中,一位受过专业训练的辅导员,致力于与当事人建立一个具有治疗功能的关系,来协助对方认识自己、接纳自己,进而欣赏自己,以致可以克服成长的障碍,充分发挥个人的潜能,使人生有统合并丰富的发展,迈向自我实现。"(林孟平,1988)

"辅导(guidance)是某人给予另一人的协助,使其能作明智的抉择与适应,并解决问题。"(Jones,1970)

"辅导(guidance)是整个教育计划的一部分,它提供机会与特殊性服务,以便所有学生可以根据民主的原则,充分发挥其特殊能力与潜能。"(Mortensen & Schmuller,1976)

"辅导(guidance)是协助个人在教育与职业生涯中获得最大满足的方法。它包括使用晤谈、测验和资料收集,以协助个人有系统地计划其教育与职业的发展。它紧邻治疗,而且可能用到辅导咨商员(guidance counselor)。"(Chaplin,1985)

"辅导(guidance)乃是一种助人的历程或方法,由辅导人员根据某种信念,提供某些经验,以协助学生自我了解与充分发展。在教育体系中,它是一种思想(信念),是一种情操(精神),也是一种行动(服务)。"(吴武典,1990)

"辅导(guidance)是一种特殊的教育历程,旨在帮助个人自我了解、自我适应、自我发展与成长。"(吴增强,1998)

就以上有关的辅导的定义(第一种辅导与咨询完全同义不论)可以看出,辅导与咨询在助人关系、工作对象、工作目标、工作手段与方法方面大同小异,没有质的区别。只是辅导比咨询更加强调指导性、发展性与教育性,治疗性更加弱化。在对象上,辅导更加重视对大多数发展正常的个体,服务的手段、方法与范围更加宽广。在本书中,我们讲辅导主要是指 guidance。在谈到心理咨询在学校的应用时,咨询与辅导经常作为同义词而交替使用。

第二节 心理咨询的对象与任务

一、心理咨询的对象

心理咨询的主要对象可分为三大类:(1)精神正常,但遇到了与心理有关的现实成长性问题并请求帮助的人群;(2)精神正常,但心理健康出现问题并请求帮助的人群;(3)特殊对象,即临床治疗康复中或治愈后的精神疾病患者。

精神正常人群在现实生活中会面临许多问题,如婚姻家庭问题、择业求学问题、社会适应问题等等。他们面对上述自我成长的问题时,需要作出理性的选择,以便顺利地度过人生的各个阶段;此时,心理咨询师可以从心理学的角度,向他们提供心理帮助,这类咨询叫发展性咨询。

另外,因各种显著或不显著因素而长期处在困惑、内心冲突之中,或者遭到比较严重的心理创伤而失去心理平衡,心理健康遭到不同程度的破坏的一类人群,尽管他们的精神仍然是正常的,但心理健康水平却下降了许多,出现了严重程度不同的心理问题,甚至达到"神经症"的状态。这时,心理咨询师所提供的帮助,叫心理健康咨询。

心理咨询的对象包括精神不正常的人(精神病人)吗?通常不包括。现行中国精神卫生法严格区分心理咨询与心理治疗的执业应用,强调"心理咨询人员不得从事心理治疗或者精神障碍的诊断、治疗"。可是,为什么精神病医院里也有心理咨询和心理治疗科呢?因为精神病患者,即心理不正常的人在进行临床治疗康复过程中,在初步控制症状、缓解症状之后,或许也需要心理咨询或治疗介入其复原过程。或者他们在经过临床治愈之后,心理活动已经基本恢复了正常,已经基本转为心理正常的人,这时,心理咨询和治疗具备了介入和干预的条件。当然,也只有在这时,心理咨询和治疗的介入才有真实的价值。心理咨询可以帮助他们恢复社会功能、防止疾病的复发。但是,对于临床治疗出院后的精神病患者进行心理咨询和治疗时,必须严格限制在一定条件之内,有时必须与精神科医生协同工作。

当然,不管是哪种划分,心理咨询的对象最好能具备以下几个方面的条件:

其一,具有一定的智力基础。求助者能够清楚叙述自己的问题,理解咨询师的意思。

其二,求询的内容合适。有些心理问题适合心理咨询,有些需要药物治疗。

其三,人格基本健全。人格是个体已经定型化的行为习惯系统。人格一旦形成,改变的程度有限。如果来访者存在严重的人格障碍,心理咨询通常在短期里难以达到应有的效果。

其四,动机合理。如果来访者缺乏自我改变的动机,而是希望别人改变,或者求助动机超过了心理咨询的工作范围,均不适合进行心理咨询。

其五,有交流能力。会谈是心理咨询的基本形式。如果来访者缺乏进行交流沟通的能力,则难以启动和维持咨询过程。

最后,对咨询有一定的信任度。没有一定的信任度,咨访关系难以启动,来访者也难以接受心理咨询师的影响,很可能导致咨询启动困难或过早中断。

二、心理咨询的任务

心理咨询的任务主要是发展性的,它不仅要解决来访者的问题,更重要的是促进人的成长。在这个过程中,心理咨询师通过各种心理学的方法和技术来帮助来访者自强自立。美国劳工部 1965 年在《职业名称词典》指出,心理咨询的任务是在中小学、学院、大学、医院、诊所、康复中心和工业中提供个别或集体的指导和咨询服务,以帮助他们在个人、社会、教育、职业等方面取得更有效的发展和成就。这种发展与成就在伊根(G. Egan)看来就是:(1)提高来访者处理当前问题和发展机会的能力,即提高成功地处理当前问题的效率;(2)帮助来访者将咨询成果应用到其实际生活中,以更有效地处理其日常生活中的问题。具体而言,心理咨询的任务主要有以下几个方面。

（一）促使行为变化

来访者通常会出现各种各样的行为问题,于是改变来访者的不良行为就成为咨询的重要任务之一。通常,心理咨询师首先需要了解来访者适应不良与异常行为或疾病产生的原因;其次,心理咨询师要与来访者共同确定其适应不良与异常行为或疾病的主要表现,即确定需要矫治的靶行为;最后,心理咨询师要和来访者共同确定咨询计划并付诸实施,以达到改变来访者不良行为的目的。

（二）纠正认知偏差

来访者通常存在一些认知偏差,正是因为认知偏差的存在,使来访者内在冲突激烈,决策失当,适应不良。有鉴于此,心理咨询的任务之一是帮助来访者重新考虑自己的认知,明确其偏差之处,进行认知重构,改变不良思维模式,形成新的、更有效的思维模式,从而降低冲突水平,有效作出行动抉择。具体而言,有以下三方面的任务:

其一,协助来访者面对、正视其现状的不合理性,澄清其认知和行为方面的盲点,纠正其关于当前问题"不可解决"的固着认知,培养其面对和处理问题的积极态度,从而激活其改变的动力和勇气。

其二,引导来访者看到自己的资源,拓展来访者解决问题的思路,协助来访者找到解决当前问题的可替代方案。

其三,帮助来访者认识存在于其自身情绪背后的、真正起作用的非理性观念和思维方式,并进行认知重构和重建,从而获得新的、合理的观念和思维方式。

（三）减轻内心冲突,缓解负性情绪

大多数来访者都因为内在冲突激烈,主观痛苦强烈而前来向心理咨询师寻求咨询。尽管这些冲突与主观痛苦感形成的原因各种各样,但它们是来访者求助的动机和目标所在。因此,心理咨询师的重要任务之一是帮助来访者重新思考彼此冲突的需要,协调不同需要之间的矛盾,降低冲突强度,学习接纳、正视自己的负性情绪并缓解它们,增强自己的主观幸福感。

（四）改善人际关系

现实生活中的人际关系问题往往代表了来访者的适应困难。心理咨询的任务之一是通过咨询中真诚而相互理解的人际关系来促进来访者的自我理解,增加其自尊、自信和独立自主的精神,协助来访者重新审视自己与他人的交往模式,学习人际互动技巧和规则,并将其与心理咨询师的关系以及发展关系的经验成功地应用于现实的人际交往中,最终改善其人际关系。

（五）发展来访者潜能

心理咨询的任务不仅要着眼于帮助来访者处理当前的问题,还要透过当前问题的解决,协助来访者发展自己的潜能,从而使其能够更好地适应以后的社会和生活。这包括两个方面:

一是促进来访者的自我觉察与内省,找出真实的自我或解除其对真实自我的困惑,使他们提高或深入对自己的理解。这种自知之明,将使来访者深入地理解自己的情感和社会环境及有关观念的联系,从而更具现实性。二是协助来访者全面认识自我,合理评价自我,尤其在面对困境时,能够看到自己的资源,从而自我肯定与激励,同时接受自己的不完美,获得自我提升与成长。

第三节　心理咨询的过程与形式

一、心理咨询的基本过程

很多人误将心理咨询简单理解为来访者提出问题和心理咨询师为来访者解决问题的过程,事实上咨询是咨询双方互动的一个过程,它大致包括六个阶段:建立关系、评估问题、商定目标、制定计划、实施计划、结束咨询。

（一）建立关系

建立咨访关系是心理咨询师首先要考虑的任务,也是心理咨询师全程都要用心维系的目标,咨访关系是寻求心理帮助的人(来访者)与施予这种帮助的人(心理咨询师)结成的一种独特、动态的人际互动过程。良好的咨访关系是心理咨询技术得以顺利实施、发挥效用的基础,也是促使来访者产生变化不可缺少的条件,良好的咨访关系本身就具有治疗的功效。良好的咨访关系使来访者产生积极的情绪体验,有利于提高来访者的自尊心和自信心,有助于促进来访者的模仿和认同,有利于增进咨访双方的情感交流和信息沟通。

良好的咨访关系的建立可以概括为三大核心要素:同感、真诚和尊重。

同感是指心理咨询师设身处地以来访者的参照标准去体会其内心感受,领悟其思想、观念和情感,从而达到对来访者境况的准确理解的一种态度和能力。同感可以帮助咨询师更深入地理解来访者,使来访者感到自己被理解、被接纳,促进来访者自我表达和自我探索等。伊根根据高低层次的差异,将同感分为初级同感和高级同感两个层次。同感反应的要领有心理位置互换、倾听整理、正确反应和留意来访者的反馈信息等。同感表达的技术有言语鼓励、重复关键字词或语句、概括性重复、非言语表达等。

真诚意味着心理咨询师要以真实的自我面貌出现,不带任何自卫式的伪装,以开放、自由的面貌投入到心理咨询之中。真诚能让来访者产生信任感和安全感,真诚具有榜样示范的作用。为了实现真诚,心理咨询师应做到表里一致、适当自我暴露。真诚的表达也有不同的层次,第一层是心理咨询师隐藏自己的感觉,或者以沉默来惩罚来访者;第二层是心理咨询师以自己的感觉来反应,他的反应符合让他所扮演的角色,但不是他自己真正的感觉;第三层是心理咨询师有限度地表达自己的感情,而不表达否定、消极的情感;第四层是无论是好或不好的感觉,心理咨询师都以言语或非言语方式表达出来,经由这些情感表达,双方的关系会变得更好。

尊重是指心理咨询师以平等、民主的方式来接纳、关注来访者(包括他们的现状、价值观以及人格特点和合理权益)的一种态度和能力。尊重可为来访者创造一个安全、温暖的氛围,使其最大限度地表露自己,尊重有助于来访者获得自我价值感,认识并发挥自身的潜能。

为了妥善地表达对来访者的尊重,心理咨询师可以从态度和行为两方面入手。在态度上,心理咨询师应对来访者予以全面接纳,平等相待,注重保护来访者隐私;在行为上,心理咨询师应耐心倾听,肯定来访者积极方面,对分歧表现出理解和接纳。

(二)评估问题

评估问题作为整个干预计划的基础,是指心理咨询师通过诸如观察、访谈、个案调查、问卷测验等方式来收集来访者的信息,并运用分析、推论、假设等方法对其心理问题的基本性质加以判定的过程。目前在精神医学及心理治疗中,应用最广泛的问题分类系统是《精神疾病诊断和统计手册(第五版)》(DSM - V)和《中国精神障碍分类与诊断标准(第三版)》(CCMD - 3)。大学生的心理咨询以发展性咨询为主,求询问题多为成长与发展过程中的困惑,根据其问题内容和性质通常可分为行为问题、情感问题和认知问题三种。对于少数的障碍性咨询,心理咨询师应依据 DSM - V 和 CCMD - 3 进行分析和评估。

评估问题的过程一般可以划分为三个步骤:收集资料、综合资料和分析假设当前问题。评估问题的主要方法有会谈法、心理测验法等,此外还有观察法、作品分析法等。会谈法是指心理咨询师通过与来访者的对话来了解获取来访者的有关信息,包括来访者的背景资料、与问题有关的资料信息,以明晓其心理困扰的情况、性质和产生的原因等,最终达到心理问题评估的目的。心理测验法是指运用有关心理测量工具来获取有关来访者的智力水平、行为倾向、态度情感、一般心理机能和人格特征等方面的信息,并根据测量的结果解释评定来访者的问题。大学生心理咨询中经常运用的测验包括智力测验、学习适应性测验、人格测验和临床评定量表。心理测验可以描述来访者的认知、情感、意志等心理特点,分析其潜在的优势和弱势,并对其学习适应情况和身心发展状况作出一定的评价,进而对来访者的心理问题作出更为确切的评估。

(三)商定目标

咨询目标为咨询活动指明了方向。目标可以帮助心理咨询师和来访者更明确地预知通过咨询能达到什么目的以及不能达到什么目的;咨询目标给心理咨询师提供了一些基本的参照准则,以便他们能够选择和使用特定的咨询策略和干预方法;咨询目标在咨询结果的评价中具有重要价值,它可以用来评估咨询的效果;制定咨询目标需要来访者的积极参与,这本身就具有治疗的作用。

咨询目标的确立需要心理咨询师和来访者的共同参与。心理咨询师和来访者共同商定咨询目标,强调了来访者的主动性,能使咨询过程形成一定的结构性,更利于咨询目标的达成。咨询目标可分为终极目标、中间目标和直接目标三个层次。咨询目标具有具体性、可行性、积极性、顺序性、修正性和心理学性质。咨询目标的确立是一个过程,它会随着咨询的不断深入而有所调整。

在商定目标阶段,心理咨询师应仔细倾听和评估来访者准备建立怎样的咨询目标,来访者是否或为何抗拒目前的咨询目标?来访者是否要修正原先的咨询目标?来访者内在的意愿、希望、需求和目标有哪些?商定咨询目标的过程中经常伴随着阻力,此时,心理咨询师可运用对质和支持等技术去应对化解。

（四）制定计划

咨询目标商定之后,心理咨询师要协助来访者寻找并挑选出实现目标的策略,并将这些策略组织成一个行动计划,即达成目标的行动步骤,同时为每个关键步骤的实施确定时间框架。制定具体的行动计划有助于协助来访者发展出所需要的规则,给来访者一种希望感,协助来访者找到实现目标的更实用的途径,为评估目标的现实性和适当性提供机会,使来访者觉察到为实行某些策略所需要的资源,协助来访者发现原先不曾料到的前进路上的障碍。行动计划应该具有有效性、可行性、简洁性、灵活性,一个有效的行动计划需要在实践过程中不断修正。

手册化行动计划在目前也广为流行,手册概述了循序渐进的过程和方案,起到了协助当事人达到某个具体目标的作用。某些手册是为专业人员撰写的,而有些则是为来访者的自助提供指导,手册涉及的问题非常广泛,包括情绪情感、职业规划等发展性问题和焦虑症、恐惧症、抑郁症等障碍性问题,如詹姆斯(J. W. James)编写的《哀伤平复自助手册》,就是为了帮助人们在哀伤中释怀,带领读者走出往日的阴影,重新找回生命的活力,发现人生新的希望。

（五）实施计划

制定好行动计划后,就进入实施计划阶段。实施计划是指落实原先制定的行动计划。在这一阶段,心理咨询师需要协助来访者发展将事情落实到实处的意愿,协助来访者避免鲁莽的行为,协助来访者克服拖延,协助来访者确定落实计划时可能遇到的障碍与所需资源,协助来访者为持续的行动找到激励因素和报偿,协助来访者形成聚集行动的合同和协议,目的是达成改变。

（六）结束咨询

结束咨询是心理咨询中不可或缺的阶段。当咨询过程顺利,预定的目标达成,通常咨询就可以结束了,此时,咨询双方可以共同回顾或总结咨询成果,并对结束咨询之后的生活和工作,进行展望和祝福。但是,有些情况下,如来访者因各种原因无意去完成咨询或认为已达到目标而不想继续,或来访者对心理咨询师有偏见,来访者和心理咨询师咨询关系不合适,或因心理咨询师的时间或工作条件、应用受限制等,导致咨询不适合,应考虑咨询结束。在后一情况下,心理咨询师尤应注意做好咨询结束工作。可以说结束咨询是危机,也是转机。

通常而言,在咨询的结束阶段,心理咨询师应安慰并支持来访者,总结咨询主题和内容,把话题控制权适当地转移给来访者,寻求来访者照管者的参与,安排具体确实的步骤,祝福来访者,同时表达欢迎来访者有需要时再来求助的意愿。

二、心理咨询的形式

心理咨询有不同的形式。依参与的人数多少及单位,可分为个别咨询、团体咨询和家庭咨询;依咨询借助的媒介可分为面谈心理咨询、信函心理咨询、专栏心理咨询、电话心理咨询、现场心理咨询、网络心理咨询等。以下就不同的咨询媒介作简要介绍。

（一）面谈心理咨询

面谈心理咨询主要是指心理咨询师与来访者当面进行会谈而展开的咨询,通常见于精神病医院、综合医院、学校、科研机构所属的或私人开设的心理门诊和咨询、治疗中心。面谈心理咨询的对象主要是患有各种神经症、心身疾病(如:人格障碍、性障碍、情绪失调)的病人和存在心理困扰的正常人。直接面谈有利于心理咨询师综合会谈及观察方法,运用各种会谈技术和手段,直接有效地与来访者进行互动,全面了解和评估,影响来访者。心理咨询师也可以根据来访者的具体情况,随机调整咨询或治疗的策略。面谈心理咨询可以以团体形式进行,比如近二三十年来某些西方国家出现的自助咨询小组,通常由一位或两位心理咨询师主持,由六七名至十一二名左右成员参加,定期见面,借助于团体的形成与关系的建立,达到咨询目标。

面谈心理咨询因其直接、系统、丰富、高效的特点,因而成为心理咨询中最为主要的基本形式。

（二）信函心理咨询

顾名思义,信函心理咨询主要是通过书信的形式进行的,早先多用于路途较远或不愿暴露身份的求助者。咨询师根据来访者在信中所描述的情况和提出的问题,进行疑难解答和心理指导。信函心理咨询的优点是较少避讳,缺点是了解情况不全面,只能根据一般原理提出指导性的意见。由于受信函往来的限制,咨询师对来访者的深层信息和求询动机及特定的行动方案难以了解或提出。此外,由于方法学上的困难,信函心理咨询的效果不便统计研究,但是实际工作中表明,信函心理咨询对于某些求助者还是很有帮助和益处的,尤其当面谈咨询不便或不能安排时,信函心理咨询无疑是一种可选择的方式。对于比较复杂的问题,咨询师可以在书信中建议求助者转面谈心理咨询处理。

（三）专栏心理咨询

专栏心理咨询是指通过报纸、杂志、电台、电视等传播媒体,介绍心理咨询、心理健康的一般知识,或针对一些典型问题进行分析、解答的一种咨询方式。在互联网还未进入人们生活和工作之前,国内有许多报纸等出版物中都设有心理咨询的专栏,包括一些专门的心理咨询、心理卫生的刊物、医学杂志、科普读物等等。许多电台、电视台等也有相关的节目。严格说来,专栏心理咨询的优点是覆盖面大,科普性强,作用更多的是普及和宣传相关的知识,尤其是电视媒体的介入极大地推动了民众对咨询的认识和了解。但除去专业刊物的专栏咨询外,大众媒体的专栏或节目并不能说是心理咨询,有的介于娱乐节目和专题节目之间,有可能误导大众。另外,专栏心理咨询的缺点是针对性不够强,此外还面临着严峻的伦理挑战。

（四）电话心理咨询

电话心理咨询也是心理咨询的一种常见形式,它的起源是20世纪50年代在国外开设的热线电话,旨在防止心理危机所导致的恶性事件,如自杀、暴力行为等,因而被喻为"生命线"、"希望线"。这类咨询通常有专用的电话号码,便于识记,在既定的时间段有专门的咨询人员值班。此后电话咨询不限于危机干预,也包括常规咨询。电话心理咨询的长处主要是快捷、方便,打通了时间、空间的阻隔,缺点是信息的丧失,尤其是非语言信息。近年来,随着大众对咨询接受性的提高,社会上也出现了一些以心理咨询为名义的免费或收费的电话服务,如××热线、××专线等等。对于这些服务形式,还应做进一步的规范,通过电话聊天来疏导或传授一些知识,从严格意义来说都不能算作是心理咨询。

(五)现场心理咨询

现场心理咨询是指心理咨询工作者深入到学校、家庭、机关、企业、工厂、社区等地方,现场接待来访者,这种形式对于一些有共同背景或特点的心理问题人群有较好的效果。现场心理咨询往往要选择特定的时机,结合某一主题,集中接待某类来访者。其最大效应在于短时间内可以集中展示咨询服务,获取大众影响力,推动社会或特定群体对咨询的知晓率和接受性,缺点是保密性不够,咨询环境较差。

(六)网络心理咨询

随着现代信息技术的发展,网络以其保密性、隐蔽性、快捷性及实时性,为心理咨询提供了无限发展的空间,尤其深受年轻人的欢迎。目前的网络心理咨询泛指那些具有专业资格的、或有一定的心理学知识的、或从属于某些特定社会性服务机构的相关人员,通过电子邮件、在线聊天室和视频等网络通讯工具,与来访者在实时或延时的交流中建立起一种自然、亲密的关系,并在此基础上提供具有心理咨询与治疗性质的各种心理服务,使来访者在认识、情感和态度上有所变化,解决其在学习、工作、生活、疾病康复等方面出现的心理问题,从而更好地适应环境、保持身心健康的过程。网络心理咨询具有匿名性、虚拟性、无限性、开放性、互动性、方便快捷和成本低廉等特点,特别适合在监狱等特殊场所使用。网络心理咨询的缺点也在于因其虚拟性给从业人员及服务专业性带来的不确定性。随着网络技术的不断提高和互联网的迅速普及,网络心理咨询将具有十分广阔的前景。

第四节　心理咨询的历史与现状

一、心理咨询的发展史

心理咨询起源于20世纪初期的美国。它的形成和发展受到了以下几股力量的推动。

(一)职业指导运动

19世纪末20世纪初,伴随着资本主义经济的高速发展,美国大批年轻人从农村流向城市,他们面临着城市适应尤其是职业选择方面的问题。1908年,职业指导之父帕森斯(F. Parsons)率先在波士顿创办了一家具有公共服务和培训性质的"就业辅导局",一方面帮助年轻人选择适合自己的职业,另一方面培训教师进行职业辅导工作,这一工作被视为美国心理咨询的开端。很快职业指导在美国学校得到迅速发展,成为20世纪前半叶美国学校咨询的主要内容。

(二)心理卫生运动

"心理卫生运动"的发起人是一位曾罹患精神病数年的青年学生比尔斯(C. W. Beers)。

1908年,比尔斯以自己的亲身经历和体验写下了《发现自我的心灵》一书,呼吁全社会都来关心精神病患。此举得到了心理学家威廉·詹姆斯(W. James)和精神病学家阿道尔夫·迈耶(A. Meyer)的大力支持,由此开启了一场由美国发端,最后遍及全世界的心理卫生运动。这场运动的直接成果是社区开始设立一种治疗机构,为出院后的精神病人提供治疗性咨询。

（三）心理测量技术的发展和对个体差异的研究

1905年,法国的比奈(A. Binet)和西蒙(T. Simon)编制了第一个心理量表"比奈—西蒙智力测验"。一战期间,美国军队为了挑选人才开发了一系列的心理测量工具。战后,测验的编制工作并未停止,心理测量学家亦不断设计出了适用于各种情况的心理测验,心理测量技术在短时期内得到迅速发展。20世纪30年代,借助心理测量技术的开发,对个人能力、适应性及兴趣的个体差异研究逐步与职业指导运动合流,职业指导开始从最初的"职业方向定位"拓展领域,发挥更多的教育指导作用。

进入20世纪40年代,由于社会经济文化的急速变化,人们开始关注更加广泛的社会适应问题及其意义,由此也开启了社会对心理咨询与治疗的关注,该时期也被称为"心理治疗的年代"。1942年卡尔·罗杰斯(C. Rogers)顺应时势出版的《咨询与心理治疗》标志着现代心理咨询的诞生。在该书中,罗杰斯将心理咨询的重点转到来访者身上,提出了"以人为中心"的非指导性的咨询模式。他赋予来访者对自身成长的责任感,创造机会让来访者感受到被接纳、被倾听。这种全新的理念对心理咨询和心理学的发展都产生了十分深远的影响,无论是心理咨询还是心理学都把他的贡献视为心理咨询发展历史上的一个里程碑。进入20世纪50年代,美国心理学会设立了心理咨询指导分会,随即于1953年更名为咨询心理学分会,标志着咨询心理学作为应用心理学的一个部分获得了独立。该分会成立后即推出了心理咨询师的培养标准。1954年,《美国咨询心理学杂志》创刊。1955年,美国心理学会开始颁发心理咨询师执照。20世纪60年代之后,心理咨询开始走出美国,在世界范围内,尤其是一些发达国家和地区得到了蓬勃发展。

二、我国心理咨询的发展历程

从20世纪初期开始,我国也有一批心理学家、教育学家着手心理测验的编制、修订、测量工作;与此同时,1917年,受美国职业指导运动的影响,我国有关人士在江苏成立"中华职业教育社",开展职业指导工作,但遗憾的是这些都与现代意义的心理咨询相距甚远。有关心理咨询在新中国成立前的工作似乎有记载的只有心理学家丁瓒在某工厂医务室进行咨询工作,但并无翔实资料。值得一提的是,1936年,中国心理卫生协会在南京成立,著名心理学家吴南轩为总干事。

解放初期,心理学家黄嘉音在医院精神科尝试对精神分裂症病人及其他有心理障碍的病人进行心理治疗,并出版了相关著作。遗憾的是,原书很难找到。此后,尤其是文化大革命期间,我国的心理咨询工作几乎是一个空白,解放初期的尝试也很快因此夭折,直至文革结束。

1979年,中国心理学会医学心理学专业委员会成立,这一专业委员会成立后,积极组织医学心理学学术会议,进行心理咨询和心理治疗方面的临床报告、经验交流和研究探讨,对心理咨询和心理治疗在全国范围内的推广起了积极的作用。与此同时,各种不同形式的心理咨询和心理治疗讲习班、培训班开始在全国一些城市和地区陆续出现,尽管大多属于启蒙性质,传授内容多为某些治疗(如行为治疗)的基础理论及基本技巧,且时间较短,但它为我国心理咨询和心理治疗事业初步培养和配备了人才。

从 20 世纪 80 年代初开始,一些精神病院和综合性医院精神科开始设立心理咨询门诊,开展临床心理咨询与治疗工作。上海、北京的一些高校相继开展了大学生心理咨询工作,为下一步发展打下了良好的基础。可以说,从 1987 年开始,我国心理咨询与治疗工作有了长足的进步,主要体现在四个方面:

(1)心理咨询的学术科研水平显著提高。在文献方面,《中国心理卫生杂志》《中国临床心理学杂志》和《健康心理学杂志》三个专业杂志陆续问世,1994 年和 1998 年先后两次出现论文发表数量的高峰。

(2)专业组织纷纷成立、壮大。在中国心理卫生协会逐渐发展壮大的同时,1990 年底,中国心理卫生协会心理咨询与治疗委员会成立;1991 年初,大学生心理咨询专业委员会成立;2001 年,中国心理学会心理咨询专业委员会成立。这些组织成立后,积极举办国际性、全国性学术交流与合作研究,组织撰写高水平的学术著作,培训从业人员,开展各种科普工作,极大地推动了我国心理咨询事业的发展。

(3)心理咨询服务机构大量出现。为适应社会需求,国家卫生部提出三级甲等医院必须设立心理咨询门诊的要求,促进了综合性医院心理咨询机构的壮大,有效防治了各种心理障碍。20 世纪 80 年代中后期,上海、北京等地高校纷纷成立心理咨询机构。据统计,至 1986 年底,全国已有 30 余所大学开展大学生心理咨询工作,进入 90 年代后扩大到 100 所,心理咨询工作成为高等教育的组成部分,发挥着特有的作用。此外,社会上开始出现私人开业的心理门诊。1989 年,"培爱自杀防治中心"在广州成立,它是第一家以防治自杀为宗旨的社会自助机构。此后,电台、报刊等单位相继开办了心理咨询热线或栏目。心理咨询热线因其方便、及时、匿名等诸多优点成为发展最快的心理咨询工作形式。在 1994 年发布的《中共中央关于进一步加强和改进学校教育工作的若干意见》中明确提出,要通过多种方式对不同年龄层次的学生进行心理健康教育和指导,说明了政府对学校心理咨询工作的重视和支持。武警、监狱、戒毒所等司法部门,以及残联、妇联、社区等社会组织和服务系统纷纷成立了专业心理咨询机构,为公安人员、服刑人员、残疾人员等特殊群体提供心理咨询服务,许多企业也将心理咨询纳入到了企业培训的范畴。这些都大大拓宽了心理咨询行业的发展道路。

(4)专业培训和管理逐步规范。为了改善大部分从业人员只受过很少时间训练或者只受过某一相关学科(如医学、心理学、教育学、社会学等)训练的状况,所以,采用专业培训分层的方式,这包括大学心理学系设立心理咨询方向的本硕博学科点系统培训学生,还包括对在职人员进行的短期和连续的专题培训。从 1997 年开始,全国各地开展了多个连续性的培训项目。如中德高级心理治疗师培训班、北京精神分析取向心理治疗师培训项目等精神分析连续培训等。这些培训班的举办,提高了受训者的专业素质,为专业水平的稳步推进打下了基础。

进入 21 世纪之后,各大学心理学院系、医科学院扩大和加强了对心理咨询和治疗专业的系统培训。与此同时,民众对心理咨询的热情和接受度大大提高,社会机构也开始涉足这一行业。有鉴于此,国家劳动和社会保障部于 2001 年制定了《心理咨询师国家职业标准(试行)》,同年完成了《心理咨询师国家职业资格培训教程》的编写、审定及出版工作。与此同时,在一些经济和社会发达地区,地方政府推出了适用于本地区某一行业的认证制度,如上海市推出了上海市学校心理咨询师专业技术水平认证考试,为规范和提升学校心理咨询和心理健康教育教师的资质水平,推动学校心理健康教育的健康发展作出了探索。除此之外,专业学术组织,如中国心理学会推出了中国心理学会临床与咨询心理学专业机构与专业人员注册系统,以推动和促进中国临床与咨询心理学正规、有序和健康发展。

三、我国心理咨询的现状及特点

(一)组织机构发展壮大,培训与交流加强

1985 年 9 月成立的中国心理卫生协会是中国科学技术协会领导下的全国一级协会,代表着心理咨询和治疗等从业人员的一级组织机构。协会致力于围绕心理卫生学科及相关学科专业,采取适当措施提高人民的心理健康水平、社会适应功能及道德品质;防治心理疾病和心身疾病。到 1996 年 6 月的 10 余年时间,协会已建立 13 个专业委员会,后又扩展到现在的 19 个专业委员会和分会,其中大学生心理咨询专业委员会、心理治疗与心理咨询专业委员会尤其活跃。此外,中国心理卫生协会还建立了 4 个行业系统分会,以及几乎涵盖全国各省的省(直辖市)级心理卫生协会 30 个,全国会员 3 万余人。

此外,以心理学工作者为主的中国心理学会于 2001 年成立了临床和咨询心理学专业委员会,表明心理学的应用领域——心理咨询的迅速发展已被心理学工作者正视和重视。相关学术组织和组织机构的成立和发展促进了专业人员之间的交流,推动了专业人员的继续教育和培训,促进了心理咨询的专业化发展,也为随后而来的从业职业化和标准化奠定了组织基础。

(二)概念日益普及,相关研究加强

近三十年来,有关心理咨询与心理治疗的概念在大众传媒中被讨论和使用的频率越来越高。《学校心理咨询》、《变态心理学》、《心理测量》、《实用心理自我疗法》、《心理卫生》、《现代人生心理学丛书》、《学生心理健康文库》等有关书籍大量出版;继《中国心理卫生杂志》创刊后,1990 年至 1994 年短短五年,《中国临床心理学杂志》、《健康心理学杂志》、《心理与健康》、《青年心理咨询》、《心理世界》等学术性或普及性刊物相继创刊;此外,在《大众心理学》等多种刊物中设有心理咨询专栏;国外的许多有关资料也被介绍到中国;借阅和购买有关心理咨询与治疗图书的人数迅速增长,如:《心理与健康》从 1994 年创刊,13 个月共发行 37 万册,深受广大读者欢迎。

从发表在专业期刊上的有关文献可以看出,相关研究正在加强。据中国生物医学文献数据库统计,从 1978 年到 1994 年的 17 年间,有关心理方面的文献数量是每年平均 12.5 篇,而 1995 年到 1997 年中,每年平均 147 篇,2002 年到 2003 年每年平均 305 篇。可见,关于心理咨询和心理治疗的研究呈飞速上升的趋势。

中国心理卫生杂志从 2001 年开始推出了有关心理咨询、心理治疗相关问题的讨论专栏。讨论的内容十分广泛,涉及咨询技术、心理咨询与药物治疗之间的关系、咨访关系、咨询师本身对治疗过程的影响、督导的意义与作用、心理咨询师的理论取向、心理咨询与治疗过程中的伦理道德以及心理咨询费用、时间设置等问题,讨论的内容广泛、深入、有创意,加强了针对我国国情开展的心理咨询和心理治疗学术研讨。

（三）理论和技术多样,整合趋向明显

技术整合是指心理咨询或治疗工作者针对来访者的个性特点、问题层次,在咨询与治疗的不同阶段综合采用各种技术手段进行咨询或治疗。

有学者对《中国心理卫生杂志》创刊三十年来案例报告中采用的治疗方法进行了统计归类,结果表明单纯使用某一种方法的案例比重明显下降,技术整合趋势明显。并且,整合疗法一般遵循同一模式:在以来访者为中心的氛围中,侧重于行为—认知疗法的综合使用。

尹可丽、黄希庭等人于 2009 年梳理了主要的心理学和心理卫生杂志登载的文献,发现我国心理咨询与治疗的形式总体上以个体咨询为主,团体和小组咨询其次;在咨询体系和方法上,绝大多数采用国外成熟的咨询体系和方法,本土化及本土方法极少;折衷方法比单一方法被更多地采用;在折衷方法中,认知—行为疗法,以及认知—行为疗法与其他疗法结合而成的方法占大多数,也符合当前国际心理疗法的整合趋势。

（四）短程咨询为主,从个体扩展到个体之外

短程心理咨询与治疗指的是在"短程"内实施和结束的心理咨询与治疗,是相对于"长程"而言的。我国目前接受过系统心理咨询与治疗训练的精神科医师及临床心理学者数量不多,但需要帮助的对象却非常之多。短程心理咨询与治疗以结果为目标,寻求问题的直接解决,省时、高效,能够在有限的时间内为更多的人服务。另外,传统的心理治疗多是针对来访者本身,但是每个来访者必定来自某一个特定的家庭、团体、社会阶层,具有特定的社会文化背景。心理咨询与心理治疗家们越来越认识到,来访者与其周围的互动关系对于咨询和治疗有着至关重要的影响。有鉴于此,一些新的心理咨询与治疗方法如婚姻治疗、家庭治疗、团体治疗相继诞生。正因如此,家庭治疗在国外已经成为继精神分析治疗、认知行为治疗、人本中心治疗之后的心理咨询与治疗"第四势力"。目前,婚姻家庭治疗、团体治疗在我国也方兴未艾,接受培训和进行实践的治疗师也越来越多。所以说,心理咨询与治疗从个体扩展到个体之外,也成为我国心理咨询与治疗的一种发展趋势。

（五）参与社会生活,凸显应用价值

近二十多年来,我国心理卫生事业经历了一个缓慢、稳步的发展历程,已经初步形成了一支具有相当专业素质的队伍。他们参与了抗击 SARS 的战斗,与其他专业的同行们一起发挥了不可忽视的作用。其间,他们的主要工作形式有:在隔离病房中进行现场干预,为政府提供心理社会干预的建议,为抗击 SARS 的专业人员提供相关技术培训、心理热线、网络咨询,利用媒体进行讲座、采访,针对高危群体进行集体心理干预,动态调查公众心理,为政府提供预警情报等,为赢得抗击 SARS 的胜利付出了很大的努力。以精神科医师、心理学工作者为主的心理卫生队伍,如此大规模地参与突发性公共卫生事件的干预,在我国卫生史上

尚属首次。此后,在对浙江尼娜台风等自然灾害的心理援助中,专业人员都及时参与、发挥作用。2008年"5·12汶川地震"发生后,精神科医师、心理学工作者亦迅速组成震灾心理干预专业团队,奔赴灾区为灾民提供心理援助和干预。在2010年的青海玉树地震、甘肃舟曲泥石流灾难和2013年四川雅安地震中,心理援助都是救灾工作的重要组成部分,这些都表明心理咨询与治疗和社会公众生活之间的联系不断加强,其意义和价值也进一步凸显。

2012年,国家减灾委员会制定并下发《关于加强自然灾害社会心理援助工作的指导意见》,要求将社会心理援助作为自然灾害救援和灾后重建工作的一部分,同时部署、同时组织、同时开展、同时推进,最大限度减轻自然灾害对灾区群众和救援人员造成的心理伤害,将心理咨询参与国家重大灾难事件处理正式纳入国家有序规划和工作体系中。

(六)专业化和职业化,政府加强管理

可以说,中国心理咨询与治疗已经步入专业化和职业化发展阶段,进步明显,伴随这个过程的是学术团体和从业者进一步加强自律,而政府部门也出台法律或条例进一步规范和指导行业发展。

我国心理咨询的职业化阶段可以说始于2002年,其中具有标志性的事件为2001年中国国家劳动和社会保障部提出了心理咨询师国家职业标准,并于2002年开始实施,标志着政府部门开始对专业人员的资质进行管理。此后根据劳动部心理咨询师职业标准,全国各地展开了大规模的心理咨询师培训及考核持证工作,获准持证的心理咨询师开始在咨询机构、社区、学校、企业等提供心理咨询服务,在工商、民政等部门登记的心理咨询机构也开始面向大众服务。

2002年,中国的卫生部会同人事部开始在卫生专业技术资格考试中设立心理治疗学专业,并于当年组织实施相关专业人员的考试。之后,中国心理学会于2007年2月通过临床与咨询心理学专业机构和专业人员注册标准及临床与咨询心理学工作伦理守则。2007年和2008年按照注册标准的审核并通过伦理审查,注册系统分别批准了两批专业人员为注册临床与咨询心理学督导师和心理师,第一批注册的临床与咨询心理师101人,督导师104人;第二批注册的临床与咨询心理师72人,督导师9人。目前该系统全体注册人员近千人,实习机构9个。此外,中国心理学会也积极推动临床心理学的硕士和博士训练课程标准化。

从政府层面而言,2001年12月上海市人大常委通过的《上海市精神卫生条例》是地方人大通过的首个精神卫生条例,代表着政府将心理咨询与治疗规范化管理知识纳入议事日程;2012年10月全国人大常委通过并于2013年5月实施的《中华人民共和国精神卫生法》标志着心理咨询与治疗已经纳入法制化管理。2014年11月《上海市精神卫生条例》进行修订并于2015年3月正式实施,进一步细化了精神卫生法在上海的落实。

第二章　心理咨询的基础理论

心理咨询流派众多,技术和方法千千万万,但它们都建立在相应的心理学理论基础上。从某种意义上说,学校心理咨询的发展,就是将若干心理学理论能够创造性地运用于临床心理实践,包括解决学校心理问题的结果。学习这些心理学理论,将有助于我们了解各种咨询流派的来龙去脉,尤其有助于我们从理论层面把握相关的技术和方法。本章将就这些理论及其对学校心理咨询的意义作一简介。

第一节　精神分析理论

精神分析理论又称心理分析理论,产生于19世纪末,最初它只着眼于研究精神病的病因及其治疗。到20世纪20年代,这一理论向诸多领域扩展,逐渐成为一种系统的心理学理论学说和说明人生和世界各种现象的一套哲学观点。

精神分析理论的创始人是出生于捷克斯洛伐克弗赖堡、成长于维也纳的奥地利心理学家西格蒙德·弗洛伊德(Sigmund Freud,1856—1939)。1873年,弗洛伊德在维也纳大学学医,1881年获医学博士学位,次年作为一位临床神经病学家开始私人营业。1895年,弗洛伊德和布洛伊尔合作出版了以安娜·奥案例为基础的《癔症研究》一书,标志着精神分析理论的诞生。此后,弗洛伊德相继出版的《梦的解析》(1900)、《性学三论》(1905)、《图腾与禁忌》(1913)、《精神分析引论》(1917)、《自我与本我》(1923)、《文明及其缺憾》(1930)等都成为该学派的经典著作。

自弗洛伊德创立精神分析理论以来,其理论观点及其在临床心理的干预上均有了很大的发展。同时,其内部又衍生出一些新的理论派别。除了弗洛伊德的古典精神分析以外,还有阿德勒(A. Adler)的个体心理学,荣格(C. G. Jung)的分析心理学,埃里克森(E. H. Erikson)的自我心理学,霍妮(K. Horney)、弗洛姆(E. Fromm)、沙利文(H. S. Sullivan)、卡丁纳(A. Kardiner)等为代表的心理分析社会文化学派,以及以克莱因(M. Klein)、费尔贝恩(W. R. D. Fairbairm)、克恩伯格(O. F. Kernberg)为代表的客体关系理论。

一、弗洛伊德的古典精神分析理论

(一)潜意识观

弗洛伊德将人的心理结构分为三个层面:意识、前意识、潜意识。意识处于表层结构,与直接感知相联系,其内容能为自己所感知。前意识介于意识与潜意识之间,充当门卫的角色,其任务是阻止潜意识中的本能欲望肆意侵入意识。潜意识又叫无意识,它是由过去经验组成的深层心理结构,包括生物性冲动在内的各种本能冲动。这些冲动通常为风俗、习惯、道德、法律所不容而被压抑。这些被压抑着的本能、欲望就是心理疾病的致病根源,而心理障碍或心理疾病只是其表现形式而已。这些致病根源本人并不会觉察到,它成为一种"情结"郁积在人的内心。通过心理分析,使潜意识中郁积的"情结"意识化,当人能意识到自己的问题时,其症状也就自然而然地消失了。弗洛伊德认为神经症的根本原因在于压抑。

（二）人格结构观

弗洛伊德将人格分为本我、自我和超我。"本我"是由先天本能、欲望所组成,是人格结构中最原始的、与生俱来的部分,它按照"快乐原则"行事。"自我"是人格结构中的核心部分,它从本我中发展出来,同时又处于意识层面,介于本我与现实世界之间,它以"现实原则"行事,能够按照现实的要求来控制本我,或者说在社会允许的范围内满足本我的一些要求,因此它代表人的理智和理性的认识。"超我"在人格结构中处于最上层,是道德化了的自我,奉行的是"道德原则",它按社会道德标准监督和控制本我与自我,力求达到完美。

人格结构的三个部分是交互发生作用的,只有三者和谐发展才能保证人的健康。"本我"的主要功能是力求快乐,保护自己;"超我"是按照社会道德来控制行为,其目的是使"本我"不能获得满足;"自我"的作用是既要满足"本我"的欲望,又要符合"超我"的标准。三者各司其职,如果它们之间的平衡关系遭到破坏,一个人就会出现行为和心理的异常。

（三）心理防御机制

在社会生活中,人们总会遇到各种困难和挑战,心理上也难免产生这样或那样不同程度的焦虑、挫折和冲突。一个人对此必须及时加以调整,否则就可能产生不同程度的心理问题。弗洛伊德认为,在这种情况下,自我就会发展出许多抵御焦虑、挫折、冲突的保护性心理活动,使自己的心理保持平衡,这些心理活动就是心理防御机制。心理防御机制主要发生于潜意识层面,每个人不管其心理健康与否,都会在无意识中不知不觉地加以运用。个体身上发生的心理防御机制是否得当,是判断这个人的心理健康状况的重要表现。同时,有意识地、恰当地运用心理防御机制往往能使人获得心理平衡并维持良好的心理状态。

主要的心理防御机制有压抑、升华、投射、转移、合理化、反向作用、自居作用、固着、倒退等。

（四）性本能观

弗洛伊德认为人类行为背后的驱动力是性本能,即"力比多"(libido)。他认为,性是与生俱来的。人的一切行为、动机都与性有一定的联系,都与"力比多"有关并受其驱使。弗洛伊德所讲的性既包括实际发生的又包括想象中的与性有关的活动,既包括性行为本身,也包括许多追求快乐的行为和情感活动,几乎涉及到人的所有心理活动。因此,人们称他的理论为"泛性论"。弗洛伊德以性本能满足的方式与身体区域为依据,将个体心理发展依次划分为五个阶段:口欲期、肛欲期、性器期、潜伏期、生殖期。弗洛伊德断定,性本能尤其是幼儿期的性心理活动在神经症的致病原因中起着一种"不平凡的巨大作用"。心理分析就是要挖掘出隐藏于人的内心深处的性发展障碍,这样该个体的神经质行为才会消失。

（五）释梦理论

在《梦的解析》一书中,弗洛伊德指出,潜意识中的本能冲动在睡梦中得以表现,于是就构成了梦境。梦是愿望的反映和实现。在睡梦中,如果"自我"和"超我"的心理检查机制仍在发挥作用,那么"本我"就不能赤裸裸为所欲为地表现自己,它只能以象征性的、隐晦曲折的方式表现出来。梦的工作方式主要有换位、戏剧化、润饰、凝缩等。弗洛伊德发现,病人的梦往往对找到产生心理障碍的原因有重要的参考价值。因而,释梦也就成为心理分析的主要方法之一。

二、精神分析理论的发展

(一) 阿德勒的个体心理学

阿德勒出生于维也纳一个犹太商人的家庭,他是弗洛伊德的早期合作者和追随者之一,后来因为学术观点上的分歧而和弗洛伊德分道扬镳,建立了自己的个体心理学。个体心理学是阿德勒批评并发展弗洛伊德精神分析理论的产物。

阿德勒视人为一个整体,即个体,具有不可分割性,在一定程度上具有选择行为的自由。虽然遗传对人格的形成具有重要作用,每个儿童天生都由独特的遗传构成,但儿童能够创造性地对环境作出反应,并使环境服务于他,从而获得不同于他人的社会经验。这种创造性自我继而自由地创造了自己的人格,使个体可以依照自己选定的方式构建自己的生活风格。阿德勒认为,创造性自我使我们控制自己的生活,为我们的行为和最终生活目标负责,决定着达到目标的方法和社会兴趣的发展。

阿德勒摒弃了弗洛伊德的性本能动力观,并提出"自卑与补偿"、"追求优越"等概念来表达人类行为的社会性动力特征。他认为个体天生具有生理自卑和心理自卑,正是因为天生才驱使个体千方百计地去寻求补偿从而克服自卑、实现潜能、获取成就。阿德勒还认为,不管是正常人还是病人,每个人都有追求优越的倾向。阿德勒将个体追求优越目标的方式称之为生活风格,并指出追求优越有两种方法:一是病态地追求个人优越,另一种是追求社会兴趣使每个人都获得成功,此为心理健康者的行为表现。

阿德勒认为儿童在5岁左右就基本形成了自己的生活风格,其家庭关系、生活条件和经验尤其是儿童在家庭中的出生顺序影响了他的人际互动形式和人格发展。依据儿童的出生顺序的不同,父母对子女教养的方式或给予的关注会有所变化,同胞兄弟姐妹之间也常常相互竞争父母的爱。通常而言,长子的性格特征是聪明、有成就需要,但害怕竞争,有不安全感和敌意;次子喜欢竞争、有强烈的反抗性,但最终练就与人合作、容易适应环境的本领,并选择与人合作;最小的孩子有雄心,受到的刺激多,竞争的机会也多,但常常因过于被娇纵而表现得懒散,难以实现抱负。

(二) 荣格的分析心理学

荣格出生于瑞士。1906年开始与弗洛伊德通信并追随弗洛伊德,曾任国际心理分析学会的第一任主席。自1911年始,荣格在理论观点上开始与弗洛伊德逐渐产生分歧。1913年,荣格辞去国际心理分析学会的主席职务,开始致力于发展自己的分析心理学理论。

荣格认为,个体的人格结构包括意识和潜意识,潜意识居于意识的下层,它又分为个人潜意识和集体潜意识两个层次。意识是心灵中唯一能够被个体直接感知的部分,其作用类似于看门人的角色,对进入心灵的各种材料进行筛选和淘汰,从而使人格结构保持同一性和连续性。个人潜意识位于潜意识的表层,包括被压抑的和遗忘的冲动、欲望和知觉经验,可召回意识;集体潜意识是荣格最重要的发现,是指在漫长的历史演化过程中世代累积的人类祖先经验,是人类必须对某些事件作出特定反应的先天遗传倾向,为全社会成员所共有,会在梦、幻觉、幻想和神经症中以原型和象征的形式表现出来。

荣格提出,个体的心灵结构还有两种基本态度和四种独立功能,共八种心理人格类型。首先,荣格把人的态度分为内倾和外倾两种类型。内倾型人的心理能量指向内部主观世界,易产生内心体验和幻想,这种人远离外部世界,喜欢安静和沉思,对事物的本质和活动的结果感兴趣。外倾型人的心理能量指向外部,这种人喜欢社交、性格开朗,对外部世界的各种具体事物感兴趣。其次,荣格认为有四种功能类型,即思维、情感、感觉和直觉。思维是对事物是什么作出判断和推理;情感是对事物的好恶倾向;感觉是用感官觉察事物是否存在;直觉是对事物的变化发展的预感,无需解释和推论。荣格认为人们在思维和情感时要运用理性判断,所以它们属于理性功能;而在感觉和直觉时没有运用理性判断,所以它们属于非理性功能。最后将两种态度和四种功能类型组合起来,构成了八种心理类型,即外倾思维型、内倾思维型、外倾情感型、内倾情感型、外倾感觉型、内倾感觉型、外倾直觉型、内倾直觉型。

荣格还提出了独特的人格发展阶段理论,将人格发展划分成四个阶段。第一阶段是童年期(从出生到青春期):人生最初几年只有零散、混乱的意识,并不完整。之后由于记忆延伸和个性化的作用,其自我意识逐渐发展,开始摆脱对父母的依赖,逐渐意识到自己是一个独立的个体。第二阶段是青年期(从青春期到中年):此时的心灵正发生着一场巨变,但因为不够成熟,在面对学业、生活、工作、婚姻情感时往往阐述特定的心理问题。荣格认为这一阶段是"心灵的诞生"阶段。第三阶段是中年期(女性从35岁,男性从40岁开始直到老年):这是荣格最为关注的时期。中年人往往功成名就、家庭美满,但这些外部目标达成之后个体往往出现心灵真空,称之为"中年危机"。要顺利度过这一时期,关键要把心理能量从外部转向内部,体验自己的内心,重新发现个体生命和生活的意义。第四阶段是老年期:老年人易沉浸在潜意识中,喜欢回忆过去,惧怕死亡,并考虑来世的问题。荣格认为,老年人必须通过发现死亡的意义才能建立新的生活目标。

(三)埃里克森的自我心理学

埃里克森出生于德国,父母为丹麦人。埃里克森曾受邀接受安娜·弗洛伊德在儿童精神分析方面的训练而成为精神分析学家,二战期间移居美国,是美国著名精神病学家、发展心理学家,弗洛伊德的热烈追随者。其自我同一性概念和人格毕生发展的八阶段理论最为知名。

"同一性"概念是埃里克森自我发展理论中的一个重要组成部分,可以理解为社会与个人的统一,个体的主我与客我的统一,对个体的历史性任务的认识与其主观愿望的统一;也可理解为对自己的过去、现在和将来,即在任何情况下都能够全面认识到意识与行动的主体是自己,亦即是"真正的自我"或"核心的自我"。在埃里克森看来,自我是一个独立的力量,包含着人的意识活动并且能够加以控制,具有自主性和对内外力量的适应性,它不是本我和超我压迫的产物。具有建设性机能的健康自我必须保持同一性,包含四个不同方面:个体独特性,整体性和整合感,一致性和连续性,社会团结性。埃里克森认为,这种同一感可以帮助青少年了解自己以及了解自己与各种人、事、物的关系,以便能顺利地进入成年期。否则就会产生同一性的混乱,即感受不到生命的向前发展,不能获得满意的社会角色或职业所提供的支持。

埃里克森提出人格发展历经生命发展的全程,共分为八个阶段,在每个发展阶段都有特定的发展任务,每项任务中都包含着一对矛盾,代表着冲突对立的两极。这八个阶段和相应的矛盾如下:婴儿期,出生～1.5 岁——信任对不信任;儿童期,1.5～3 岁——自主对羞愧;学龄初期,3～5 岁——主动对内容;学龄期,6～12 岁——勤奋对自卑;青春期,12～18 岁——自我统一对角色混乱;成年早期,18～25 岁——亲密对孤独;成年期,25～65 岁——繁殖对停滞;晚年期,65 岁以上——自我整合对失望。埃里克森指出,在人格发展的过程中,一个人如果能够在每个阶段都顺利地解决该阶段的矛盾即完成发展任务,那就会形成积极的品质和健全的人格,否则会影响心理健康和人格的发展。

(四)精神分析的社会文化学派

精神分析的社会文化学派酝酿于弗洛伊德的晚年即 20 世纪 30 年代末,40 年代初正式形成。其主要代表人物是霍妮、沙利文、卡丁纳等,各自的代表作分别是《现代人的神经症人格》《精神医学的人际理论》(1953)、《个人及其社会》(1939)。

精神分析的社会文化学派在组织上较为松散,各代表人物理论上各有侧重,但共同对弗洛伊德的本能决定论进行了修正。具体体现在:承认弗洛伊德的无意识动机和人格的动力学观点,并以此为基础形成了各自的人格心理学和社会心理学理论;重视童年经验或亲子关系的重要影响,但抛弃了本能决定论、婴儿性欲论和人格结构论(本我、自我、超我);强调社会文化因素对人格的影响,将微观的家庭环境与宏观的社会环境联系起来研究人,反对弗洛伊德的生物学化倾向和女性心理学;相信人的潜能具有建设性,相信通过改变社会生活条件、改变不合理的人际关系可以实现健康的人的生活。因此他们不仅在治疗上,而且在关于人和社会的信念上都是乐观主义的。

霍妮的理论被称为社会文化的神经症理论。霍妮认为,神经症是由神经症人格结构决定的,而神经症人格又是由个人所处的文化环境和社会生活环境决定的。因此社会文化是神经症产生的根本原因。于个体而言,社会文化是神经症的间接原因,儿童面对的人际关系才是神经症的直接原因,因为宏观的社会文化因素需要通过微观的人际关系才能影响人的个性发展。在当今普遍过度竞争的社会中,儿童往往感受到孤立、无助和敌意,霍妮称之为基本焦虑。为应对基本焦虑,儿童需要采取和发展某种防御型态度和策略,这种防御性策略或表现为神经症需要。霍妮论述了 10 种神经症需要,健康人和神经症患者的区别不在于有没有这些需要,而在于需要存在和满足的方式不同。神经症需要及其满足方式构成了神经症人格,包括顺从型、攻击型和逃避型三种,它们并不一定互相排斥,可以同时存在于患者身上。当然三者之间的不平衡、不协调就是神经症的基本冲突,帮助患者发现、发展自己的潜能,将天赋中的建设性力量引入自我实现轨道即是心理治疗的任务。

沙利文从人际关系的角度来定义人格,对人际关系在维持人的心理健康状况和造成人的心理问题中的作用极为重视。1937 年,沙利文直接将精神医学界定为"关于人际关系的研究"。沙利文所讲的人际关系包含三种:个体现实生活中与他人的关系,个体与想象中、小说、历史传说中包括即将出生的子孙之间的关系,个体与人类所创造的传统、习俗、发明、制度等的相互作用。既然人格是在人际关系中形成的,不健康人格也是在不健康人际关系中形成的。由此可见,对精神分裂症的治疗也需要从人际关系着手,并非不能治愈。在对精神疾病的治疗中,他主张咨询者或治疗者应该创设一种自己参与其中的双边情境,尊重患者,设法恢复患者潜意识中人际关系的安全感,提供人际交往和人际互动的机会和训练,这样才会有助于心理问题的解决和心理状况的康复。精神病学家应该是人际关系专家。

卡丁纳的主要活动在人类学领域,他特别关注原始文化和少数民族心理学的研究,致力于对土著民族的现场调查材料进行精神分析的阐释,认为不同文化的基本制度造就了不同的基本人格结构,进而形成了不同的宗教和禁忌系统。卡丁纳主要关心的是文化与人格的相互作用,不仅重视文化对人格形成的作用,而且重视人格对文化变迁的影响。他主张心理学的研究必须开始于人的生物学特征。他认为,个人在有组织的社会生活中形成了习惯化的社会规范,从外部世界中获得了生活所必须的物质资料技术以及有关对待出生、成长、发展、衰退和死亡的习惯化态度等等。在卡丁纳看来,基本人格结构是由于社会的初级制度(primary institutions),如家庭婚姻及儿童养育等形成的,也是社会成员共同具有的一种适应工具。反过来基本人格结构又经过投射而形成该社会的次级制度(secondary institutions),如宗教信仰和神话传说等。从微观机制而言,初级制度塑造了社会固有的育儿方式,由此带来了儿童的早期经验,并最终决定了基本人格结构。

(五)精神分析的客体关系理论

客体关系理论产生于 20 世纪 40 年代的英国,以弗洛伊德对"本能的客体"的论述为基础,将客体关系尤其是亲子关系置于理论建构和临床实践中心,主要由克莱因创立,其他代表人物主要有费尔贝恩、克恩伯格等,其代表作分别为《儿童精神分析》(1932)、《人格的精神分析研究》(1952)、《客体关系理论和临床精神分析》(1976)。

与精神分析的社会文化学派类似,客体关系理论并不是某个单一被普遍承认的理论,而是一组理论系列,不同的理论家各有其侧重点,其观点各有分歧,但其共同点均聚焦于早期的母婴关系及其对儿童内部世界和此后的成人关系的极端重要性,否认弗洛伊德的本能驱力,尤其是性本能在人格发展中占的重要地位。他们认为真正影响一个人精神发展过程的是在出生早期婴儿与父母,尤其与母亲的关系。初生的婴儿正是在与母亲或母亲替代者的密切交往中逐渐获得了有关自我和以母亲为代表的客观世界的完整印象,并最终形成较完善的心理功能,建立正常的人际关系。

客体(object)和客体关系是客体关系理论的核心概念。客体概念最初是弗洛伊德在讨论本能驱力和早期母子关系时采用的,当时仅涉及某种本能需要的满足,泛指一个人的情感或驱力所指向的某个特定的人或物。但在客体关系理论的框架里,客体是与主体(subject)相对应的概念,指某个体的意愿、情感和行为所指向的人、人的部分或人的象征,而不是指代表"物"的客体。所谓客体关系即指人际关系,是指存在一个人内在精神中的人际关系形态的模式。这种人际关系塑造了个体当前与人们之间的互动情形,包括真实的或幻想的。

克莱因的理论因其上承弗洛伊德理论,后启费尔贝恩等的客体关系理论,被称之为过渡性客体关系理论。克莱因认为,客体不仅是本能的客体,而且还是相对于婴儿自身的客体,是婴儿心灵中具有可依赖性、爱、贪婪、仇恨和嫉妒等心理特征的人格。她集中研究了母婴关系中的早期冲突,并认定这种与母亲客体的关系是一切客体关系的开端,将决定婴儿的心理发展。儿童与母亲的客体关系分为部分客体关系(婴儿与母亲乳房的关系)和整体客体关系(婴儿同时体验到母亲客体带给他的爱与满足和恨与挫折)两个阶段。克莱因还提出"偏执一分裂样心态"(0～4月)和"抑郁样心态"(5～12月)来描述儿童心理性欲的发展,并创造性地引入游戏治疗替代自由联想,作为系统的儿童精神分析技术。

费尔贝恩完全从客体关系方面对弗洛伊德的力比多本能概念进行解释,因而其理论被称之为纯粹性客体关系理论。他认为,力比多是有理智、有目的的,这是指向特定的客体而非混乱的愿望满足,其真正目的是与客体建立满意的关系。人类行为的最终目标不是减少紧张,而是在与他人的关系中表达自我。费尔贝恩认为自我先天就具有人格的成分,是人格的核心或动力中心,是一个具有自身能量的精神动力结构,无需从本我中获取能量。他将自我分成核心自我、力比多自我和反力比多自我三部分,并与不同的内在客体相联系。因此,人的冲突不再是来源于超我与自我之间的冲突,而是自我的不同部分与自我所内化的客体之间的冲突。关于人格发展,费尔贝恩认为其首要因素就是母婴关系。作为人格发展的基本动力,客体关系对人格发展具有决定性影响。他根据婴儿对内在客体的依赖程度将人格的发展过程分成三个阶段:婴儿期依赖阶段、过渡阶段和成熟的依赖阶段。

克恩伯格将古典精神分析的驱力理论与客体关系理论进行综合,提出了一种整合性客体关系理论,并以此为基础进而建构了一种边缘型人格障碍理论直接指导临床治疗。克恩伯格理论中的客体是指个体内部关于他人(个体生命早期的重要他人)的、有情感投注的心理意象。客体关系是指对人际关系进行内化的产物,两者并不等同,前者描述的是自我的内部状态,后者描述的是外部现实世界中个体之间的各种作用。克恩伯格将基本客体关系单位当作构建心理结构的基本材料。有序的、结构化的人格发展历经五个阶段。第一阶段(0～1月),其特征是婴儿处于混沌状态,其自我意象与客体意象完全处于未分化的融合状态。第二阶段(2～8月),其特征是婴儿形成了一个较稳固的自我—客体意象复合体。第三阶段(6、8月～18、36月),其特征是自我意象与客体意象分化,自我与非我分化。第四阶段(3～6岁),其特征是投注正向情感的"好"的自我或客体意象和投注负向情感的"坏"的自我或客体意象整合为一体。第五阶段(儿童后期),其特征是整合好的超我进一步促进了自我同一性的整合与巩固,而自我身份又随着内在客体关系的再调整而得到更进一步的完善。在其整合性客体关系理论基础上,克恩伯格认为边缘型人格障碍患者自我虚弱,即现实检验有缺陷,倾向于使用原始防御机制,身份感紊乱。他指出边缘型人格障碍不仅仅是神经症性障碍与精神病性障碍之间的过渡状态,而是具有恒定的病理性人格结构。一般支持性的治疗常常陷于失败,相反,治疗师必须积极主动介入治疗。

第二节　行为主义理论

行为主义理论又称"行为心理学",它是西方心理学主要理论流派之一。行为主义心理学家深受巴甫洛夫(I. P. Pavlov)经典条件反射理论的影响。他们认为,心理学的研究对象应该是行为而不是意识,人的行为是他们对环境刺激所作出的反应,心理学就是一门研究人的行为的科学。

华生(J. B. Watson)是早期行为主义的重要创始人。1913 年,他在《心理学评论》杂志上发表了题为《行为主义者心目中的心理学》一文,被称为"行为主义宣言",成为了行为主义诞生的标志。继华生之后,斯金纳(B. F. Skinner)是新行为主义最重要和最有影响的一位代表人物。斯金纳认为操作及其强化依随是行为塑造的关键,并详细研究了操作性行为形成及其强化程序。进入 20 世纪 50 年代之后,有感于传统行为主义对认知和行为动机的忽视,以班杜拉(A. Bandura)为代表的一批心理学家在坚持严格的行为研究的同时,关注以实验研究人类的社会性行为,以及影响行为的认知、动机等因素,包括个体自我选择、自我调节机制,由此开创了认知行为主义的潮流。可以说整个行为学派是以华生、斯金纳、班杜拉等为代表的杰出心理学家共同努力的结果。

一、巴甫洛夫经典条件反射原理

巴甫洛夫是俄国著名生理学家、心理学家,高级神经活动生理学的奠基人,条件反射理论的建构者,诺贝尔生理学奖获得者,也是传统心理学领域之外而对心理学发展影响最大的人物之一。

经典条件反射原理是巴甫洛夫在研究消化腺的实验中发现的。这个实验以狗为对象,先给狗动了一个小手术,把狗的唾液腺开一个小口,将一根细长导管的一端插入其中,另一端连接玻璃容器,这样可以观察和记录狗分泌唾液的种种情况。实验的步骤是:先给狗听铃声,此时看不到狗分泌唾液;接着,在发出铃声后马上呈现食物,这时狗会开始分泌大量的唾液;如此反复操作,即在发出铃声后紧接着呈现食物;结果发现,只要发出铃声,即使不呈现食物,狗也会分泌大量的唾液。

在这个实验中,狗见到食物就分泌唾液的反射是一种先天(不随意、非习得)的反应,巴甫洛夫把它称为无条件反应(简称 UCR),能引起特定无条件反应的刺激物就是无条件刺激物(简称 UCS)(上述实验中是食物)。铃声原来是中性刺激,通过将铃声与食物多次配对出现,铃声就会与唾液分泌之间建立一种新的联系,这时只呈现铃声就能引起狗分泌唾液。在这种情况下,铃声就成了条件刺激(简称 CS),由条件刺激引起的反应,即狗听到铃声分泌唾液就是一种条件反应(简称 CR)。可见,条件反应是由于条件刺激(铃声)与无条件刺激(食物)配对呈现的结果。整个学习过程如表 2-1 所示:

表 2-1　经典条件学习过程

学习前	UCS————————→UCR 无条件刺激(食物)　　　无条件反应(分泌唾液) 中性刺激(铃声)　　　　　无
学习中	CS 条件刺激(铃声) UCS————————→UCR 无条件刺激　　　　　　　无条件反应(分泌唾液)
学习后	CS————————→CR 条件刺激(铃声)　　　　　条件反应(分泌唾液)

在巴甫洛夫一系列研究的基础上,行为主义者依据经典条件作用原理概括出了下面的五条学习律,广泛解释人类行为的规律:

(1)习得律。条件反应的习得是条件(原来是中性的)刺激与无条件刺激配对呈现的结果。两者在配对时要注意两点:一是条件刺激作为无条件刺激即将出现的预报或信号,必须先于无条件刺激的呈现;二是必须把握好条件刺激和无条件刺激呈现的时间间隔,研究表明,两者间隔在0.5秒时习得条件反应的效果最好。

(2)消退律。如果条件刺激重复多次出现而不伴随无条件刺激,那么条件反应将逐渐削弱,直至消失。一开始,这种消退并不是永久性的,它在一段时间之后会自发恢复,但恢复不会达到原来的强度。当几次自发恢复都没有无条件刺激的伴随后,条件反应才会真正消退。同时,研究发现,不同的条件反应会有不同的消退速度。

(3)泛化律。某种条件反应一旦确立,类似于原来条件刺激的刺激也能引发这种条件反应。一般而言,与原来的条件刺激相似程度越大,新刺激引发的条件反应泛化的可能性也越大。

(4)辨别律。辨别是与泛化相反的过程。有机体需要对有关刺激与无关刺激进行辨别。通过辨别,有机体才能有选择地对有意义的某些刺激作出反应,而不对其他无关刺激作出反应。

(5)高级条件作用律。一个条件反应建立后,可以运用其他刺激替代原来的条件刺激来建立二级条件反应。例如,狗形成了听到铃声分泌唾液的条件反应之后,再把灯光与铃声配对,多次进行重复后,灯光也会使狗产生分泌反应。这个过程就是高级条件反应形成的过程。当然,等级越高,建立这样的条件反应越难,稳定性也越差。对人来说,高级条件作用就是能够通过语词来建立条件反应。

二、华生古典行为主义理论

古典行为主义亦称"S-R行为主义",是以华生为代表的早期行为主义。该理论坚持以纯粹客观的标准和方法研究可以客观观察和测量的外显行为,并用刺激和反应的术语解释行为;同时主张放弃研究意识,抛弃内省研究方法;坚持个体行为不是与生俱来的,不是由遗传决定的,而是绝对受环境因素的影响被动习得的,提出"环境决定论"与"教育万能论";认为经由对动物和儿童实验研究所得到的行为的原理原则,也可推论解释一般人的同类行为。

(一)心理学的性质及研究对象

华生认为,心理学应该抛弃研究意识,而代之以行为。它的研究对象只能是可观察的客观行为,而行为就是一种可以外部观察的有机体的反应,其本质是人和动物对外界环境的适应,刺激—反应是有机体所有行为的共同要素。

行为的最小单位是刺激反应的联结,行为是动作、习惯的形成,习惯的集合等。此外有机体的行为可以分为外显反应和内隐反应、习得的和非习得的、直接观察到的和间接观察到的。人类的一切行为,包括人所特有的思维都属于以上类型中的一种。

心理学的基本任务在于查明刺激与反应之间的规律性关系,根据刺激推知反应,根据反应推知刺激,以此确定刺激和反应之间的联结规律,从而达到预测或控制行为的目的。而且心理学是一门纯粹的自然科学,要使心理学取得与生物学、物理学等自然科学同样的地位,就必须放弃心理学研究中一切主观性的概念和术语,而采用更客观的研究对象和方法。

（二）心理学的研究方法

与心理学的研究对象和学科性质相一致的是,华生认为,在方法上心理学应该停止使用内省法,而代之以 S-R 方法,透彻分析刺激及其所引起的反应。行为的主要研究方法有以下五种:

（1）观察法。观察法是研究行为最古老、最基本的方法,包括自然观察和实验控制的观察。

（2）测验法。测验法是测验被试对刺激情境所作出的反应,测验的结果应作为行为的样本即行为资料,而不是对心理品质的度量。这种方法可以应用到有语言缺陷的人身上。

（3）言语报告法。又称口头报告法,即被试报告其体内的变化。因为言语反应也像其他类型的运动反应一样,也是一种客观的行为。但是华生指出,言语报告是一种"不精确的方法",不能完全代替观察法。

（4）条件反射法。条件反射法是将生理学中的条件反射法引入到心理学中对行为进行试验研究的方法,它是行为主义理论中最重要的研究方法。

（5）社会实验法。在某种程度上,社会实验法可以说是行为主义原理在社会问题研究中的应用,可以考察社会情境和社会变化之间的关系,为更好地管理和控制社会服务。

（三）本能论

本能是物种由基因规定的生存能力,它不需要学习,具有特定的环境适应性而且物种内部个体之间的表现模式相同。华生否认行为的遗传和本能的作用,提出"环境决定论"与"教育万能论"。他宣称:"给我一打健康而没有缺陷的婴儿,并在我自己设定的特殊环境中教育他们,那么我愿意担保,随便挑选其中一个婴儿,都可以把他训练成为我所选定的任何一种专家:医师、律师、艺术家、商界首领乃至乞丐和盗贼,而不管他的才能、嗜好、趋向、能力、天资和他祖先的种族"。

（四）情绪论

华生将情绪定义为一种遗传的类型反应,包括愤怒、恐惧和爱三种原始情绪,其他各种更加复杂或高级的情绪都是在此基础上通过条件作用逐渐形成的,条件作用是情绪复杂和发展的机制。具体而言,一切情绪都不过是身体对特定刺激作出的反应而已,这种反应分身体内部的内脏反应和外显的身体反应,都可用外部表现(即动作)加以定义。

为了证明自己的推论,华生和他的助手进行了一项著名的情绪实验。实验对象是 11 个月大的婴儿阿尔伯特。华生将铁棒的敲击噪声作为无条件刺激与小白鼠连续配对出现几次后,阿尔伯特一看到小白鼠后就会怕、会哭,继而泛化到所有带皮毛的东西上。之后,华生又通过一系列消退性实验,使小阿尔伯逐渐摆脱了对小白鼠的害怕。

（五）思维论

华生否定思维机制在大脑或中枢神经系统,坚持一种"外周思维论",即思维的发生不在中枢而在外周,表现为某种感觉运动的行为。因此,"喉头是思维的器官",只不过思维是一种内隐的、无声的、供个人使用的语言习惯,由外显的语言习惯,即言语逐渐演变而来。人类除语言形式的思维外,还有非语言形式的思维(如聋哑人的思维)。

三、斯金纳操作行为主义理论

斯金纳是继华生之后最有影响的新行为主义者。他坚持行为的实验分析方法,发展了一套理解动物和人类行为的操作行为主义体系,并将它广泛地推广和应用于人类的许多实践领域,诸如教学、言语行为、社会控制以及动物训练和心理治疗中。

(一) 心理学是描述行为的科学

斯金纳认为,心理学应当是一门直接描述行为的科学。要使心理学成为一门描述行为的科学,只需观察和研究行为本身,使用客观的方法找到决定某一行为的特定因素,以此来分析行为,并把决定行为的先行影响(即自变量,以 S 表示)与后继的行为(因变量,以 R 表示)之间的关系及其性质确定下来。至于过去形成的条件(以 A 表示)确实会改变 R 与 S 之间的函数关系,它们是除了自变量和因变量之外的"第三变量",所以行为公式可以用 $R=f(S,A)$ 的函数表述。

要确定因变量和自变量、第三变量之间的函数关系,斯金纳认为最好的办法是依靠实验,通过设置和控制一定的实验情境,实验者操纵自变量,然后观察后继的行为变化。为此,斯金纳专门设计了一种实验装置,即斯金纳箱。斯金纳据此系统控制和分析了影响动物行为的因素,总结了动物操作性条件作用的原理。

(二) 操作性条件作用原理

斯金纳将有机体的行为分为两类:应答性行为和操作性行为,分别对应于不同的条件作用形成机制。应答性行为比较被动,由刺激控制;操作性行为代表着有机体对环境的主动适应,由行为的结果所控制。他指出,人类的大多数行为都是操作性行为,具有不同于经典条件反射的作用机制。

1. 操作性条件反射的建立

斯金纳利用斯金纳箱这个独特的实验装置,对白鼠的操作性行为进行了一系列的研究。并且,他以类似的方法对其他动物和人也进行了研究,从中得出了操作性条件反射建立的规律,即"如果一个操作发生后,接着给予一个强化刺激,那么其强度就增加"。只不过,强化增加的不是某一具体的反应,而是反应发生的概率。行为的关键在于操作及其强化依随。

2. 操作性条件反射的消退

关于操作性条件反射的消退,斯金纳总结说:"如果在一个已经通过条件化而增强的操作性活动发生之后,没有强化刺激物出现,它的力量就削弱。"可见,与条件作用的形成一样,消退的关键也在于强化。但是,反应的消退表现为一个过程。即一个已经习得的行为并不会即刻随强化的停止而终止,而是会继续反应一段时间,最终趋于消失。消退过程的时间长短也是衡量操作性条件反射力量的一个指标。

3. 操作性条件反射的分化

所谓分化是指通过安排强化动物条件反应的某一个特征,如速度、持续时间和强度等,动物可逐渐形成有选择性的反应。与消退一样,分化的关键因素也是强化。通过在反应的细微变化水平上实施强化,动物学会了特定的、表现出选择性的反应,最初的条件反应也就形成了分化。

（三）强化在操作性条件反射中的作用

1. 强化物的种类

斯金纳认为,强化物一般可以分为两类,一类是指与反应相依随的刺激能增强该反应,此为积极强化物,如水、食物、奖赏等;一类是消极强化物,是指与反应相依随的刺激物从情境中被排除时,可增强该反应。强化的效果总是增强反应,而惩罚不应算是一种消极强化物。

2. 条件性强化

所谓条件性强化是指一个中性刺激与一个强化刺激反复匹配联合,那么它也具备了强化的性质。条件强化物的强化力量与相匹配的原始强化物的配对次数成正比。如灯光与食物的匹配次数越多,灯光的强化作用便增加。如果某一条件性强化物与许多原始强化物相匹配,那么该条件性强化物便具备了多方面的强化作用而成为一个概括性强化物。最典型的例子就是货币了,但由于它与衣、食、住、行等皆相联系、匹配,因而具有广泛的强化作用。

3. 强化的程序

斯金纳细致地研究了强化的程序。鉴于实际生活中的个体行为并不像实验情境中的动物行为一样总是受到连续的强化,所以,斯金纳着重研究了间歇强化。

间歇强化一般可分为固定强化和非固定强化两种。固定强化又分定时强化和定比强化。定时强化是指以反应时间而非反应数量为单位来实施强化。定比强化是指以反应的数量而非时间为单位来实施强化。实验表明,如果强化比率的标准不是高不可攀的话,定比强化下的动物反应要快于定时强化下的反应。

斯金纳还指出,如果使用非固定强化,即安排强化的时间间隔或反应次数不是以固定的标准出现,而采取变异的标准的话,这往往会克服固定强化的缺陷,而使得反应既稳定又均匀,而且难于消退。如果将固定强化和非固定强化混合安排使用,则效果非常好。

四、班杜拉社会学习理论

社会学习理论形成并发展于 20 世纪 60 年代,班杜拉虽然不是提出并使用社会学习理论术语第一人,但就其体系的系统性和理论影响力而言,可以说他是社会学习理论的奠基人。班杜拉认为,以往的学习理论家都忽视了社会变量对人类行为的制约作用,以物理的方法对动物进行实验,并以此来建构人类行为的理论体系。但是,由于人总是生活在一定的社会条件下的,所以班杜拉主张要在自然的社会情境中而不是在实验室里研究人的行为。于是,班杜拉以大量实验研究为基础,以认知和行为相结合的观点看待社会学习,并十分强调人的认知功能和自我选择、自我调节的机制。

（一）关于行为的交互决定论

班杜拉指出,行为、人的内部因素、环境的影响,三者彼此相互联结、相互决定,这一过程涉及三个因素的交互作用而不是两因素的结合或两因素之间的单向作用,人的内部因素(即观念、信仰、自我知觉)和行为同样是彼此交互决定的因素。所谓交互就是"事物之间的相互作用",决定论就是"事物影响的产物"。班杜拉反对关于行为的个体决定论和环境决定论,主张行为的交互决定论。

具体而言,环境是决定行为的潜在因素。首先环境确实对行为有影响,甚至产生决定作用的影响。其次这种作用是潜在的,只有环境和人的因素相结合,并且被适当的行为激活时,环境才能发挥这种作用。人们可以根据其与环境交往的经验归纳总结规律,并预期行为结果,以此来调节人们的行为。班杜拉指出,人既不是完全受环境控制的被动反应者,也不是可以为所欲为的完全自由的实体,人具有自我调节能力,这些能力使人能够对自己的情绪、思想和活动进行某些控制。人与环境是交互决定的。环境有利于建立自我调节的功能,从而建立和发展自我反应的能力。事实上,环境、人和行为的相互关系和作用是一种交互决定的过程,不是两者的连接或两者之间双向的相互作用。当然,个人、环境和行为三种因素的相对影响力在不同的条件下,对不同的人而言会有很大的差异。

(二)观察学习及其过程

观察学习又称为无尝试或替代性学习,是指通过对学习对象的行为、动作以及它们所引起的结果观察、获取信息,而后经过学习主体的大脑进行加工、辨析、内化,再将习得的行为在自己的动作、行为、观念中反映出来的一种学习方法。班杜拉认为,正是由于人具有通过语言和非语言形式获得信息的能力,也有自我调节的能力,使得个体不必事事经过亲身体验,而只要通过观察他人(榜样)所表现的行为及其结果就能学到复杂的行为反应。

班杜拉根据观察者观察学习水平将观察学习分为三类:直接的观察学习,即对示范行为简单模仿;抽象性的观察学习,即从示范者的行为中获得一定的行为规则或原理;创造性观察学习,即从不同示范行为中抽取出不同的行为特点,并形成了一种新的行为方式。观察学习有四个主要特点:不一定有外显行为表现;并不依赖直接强化;观察学习具有认知性;观察学习不等同于模仿。

班杜拉的一个经典实验很能说明观察学习的过程。该实验分两个阶段进行。第一阶段,先把儿童分为两组,让他们分别观看一段录像片。甲组儿童观看的录像片的内容是一个大孩子在打一个充气娃娃时,进来一个成人发给他两颗糖,作为奖励并夸奖说打得好。乙组儿童观看的录像片的内容也是一个大孩子在打一个充气娃娃,但不同的是进来一位成人批评了那个大孩子,作为对这种不好行为的处罚还打了那个大孩子一下。

看完录像片后,主试把两组儿童一个个单独领进一间放着充气娃娃的小屋里。结果表明,两组儿童有不同的表现,甲组儿童都学着大孩子的样子去打充气娃娃,而乙组儿童却很少有人敢去打一下充气娃娃。实验的第二阶段,主试鼓励两组儿童学习录像片里的大孩子打充气娃娃,并且谁学得像就给谁糖吃。结果表明,甲乙两组儿童的行为表现就没有差异,即都会使劲地去打充气娃娃。

两个阶段的实验表明:(1)在榜样示范后,甲乙两组儿童都获得了榜样的攻击行为。(2)甲组儿童在两个阶段都受到奖赏和鼓励,在这样的条件下,他们都会在以后表现出先前获得的榜样行为。(3)乙组儿童在实验第一阶段之所以没有人表现出攻击行为,是因为他们害怕受到惩罚;在第二阶段条件许可的情况下,他们也会像甲组儿童那样模仿操作在先前观察中学到的攻击行为。

班杜拉认为,观察学习包含四个过程,分别是注意过程、保持过程、运动再现过程和动机过程。其中的每一过程都受着不同因素的影响(如图2-1所示):

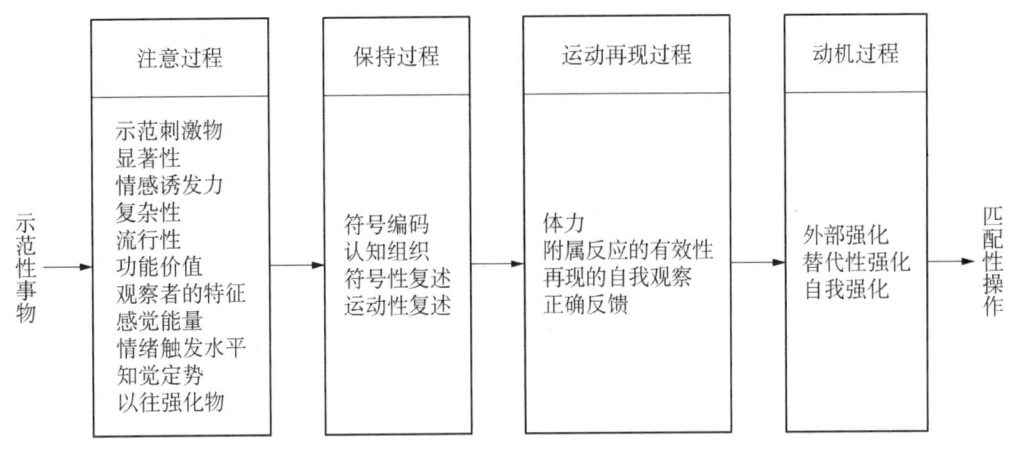

图2-1 观察学习的四个过程模式

(三)自我调节与自我效能

班杜拉认为,人通过认知过程不仅能控制自己的生活,而且能对未来制定计划和确定目标。人之所以能坚持不懈、追求不息,就是因为人具有预期未来、树立目标、自我满足和自我评价的能力。人能依赖自己的内部标准来调节自己的行为,来奖励和惩罚自己。所以,人的行为不仅受着外在因素影响,也可以通过自我生成的因素来自己调节自己的行为。

行为的自我调节,就是一个人的内在强化过程,是一个人调节自己行为的过程,这一过程离不开个体对自己行为的计划和预期与对行为的现实结果加以对比和评价。班杜拉指出,如果行为仅仅由外部报酬或惩罚所决定,人就会像风向标一样,不断地改变方向,以适应作用于他们的各种短暂影响。……事实上,除了在某种强迫压力下,当面临各种冲突影响时,人们表现出强有力的自我导向。……由于人们具有自我指导的能力。使得人们可以通过自我调节来对自己的思想、情感和行为施加某种影响。

班杜拉指出,自我调节是由自我监察、自我评价、自我强化三个过程组成的。自我调节功能并非能一蹴而就地建立起来。自我强化在人的行为自我管理中起着重要作用。班杜拉认为,个体自我强化的标准可以通过模仿、规范内化和榜样作用等三条途径获得。

所谓自我效能,是指一个人对自己在特定的情境中是否有能力操作自己的行为来获得理想效果的预期。班杜拉将这样的预期分为结果预期和效能预期。结果预期,是个人对某种行为导致某种结果的预测;效能预期,是个人对自己能否顺利地进行某种行为以产生一定效果的预期。他指出,效能预期不只影响活动和场合的选择,也会对努力程度产生影响。被知觉到的效能预期是人们遇到应激情况时选择什么活动、花费多大力气、努力坚持多长时间的主要决定者。

自我效能感如能进一步深化,会成为人的价值系统的一部分,这时它就成为这个人的自我效能信念。从本质上讲,自我效能及其信念是自我生成的能力。班杜拉强调指出,人类除了有替代性学习能力、自我调节能力和使用符号的能力之外,自我生成的能力是最根本的能力。人们通过自我生成的能力,就可以对技能进行权衡和判断,也可以对自己的思维加以评价与改变。他认为,影响自我效能及其信念形成的因素有五个,即行为的成败经验、替代性经验、言语劝说、情绪的唤起和情境条件。

第三节　人本主义理论

人本主义心理学理论真正的发展始于20世纪60年代,主要代表人物有美国的卡尔·罗杰斯、马斯洛(A. H. Maslow)等,其中罗杰斯还创造性地将人本主义的理论用于教育、临床等多个实践领域中,为人本主义的咨询心理学作出了杰出贡献。

一、人本主义的共同理念

美国人本主义心理学会曾经发表过的一份共同宣言,该宣言提出了人本主义心理学今后的努力方针。它颇能反映人本主义心理学的共同的理念和一致的观点,主要有:

(1) 在研究人的心理时,经验着的个体(experiencing person)才是应该关注的焦点。即心理学应该把个体的内部经验作为首要的也是重要的研究对象,而那些抽象的理论和外显的行为不能成为心理学研究的主要对象,因为它们对于人及其经验来说并不十分重要。

(2) 对人之所以为人的独有的特质,如自由选择、创造性、价值观、自我实现等,必须予以特别的重视。同时,对那些用简单的和机械的观点和方法来研究人的做法必须持坚持反对的态度。

(3) 在需要对有关问题及其解决途径进行判断和选择时,人们必须特别关注它们对人的存在和发展具有什么意义。在心理学研究和心理咨询方面,对那些把客观性视为至高无上、同时置有意义的人的经验于不顾的观点和做法必须坚决反对。

(4) 心理学的终极任务和崇高使命应该是提高人的自身尊严和内在价值,所以心理学应该研究人的丰富的情感世界、应该研究如何发展人的各种潜在的能力。

人本主义心理学的观点丰富多彩,与学校心理咨询有关的主要是人本主义的人性观和价值观。

二、人本主义的人性观

人本主义心理学把人性置于心理学研究的核心地位,非常重视人性的研究。若干个对人性较为一致的看法构成了人本主义心理学运动的重要基础,其内容主要包括以下几个方面。

(一) 人性"本善"非"本恶"

众多人本主义心理学家对弗洛伊德的性恶论持有明确的反对态度。他们认为,弗洛伊德完全专注于人性的黑暗面,而不考虑人的人性感、自由和尊严。他们坚信,人类有机体有能力进行自我指导,能够对自己的存在方式负责。人在自我实现的动机的驱使下,只要提供了适当的成长和自我实现的环境与机会,人性就能不断地向着积极、健康、向上的方向发展。

值得一提的是,人本主义心理学家罗洛·梅(R. R. May)对人性持有较为辩证的态度。在他看来,人性中善与恶兼而有之,其中最美好的与最糟糕的、快乐与痛苦、善与恶、幸福与悲哀都是相互依赖、相互联系的。他说:"生命是善与恶的混合。……它包括获得善,但又不和恶相分离。"罗洛·梅对人性的辩证看法并依此来观察人生的发展是颇有见地的。

(二)人性的显著特点是"持续不断的成长"

人本主义心理学家认为,人是一种"正在成长过程中的存在"。在人生的全程发展中,人的内在动机不断导引着人的行为、导引着人的自我结构趋向完善。如,奥尔波特(G. W. Allport)认为,个人的动机有一个不断发展的内在组织,它由人的当前意识所决定,不断改变着诸如志向、价值观、计划和希望之类的自我结构的要素,并指导着人未来的前进方向。又如,罗杰斯认为,每个有机体都具有带有某种方向性的形成倾向,人的内心深处都有一种想保存、提高和再造自己的倾向,都希望摆脱外界控制而独立发展,都想成为自我支配的、甚至超越自己的人。

总之,人本主义心理学家们相信,人性之所以是发展的,是因为"持续不断的成长"是人性的显著特点,是由于人所追求的自我完善和实际上的不完善之间有一种永久的紧张。这一特点促使人会不断地发展和完善自我。这样,自我实现便成为人生永恒的追求。

(三)人能"自主"地"自我选择"

人本主义心理学家们认为,为了能通过成长过程而达到自我实现的境界,一个人必须认识到自己的最终责任。然后,一个人必须通过自己的不懈努力,克服自身的各种不足和现实生活中的种种限制,去发展和完善自我。在这个过程中,一个人必须自主地作出与自己个体状况相吻合的选择,而人是愿意也能够做到这一点的。通过这样自主的自我选择,人就会成为一个"功能得到完全发挥的人"(罗杰斯),一个"在功能上自主的人"(奥尔波特),一个"其自我必须是自动整合的和实现的人"(马斯洛),一个"必须有一种自我觉知感和核心感的人"(罗洛·梅),一个"真实的存在着的,能自由地投身于自己选定的存在中心的人"(布根塔尔(J. Bugental))。

三、人本主义的价值观

自心理学独立以来,是人本主义心理学第一次郑重地把人的价值问题提上研究日程的。他们认为,人必须有一种价值系统,这种系统能给人生活提供意义和目标。不过,在具体的内容和阐述上,人本主义心理学家常常有各自的见地。

(一)罗洛·梅的存在主义价值观

罗洛·梅在许多著作中都对价值观问题做过阐述。在他看来,价值观是理解人类本性的基础,它是从人性的理性和非理性水平、意识与潜意识水平中产生并发展的。从这个意义上说,价值观并不是理论推测的产物,而是在投身于自我选定的价值中心过程中作出的主观选择。

罗洛·梅认为价值观的心理功能主要表现为,要求人们意识到自己的身体和情感,能够鼓励人们坚定人生的信念,促使人们勇敢地负起责任和面对焦虑。因此,人正是运用价值观来作为评价人类和自身存在的标准的。

(二)马斯洛与罗杰斯的自然主义价值观

马斯洛和罗杰斯认为,面对当今时代人的道德水准下降的现状,唯一的解决方法是找到一种不依赖于人的主观价值的"真正有效的道德系统"。在那些"最完美的人"和身心健康的人身上即自我实现者的人身上,这个系统上的价值观会自然地表现出来。因此,自我实现者的人性、能力和价值观可能是最高级的,是超越整个物种的自然价值观。用这种价值观组成一个具有普遍意义的道德体系,就能解决我们时代各种复杂的价值问题。用这类价值观取向来指导、控制和改善人类的生活,就会促使社会向着健康的方向发展。

(三)奥尔波特的现象价值图式

奥尔波特认为,人格有一个自我,这个自我按照它的意向参与了有机体的组织和那些能影响其命运的事情。这个指导人格的意向就是价值图式,它是人格组织的基础。因此,研究个体独特的价值图式及其具有的普遍意义,就应该是心理学研究的一个重要任务。在此基础上,我们可以用这种具有普遍性的价值图式来理解人格和指导人类的生活。

总之,人本主义心理学的价值观是一种自主的、有意向的、健康成长取向的价值体系。它的基本倾向是保持真实性,是自由、自主、自我选择和自我决定的。

四、马斯洛自我实现心理学

马斯洛的自我实现心理学理论——人的需要层次论和自我实现论闻名于世。

(一)需要层次论

需要层次论是马斯洛理论体系的出发点。他认为,人的需要具有类本能的属性,从低到高按层次可以分为五种,分别是:生理需要、安全需要、社交需要、尊重需要和自我实现需要。生理需要,也是级别最低、最原始、最具优势的需要,包括食物、水、空气、性欲、睡眠、健康等,与维持个体生存和种族发展有关,要求优先获得满足。安全需要,同样属于较低级别的需求,其中包括人身安全、生活稳定以及免遭痛苦、威胁或疾病等。社交需要,属于较高层次的需求,如:对友谊、爱情以及隶属关系的需求。尊重需要属于较高层次的需求,如:成就、名声、地位和晋升机会等。尊重需要既包括对成就或自我价值的个人感觉,也包括他人对自己的认可与尊重。自我实现需要,是最高层次的需求,包括针对于真善美等至高人生境界获得、个体潜能得以发挥并获得自我实现的需要,是在前面四项需求都能满足之后所产生的一种衍生性需求。

至于各需要层次之间的关系,马斯洛指出,基本需要是高级需要的基础和前提,只有低层的基本需要获得充分满足,较高级的需要才会出现;五种需要像阶梯一样从低到高按层次逐级递升,但次序并非完全固定,也可能存在例外情况;五种需要可以分为高低两级,其中生理需要、安全需要和社交需要都属于低一级的需要,这些需要通过外部条件就可以满足;而尊重需要和自我实现的需要是高级需要,需要通过内部因素满足;各层次的需要相互依赖和重叠,高层次的需要发展后,低层次的需要仍然存在,只是对行为影响的程度大大减小。

（二）自我实现论

马斯洛认为,自我实现是指个体的各种禀性、才能和潜能在适宜的社会环境中得以充分发挥,实现个人理想和抱负的过程,也是指个体身心潜能得到充分发挥的理想境界。个体的人格倾向性就是追求未来的最高成就。自我实现有两个标准:最大限度地发挥自己的先天禀赋和潜能,极少出现不健康状态、精神病和能力缺陷。

马斯洛通过广泛调查发现,自我实现者具有15种人格特征:准确全面且客观地认知世界;认可自然、他人和自己;表现出自发性和单纯性;以问题为中心而非自己为中心;有独处和独立的需要;自主而不依赖环境;能欣赏生活,抱有好奇心;比一般人有较经常的高峰体验;关心认同社会和他人,有强烈的同情心;能发展与他人的亲密关系,但深交有选择;具有强烈的道德感;具有民主的性格和态度;富有哲理和幽默感;富有创造性;不屈从权威,具有自主性。

自我实现者是我们追求的理想人格,通向自我实现有八条途径:无我地体验生活,全神贯注,忘怀一切;作出成长的选择;承认自我的存在,让自我显露出来;诚实而不要隐瞒;倾听自己的兴趣、爱好和冲动,有担当;勤奋而努力;设置条件,使高峰体验更可能出现;识别自己的防御心理,并有勇气放弃这种防御。

（三）高峰体验论

当个体达到自我实现状态时,往往会"感受到一种发自心灵深处的颤栗、欣快、满足、超然的情绪体验",马斯洛把这种感受称之为高峰体验。这是一种从未体验过的兴奋与欢愉的感觉,那种感觉犹如站在高山之巅,获得的愉悦虽然短暂,但却可能尤其深刻,甚至是语言无法表达的。也就是说,高峰体验就是指人们在自我实现过程中,基本需要获得满足后,达到自我实现时所感受到的短暂的、豁达的、极乐的体验,是一种趋于顶峰、超越时空、超越自我的满足与完美的体验。

高峰体验由两个心理成分构成:情绪体验成分和认知成分。高峰体验与自我实现关系密切。首先,高峰体验是自我实现达到时个体经常出现的一种身心高度协调的状态;其次,高峰体验是迈向自我实现的必经道路。

五、罗杰斯的自我心理学

自我是罗杰斯体系的核心概念,指个人对自己独特的知觉、看法、态度和价值观的总和。婴儿最初并没有自我的概念,随着他与他人、环境的相互作用,他开始慢慢地把自己与非自己区分开来。所以说自我启始于经验,是从环境中分化出来的。

经验是指围绕有机体而发生的一系列事件。对有机体发展起作用的经验可以称之为有机体经验,其中的部分经验被主体通过符号化的方式意识到而成为个体的主观经验,即主观现实世界。从这个角度而言,与其说我们生活在客观环境里,还不如说我们生活在自己能够感知到的主观经验世界中。自我一旦形成,便成为经验的同化机制,决定着个体怎样接受外界经验的影响以及据此作出怎样的反应。

自我可以分为现实自我和理想自我,分别指真实存在中的自我和个体期望向往的自我形象,两者的一致性程度可以测量个体心理的和谐健康程度,相关越高,心理和谐和健康度越好,反之亦然。

自我具有自我实现的内在天性。当最初的自我概念形成之后,人的自我实现趋向便开始激活,在自我实现的动力驱动下,儿童在环境中进行各种尝试活动并产生出大量的经验。这种趋向是有选择性和方向性的,是善的、美好的、具有建设性的力量,驱使个体变得越来越自主、成熟和发展。自我实现的趋向存在于一切有机体身上,包括动物,也是有机体发展的唯一动力。

罗杰斯还指出,自我具有对积极关注的需要。个体自婴幼儿期就需要他人的温暖、赞许、爱抚、喜爱和认可,寻求获得爱的经验。如果父母他人满足儿童这种需要附加了其他条件,则构成条件性积极关注,反之则为无条件积极关注。当儿童将获得条件性关注的价值条件自觉或不自觉地予以内化而成为自我结构的一部分时,就会形成社会自我,后者以超我和良心的方式指导儿童的行为。当儿童获得的积极关注没有附加条件时,此时的自我则为真实自我。当社会自我和真正自我发生异化、存在冲突时,个体就会预感到自我受到威胁,因而产生焦虑。此时,个体就会运用防御机制(歪曲、否认、选择性知觉)来对经验进行加工,使之在意识水平上与自我相一致。如果防御成功,个体就不会出现适应障碍,若防御失败就会出现心理适应障碍。咨询与治疗的目标就是将原本不属于自己的、经内化而成的自我部分去除,找回属于自己的思想情感和行为模式,这样才能充分发挥个人的机能,促进个性的健康发展。

第四节　认知心理学的基本理论

从广义而言,凡是侧重研究人类认知过程的心理学都可以叫做认知心理学,包括冯特心理学体系、格式塔心理学、皮亚杰发生认识论,甚至是人本主义理论。但现代科学认知心理学通常专指信息加工认知心理学,将人类认知与计算机进行人机功能模拟,视人为一个信息加工的系统,认为认知就是信息加工,就是感觉输入的编码、贮存和提取的全过程。

现代认知心理学是 20 世纪 50 年代中期在西方兴起的一种心理学思潮,20 世纪 60 至 70年代开始成为西方心理学研究的主流。相对于行为主义给心理学带来的科学主义革命,认知心理学被视为心理学的另一场革命,又被称为"第二次革命"。

一、认知心理学的兴起与发展

认知心理学的历史源头可追溯至古希腊时期,当时的哲学家柏拉图和亚里士多德就记忆和思维等人类认识问题进行过思考。但对现代认知心理学的兴起而言,第二次世界大战时和战后对人类认知因素、操作技能、人机系统等的重视,以及信息爆炸、科技革命、产业发展等都对认知心理学提出了实际需求。

20 世纪 30 年代,英国数学家图灵(A. Turing)提出的自动机理论为计算机的出现奠定了理论基础。图灵理论及随后出现的计算机对心理学也发生了影响,启发了认知心理学家:

人脑也是物理符号系统,人类的认知系统也可以视为符号运用系统。

冯特意识心理学对意识研究和实验内省法的坚持为认知心理学家所继承和发展。同时,格式塔心理学对意识整体性的坚持,对知觉、思维和问题解决的研究传统也影响着认知心理学。尤其是 20 世纪 50 年代新行为主义转向认知行为主义,强调恢复对认知的客观研究,也进一步催生了认知心理学。

1956 年是认知心理学史上的一个重要年份,当年许多心理学家发表和出版了大量关于注意、记忆、语言和问题解决的文章或著作,体现了心理学的信息加工观点。如乔姆斯基(N. Chomsky)的语言理论猛烈地抨击了行为主义关于语言获得的观点,强调心理过程在语言使用中的重要性;纽厄尔(A. Newell)和西蒙(H. A. Simon)提出了"通用问题解决者"模型。两位也被视为现代认知心理学的开创者,两人于 1972 年合作出版的《人类问题解决》成为该领域的重要著作。

唐纳德·布罗德本特(D. E. Broadbent)于 1958 年出版的《知觉与传播》一书为认知心理学取向立下了重要基础,他指出认知的讯息处理模式是一种以心智处理来思考与推理的模式。"认知心理学"第一次命名问世则要归功于德裔美国人奈瑟(U. Neisser)。1967 年,奈瑟出版的《认知心理学》是第一本以认知心理学命名的著作,该书表述了信息加工心理学的观点,奈瑟也成为认知心理学的代表人物之一。

认知心理学创立之初坚持实验室研究,远离了人类的日常生活。1973 年,纽厄尔考察了 59 种实验结果,发现只有 2 种与日常生活有直接关系,转而呼吁要矫正认知心理学过于依赖实验室研究的倾向,而应该推广至实验室之外,回应和解决人们的实际生活和工作问题,因而出现了认知心理学的"生态学效度"运动。

可以说,认知心理学自诞生到 20 世纪 70 年代,人机模拟、认知即信息加工占据了主导地位。但到了 20 世纪 80 年代,许多心理学家认识到,人脑不能简单类比于计算机,符号信息加工也与人脑信息加工差异很大,相反,人脑更趋近于生物的神经网络而呈现出人类独特的平行分布加工,这促使了认知心理学中联结主义新浪潮的出现。当代认知心理学的发展产生了两个鲜明的趋势:第一是认知心理学与其他相关学科之间的互动明显加强,尤其是与神经生理方面的研究相互验证;第二是认知心理学的研究更加注重生态效度,即更重视在一定的文化背景和情境中考察认知活动。

二、认知心理学的研究方法

现代认知心理学吸收了早期实验心理学、行为主义和计算机等相关学科的研究思路和成果,有自己比较完整的研究方法体系。

(一)实验法

实验法是认知心理学最主要的研究方法,包括反应时实验和眼动实验。

反应时实验是指从刺激呈现到作出明显反应之间的时间间隔,其间的过程可以视之为信息的接收、加工、处理和输出,采取计算机编程可以探讨人脑内部的认知加工过程。具体又可以细分为三种方法,分别是减法反应时实验、加法反应时实验、开窗实验法。

减法反应时实验的逻辑是安排两种反应作业,其中一个作业包含另一个作业所没有的一个处理(加工)阶段,但在其他方面均相同,两个反应时间差就是信息加工阶段,常用于研究识别、短时记忆等。

加法反应时实验认为完成一个作业所需的时间是一系列信息加工阶段分别需要的时间的总和。如果发现可以影响反应时的一些因素,那么单独或成对地应用这些因素进行实验,就可以观察到完成作业时间的变化。如果两个实验因素的效应是相互制约的,那么这两个因素一定作用于同一个信息加工阶段;如果两个因素的效应彼此独立,即可以相加,那么这两个因素各自作用于不同的信息加工阶段。

开窗实验法就是将某一信息加工阶段的时间进行直接测量,犹如在一系列信息加工的某个阶段打开了一个"窗户",使该阶段的情况清晰呈现出来,因而比加法反应时和减法反应时方法更加直接、更具优越性。

眼动实验就是通过视线追踪技术,记录和分析被试在完成某项任务时的眼睛活动的情况来探讨人脑内部思维的过程。早期人们主要利用照相、电影摄影等方式来记录眼球运动情况,现在则利用眼动仪及相关软件等,可以得到更加精确的记录。

(二)观察法

观察法主要是指通过对外部行为的观察揭示和解释信息输入和输出之间发生的内部心理过程,简单好用,同时还可以使用计算机模拟来检验所得结论。除外部观察之外,认知心理学非常重视自我观察,口语报告法是其中最常用的方法之一。口语报告法又称出声思考法,就是在被试思考时,要求进行"出声思考",即同步口头报告思考运算过程和想法,以此使思维过程外部言语化,这样就可以直接观察人的思维过程。这是认知心理学家特别是研究思维的认知心理学家常用的一种方法。

(三)计算机模拟

计算机模拟是认知心理学最有代表性的独特研究方法。它通过对心理过程的计算机模拟来对人类的认知过程加以探讨,即对人的内部信息加工过程进行逻辑分析。具体来说,就是先通过实验分析提出关于人的认知过程的某种假设,然后编制符合人类认知活动机制的计算机程序,这样就可以将计算机模拟所提供的输出与人类行为相比较。假设刺激输入条件相等,那么计算机输出就应该类似于人类解决同样课题时所给出的输出;如果计算机的输出与人的不一样,那么找出差别也就找到了改正理论的依据。计算机模拟还可以预测复杂的行为。

三、认知心理学的研究领域

认知心理学的研究范围非常广泛,几乎涵盖认知过程及其发展,包括人工智能等诸多领域。

(一)知觉加工方式研究

知觉是确定刺激物意义的过程,包括对刺激物的定向、选择、组织和解释。现代认知心理学较之传统心理学更加注重对知觉过程的精细研究,揭示其内在的信息加工方式,这些加工方式主要包括：（1）数据驱动加工和概念驱动加工（Lindary & Norman，1977），前者指从刺激作用开始的加工，即自下而上的加工；后者是从主体对于知觉对象的一般知识开始的加工，也叫自上而下的加工。（2）系列加工和平行加工，前者是指信息加工按照确定的顺序一步一步进行的加工方式，后者是指多方面刺激信息可以在不同的信息加工单元中同时进行的加工方式。（3）整体加工与局部加工，前者是指知觉到刺激物的整体特征，后者是指知觉到刺激物局部的特征。在许多情况下，知觉加工都表现出明显的整体优势效应。

（二）模式识别研究

模式识别是现代认知心理学知觉研究的重点。模式是指由若干元素、成分或部分按照特定关系组成的某种刺激结构。模式识别是指对于外界刺激进行比较和匹配，从而加以辨别和归类。认知心理学家想让计算机模拟人的这种能力，使之更加智能化。现代认知心理学提出了三种代表性的理论模型来解释信息的识别、理解和破译，它们分别是：模板匹配模型、原型匹配模型和特征分析模型。

（三）注意研究

注意是心理活动对一定对象的指向和集中，以帮助有机体更好地适应环境。注意的心理机制是现代认知心理学最早的实验课题之一，其研究目的主要在于探明注意的选择机制，实验采用的方法主要是双耳分听技术。现代认知心理学从信息选择的角度对注意进行了大量的研究，提出了多个解释注意的理论模型，它们分别是：早期选择模型（也叫过滤器模型）、中期选择模型（也叫衰减模型）、晚期选择模型（也叫反应选择模型）、资源限制模型和特征整合模型。

（四）记忆研究

记忆是认知心理学研究的核心课题。按照信息加工的观点，记忆是信息的输入、编码、贮存和提取的过程，全面地体现了信息加工系统的工作流程。有关记忆的信息加工研究集中在记忆的结构和信息表征上。

1968 年，阿特金森（J. W. Atkinson）和希夫林（Schiffrin）提出的记忆的三级信息加工模型被广为接受。该模型认为，记忆结构是固定的，而控制过程是可变的，记忆由感觉记忆、短时记忆和长时记忆三个存贮系统组成。感觉记忆对信息保持的时间非常短，只有 1 秒钟左右，然后受到注意的信息获得识别进入短时记忆。短时记忆是信息加工的缓冲器，其中的信息处在意识活动的中心，但是容量有限，只能保留 7±2 个信息组块，而且信息保留的时间也只有 1 分钟左右，除非不断对信息进行复述。复述可以使短时记忆中的一部分信息进入长时记忆，长时记忆的容量很大，信息保留的时间很长，个体积累的大量知识经验都贮存在这里。长时记忆中的信息可以在激活信号的作用下回到意识状态，供认知系统应用。

记忆信息的表征主要是指长时记忆的信息表征，其表征方式既有情景性的，也有语义性的，其中语义记忆信息的表征理论主要包括网络模型和特征分析模型两类。前者认为人脑对语义的记忆是以网络形式分层存贮的，所有概念均按照逻辑的上下级关系分为若干层次，各层次之间的概念依次有连线相通，由此构成一个层次网络，概念的特征附着于网络的各个结点上；后者则认为概念的表征依赖于样例集和属性集。

（五）思维研究

认知心理学对概念、问题解决等思维问题进行了大量研究，成果丰硕。

关于概念的研究，主要集中在概念形成和概念结构。概念形成是指个人掌握概念的过程，布鲁纳(J. Bruner)1956 年提出的假设考验说占据了主导地位。该学说认为，人在概念形成过程中要利用现在获得和存储的有关信息主动提出一些可能的假设，然后根据他人的反馈，按照成功—继续或失败—更换方式，不断对假设进行检验，直到获得某个正确的假设，即形成概念。关于概念结构，以特征表说和原型说最具影响力。特征表说认为概念结构由两个因素构成：概念的定义性特征以及各特征之间的关系。原型说也认为概念是由两个因素构成，分别是原型或最佳实例以及范畴成员代表性的程度。

关于问题解决，认知心理学认为，所有问题都包含三个基本成分，即问题的起始状态、问题要求的答案、通过思维找到答案。问题解决具有目的指向性、操作序列和认知操作三个特征，可以分为问题表征、选择操作、实时操作、评价进展四个阶段，而问题解决的策略可以分为算法式和启发式两大类，前者精确但费时费力，后者省时省力但不能保证问题获得解决。常用的启发式策略有：手段—目的分析、逆向工作、简化计划。

四、认知心理学与认知治疗

总结起来，始于 20 世纪 50 年代的现代认知心理学成功地扭转了行为主义的方向，恢复了意识和认知在心理学的重要地位，在方法上吸收了信息论和计算机科学的成果，促进了心理学的科学化进程，并且实现了认知研究的整体性和动态性。其突出特点体现在：

其一，认知结构、过程和功能回归心理学研究的主流地位，强调人的意识的主观能动性。

其二，将人脑看作类似于计算机的信息加工系统。视人脑的信息加工系统是由感受器、反应器、记忆和处理器（或控制系统）四部分组成。即环境向感受器输入信息，感受器对信息进行转换；转换后的信息在进入长时记忆之前，要经过控制系统进行符号重构，辨别和比较；记忆系统贮存着可供提取的符号结构；最后，反应器对外界作出反应。

其三，强调人头脑中已有的知识和知识结构对人的行为和当前的认识活动有决定性作用。认知理论认为，知觉是确定人们所接受到的刺激物的意义的过程，这个过程依赖于来自环境和来自知觉者自身的信息，即知识。完整的认知过程是定向—抽取特征—与记忆中的知识相比较等一系列循环过程。

其四，强调认知过程的整体性。现代认知心理学认为，人的认知活动是认知要素相互联系、相互作用的统一整体，任何一种认知活动都是在与其相联系的其他认知活动的配合下完成的。另一方面，在人的认知过程中，前后关系很重要。它不仅包括人们接触到的语言材料的上下文关系，客观事物的上下、左右、先后等关系，还包括人脑中原有知识之间、原有知识和当前认知对象之间的关系。

其五，强调产生式系统，反映出现代认知心理学的概括性和内在性。产生式系统(production system)的概念来源于数学和计算机科学，1970 年开始广泛应用于心理学，用以说明人们解决问题时的程序。所谓产生式系统就是以如果/那么形式表达的条件—获得规则。

伴随着认知重新回归心理学的主流,在 20 世纪 60 年代初期,临床心理学领域出现了一种新的研究和操作取向,即尝试从认知途径对个体的心理问题进行干预,并在此基础上发展出若干认知改变的技术,其中尤以艾里斯合理情绪疗法和贝克抑郁认知治疗最具影响力。这些认知治疗模型建立在相同的理论假设之上,即:认知是客观事件或外部刺激与个体情感和行为的中介因素,认知是客观事件或外部刺激造成个体情感和行为等心理问题的重要原因,因此要解决心理问题就必须以个体的认知(主要是认知方面的偏差和失调)作为干预的对象和切入口,对患者的思维方式进行重新建构。认知治疗模型一问世便很快因其贴合治疗实际、过程步骤确定、疗效确切、方便研究等优点成为咨询与治疗领域的主流流派之一,也契合了认知心理学的主流。

第三章　心理健康与异常心理

有关心理健康与异常心理的知识是心理评估的基础,心理健康与异常的判别也是心理咨询与心理治疗的前提。本章重点阐述心理健康的概念、特征、评估标准,异常心理的概念和学生中的常见表现以及对于学生异常心理评估和心理干预方面的相关要点。

第一节　心理健康概述

一、心理健康的概念

世界卫生组织早在 1946 年就对人类健康的定义作出了解释:"健康不仅是指没有疾病,而应是躯体、心理和社会适应的完好的状态。"人们的健康是"心"与"身"健康的统一,也是心身健康、自然环境与社会环境的和谐统一。

心理健康是健康的重要组成部分。就一般意义而言,心理健康标志着人的心理调适能力和发展水平,即人在内部环境和外部环境变化时,能持久地保持正常的心理状态,是诸多心理因素在良好势态下运作的综合体现。然而,对于心理健康的概念及其内涵至今尚未有统一的定论,学术界有多种归纳及描述。

在《简明大不列颠百科全书》中,心理健康的定义为:"心理健康是指个体心理在自身及外界环境条件许可的范围内所能达到的最佳功能状态,但不是十全十美的绝对状态。"

心理学家英格利西(H. B. English)认为,心理健康是指一种持续的心理状态,当事者在那种情况下能作良好适应,具有生命活力,而且能充分发挥其身心的潜能,这是一种积极的、和谐的情况,而不仅仅是指没有患心理疾病而已。

社会学家勃姆(W. W. Boehm)认为,心理健康就是合乎以下水准的社会行为。一方面能为社会所接受,另一方面能为本人带来快乐。

舒尔姿(Schultz)从个体成长观的理念出发把心理健康解释为人的积极心理品质和潜能的最全面发展。

布拉德伯里(Bradbury),安德鲁斯(Andrews),迪纳(Diener),在对主观幸福感(subject well-being)的研究中,把心理健康定义为积极的情感和生活满意两种概念的综合。认为良好情绪和负性情绪是心理健康的不同维度,而二者之间的平衡是幸福的指标。生活满意度则是一种认知成分,是幸福感的一种补充,是衡量心理健康的关键指标。

我国学者刘艳认为(1996),心理健康是个体内部协调与外部适应相统一的良好状态。张承芬(1997)认为,心理健康乃是指个体在各种环境中能保持良好的心理效能状态,并在与不断变化的外界环境相互作用中,能不断地调整自己的内部心理结构,达到与环境的平稳与协调,并在其中逐步提高心理发展水平及完善人格特质。

综合国内外学者的观点,他们在论述心理健康定义时都认识并强调个体内部的协调与外部的适应,都认为心理健康是一种内外协调的良好状态。另外,在对心理健康理解时还应注意到心理健康有广义和狭义之分,广义的心理健康是指一种高效而满意的持续心理状态,而狭义的心理健康则是指人们基本心理活动过程的内容完整、协调一致,即认知、情感、意志、行为、人格完整和协调。

二、心理健康的特征

心理学家玛丽·雅霍达(M. Jahoda)对人们心理健康的特征做了以下描述:①客观了解自己的身份和自己的心情;②有所成就,又能面向未来;③心理状态完整美好,能够抗御应激;④自主,而且能认识自己需要什么;⑤真实地、毫不歪曲地理解客观现实,又具有同情和同感;⑥做环境的主人;⑦能工作、能爱、能玩,也能解决问题。

马斯洛是人本主义心理学最杰出的代表人物。他把以自我实现为奋斗目标的人称为心理健康者,而只有心理健康的人才能充分开拓并运用自己的天赋、能力和潜力。他相信所有的人都具备达到心理健康的先天素质,人本主义心理学的任务就是帮助人们使这些潜能得以实现。马斯洛把自我实现者的心理特征概括为15个方面:①对现实更有效的知觉;②对自我、他人和自然的接受;③行为的自然显露;④责任感和献身精神;⑤独处和独立的需要;⑥自主的活动;⑦不断更新的鉴赏力;⑧神圣或高峰体验;⑨对所有人的爱和情谊;⑩人际关系融洽;⑪民主的性格结构;⑫对手段和目的,对善良和邪恶的辨别能力;⑬富有哲理的、善意的幽默感;⑭创造性;⑮对文化适应。

马斯洛认为符合心理健康的人应该具备以下一些基本特征:①有充分的适应能力;②能充分了解自己,对自己的能力能作适度的评价;③生活的目标能切合实际;④与现实环境能保持接触;⑤能保持人格的完整和谐;⑥具有从经验中学习的能力;⑦能保持良好的人际关系;⑧适度的情绪发泄和控制;⑨在不违背集体利益的前提下,能做有限度的个人发挥;⑩在不违背社会规范的情况下,对个人的基本需要能做适当满足。

卡尔·罗杰斯认为,实现的倾向是生命的驱动力量,它使人更加复杂化,更具有自主性和社会责任感,从而成为心理健康的人,又称为"机能完善的人"。从罗杰斯的观点出发,我们认为形成健康人格的关键在于自我结构和经验的协调一致,这就要求有一个无条件积极关注的成长环境。罗杰斯列举了机能完善者的五个特征:经验开放;时刻保持生活充实;对自身机体高度信任;有较强的自由感;有高度的创造性。另外,罗杰斯还进一步提出了"未来新人类的素质"的标准:①开朗、开放的人生态度;②渴求真实;③对科技抱存疑的态度;④渴望成为整合的人;⑤渴望亲密关系;⑥重视过程;⑦关爱;⑧与自然和谐共处;⑨反对墨守成规的建制;⑩个体内在的权力;⑪不讲究物质享受;⑫自我超越。

三、心理健康的评估标准

心理健康的评估虽然比较复杂,但学术界普遍认同的评估标准有以下几种。

(一)个体经验标准

个体经验标准是根据个体自我的经验对自己或他人的心理健康进行评估的标准。个体经验是由自身长期积累的知识和体验感受而形成的，可以用来评估自己及他人。例如，当个体处在某种心理状态时能够意识到自己的情绪状态如何，或是高涨、或是平稳、或是低落。也能够感受到自身的焦虑、抑郁、恐惧等。虽然不一定都能追溯到产生这些情绪的主客观因素，也不是都能通过自身的努力来控制和摆脱情绪状态，但是个体经验的判别有其客观性。应用个体经验标准同样可以用来判别他人的心理健康状况。人们在日常生活中所积累的经验能较直观地区分他人的情绪表现以及行为方式是否出现异样。尽管这样的判别方法显得有些主观，不同的判别者会因各自经验的特点而产生不同的结论，但实际上不同个体的经验中又存在着一定的共性，对一些明显现象判断的误差不会很大。因此用个体经验作为判断他人心理健康的标准具有一定的实际价值。

（二）统计分析标准

统计分析标准是根据统计分析的方法对个体的心理特征是否偏离人群平均状态进行评估的标准。根据心理统计显示，人群的心理健康状态呈正态分布，即大多数人的心理健康状况处于中间的正常水平，少部分人的心理健康水平则处于偏离多数人的状态，如果这种偏离超过了统计学的标准，超过了平均值的 2～3 个标准差，那么这些人群的心理健康状态就被视为异常心理。

根据常态分布曲线图表明，人的心理健康和异常心理之间并没有明显的分界线，也没有什么屏障阻止一个人从健康转向异常。心理健康水平也有"一般"、"较好"、"很好"的差别。事实上，作为一个现实的人，一直保持在很好的心理健康水平也是不现实的，心理健康水平可以有一定的波动，但总是保持在正常的范围之内。虽然难以用界线来划分健康心理与异常心理之间的过渡，但是异常心理人群在正态分布曲线的另一侧，同样也存在着程度上的差异，有"非精神病性精神障碍"及"精神病性障碍"的区分。

（三）心理测验标准

心理测验标准是根据标准化的心理测验结果进行评判的标准。虽然不少心理测验中运用统计分析的理论原理，但并非所有的心理测验与心理统计完全统一。标准化的心理测验符合信度、效度、常模等技术指标。常用的心理测验根据功能分类有智力测验、人格测验、神经心理学测验、评定量表等。

（四）社会适应标准

社会适应标准是根据个体对社会环境的适应，与社会环境保持和谐状态的程度进行评估的标准。社会适应是指个体对于社会环境的顺应以及应对。人们在社会生活中的自理、沟通、交往的行为表现都应符合社会的要求、社会的准则、社会的风俗习惯、社会的道德标准。如果不能按照社会认可的方式行事、应对和融入，那么其行为就有悖于社会准则的常模，难以被众人理解和接受，因而就会被评判为异常。

社会适应标准一般都比较直观，如一个青年人无法自控，行为举止令大家难以理解，无法与大家和睦交往和相处，甚至出现过激或失控行为，这些都能看出他的心理行为出现了异常。社会适应标准的评估必须考虑到不同的时代、地域、文化、习俗等社会背景特征。因此不应简单地、孤立地评估个体的某些行为表现及应对方式。

（五）医学诊断标准

医学诊断标准是根据医学的诊断标准对个体的心理健康状况进行评估。医学诊断标准十分全面和严谨。目前我国使用的医学标准是《中国精神障碍分类与诊断标准（第三版）》（CCMD－3）。《国际疾病分类》（ICD－10）和美国的《精神疾病诊断和统计手册（第五版）》（DSM－Ⅴ）也是重要的参考标准。

医学诊断标准不仅是精神科医生的诊断工具，心理咨询专职人员也必须熟悉和掌握此标准，这样才能全面评判来访者的心理状态以及明确存在问题的性质和程度，才能对来访者心理问题的评估及干预产生直接的指导意义。

四、不同学派关于心理健康的理论研究

对于心理健康的研究，不同心理学学派从其理论基础出发，对心理健康的内涵和形成机理有其独特的解释。

（一）精神动力学学派的心理健康观点

精神动力学学派的创始人弗洛伊德认为病理心理的原因来自于本我、自我和超我三者之间的冲突，健康心理的核心就是要达到自我不再受本我的强大冲击和超我的过度压抑，使自我构成一种协调的综合力量。

弗洛姆是新精神分析学派的代表人物，他注重对现实社会的变革，所以把心理健康的研究重点放在心理特征的探究上。他认为心理健康的人是"开创倾向性的人"，他们具有开创性思维，开创性的爱、幸福和良知等特质。

埃里克森提出了心理健康是毕生发展的观点，认为人们在一生中不同的心理发展阶段都存在一种特殊的危机。如果能成功地解决危机，个体便向后一个新阶段转化。所以，人们的健康人格及健康心态是通过积极解决心理发展过程中各个阶段的危机而逐渐实现的。

（二）人格特质理论的健康人格观点

奥尔波特的人格特质理论面向健康人群。他主张从人的行为内部动力来研究人的特征。奥尔波特认为，健康人应是在理性和意识水平上进行活动，他们的视线指向当前和未来，他们都能够意识到并能控制激励自己活动的力量。所以心理健康的人又称为"成熟的人"，不仅能够把握自己的生活目标，而且对当今和未来充满信心和理想。

（三）行为主义学派的心理健康观点

以华生为首的早期行为主义和以斯金纳为代表的新行为主义学派，注重可观察的、可测量的行为。把人类行为看作是对外部刺激的反应，所以是学习的结果。他们认为，人的各种心理疾病和躯体症状也都是通过学习过程而获得的，可以看成是一种适应不良或异常的行为反应。这些适应不良的行为都在过去的生活经历中，经过条件反射过程而固定下来，如果能改变已经被强化的行为模式，所有的异常行为都可以得以纠正。

（四）认知理论的心理健康观点

艾利斯（A. Ellis）认为，任何人都不可避免地具有一些情绪困扰或不合理的思维和信念，

正是这些非理性信念影响了人的情绪,导致痛苦的产生。因此,要想保持轻松愉快的情绪,就应当去除这些非理性信念,保持合理的、合乎逻辑的思维。班杜拉认为,人们能采取某种措施来控制自己的行为,只要排除不良环境的诱因,提供认知支持以及提示他们自己的行为后果,就能进行充分的自我心理调整。

阿伦·贝克(A. T. Beck)认为认知过程是行为和情绪的中介,不适应行为和不良情绪可以从认知中找到原因。当认知中的曲解成分被揭示出来,正确合理地再认识,并进行有效的调整,在重建合理认知的基础上,不良情绪和不适应行为也就随之得到了改善。

（五）人本主义心理学派的心理健康观点

卡尔·罗杰斯是人本主义心理学派的杰出代表,他认为人是理性的,有追求美好的本性,有建设性和社会性,有自己的潜能,有能力进行自我引导。他对心理健康的基本观点是:真正的心理健康者应该是其内心世界极其丰富,精神生活无比充实,潜能得以充分发挥,人生价值能够完全得到体现。同时,他也认为个体对世界有独特性的观念,认为生活中一切事物的意义与价值都不是绝对固定的,他与人们的看法和观念有着密切关系。由于每个人的眼里都有一个自己的"现实",他们对待同一件事物的评价、态度、应对、处理及预测等都持有各自不同的方式。所以心理调节不能忽视人们的想法、看法和认知系统。

第二节　异常心理概述

一、异常心理的定义

异常心理很难用只言片语来概括,因为这涉及个人经验标准、统计分析标准、社会适应标准、心理测验标准及医学诊断标准等诸多方面。

异常心理一般体现在以下三方面的失调。

1. 心理活动与社会环境的失调

个体的心理活动是对客观现实世界的反映,所以应该与环境保持一致和协调,如果这种一致性和协调性遭到破坏,构成对客观世界的歪曲或虚构的认知,则提示心理活动可能发生异常。

2. 心理活动内部的失调

个体心理过程中的认知活动、情感活动和意志活动应该协调一致,心理活动与行为也应该协调一致。这种统一的心理活动保证了个体具有良好的社会功能,并能进行有效的活动。如果个体的心理活动出现了内部协调的紊乱,甚至出现失衡,这就能提示异常心理的发生。

3. 心理活动稳定性的失调

个体心理活动是遗传和环境交互作用的结果,在人的成长过程中,心理发展及其表现有其自身的内在规律和稳定性,每个个体的过去、现在和将来均有着内在的必然联系。在个体的发展过程中,心理活动的变化应是稳定的、有规律的,如果其稳定性被打破,出现突然的不符合规律的变化,那就能提示心理健康水平的下降。

二、对异常心理的解释

随着历史发展的进程,各派学者对于异常心理持有不同的看法,而这些观点的共同基础是自然论,即他们根据自然事件来解释异常心理和行为,包括心身异常和人际关系障碍。对于异常心理的解释在学术上基本可分为医学模式和心理学模式两大类。

(一)医学模式

根据医学模式(疾病模式),异常心理就是疾病。发生异常心理和行为就是患了疾病,有其病因,有一系列症状,也有疾病的过程,转归及预后。严格地说医学模式认为产生异常心理是一种生物学原因,是由于机体的某种损害而引起的疾病。事实上出现异常心理的个体并没有都发现其真正的生物学原因。尽管不少学者并不认同所有的异常心理都产生于机体的生物学原因,但他们还是倾向用医学模式思考,习惯使用医学术语如症状、病因、诊断、综合征、治疗、治愈等来表达异常心理的各种现象。在实际生活中,那些缺乏生物学原因的部分异常心理个体却在接受药物和其他相关生物学方法的治疗。

虽然当今医学模式十分普遍,渗透于整个异常心理学术领域,但也有不少学者对此表示质疑,他们认为大多数异常心理至今未找到客观的生物学原因,因此把异常心理与疾病等同对待,这是错误的结论。他们认为对于异常心理和行为贴上患病的标签不仅是对个体与社会冲突的认识曲解,客观上又免除了他们对于自己不适应、不和谐的所作所为应负的责任感,所以医学模式客观上强化了对社会及他人产生负面影响的异常心理行为。

(二)心理学模式

心理学模式是医学模式的补充,这些理论将异常心理归于个人在和环境相互作用中的心理过程,而非是生物学方面的功能损害。这样能使解释异常心理现象的角度更加拓展,如忽视教育、创伤经历、认知曲解及应激压力等都可成为异常心理产生的根源。关于提倡心理学模式的学者主要有以下一些学派:

(1)精神动力学理论:认为异常心理是潜意识中的心理冲突,这些冲突的渊源产生于童年时期成长的凝滞。

(2)行为主义理论:认为异常心理源于不良的学习,适应不良的行为得到强化,而适应良好的行为却没有得到强化。

(3)认知理论:认为异常心理是因个体对于自己、环境及将来的曲解以及功能失调的信念所致。

(4)人际关系理论:认为异常心理是人际关系的紊乱所引出的结果。

(5)社会文化理论:认为异常心理是社会和文化的产物。

(6)人本存在理论:认为异常心理的产生是由于个体的内心世界被局限,精神生活受枯竭,潜能发挥遭阻滞,人生价值不能够完全得到体现的结果。

三、异常心理的治疗

探讨研究异常心理的原因无非是为了治疗异常心理,改变异常心理。使用何种方法往往取决于对异常心理的理论解释。医学模式推崇于医学治疗、药物应用、住院治疗、电击治疗、手术治疗等方法。心理学模式则提倡心理治疗。据统计,心理治疗方法多达 1 000 多种,但客观上真正有效的,能被世界各国学者认同的心理治疗方法并不多。其中精神分析、行为治疗、认知治疗、来访者中心疗法等受到广泛的认同。这些方法也从个别治疗形式推广应用到小组治疗、家庭治疗、夫妻治疗等多种形式。考虑到异常心理产生原因的复杂性及治疗的实效性,近年来各国学者倾向于综合治疗的模式,常把医学治疗与心理治疗结合使用,以达到最佳的治疗效果。

参与异常心理干预的专业人员通常有四类:精神科医生、临床心理学家、心理咨询师及社会工作者。精神科医生专长于诊断和医学治疗,最常用的方法是药物治疗。临床心理学家和心理咨询师主要是通过结构式谈话方法与来访者沟通,实施帮助和治疗。他们虽然没有处方权,也不使用药物,但心理咨询和心理治疗的效果在一定范围内能与药物治疗媲美。社会工作者也接受心理咨询方面的专业训练,但他们的工作范围主要是社区基层,重点服务于异常心理人群的康复。

四、异常心理的预防

所谓异常心理的预防即防止异常心理的发生。预防的目标定位于改变环境、家庭和个人。例如组织条件不好的社区儿童、青少年开展丰富有益的活动,通过父母学校教会家长如何养育好子女,协助家庭的成长和发展,辅导个人如何合理地应对各种挫折、应激及困扰等。

卡普兰(Kaplan)在 2000 年提出了三级预防的模式。

1. 一级预防

这是面对所有的人群,重点放在最初阶段预防心理障碍的发生。通过营造心理健康的环境,增强个人的自身力量,教会他们应对压力的技巧,避免发生异常心理及精神疾病。

2. 二级预防

其重点是预防特定心理障碍的高危人群发病。例如青少年品行障碍,成年后可能具有反社会性。二级预防试图找出这些有问题的青少年,对他们进行早期心理干预。目标是预防他们朝反社会人格障碍方向发展。

3. 三级预防

当心理障碍刚发生就及时进行规范的治疗,控制疾病发展程度,尽早治疗,尽快治愈。

第三节　学生常见的异常心理

一、精神分裂症

精神分裂症是最常见的精神病性障碍,在全世界范围人群中至少 1% 的人有可能在其一生中发生此心理障碍。据世界卫生组织估计,精神分裂症的终身患病概率为 0.38%～0.84%。我国 12 个地区调查结果,时点患病率为 0.48%,终身患病概率为 0.62%。精神分裂症大多起病于青壮年时期,所以中学生和大学生正是在此病的高发年龄阶段,尤其是生活在大城市或是贫困地区的学生发病率较高，当然青年教师人群也不可忽视此病的发生。不少人以为非精神病性精神障碍，如焦虑症、抑郁症、恐惧症、人格障碍等在严重到一定程度时就会转向精神分裂症，或在十分恶劣的环境下可以引发精神分裂症，其实这些都是被误解的错误看法。

对于精神分裂症的识别和诊断需要全面的观察及多种方法的确诊，了解患病前后的详细过程是帮助诊断的重要依据。由于此心理障碍的病因尚不清楚，它是由多种因素综合影响下产生的非特异性症状。尽管如此，大量的生物学、遗传学以及现象学的研究资料表明这是一种病理心理现象，是一种精神疾病。所以精神分裂症的诊断是一种"临床"性的诊断，识别和判断都要依靠"临床过程"。

（一）精神分裂症的主要表现

绝大部分精神分裂症患者在表现出典型症状之前都已经处于多年的"隐性"状态之中。在此期间，个体可能表现为退缩、孤僻或与众不同。用通俗的语言表达这种状态，就是有点"怪兮兮"。他们的思维和语言令人费解，对外界事物的兴趣减少或反应怪异，要么觉得对于周围一切都没有感觉，要么认为自己的所作所为是别人驱使的结果。有些患者认为自己非同于一般常人，具有特殊的能力和才华，有"神秘"和"超感"的体验。他们在人际交往中情感冷漠、平淡或不适切，但由于意识清晰，智力正常，在学习的效率和成绩上一时都显示不出问题。上述"怪兮兮"的状态可以持续数年，隐含地在逐步恶化，直到精神障碍首次发作前异常的思维和行为才较为明显地表现出来。

精神分裂症患者具有思维、情感、行为等多方面障碍以及精神活动不协调的表现。

1. 思维障碍

思维形式障碍和思维内容障碍是精神分裂症常见的思维障碍的两大类型。

（1）思维形式障碍。思维形式障碍表现为思维的令人费解和逻辑紊乱。有以下一些常见的特征性表现形式：

① 联想松弛：患者思维漫不经心，概念模糊，言语的组成经常出现不连贯，离题或来回跳跃，使得听者感到稀里糊涂，搞不清脉络。

② 思维破裂：患者在语言表达中刚讲了半句话就突然停止，过一会儿，或过了几分钟又开始表达，但此时却又开启了新话题，前言不对后语，情绪也伴有纷乱。患者的思维在讲话的停顿过程中被闯入的思维所干扰，以至中断。

③ 语词新作：患者会自己编造一些词汇，与众不同，由他本人赋予这些词汇特定的含义。其他人都无法听懂和领会这些怪怪的词汇。

④ 随意作答：患者在回答别人问题的时候不能顺应话题有逻辑地进行回答，而是牛头不对马嘴地跑题乱答。如问"你饭吃过吗？"，答"我已经把事情办好了。"

⑤ 思维贫乏：患者的语言极少，不仅是话少，说话的内容也十分匮乏。

⑥ 模仿言语：患者用类似哼小调或唱曲子的样子不断地重复某些话语，但实际上没有想与别人交谈和诉说的愿望。

⑦ 思维凝结：患者的智商正常或比一般人还高，但是抽象思维极差，构成鲜明的反差。

（2）思维内容障碍。妄想是思维内容障碍中最典型的一种形式。妄想是一组坚定的病理性信念,内容怪异离奇。尽管对患者的妄想用事实进行质疑,但患者坚信自己的观念和想法,不作改变。妄想内容的结构是杂乱的、无系统的,但也有可能包括一些不可知论或无法证伪的内容,使常人无法与他们争辩出结果。妄想常见于较重的精神障碍。常见的有以下一些特征性表现。

① 影响妄想:认为自己受到了一种无法抵御的影响。如被一种来自于不明物体所发出的射线所干扰,引起周身不适,无所适从,无法排除。

② 关系妄想:患者确信自己与某些人和事物有着"特殊的联系"。虽然他人都否认或不相信这种联系的存在,但他坚信不疑。如认为自己是某个高层领导人的非公开子女。

③ 被害妄想:患者认为有些人和组织对其不善,有陷害他的意图和迹象。如认为有人一直在跟踪、监视自己,想达到某种不可告知的恶意目的。尽管周围的人都难以确认患者所述现象的真实性,但往往被他生动的描述和倒霉的处境激起感动和动情。

④ 思维被广播妄想:患者觉得自己的思考和想法在没有开口表达之前就已经被别人得知和了解。

⑤ 思维插入妄想:患者相信某些人已经把他们的想法插入在自己大脑的思维中,所以自己的想法和思考不是真正的自我思维。

2. 知觉障碍

在知觉障碍中最常见的是幻觉。幻觉是指没有相应客观刺激作用于感官时出现的知觉体验。患者信以为真,行为也受到幻觉的支配和影响。在幻觉中,患者最常见的是幻听,也有幻视、幻触、幻味、幻嗅等。幻听表现为一个或几个声音不停地在患者的耳边发声,此声音有的是在告诉他某些情况,有的是在指挥他去干某些事情,有的则是在贬低或威胁他。他所感知的声音一般来自于耳外,也有的表现为来自自己的头脑内,是一种出自于颅内的声音。患者对于幻听的感受是清晰真实的,但有时他们对声音的性别和年龄的分辨也存在困难。

患者也可能有错觉:人格解体,即感到似乎自己和躯体已分离,自己是从外部来观察自己;现实解体,即整个世界都显得极其不真实,以及自己的躯体正在出现某种奇怪的变化等等幻觉。

3. 情绪障碍

精神分裂症患者的情绪往往变幻莫测,喜怒无常,难以捉摸。有的患者表现为情感冷漠或平淡,几乎没有热情,在各种场合都显得情绪淡漠,麻木不仁。有的患者表现为情感不真切,尽管有所情感表露,但无法与其思维和语言相关联和协调,显得牛头不对马嘴。也有的患者表现为情感在短期之内急剧地变换,起伏很大,反差大相径庭,令人无法理解和接受。

4. 行为障碍

精神分裂症患者的行为是异常的,其特点是怪异和不适切。如不可思议的怪相和姿势,膜拜样的动作,过分的愚蠢,激动不安,或不恰当的性表示。这些异常的表现形式繁复,形形色色,有的十分明显,有的却有些含糊。

(二)学生评估中的注意要点

1. 对预后的估计

精神分裂症是一类慢性精神疾患,患者的病程是渐进发展的过程,从隐含的"怪兮兮"到社会功能丧失,历时多年。一些患者所表现出的幻觉和妄想并不明显和典型,在急性期能被周围人所关注,进入慢性期后他们受关注的程度会下降,但其生活质量和社会功能却迟迟不能达到正常的状态。通常起病快速,属于反应性的,其预后较好;而起病、进展缓慢的预后相对较差。对于阳性症状明显的,如有明显的幻觉、妄想及怪异行为的病人,使用传统的抗精神分裂症药物能获得较好的疗效。对于那些有阴性症状的患者,如感情淡漠,思维贫乏,兴趣下降,社会功能退缩等,使用新一代的抗精神分裂症药物也能起到较好的治疗效果。

2. 遗传学问题

根据血缘学研究的结果表明,精神分裂症是一种家族性疾病,能在家族中传播。亲属的关系越密切,患病的危险性就越高。尽管如此,但现实中并非所有患者都能清晰地追溯到家族遗传的线索。近代分子遗传学关于染色体的研究还没有发现结论性的遗传证据,所以较为权威性的结论表明精神分裂症的发病具有遗传学和环境学方面的多元因素。

3. 家庭模式的作用

家庭模式对于精神分裂症患者有着特殊重要的作用。一个没有活力或关系不和谐的家庭对于患者是不利的,它会引发患者的病情,使患者增加复发的几率。如果家庭抛弃患者,患者会长期处于敌对的警觉状态。反之,如果家庭对患者过分关注,过分保护,过分的情感表达及过分担忧,患者则会长期处于被约束状态。这两种倾向的家庭模式都不利于患者疾病的稳定及康复。

(三)学生心理干预的相关问题

对于精神分裂症的干预主要有生物学方法、心理学方法及社会学方法三种。

1. 生物学方法

药物是治疗精神分裂症的有效方法。经典的药物如氯丙嗪一直被精神科医生广泛地应用。一些新药,如利培酮(维思通),奥氮平(再普乐)等疗效肯定,副作用更小。电休克治疗对于少数病人来说也是一种有效的生物学治疗方法。

2. 心理学方法

对于精神分裂症病人实施心理治疗的疗效肯定不如药物治疗有效,但对于需要长期接受治疗的患者仍是一种十分有帮助的治疗方式。与患者的有效沟通很重要,这将影响到医患关系及与患者的合作。各种理论的心理治疗都涉及沟通交流、心理支持及认知行为塑造,所以心理干预的实施不能因为药物的应用而随意放弃。对于患者的小组治疗其治疗目标是心理支持及进行现实性检验,这有助于患者恢复社会功能,增强人际交往的能力。大量研究证实小组心理治疗对于处于康复阶段的病人有很大的帮助。家庭治疗也是常用的心理治疗形式,在家庭的环境中,家人和患者共同介入治疗,这样不仅能让患者得到帮助,患者的家人也能从治疗的参与中懂得对患者的接纳和理解。

3. 社会学方法

精神卫生疾病控制中心对精神分裂症患者的定期随访有助于了解患者的康复情况及是否存在复发的倾向。社会性技能训练有助于避免患者对患病的过重压力,激励他们融入社会,尽可能地发挥其社会功能。

二、心境障碍

心境障碍又称为情感性精神障碍,是人群中常见的一种心理问题,可分为抑郁和躁狂两种。一般 3‰～5‰ 的人群患有此类病症,因此,一直受到医学家的关注和重视。对于抑郁的识别与治疗十分重要,直接关系到众多人群的身心健康及生活质量。需要指出的是我国在《中国精神障碍分类与诊断标准(第三版)》(CCMD - 3)中把原来分类在"神经症"中的抑郁划归到心境障碍范围,因此对于抑郁的理解需要更注重于其实际的表现。

(一)抑郁症的主要表现

抑郁是一种以情绪低落为主的常见的心理障碍,其症状可表现在情绪、认知、行为、躯体症状及人体征象等方面。

(1)情绪表现:情绪低落,心情压抑沮丧,自我评价低,无愉悦感,兴趣下降,与外界情感交流缩窄,愁眉苦脸,度日如年,有时容易激怒,发泄无名火,可能有反复出现想死的念头等。

(2)认知表现:有自责自罪感,对人生无望,厌世无助,难以专心,注意困难,优柔寡断,犹豫不决,记忆力下降,少数伴有幻觉和妄想等。

(3)行为表现:主动言语减少,回避社交,不愿与人交往,生活懒散,办事拖拉,喜好懒床,不修边幅,进食不规律,有的还出现自伤自杀行为。

(4)躯体表现:精力减退,疲劳乏力,失眠或多睡,经常早醒,厌食或多食,体重明显下降,精神运动性迟滞或激越,腹泻或便秘,性欲下降,经常出现昼重夜轻的规律性波动状态等。

(5)人体征象:躯体弯腰曲背,动作单板迟缓,面容悲凄伤感,皮肤干燥无光,舌苔厚腻口臭等。

(二)躁狂的主要表现

躁狂表现为心境高涨,可以从一般的高兴愉快到欣喜若狂,这种心绪的高涨状态虽然与患者的处境极不相称,但旁人往往予以正面理解而不能意会到问题所在,其社会功能可以毫无损害或者轻度损害。

(1)情绪表现:兴奋激动,欣快高涨,情绪不稳,容易激动,缺乏耐心,行为鲁莽,以自我为中心,好要求别人等。

(2)认知表现:自我评价过高,虚拟夸张标榜,思维奔逸,语速很快,联想翩翩,意念飘忽,判断失误,杂乱无章,偏执狂妄等。

(3)行为表现:好管闲事,忙碌不停,喜好交往,办事草率,举止冲动,随意挥霍,睡眠减少,容易与别人发生冲突。

(4)躯体表现:精力极度充沛,睡眠需求减少,性欲亢进等。

(5)人体征象:精神运动性兴奋。

(三)学生评估中的注意要点

1. 正常情感过程

每个人都会有不愉快的情绪体验,通常由于一些日常生活事件引发,这些都在生活的情理之中,随着外来的负性刺激的削弱,萎靡悲伤的情绪状态也随之逐渐缓解。偶尔在遇到创伤性生活事件后产生心境不佳很正常,但如果迟迟走不出情绪低落的状态就有可能发展到抑郁。

2. 轻度躁狂

轻度躁狂患者的表现给人的初步印象是积极、肯干、向上,而其与处境不相称的兴奋和高涨多少会给他人留下言过其实的疑惑。但由于轻度躁狂的社会功能并无损害或只有轻度损害,所以此病症在评估和鉴别中存在一定的难度。

3. 双相情感障碍

这是以躁狂或抑郁的反复发作和交替发作为特征的精神疾病。属于情感性精神病。发作可呈双向性,也可以呈单相性。躁狂的特征是兴奋、激动、乐观和情感高涨。当转向抑郁时其特点是忧郁、悲观、沉静、情感低落。两种状态可以交替发病,所以又称其为循环性精神病。发病全程中,有的以躁狂为主,有的以抑郁为主。一个阶段化悲为喜,一个阶段又转喜为郁,交替发病。

(四)学生抑郁的特点

学生的抑郁除了上述典型症状之外,在表现形式方面还有他们的特点,如精神倦怠、注意涣散、瞌睡重重、学习无趣、作业拖拉、做事马虎、成绩下降、话语减少、远离集体、回避老师、害怕上学、激励困难、身体不适、力不从心、食欲不佳、恶心呕吐、腹痛腹泻、月经失调等等。老师和家长以往对学生抑郁的关注、识别不够,常常误认为他们是没有理想、不求上进、贪图安逸、不肯努力、得过且过、缺乏朝气、不听教导、没有出息。其实他们正处在抑郁中,承受煎熬,缺乏理解,渴望挣脱,实在无奈。

(五)学生心理干预的相关问题

1. 心理及生物学假说

精神动力学理论(弗洛伊德精神分析学派)认为抑郁症患者所感受的是一种强烈的失落,失去的是曾经既爱又恨过的某些客体,这种失落有的具有现实性,有的处在臆想层面。这种失落感来自于潜意识中的冲动反应,却反向地指向自我,构成了对自我的贬低,导致了整体的抑郁。认知学说认为个体的核心信念系统中如果存在负性的成分,就会构成一些维护性行为来支持相应信念及衍生的规则。一旦遇到触发性社会生活事件,其信念及规则便会启动负性自动想法,曲解地感受、体验、评估和预测"自我"、"环境"及"将来",产生了非现实的过低的评价,从而导致抑郁。生物学学说关注在人体大脑中儿茶酚胺(NE)和5-羟色胺(5-HT)这两种主要的递质。多年的医学研究虽然有一些收获,但结果尚未被一致认可。儿茶酚胺学说提出大脑的低 NE 水平可导致抑郁,而 NE 的增高则会产生躁狂。5-羟色胺学说认为大脑中5-HT 低水平引发抑郁,反之则产生躁狂。应该指出,无论是大脑中的儿茶酚胺还是5-羟色胺的水平高低都不是指绝对量的多少,仅仅是指大脑某些部位的神经递质在神经细胞突触间隙传递中,递质在细胞前膜对细胞后膜的作用状况。尽管这些理论只是一种假说,但目前医学中抗抑郁、抗躁狂药物的作用机制都支持这些假说,并获得了良好的临床治疗效果。

2. 心理干预

心理咨询和心理治疗对于抑郁患者有很重要的价值。心理支持能给予患者温暖、关注、理解及同情,认同他们的抑郁感受,帮助他们认识致病的因素,调整他们的认知,有助于患者理性地认识抑郁,引导抗抑郁的需求,接纳心理干预。

认知行为治疗(CBT)对于抑郁症的疗效早已为各国专家学者所公认。认知行为治疗的结构严谨,操作性强,老少皆宜,疗程较短(一般8～12周),易为我国患者接受。认知行为治疗有个别治疗、小组治疗、家庭治疗等多种形式,由于治疗是通过调整患者深层的负性信念以及浅层的负性自动想法,从而达到调整抑郁情绪及不适应行为的效果,有助于预防复发,所以具有治本的疗效。近20年来的大量临床实践和研究成果表明功能性核磁共振(fMRI)能通过检测大脑结构某些区域成像的改变来确认认知行为治疗的客观疗效。所以,以往在认识上停留于咨访沟通和语言交流干预的有效方法,如今已能通过核磁共振成像检测技术来肯定心理干预具有可靠的生物学基础。为了达到治疗的最佳效果,各国学者都认为在有条件的情况下实施认知行为治疗,配合药物治疗,是抑郁症治疗的理想方案。

3. 药物及其他治疗

抗抑郁药物对抑郁症的治疗效果是肯定的,其有效性达到70%～80%。三环类抗抑郁药是传统的药物,近20多年来新药的使用在我国也非常普遍,SSRI(选择性5-羟色胺再摄取抑制剂)、SNRI(儿茶酚胺和5-羟色胺双重再摄取抑制剂)都在临床中取得很好的效果。药物治疗同样需要科学地、人性化地考虑疾病与个体的综合因素,长期服药并非就是治疗抑郁症的常理。

锂盐可用于复发的双相型障碍好躁狂症,也可用于急性双相抑郁症和少数单相抑郁症。

电休克可作为选择性的治疗方法,对于有强烈自杀念头和行为倾向的患者,对于抑郁又出现某些精神症状的患者,不能耐受药物治疗的患者都可使用电休克治疗。

三、广泛性焦虑

(一) 广泛性焦虑的主要表现

广泛性焦虑是指一种以缺乏明确的对象和具体内容的提心吊胆及紧张不安为主的担忧状态。慢性轻度的焦虑可表现为紧张、担心、轻度烦恼和容易激动。这些症状往往与所处的环境因素有较密切的关系。慢性中度焦虑除了有紧张不安、提心吊胆之外,持续时间可超过6个月甚至长达数年。患者伴有明显的自主神经性反应,如心动过速、恶心、腹泻、尿频、手脚冰凉、出汗,同时还出现失眠(以入睡困难为主)、注意力集中困难、疲乏、叹息、发抖、易惊等症状。广泛性焦虑有家属性发病倾向。

(二) 学生评估中的注意要点

广泛性焦虑的基本特征是焦虑没有明确的对象和具体的内容,所以患者很难表达为何焦虑及焦虑什么。学生中存在的学习焦虑是一种广义的评判,并非把学习作为一种具体的对象及内容。

在学校环境中无论是学生、教师或学生家长存在广泛性焦虑是常见的现象,但需要排除躯体疾病的继发焦虑,如甲状腺功能亢进、高血压、冠心病等继发的焦虑情绪。同时也应考虑到某些心理疾病如强迫症、恐惧症、疑病症、抑郁症都可同时伴有焦虑。

(三)学生心理干预的相关问题

(1)鼓励患者建立自信,让他们参加有创意的活动,调整他们曲解的认知都是有效的心理干预方法。放松训练是常用的行为干预技术,可以通过腹式呼吸、放松操、气功、瑜伽或催眠来达到机体或情绪放松的效果。生物反馈也是一种很有效的放松训练方法。利用生物反馈仪器,将人体的生理功能放大并转换成声、光等反馈信号,使患者根据反馈信号学习调节自己体内不随意的内脏功能及其他躯体功能,从而达到治疗的目的。

(2)由于广泛性焦虑无明确对象和固定内容,暴露疗法及系统脱敏技术对于消除焦虑无法操作,故不宜采用。

(3)在心理干预的同时配合使用抗焦虑药物能起到更好的治疗效果。

四、惊恐障碍

(一)惊恐障碍的主要表现

惊恐障碍是以反复的惊恐发作为主要原发症状的神经症。这种发作具有不可预测性,也不局限于某种特定的环境。惊恐障碍并不是广泛性焦虑的程度延续,也不是广泛性焦虑所能诱发的,但有些患者可伴有广泛性焦虑。惊恐发作有它的"自限性",即发作的过程到最后有自主缓解的倾向。

惊恐发作的来临突然,不可预测,所出现的症状往往只能患者自我感受,他人难以想象和体验。症状主要表现为强烈的自主神经反应,如心悸、胸闷、胸痛、震颤、窒息、腹痛、出汗、眩晕,此外还可以出现解体感、错乱感、恐慌感、发疯感和濒死感等。

出现惊恐发作的患者往往会极度焦虑和害怕,又感到束手无策。一般情况下会主动想方设法去求医,求医都有一定的程序,一般从急诊挂号、候诊、诊疗、检查到医学处理需要一段时间。由于惊恐发作有其"自限性",所以当就医过程结束,患者的发作症状也往往自行趋向缓解,有的甚至不经医学处理其症状便可基本消失。患者常常为自身的"严重症状"和医生的一般处理而感到不满和无奈,当然,以单一生物医学模式为主的医护人员确实难以与患者构成贴切的理解和共感。

(二)学生评估中的注意要点

与惊恐发作患者沟通交流中都无法得到有关发作的诱因、特定情境及发作之前的相关预兆等信息。惊恐发作可以在一天内、一周内、一个月内反复发作。但是真正出现反复发作的患者并不多。

濒死感是惊恐发作中一个非常特殊的症状,因为即使处在病危临终的患者也很少向别人表达自己有濒死的感受。可见惊恐发作患者所感受的痛苦之极。他们的处境及感受带给他们的是一种极度的负性刺激,是一种具有冲击性的社会生活事件,是他们构成对这些情绪体验及躯体症状害怕恐惧的深刻阴影。所以约有1/3有过惊恐发作经历的患者以后会引发成为场所恐惧症。

惊恐障碍有家属性倾向,故具有遗传性。同时可与抑郁、恐惧构成共病。女性的发病率是男性的2倍。对于童年生活中处于动乱不定或早年离开父母身边而构成离别性焦虑情结的人更易在以后的生活中发生惊恐障碍。

（三）学生心理干预的相关问题

（1）认知行为干预是心理干预的有效方法，尤其对于急性患者，心理支持更显得及时和有效。由于认知行为干预不能完全消除症状，所以常常需要与药物治疗联合应用。

（2）药物治疗是惊恐障碍的基本治疗方法。常用的药物是抗抑郁药和抗焦虑药，也可配合抗惊厥、抗癫痫药物。但是由于个体存在着差异，所以用药需要因人而异，不能使用单一模式。

五、恐惧症

（一）恐惧症的主要表现

恐惧症是一种以过分和不合理地惧怕外界事物或处境为主的神经症。有恐惧症的患者体验到的是持续的和不断强化的恐惧。虽然遭受的刺激并非严重，但其感受却大大超过刺激的强度。尽管患者所遭遇的场所情境和物品对象无足轻重，但还是感到十分的害怕、畏惧，出现回避反应。恐惧和回避的交织使患者感到无奈和压抑，感到羞愧和沮丧，同时他们的社会功能也明显下降，有的能力下降，有的放弃机会，有的萎靡退缩，有的推脱重任。

恐惧症可在数月或几年内逐渐形成，形成的过程往往是不知不觉、逐渐加重的。严重的患者症状可持续长达十多年之久。有的在疾病的发展过程中，恐惧的内容可能出现泛化，把对个别事物的恐惧泛化成对一组事物的恐惧。不仅是范围的扩大而且在程度上也不断强化和加重。恐惧症根据恐惧对象的不同，通常可分为场所恐惧症，社交恐惧症和特定恐惧症三类。

1. 场所恐惧症

场所恐惧有两种，一种是无惊恐障碍史的场所恐惧，另一种是有惊恐障碍史的场所恐惧。前者大多是畏惧开阔或封闭的场所，如人群多的地方、陌生的地方、独处的地方。在这种场合患者感到无安全感，有时会联想翩翩，假设出许多莫名其妙的畏惧内容，越想越感到害怕和恐惧。有些患者会在恐惧的同时出现人格解体（感到自己不真实或被分离）和现实解体（感到周围环境不真实），还可伴有抑郁情绪。后者是因曾经发生过惊恐障碍所引起的对某些场所的恐惧。有的因在某个环境中出现过一次突如其来的惊恐发作，以后便对所有类似的场所都产生害怕，回避这些场所，生怕再度引发惊恐发作的痛苦的感受。虽然客观上惊恐不再发作与他的回避行为无本质上的联系，却被他误认为是回避行为有效地防止了惊恐的发作，从而回避场所的行为无形中被不断地得到强化。

2. 社交恐惧症

社交恐惧表现为在与别人的谈话中或在公共场合被别人观察到自己的"不自然状态"或"怪异的失控状态"。从而认为这会有损于自己在别人心目中的良好形象。确实，社交恐惧的患者往往客观存在一些容易发生的诸如脸红、出汗、眼光漂移、手足无措等反应。这与他们的生理状态以及不善于与人交往的焦虑情绪有关。但是所担心的被人注意和目光对视的情况经常发生，因为他们的不自然状态以及症状性的表现会无意地被旁人发现，让别人感到好奇，随意地用目光扫视或略加关注。但常常发生巧合的是这些目光会被极度敏感的患者所发觉,这就构成患者恐惧害怕的依据及理由。这并非是患者的猜疑,更不是他们的"幻觉"。事实上社交恐惧的由来是从偶然的很小的现象被泛化而成的。典型的社交恐惧一般在青春期发病,占人群的 3%～5%,女性多于男性。近年来发现成人发生社交恐惧也比较常见。

3. 特定恐惧症

这是对某一特定事物的恐惧。常见的恐惧事物有动物(如昆虫、老鼠、蛇)、高空、雷电、暴雨、尖刀、血液等等。

(二)学生评估中的注意要点

普遍发生的、经常可见的、一过性的轻度恐惧,如害怕蛇、害怕老鼠、害怕站在高处,这些都属于正常范围,不能评判为恐惧症。只有在出现强烈的恐惧,伴有自主神经症状,知道恐惧过分,既不合理,也没必要,但无法自我控制,有对恐惧的事物尽量回避行为,此时才能评判为恐惧症。恐惧症具有明确的对象和具体内容,所以有别于广泛性焦虑。对于社交恐惧的患者在评判中应详细地了解信息,区分恐惧者对外界事物反应的内容、强度、模式及真实性,不能误认为是幻觉和妄想,同时也应把握好精神分裂症的症状特点,谨慎鉴别,以免漏诊。

(三)学生心理干预的相关问题

(1)目前对于恐惧症的心理治疗,各国最广泛应用的是认知行为治疗。治疗的关键是调整患者认知系统中被曲解的恐惧信念以及对恐惧对象进行暴露。系统脱敏法是对于恐惧的对象通过逐步分级的交互抑制过程来抗衡对刺激源的恐惧。最后使患者能直面恐惧的事物,消除恐惧的情绪以及回避性行为。满贯疗法是一种快速暴露法,让患者一下子直接面对他所畏惧的事物,而不给予作出回避反应的可能以及机会。患者不得不暴露于某些对象或情境中,使患者很快地接受和适应所恐惧的事物。虽然满贯疗法的操作直接,并有一定的效果。但是对于一些伴有器质性疾患的人(如高血压、冠心病等)采用此方法需要特别谨慎,因为过快地暴露会超出患者机体的承受度,引发原本潜在的躯体疾病。心理支持及少量的抗焦虑药物能帮助心理干预产生更好的效果。

(2)5-羟色胺再摄取抑制剂(SSRI),儿茶酚胺和5-羟色胺双重再摄取抑制剂(SNRI),抗焦虑药物以及β-受体阻断剂都是临床中治疗恐惧障碍的常用药物。

六、强迫症(OCD)

(一)强迫症的主要表现

强迫症是一种以强迫症状为主的神经症。患者出现重复的观念、臆想和行为。他们意识到这些想法和冲动的重复存在,知道来源于自我,并非和愿望一致,也渴望终止这些重复的观念和行为,但要做到却十分困难,为之感到十分压抑和沮丧,严重影响情绪及社会功能。

强迫症的表现形式主要有两类:强迫思想和强迫行为。

1. 强迫思想

包括强迫观念(如:"4"的谐音是"死",是一个倒霉的数字,我要尽可能避开所有的"4",否则我会闯祸);强迫回忆(如:反复回忆一位记得姓却忘了名的小学同学);强迫性对立观念

（如：一边在走路一边在想我不会走路怎么办）；穷思竭虑（如：世界上到底是先有鸡还是先有蛋）；害怕丧失自控能力（如：怀里抱着婴儿，脑子里却反复冒出一个念头，我会不会失控把小孩从窗口扔出去）等。

2. 强迫行为

包括反复洗涤（如：洗手、擦地板、洗衣服、洗澡等）；反复检查（如：检查燃气灶的开关是否关、检查抽屉是否锁上、检查房门是否关好、检查书包里的东西是否遗失、检查衣服是否被脏水污染等）；强迫核对（如：边做作业边反复核对是否有出错）；强迫计数（如：走楼梯数台阶、过马路数斑马线等）；强迫仪式动作（如：走进教室一定要用右脚跨入、走在大厅中绝对不能踩到地砖的边线、回家必须在门口跳3次才能进门等）。

（二）学生评估中的注意要点

强迫症的病因至今不明。有的学者认为其与中枢神经的递质功能有关。认知学派的学者认为强迫症患者的思想及行为与他们功能失调的核心信念有关。如果日常生活中人们的想法和行为有反复几次的现象，不该就评判为是强迫症。但如果强迫的程度严重，时间超过3个月以上，其社会功能也明显受损，则可诊断为强迫症。然而很多人都处在有强迫倾向却还达不到病态的情况，所以对他们想法及行为的评估确实存在一定的难度。强迫症患者往往都伴有焦虑及抑郁，他们在重复想法和行为的过程中可以起到一定的缓解焦虑作用，使他们得到暂时的轻松和满足，但过度的重复以及在抵御重复的交织状态又会产生焦虑及抑郁。有些严重的强迫症患者的强迫程度很严重，如同"着魔"一样。他们有非同常人的认知及时空感，如沉迷于反复洗涤的患者，他们对于异常"干净"的标准以及投入的过多的时间往往不以为然，旁人会觉得他们实在过分，难以理解。他们对自己的标准不肯随意放弃，对自己的投入也并不在意。但是当"着迷"状态过去，会感悟自己不合理的观念和做法，从而感到内疚和自责，但这些并不能构成改变他们认知和行为的内驱动力。

（三）学生心理干预的相关问题

心理支持及认知行为干预是常用的方法，其中对于仪式性症状，暴露和反应性防卫（阻断强制性行为）相结合的技术有较好的效果。对于"着魔"状态的患者，可用臆想性暴露法，即想象可能要发生什么体验，由此来降低对"着魔"状态的心理依赖。森田疗法对于强迫症也有一定的疗效。

心理治疗和药物治疗（抗抑郁、抗焦虑药物）的联合应用对于中等程度的强迫症有较为理想的改善效果。药物能较快地帮助缓解症状，心理干预则能从心理机制方面重塑患者的信念及行为模式。

七、躯体化障碍

（一）躯体化障碍的主要表现

这是一种多种多样、经常变化的以躯体症状为主的神经症。其特征是有各种症状，但体格检查和实验室检查都不能发现躯体疾病的证据。医生无法用器质性疾病的判断依据来解释患者症状的严重性、变异性、持续性和伴随的社会功能受损。

常见的躯体症状表现为：

（1）消化系统症状：恶心、呕吐、腹胀、反胃、腹痛、食苔厚腻、嘴里无味、口臭、大便次数多、大便不成形、糊状或水样大便等。

（2）呼吸系统症状：胸闷、胸痛、气急、气短、咽部梗塞感等。

（3）泌尿生殖系统症状：尿频、排尿困难、生殖器周围不适、频繁遗精、异常的多量的阴道分泌物。

（4）皮肤或疼痛症状：出汗、瘙痒、肿胀感、异样不适、麻木、刺痛、局部疼痛或周身疼痛。

（二）学生评估中的注意要点

患者虽然能表达出多种多样的症状体验，但临床的体格检查、实验室检查、仪器检查都不能发现其有躯体疾病存在的依据，对于症状的严重程度、变异性、持续性和所构成的社会功能的影响都难以作出相应的解释。

应该理解患者症状的客观性，并非完全是幻觉和想象。患者十分痛苦，他们不断地看医生，要求接受更多的医学检查，但检查的阴性结果难以使他们接受，医生的解释也难以使他们认同。

陈旧的单一的生物医学模式常常使医护人员习惯性地忽略了身心相互间的影响。对于那些查不出器质性疾病症状的判断，给出的结论是没有躯体疾病，但这实际上否认了患者客观症状的存在。有的只注意对症处理而忽视了症状深层面的构成躯体化障碍的心理社会因素。

有不少学生因学习压力、学校环境压力或家庭压力而产生躯体化障碍。他们所承受的症状无法查出器质性疾病，也得不到家长和老师的理解，错怪他们是在"装病"或是"逃避学习"的一种借口。实际上学生并非能通过自身的努力克制、减轻或消除这些症状。各种躯体症状确实影响了他们的学习状态，使他们力不从心。而学生心理上的委屈和沮丧往往会加重他们躯体化的程度及病程。

（三）学生心理干预的相关问题

心理干预对于治疗躯体化障碍是十分重要的环节。无条件的积极关注和真诚的同感是一种有力的心理支持。患有躯体化障碍的患者往往都能从内心的深层面挖掘出引发心理问题的心理社会根源。虽然去除压力源有一定的效果，但更为主要的是调整患者对待压力的认知和行为模式，提高应对能力和应对效果。

药物的配合应用是提高治疗效果的重要方面，但在治疗的过程中医生需要在完全排除器质性疾病的基础上才能考虑使用精神类药物。通常使用的是抗焦虑和抗抑郁药物，能产生明显的效果。

八、急性应激障碍

（一）急性应激障碍的主要表现

急性应激障碍又称为急性应激反应。在急剧、严重的精神打击下，立即（在 1 小时内）就产生心理障碍。此时表现为强烈的恐惧、胆战心惊、异常激动、辗转不安、行为盲目。有的则表现为全身瘫软、无所适从、不知所措,甚至出现短暂轻度的意识模糊。

（二）学生评估中的注意要点

急性应激障碍的发生十分迅猛,患者受到刺激后的几分钟就可出现心理障碍,症状的持续的时间一般也只有数小时至一周。这是一种强烈的心理反应而非生理意义上的休克。在评判中需要与癔症及惊恐障碍区分。

（三）学生心理干预的相关问题

急性应激障碍的发生与应激源严重的精神打击有关,如果应激源被消除,症状缓解较快。由于每个人的心理素质不同,对客观刺激的认知及应对模式也不同,所以对于构成急性应激障碍的刺激源(常常是突发性的社会生活事件)也存在较大的个体差异。有时刺激源在常人的眼中可能是很普通的小事情,但对具有高度敏感的个体,这些事件却能够引发他们强烈的心理障碍。所以在心理干预中,应对他们给予积极的关注和充分的心理支持,理解患者的处境和他们的刺激源,尽可能及时地帮助患者消除他们特定的刺激源。

九、创伤后应激障碍(PTSD)

（一）创伤后应激障碍的主要表现

创伤后应激障碍是一种由于异乎寻常的威胁性或灾难性的心理创伤所导致的延迟出现及长期持续的精神障碍。这种精神障碍有以下特征性表现。

1. 反复闯入性体验

患者的心理创伤来自于如同天灾人祸一般的遭遇、事件及处境,其灾难性超过了一般的日常生活事件,其沉重打击超出了一般常人的承受度。在应激障碍发生后,患者会出现反复闯入性的重现创伤体验。会不由自主地回想遭受打击的经历及过程。经常做噩梦,其内容都与创伤性的事件有关。反复发生错觉或幻觉,似乎事件中的场景和人物又呈现在自己的面前。尤其是当目睹创伤事件中死者的遗像、遗物或旧地重游时会触景生情,给心理带来极度的悲伤。在此痛苦时往往伴有心悸、心慌、出汗、脸色苍白等明显的生理反应。

2. 持续的警觉性增高

患者十分警觉,过分担惊受怕,一直处在惶惶不可终日的状态,因而导致入睡困难或睡眠不深。平时患者的注意力难以集中,无名火大,容易被激惹,显得十分焦躁。

3. 持续性的回避

患者对于相似于创伤性经历的情境或人物都尽可能地回避。为了不让痛苦再起,尽可能地避开与人交往,回避参加群体活动,对他人显得十分冷淡。封闭自己,对周围所发生的事情熟视无睹,似乎力求忘却与创伤性事件相关的一切。

4. 对未来失去信心

患者不仅对于自我、环境的评价很低,对于将来也十分无望,他们看不到自己有光明的前景,往往把创伤后所残留的萎靡状态看作以后生活的永久格局,因而一直处于抑郁状态。

（二）学生评估中的注意要点

创伤后应激障碍的发生与灾难性的社会生活事件密切相关。虽然时过境迁,但创伤所留下的痛苦阴影却久久不能忘怀和摆脱。患者身处被动、被闯入性的创伤体验所缠绕,痛不欲生。这种心理障碍都发生于遭受创伤后的数日至数月,半年以后才发生障碍的情况罕见。创伤后应激障碍会严重地影响患者的社会功能,对于学生会影响他们的学习状态及学习成绩。对于教师则会影响他们的教学工作,降低他们的教学质量。

(三)学生心理干预的相关问题

很多创伤后应激障碍的患者并没有清晰的主诉,约 70%～80% 的患者都因害怕在心理干预中承受对已经历创伤的再度体验,所以他们都回避接受心理咨询和心理治疗。心理干预的常用方法是教育、支持和认知行为治疗。因为患者的配合程度不尽人意,所以在干预实施中常常会出现一些阻抗。药物治疗对患者有一定的效果,但用药需要十分谨慎。有些药物会使患者唤醒或被动再体验创伤性体验,使疗效适得其反。但很多学者都主张给患者药物治疗的同时需要配合心理干预,这样能提高治疗的效果。

十、适应障碍

(一)适应障碍的主要表现

适应障碍是指患者在有一定人格缺陷的基础上由于应激源或困难处境,产生烦恼和抑郁,同时伴有行为适应不良和生理功能障碍以及社会功能缺损的心理障碍。适应障碍主要表现有以下一些特征。

1. 诱因明显

产生适应障碍都有明显的社会生活事件作为诱因,尤其是生活环境、学习环境的改变或社会地位的改变,如学生的入学、升学、考试、转学、休学、复读、换班级、出国留学等等。尽管学生生活的内容变化不会很大,但这些大大小小生活事件都可以成为适应障碍的引发因素。

2. 人格基础

人格基础和特点在构成适应障碍中往往起到很重要的作用。人格特点决定了生活事件被激活为适应障碍的中介因素。遇到类似生活事件的学生,有的能直面应对,有的不屑一顾,有的却产生了适应障碍,这是因为不同的个体有不同的人格,不同的反应便产生了不同的结果。

3. 不良情绪

适应障碍的情绪反应主要表现为抑郁、焦虑和恐惧等。表现为情绪低落、兴趣缺乏、动力不足、进取受限、焦躁不安、容易激惹等。

4. 行为障碍

主要表现为萎靡不振、拖拉懒散、得过且过、不修边幅、交往局限、话语减少、反应冷淡、偶有攻击等。

5. 生理反应

生理功能反应表现最多的为咽部不适、心悸胸闷、入睡困难、半夜早醒、食欲不振、多便溏薄、周身疲乏、月经不调等。

(二)学生评估中的注意要点

适应障碍是很容易被人们忽视的心理障碍,尤其对于学生,总以为学生学习环境的变化、学生群体的新组合、任课教师的更换、学习阶段的提升都是正常的现象，不会对学生产生过多的负面影响。其实并非如此，不同个性和人格基础的学生对于各种变化的感受性和适应程度都有很大的差异。部分学生很容易出现适应不良的反应。学生在遇到应激性社会生活事件或学习生活环境变化后一个月内，适应障碍便可发生。如果随着时间和周围环境的改变，刺激稳定或通过患者自身的调整，适应障碍有可能在6个月内自行缓解或消退。但有些患者可能一直处于不良状态而没能走出困境，心理问题便趋于迁延。在学校环境中除了学生中有适应障碍之外，部分教师也会出现适应障碍的问题。

（三）学生心理干预的相关问题

对学校环境中的适应障碍应倍加关注，不要以为此障碍有自行缓解的可能便放松了对患者的心理干预。适应障碍的心理干预贵在预防，学校的心理健康专业人员应加强对学生的心理健康教育，提高他们对环境及生活事件的应对能力。应仔细观察学生在不同年龄阶段及不同发展时期的适应情况，发现他们在适应过程中的各种反应及相应表现，及时进行支持、引导、咨询等干预，充分调动学生的潜能，激发他们自身的资源及动力来克服适应中遇到的各种问题及困扰。

十一、非器质性睡眠障碍

（一）非器质性睡眠障碍的主要表现

这是因各种心理社会因素引起的非器质性睡眠与觉醒障碍。这些障碍区别于因某些躯体器质性疾病所引起的睡眠障碍。主要表现为以下5种类型。

1. 失眠症

失眠症指的是睡眠质量不满意，主要表现为难以入睡、睡眠不深、易醒、多梦、早醒、醒后不易再入睡、醒后不适、疲乏、白天困倦等。失眠可伴有躯体方面的症状，如食欲不振、头昏眼花、头痛头胀、四肢乏力、腰背酸痛、舌苔厚腻、大便溏薄等。也可出现精神方面的症状及社会功能的影响，如焦虑、抑郁和恐惧，对睡眠状态极度敏感，对睡眠的质量十分关注，害怕太晚睡觉，害怕睡眠环境打扰，害怕因失眠影响第二天的学习和工作。因失眠精神面貌很差，脸色憔悴，平时晕晕乎乎，注意力难以集中，记忆力明显下降，学习效果不佳，学习成绩退步，自信心不足，社交范围缩小等。

2. 嗜睡症

嗜睡症指的是白天睡眠过多，但不是因晚上睡眠不足，也不是由于药物、酒精、躯体疾病或某些精神障碍产生的嗜睡。患者从晚上睡到白天，长时间睡眠，可以不醒，也可醒了再睡。患者可在教室等公共场所较快入睡，能够被叫醒，但很快又进入睡眠状态。有的在教室里睡了一整天，放学回家，不做其他事情又再度入睡。这样的嗜睡状态可延续很多天，甚至几周或数月。有一种情况称为睡眠发作，患者在发作阶段如进入"冬眠"一般，一睡就是几天，不吃，不喝，也不进行正常的排泄。在整整睡了几天后才苏醒，醒后生活学习可恢复到常态。对于何时再度发作，没有特定的规律，也无明显的前驱先兆。

3. 睡眠—觉醒节律障碍

正常人的生活是晚上睡眠和白天觉醒，与同环境的其他人的生活规律应该基本一致。

而当睡眠和觉醒的节律出现了紊乱,则是一种睡眠障碍。这会引起睡眠质量的长期下降,从而影响到精神活动、生活状态、学习工作效率等。同时患者由于这种睡眠问题的长期存在使其产生心理上的焦虑或恐惧。患者几乎每天都有此情况,时间可以超过1个月。

4. 睡行症

睡行症俗称夜游症。这是一种在睡眠过程中,患者在尚未清醒的状态下起床,在室内或户外行走,或者做些简单的活动。此时其目光呆滞,表情茫然。这是一种睡眠和清醒的混合状态,患者不会主动与人说话,即使当别人向他发问,一般都不会应答。发作后多会自动回到床上睡觉,也有的躺地再睡。不管是即刻苏醒还是第二天醒来,患者都不能回忆自己晚上做过的行为。睡行症在儿童中发生的比率较高。

5. 梦魇

在睡眠中被噩梦突然惊醒,惊醒后患者能完全苏醒,并能清晰地回忆出梦中的危及生命、丧失安全、自尊扫地等恐怖内容并为之心有余悸,十分痛苦。

(二)学生评估中的注意要点

非器质性睡眠障碍在学生中十分普遍,但常常被学生、老师和家长所忽视,以为学生在白天上课时有点瞌睡,打个盹儿,睡上一会儿是正常的现象。有的认为这是由于学习压力过重或学生对学习内容不感兴趣所致,但却没有从学生的心理健康角度去理解、去判断。长期的失眠障碍、睡眠—觉醒节律障碍都会给学生带来心理上的痛苦及社会功能的下降。学生平时精神萎靡不振,上课注意力不集中,学习效率明显低下,学习成绩退步下滑,这些都与睡眠障碍有一定的关系。睡眠障碍往往与抑郁、焦虑、恐惧、强迫、适应障碍等其他心理问题并存,所以在关心学生睡眠障碍的同时还需要关注他们可能同时存在的其他心理问题。

(三)学生心理干预的相关问题

倾听、积极关注和同感的理解是心理支持方面的重要方法。构成学生失眠或其他睡眠障碍有多种情况,可以是躯体疾病所致,可以是抑郁、适应障碍,也可以是其他各种相关的心理问题,所以对于睡眠障碍的评估应该谨慎。

对于睡眠障碍的干预应该与保持睡眠卫生有所区别,前者是对于已患睡眠障碍的处理,后者是睡眠正常的人群如何保持良好睡眠的一些方法。睡眠障碍调整机制的本质是对睡眠周期及睡眠行为的重塑,应以药物治疗为主,辅以心理干预。这是一个完整的调整过程和塑造过程。需要以科学的态度认真对待。我们不应把一些依据不充分、效果不确定的方法套用于对睡眠障碍的干预和治疗,如睡前做大量运动、睡前喝酒、睡前数数、睡前泡脚、白天不能补睡、服用作用虚拟的保健品等。同时也应该消除一些缺乏医学依据的不合理顾虑,如"用药物治疗睡眠障碍必然会导致药物依赖"、"是药三分毒,用药治疗失眠会对身体的肝肾功能带来严重损害"等。

十二、进食障碍

(一)进食障碍的主要表现

进食障碍是一组以进食行为异常表现为主的精神障碍,主要包括神经性厌食、神经性贪食及神经性呕吐。拒食、偏食、异食症等多见于儿童。

1. 神经性厌食

神经性厌食多见于女性青少年。她们为了自己设定的目的,大多数是害怕发胖、为了减肥或向往苗条漂亮故意限制饮食。为了达到控制体重的目的,她们对食物的营养成分十分关注。她们的减食有一个过程,先是少吃主食,逐渐排斥一些蛋白质、脂肪含量较高的食品,用蔬菜和水果替代以维持胃的饱感,即使到了营养严重不足、人体极度消瘦的状态时她们还是固执地坚持自己刻板的进食行为方式。

神经性厌食的患者体重比正常平均体重轻 15% 以上,在青春期达不到躯体增长标准,甚至出现发育延迟或停止。可出现下丘脑—垂体—性腺的广泛内分泌紊乱。女性表现为月经失调或闭经,男性表现为丧失性兴趣或性功能低下。

患者常常故意运用自我诱发呕吐、自我导泻、过度运动、服用厌食剂和利尿剂等方法来消耗自己。

同时,患者的认知方面功能失调,持续地存在异乎寻常的害怕长胖的强烈信念,他们给自己限定了一个过分的低体重界限,这些标准远离正常健康的医学标准。他们对于胖瘦程度的评估有双重标准,即对于别人胖瘦程度的评估比较客观,但对于自我评估却完全失实,即使自己已经十分消瘦,如同"皮包骨",但还会觉得很丰满而自我欣赏。

2. 神经性贪食

这是一种持续性的、反复发作的、难以控制的摄食欲望及暴饮暴食行为。少量患者因多食而出现病理性肥胖,体重剧增。但多数患者是神经性厌食的延续者,他们对于发胖有强烈的恐惧,所以常用引吐、导泻、禁食等方法来抵消超量的摄食,实际上他们的体重都明显低于正常值。

神经性贪食患者的年龄较神经性厌食者略高。在认知方面存在明显的曲解和功能失调。他们把消瘦看作是形体美,越瘦越美。把暴饮暴食视为满足口福的补偿,把能够引发呕吐作为对付暴饮暴食的有效手段,在他们看来这是"两全其美"。因此"暴食—呕吐—暴食—呕吐"的循环成了他们的行为模式。通常他们都能认识到自己行为的过分及异常,但亲朋好友的劝说都难以改变他们的想法和做法。

(二)学生评估中的注意要点

学生中发生进食障碍几率较多,尤其是中学生及大学低年级的学生群体患病较为集中。进食障碍虽然鲜明地表现在行为方面,但也同时伴有情绪和认知方面的障碍。进食障碍的早期,禁食或贪食行为往往具有一时降低焦虑的效果,但这种效果却能对其行为产生强化作用。

进食障碍患者常常会与父母的关系产生冲突,他们的非理性的做法及固执的想法使得其父母束手无策。父母对患者反复的劝告、教育或强行干预最后都成为亲子关系隔阂和冲突的诱因。所以在评估中需要对患者的家庭及社会支持系统的功能进行深入了解。

(三)学生心理干预的相关问题

对于进食障碍患者的心理干预是一项重要而又艰难的工作,不仅需要良好的医患关系,需要充分的耐心,同时还需要精湛的技术。尽管干预的目的是为了调整和改善患者的身心厌食状态,但在干预过程中却不宜简单反复强调饮食障碍对身体可能产生的近期和远期的损害性影响,也不宜用强制的手段或过分迁就的方法来控制患者的进食。因为虽然这些方法看上去都是为了患者的健康,但这些缺乏真诚共感的简单方法,会破裂咨询和治疗关系,反而会引出适得其反的对立和阻抗,使心理干预难以深入。

应深入挖掘他们潜在的心理机制,搞清楚其核心信念、规则、假设及应对模式,也需要了解他们产生心理行为问题的激发性社会生活事件。只有真正地调整了他们信念系统中的功能失调的成分,才能有效地转变他们的情绪和行为。

充分发挥家庭及社会支持系统的功能是帮助患者走出障碍的重要力量。所以在心理干预中改善家庭氛围,调整好亲子关系不可忽视。配合使用抗抑郁、抗焦虑药物有助于改善患者的情绪,营养补充及机体支持性治疗是预防和应对患者营养不良或机体极度虚弱状态的必要措施。

十三、人格障碍

(一) 人格障碍的主要表现

人格是每一个体所特有的较易被识别的持续的行为模式。所谓的人格障碍是指具有明显特征的人格类型,或是一种突出的、由来已久不易改变的行为模式。这种模式体现为偏离一般社会文化准则,难以被他人所接受,从而导致了为人处世方面的格格不入的状态。人格障碍患者多数表现为几种适应不良个性的混合。这种状态长期存在,给他人的印象是"本性难改",有的患者也因他们的社会不适应状态及行为的不良后果而感到苦恼和无奈。每个人都会隐含地存在一些人格方面的缺陷成分,尤其在遇到显著压力时会暴露出人格方面存在的问题。但这不能与人格障碍相提并论,因为人格障碍是明显的病理状态,其严重程度远远超过了正常人群中会出现的一般问题。

绝大部分的人格障碍是从儿童期开始形成的,到了 20 岁左右基本定型。有一部分人格障碍患者可能是生物因素所致,包括存在遗传因素。学生中常见的人格障碍有偏执型人格障碍、分裂样人格障碍、反社会型人格障碍、冲动型人格障碍、依赖型人格障碍等。

1. 偏执型人格障碍

偏执型人格障碍患者的情绪十分冷漠,对小问题过度敏感,警觉性很高,其猜疑、妒忌、敌视、误解的态度难以为周围人接受。患者喜欢自吹自擂、夸夸其谈、自我炫耀,同时又十分固执、无情、刻薄、好争执。有过分自负和以自我为中心的倾向,总感到被压制或迫害,对周围发生的事件都解释为对自己不利,会吃大亏。执意追求远离实际情况的不合情理的个人权益,不厌其烦地投诉、上告、上访,不达目的不肯罢休。

2. 分裂样人格障碍

患者给人的总体感觉是异样和另类。他们的观念、行为和外表装饰是明显奇特。个性明显内向,表现为孤独、被动和退缩。与家人和社会疏远,除了非常亲近的家人外,基本上不同他人主动交往,缺少朋友,过分沉湎于幻想和自省。他们表情呆板,情感冷漠,不通人情,不能表达对他人的关心、体贴或不满、愤恨等。缺乏愉悦感、信任感、亲密感,无论是对于表扬或者批评都几乎是无动于衷的。

3. 反社会型人格障碍

反社会型人格的最主要的特征是行为不符合社会规范,无视法规和纪律。患者男性多于女性,往往在童年或18岁前就出现品行问题,18岁后其习性会更加固定,屡教不改。

患者表现为无视社会规范、准则、义务,反复出现违反社会规范的行为。行为冲动,无头绪,漠视客观现实,撒谎成性,欺骗他人以获取个人利益。对他人漠不关心,无责任感,无丝毫感恩之心,难以与他人维持长久的一般关系。当其行为与社会利益发生冲突时,会主动为自己辩解。容易被激惹,对受挫的耐受度很低,区区小事便可引发冲动,甚至出现暴力行为。当损害别人或损害公益而遭到惩罚时,缺乏内疚感,无动于衷,难以从高代价的经验中吸取教训。

在18岁前的学生中更多表现为学习环境中的品行问题,主要是反复违反校纪校规、说谎成性、偷盗财物、逃学逃夜、吸烟酗酒、破坏公物、欺负同学、虐待动物、挑衅殴斗、过早性活动等。

4. 冲动型人格障碍

冲动型人格障碍又称为攻击型人格障碍。主要表现为情感容易爆发,易与人发生争吵和冲突,伴有明显的冲动性行为,难以自控。对待事物的计划和预见能力很差,只顾一时痛快,不顾产生后果。心情反复无常,极不稳定。自我形象、目的及内在偏好紊乱,对奖惩缺乏持久效果。容易产生极度紧张的人际关系,时常出现情感危机。有自杀或自伤的倾向或行为。

5. 依赖型人格障碍

过分依赖是依赖型人格的基本特征。患者要求他人为自己生活的内容承担责任,将自己的需要附属于所依赖的人。过分服从依赖人的意志,即使是合理要求也不愿意向所依赖的人提出。沉湎于被遗忘的恐惧之中,感到自己无助、无能或缺乏精力,要求别人不要远离自己。但与他人的亲密关系结束时,有无助、无望和被摧毁的感受。遇到挫折时,习惯把责任推卸给他人。

(二)学生评估中的注意要点

对人格障碍的评估需要谨慎,因为很多人格障碍的患者在表现上可能是多重人格障碍的特征混合,在程度上也会有轻有重。由于在学校环境中所评估的对象主要是学生,所以需要考虑学生的年龄及成长过程,也不可忽略家庭的环境与氛围。在心理测量方面可以使用一些可靠有效的心理测验工具,如韦氏智力测验、明尼苏达多相人格问卷、本德完形测验、罗夏墨迹测验、艾森克问卷及卡特尔16种人格因素问卷等。由于这些测验源于西方,尽管已经历多年的本土化过程,但在应用中仍不可忽视东西方文化的差异及中国人的个体特征。

(三)学生心理干预的相关问题

人格障碍的心理干预十分重要,但客观上又存在一定的难度。认知治疗对人格障碍的疗效较为公认,但对于某些人格障碍,如偏执型人格障碍等没有被列入其适应症中。人格障碍的心理干预宜早不宜晚,对于幼儿及小学低年级学生及时进行心理干预对于他们健康人格的形成能起到较好的效果。

药物干预以对症处理为主,客观疗效因人而异。

十四、性心理障碍

（一）性心理障碍的主要表现

性心理障碍又称为性变态,其特征是有变换自己性别的强力愿望(性身份障碍);采用与常人不同的异常性行为满足自己的性欲(性癖好障碍);对于常人无法引起性兴奋的事物或人物有强力的性兴奋作用(性指向障碍)。除此之外,与之无关的精神活动都无明显异常和障碍。

1. 性身份障碍

性身份障碍的表现男女略有区别。女性表现为持久和强烈地为自己是女性而感到痛苦,希望自己能成为男性。坚持穿着男性化,有"男子气",固执地厌恶女装。否认自己的女性生理结构,抵触乳房发育或月经来潮。执意认为自己迟早会长出阴茎。男性同样排斥自己的男性身份,专注女性生活方式,有些会表现出"娘娘腔"的举止,却有明显的男性第二性征。强烈渴望和参加女性的娱乐活动,偏爱女性穿着。拒绝参加男性的常规活动。小便采用坐式姿势。厌恶自己的阴茎和睾丸,希望有朝一日阴茎会萎缩或消失。

2. 易性症

对自己性别的认定与解剖生理上的特性呈逆反心理,持续存在厌恶身体性别的解剖结构及生理特征,有转换性别的强烈愿望,愿意接受外科手术或激素治疗把自己改造成为异性。

3. 恋物症

此症几乎仅见于男性。在强烈的性欲望与性兴奋的驱使下反复收集、依恋和使用异性的物品。所恋物品都是女性贴身的衣物,如胸罩、内裤等,他们通过抚摸、嗅闻、摩擦所收集的衣物获得性兴奋,同时伴以手淫达到性满足。由于用同样的异性物品难以产生多次性兴奋,故患者会不顾一切地想方设法到处偷盗女性的衣物。

4. 异装症

表现为对于异性衣着特别喜爱,有反复穿戴异性服装的强烈欲望和行动。患者穿戴异性服装是为了获得性兴奋,但此行为受到抑制时会出现明显的情绪焦虑反应。尽管患者的穿着异性化,但并不要求改变自己的性别和解剖生理特征。

5. 露阴症

常见于胆怯的男性(往往起始于十几岁)。通过对无防范的女性成人或女孩暴露自己的生殖器而获得性唤起和性兴奋。他们很少具有侵犯性。患者在暴露的过程中可能同时手淫,若女方出现惊慌失措的反应时患者便从中获得性满足。

6. 窥阴症

患者通过反复窥视异性的下身、露体或他人性活动,以产生自己的性兴奋,获得性满足。有的患者在窥视的同时手淫或者在窥视过后通过想象当时的情境进行手淫以获得性满足。患者几乎都是男性。对于观看淫秽影像制品或色情形体表演而获得性满足的人不属于窥阴症患者。

（二）学生评估中的注意要点

性心理障碍是一种性偏离现象，患者只对非同寻常的或怪异的刺激产生性兴奋，满足性需求。他们在性活动之前或之后往往用手淫的方式来释放性欲。对于性心理障碍的病因尚不明确，与生物学、习得性以及性的内驱力都有一定的关系。性心理障碍大多发生在男性，但女性也可以表现为施虐—受虐症、窥阴症和露阴症等。

（三）学生心理干预的相关问题

对于性心理障碍，实施心理咨询和心理治疗存在较大的难度。对于突出表现在偏离行为方面的性心理障碍，认知行为治疗有一定的效果。药物治疗，如用雌激素、孕激素等能起到暂时的缓解作用。也可用抗抑郁和抗焦虑药物以调节情绪，但只能治标而难以治本。

十五、习惯与冲动控制障碍

（一）习惯与冲动控制障碍的主要表现

习惯与冲动控制障碍是指在过分强烈的欲望驱使下，采取某些不正当行为的精神障碍。在学生中较多发生的是病理性赌博及病理性偷窃。

1. 病理性赌博

患者对于赌博具有难以控制的强烈欲望及浓厚兴趣。在赌博前有紧张或焦虑，但在赌博后会感到特别轻松。他们虽然有自控的想法或努力，但难以改正，难以停止赌博。他们经常专注在赌博的思绪中或者想象赌博的情境及过程，从而得到心理满足。患者的赌博目的并非在于获得赌博获取的利益，但其赌博行为对学业、家庭、学校、同学及社会都会带来严重的负面影响。

2. 病理性偷窃

患者有难以控制的强烈偷窃欲望及行为，陶醉在思考偷窃及对于偷窃情境的想象及回忆之中。他们的动机不是为了所获得的财物，而因偷窃过程会给他们产生一种特殊的满足感。尽管他们清楚，偷窃行为对自己、对他人、对社会都会产生不良的后果及影响，但难以放弃其反复偷窃的行为。

（二）学生评估中的注意要点

病理性赌博、病理性偷窃等习惯与冲动控制障碍，与一般意义上的道德品行错误有所区别，这是一种病理行为。这些行为同样越出社会规范，给社会、给患者自己都造成危害，所以患者同样会受到惩罚。这些行为的主体有一定的特殊性，其行为往往是为了获得自我的心理满足。他们的行为强度和频度也呈波动状态，一般在一年中超过 3 次以上。

（三）学生心理干预的相关问题

一般的说教和劝告对于这些患者的作用十分有限。心理干预的关键是调整患者的认知，从根本上转变他们功能失调的核心信念，从而改变他们的情绪和行为。

十六、儿童孤独症

（一）儿童孤独症的主要表现

儿童孤独症多见于男孩，起病于婴幼儿期，主要表现为不同程度的人际交往障碍、兴趣狭窄和行为方式刻板。主要有以下一些表现：

1. 人际交往存在质的损害

患者十分孤独，对集体的欢乐缺乏共鸣，对集体活动不感兴趣。缺乏人际交往的基本技巧，不能以适合其年龄的方法与同龄人建立伙伴关系。自娱自乐，缺乏相应的观察和情感反应。不会运用恰当的肢体语言与别人交流。模仿能力很低。既不能向别人表达关心，也不会寻求同情和安慰。

2. 语言交流存在质的损害

口语发育延迟或不会用语言表达，也不会用手势、模仿等肢体语言与人交流沟通。对语言的理解力很低，常听不懂指令，不会表达自己的需要和痛苦，很少提问，对别人的谈话也缺乏反应。学习语言十分困难，常有无意义的模仿语言。经常反复使用与所处环境和情境无关的言词或不时发出怪声。即使有的患者有一些语言能力，但不能主动与人交谈，维持语言交流。语言的声调、重音、速度、节奏等方面都存在异常。

3. 兴趣狭窄和活动刻板重复

患者兴趣局限，只专注少数生活内容。活动过度，来回走动、奔跑、转圈等。动作姿势刻板重复，拒绝改变，否则会出现明显的烦躁和不安。过分依恋某种气味或某个物品的局部内容，从中得到一定的满足。强迫固定于某些仪式动作或活动，但这些行为内容都毫无实际意义。

（二）学生评估中的注意要点

儿童孤独症是广泛性发育障碍的一种亚型。所谓广泛性发育障碍是指一组起病于婴幼儿期的全面性的精神发育障碍。主要表现为人际交往和沟通模式的异常。儿童孤独症中约有四分之三的患儿伴有明显的精神发育迟滞。其致病原因很复杂，可以分为生物学因素及社会因素。生物学因素包括染色体异常、遗传基因问题、代谢性疾病、出生前母亲孕期患病、出生时创伤、脑创伤等。这些因素大部分会导致中度或重度的障碍。社会因素是大多数轻度障碍患者的主要致病原因，包括低文化、恶劣环境、儿童受虐、被忽视及活动受限制等。

（三）学生心理干预的相关问题

对于轻度的儿童孤独症，在照护性教育及环境的支持作用下，患者可能会有一定的进步，但其成效往往难以预测，成功概率偏低。心理咨询师和心理治疗师可对患儿进行家庭治疗，同时应对家长和其他家庭成员中所表现出的不满、排斥、否认、过分保护和控制等认识及相应的情绪和行为方式进行必要的调整。对于有精神病性症状的患者可配合应用精神药物。低剂量的抗焦虑药物有助于改善患者的行为问题。

十七、精神发育迟滞

（一）精神发育迟滞的主要表现

精神发育迟滞是一组精神发育不全或受阻的综合征。起病于发育成熟以前（18岁以前），特征为智力低下和社会适应困难。精神发育迟滞或单独出现，也可同时伴有其他精神障碍或躯体疾病。其智力水平低于正常，若智商在70～86，这种情况属边缘智力。精神发育迟滞可分为轻度、中度、重度和极重度等不同程度。

1. 轻度精神发育迟滞

智商在50～69，心理年龄约9～12岁。学习成绩差，在普通学校中学习时常不及格或留级，能自理生活，无明显语言障碍，但对语言的理解和使用能力有不同程度的延迟。

2. 中度精神发育迟滞

智商在34～49，心理年龄约6～9岁。不适应在普通学校学习，可进行个位数加减法计算。可从事简单劳动，但质量、效率低。可学会自理简单的生活，需要帮助。可掌握简单生活用语，但词汇贫乏。

3. 重度精神发育迟滞

智商在20～40，心理年龄约3～6岁。表现为显著的运动损害或其他相关缺陷，不能学习和劳动，生活不能自理。语言功能严重受损，不能进行有效的语言交流。

（二）学生评估中的注意要点

对于精神发育迟滞的学生评估可以用韦克斯勒儿童智力测验测评智商，因考虑到测验的环境条件，被试的配合程度等多种因素，对于测验结果的分析应结合患者的实际情况，所以需要进行全面的评估才能对患者作出客观的判断。

（三）学生心理干预的相关问题

对于精神发育迟滞学生的心理行为干预实施需要因人而异，有针对性地拟定干预方案，不能操之过急。除了基本的心理支持、关注鼓励以外，还需要得到家长和家庭成员的协作。在有条件的情况下，让学生进入特教学校学习是一个理性的安排。因为特教学校的教育体系，从教育到管理都会根据特殊教育的规律实施教育和心理关怀。

十八、多动障碍

（一）多动障碍的主要表现

多动障碍多发生在儿童时期（3～7岁左右）。与同龄儿童相比表现为明显的注意力集中困难，注意持续时间短暂以及活动过度。在学校、家庭和其他场合都会表现出症状。在注意力方面的主要表现主要是学习容易分心、不专心听讲、做作业拖拉随便、粗心大意、丢三落四、不注意细节、毫不在乎等。在行为方面的主要表现是上课难以静坐、东张西望、小动作多、话多、好插嘴、难以遵守集体的秩序和纪律、干扰他人的活动、不爱惜物品、穿着邋遢、损坏文具、杂乱无章、做事难以持久。易与同学争执、闹纠纷，不受同学欢迎。容易兴奋和冲动，做出过激的行为。好冒险，易出事故。

（二）学生评估中的注意要点

多动障碍大部分起病于 7 岁之前,尤其是 3 岁左右。主要表现在注意力难以集中和好动。评估中要注意密切观察,严格把握,不能把儿童和小学生的天真活泼,一般的注意力不强和行为略微顽皮与多动症相混淆,随意判断为多动症。在评估中需要排除精神发育迟滞、广泛发育障碍和情绪障碍等其他心理障碍。

（三）学生心理干预的相关问题

对于儿童及小学生的多动障碍的心理干预主要是行为干预,除了专业人员的努力之外,也需要任课教师及家长的配合。药物治疗也是常用的方法,需要根据专科医生的治疗方案规范地进行治疗。药物的选取有多种搭配,医生将根据患者的实际病情而决定。

十九、品行障碍

（一）品行障碍的主要表现

品行障碍的主要特征是反复持久的反社会型、攻击型和对立型品行。

1. 反社会型品行障碍

表现为经常无意义地说谎,好发脾气,暴怒。怨恨他人,报复性严重。与父母或老师对抗,拒绝或不理睬家长、老师的要求和规定,长期严重地不服从。经常故意欺负或骚扰他人,把自己的过失或不当行为的后果归咎于他人,甚至责怪他人。在小学阶段就经常逃学(不包括因为避免责打或性虐待而擅自离家出走)。参与社会上的不良团伙干坏事,经常挑起事端,参与殴斗。故意损坏公共财物或他人财物。多次在家中或外面偷窃贵重物品或大量钱财,勒索或抢劫他人财物,强迫与他人发生性关系或有猥亵行为。经常虐待小动物,反复欺负同学或他人,用凶残的方式虐待他人,甚至持凶器故意伤害他人。故意纵火。

2. 对立违抗型障碍

多见于 10 岁以下儿童,主要表现为明显不服从、违抗或挑衅性行为,但没有更严重的违法或冒犯他人权利的社会性紊乱或攻击行为。经常说谎,脾气暴躁,容易发怒。经常怨恨他人,怀恨在心,存有报复之心。拒绝或不理睬成人对他们的合理要求和规定,长期严重不服从。经常与成人争吵,与父母和老师对抗。推卸自己的过失,把责任强加于别人。经常故意干扰别人。

（二）学生评估中的注意要点

品行障碍的行为可严重违反相应年龄的社会规范,他们与普通儿童相比显得更调皮捣蛋,与一般少年相比其行为显得严重逆反。品行障碍是一种持久的行为模式,单纯的反社会性或犯罪行为不属于此障碍范围。评估中需要排除反社会人格障碍、躁狂症、广泛性发育障碍或注意力缺陷与多动症等。严重程度至少持续 6 个月以上。

（三）学生心理干预的相关问题

对患品行障碍学生的心理干预需要教育、心理咨询、心理治疗相结合,需要教师、家长和周围同学相配合。对他们需要更多的耐心和时间,要理解他们在调整的过程中容易出现的反复。尽管药物配合使用也会有一定的效果,但由于他们的年龄段偏小,所以在一般情况下用药需要谨慎。

二十、儿童社会功能障碍

（一）儿童社会功能障碍的主要表现

这是一组起始于发育过程的社会功能异常，与广泛发育障碍不同，没有器质性的原发特征。一般认为引起此障碍的关键原因是异常的生活环境。男女发病的比率相当。常见的有选择性缄默症和儿童反应依恋障碍。

1. 选择性缄默症

起病于童年早期，患者平时在一般场合言谈自如，语言表达能力正常。但是在学校等特定场合或陌生人面前却沉默寡言，甚至拒绝说话。缄默时常伴有焦虑、退缩和违抗等情绪。

2. 儿童反应依恋障碍

这是一种长期的以社交关系障碍为特征的儿童精神障碍。一般在 5 岁前就出现出障碍，表现为过度抑制、过分警惕，有明显的矛盾反应。如对于养育的父母或亲人既亲近又冷淡，既回避又对抗。明显缺乏情感反应、退缩和情绪紊乱，对自己或他人的痛苦表现出攻击性反应，或者过度警觉和恐惧。有时也能与正常的成人进行交往，有一定的社交和应答反应。

（二）学生评估中注意的要点

对于选择性缄默症的评估应排除语言机能发育障碍、广泛性发育障碍、精神分裂症及其他精神性障碍。一般其症状都至少超过 1 个月，但是初入学的第 1 个月不能包括在其中，因为学生会有一个学习环境适应阶段。儿童反应依恋障碍的发生往往与其家庭严重的不良教养方式有直接关系，他们可能在心理和躯体方面遭到虐待或被其父母或家人过度忽视。

（三）学生心理干预的相关问题

儿童社会功能障碍的形成与家庭教养环境及教养方式有密切的关系，因此应改善家庭环境，使家庭环境充满和睦、温情和融洽的氛围。对孩子要给予充分的关爱，经常与他们平等地沟通，了解他们的心理反应，祛除心理困惑，这些都有利于孩子的成长及心理障碍的调整。

二十一、童年和青少年行为障碍

（一）童年和青少年行为障碍的主要表现

童年和青少年行为障碍的表现形式多样，较常见的有非器质性遗尿症、喂食障碍、异食癖、刻板性运动障碍、口吃等。

1. 非器质性遗尿症

非器质性遗尿症是指年龄在 5 岁以上，智龄在 4 岁以上的儿童发生于白天或晚上的排尿失控现象。每月至少 2 次尿床或尿裤，而且持续 3 个月以上。

2. 喂食障碍

喂食障碍表现为在食品充足、养育方式比较满意，又没有器质性疾病的情况下超出了正常范围的进食困难。体重不增加或有所下降至少 1 个月。

3. 异食癖

异食癖是一种进食障碍,特点是实际年龄超过 2 岁的儿童喜欢吃不可作为食物的东西,如泥土、石灰、肥皂等等。爱吃异物,每周至少 100 克,持续 1 个月以上。本症并非是其他精神疾病或智力障碍所致,而且此种进食行为并不符合当地的习惯和传统。

4. 刻板性运动障碍

刻板性运动障碍是一种随意的、反复的、无意义的、呈节律性的运动(动作),表现为摇躯体、晃头颅、拔毛发、捻头发、咬指甲、吮拇指、挖鼻孔等。这些行为不是由于任何其他精神疾病或行为障碍所致。

5. 口吃

口吃是一种较为常见的口语障碍。讲话的特征为频繁地重复或延长声音、音节或单词,或频繁出现抽搐或停顿以致破坏讲话节律。这种状态已严重到妨碍讲话的流畅性,明显影响语言表达的顺畅。有部分儿童在童年早期出现轻微的、一过性的讲话节律问题不能归入此障碍。

(二)学生评估中的注意要点

对于童年和青少年行为障碍的评估需要排除躯体器质性疾病以及其他精神疾病。也要注意发生障碍的年龄以及持续的时间。由于这类障碍是行为障碍,其表现、频度、程度都有明显的特征,但容易与偶尔出现的相似情况混淆,所以判断必须谨慎,不能夸大某些不典型的偶尔出现的行为的严重性。

(三)学生心理干预的相关问题

童年和青少年行为障碍的干预应以行为干预为主,通过行为矫治的方法来塑造他们的行为方式或行为习惯。在使用行为治疗技术时应考虑儿童和青少年的个体特征及环境特征,不能千篇一律。在实施某种技术中也要注意患者对强度的承受性,应该循序渐进,避免操之过急,这样才能达到行为重塑的良好预期效果。

第四章 心理测评

心理测评是对人的心理状况通过心理学的方法进行测量与评价,它能为心理诊断、心理咨询和心理治疗提供可靠的科学依据。心理测评有多种方法,本章重点介绍心理测验方法。本章首先讨论心理测评的概念、原则、过程、伦理和分类等问题,然后分别介绍各种智力测验、人格测验和学校心理咨询中常用的心理测验的使用方法。

第一节 心理测评概述

一、心理测评的概念与意义

(一)心理测评概念

心理测评是心理测量与评价的简称,是心理医生或心理咨询工作者运用心理学的理论、技术和方法,对来访者的心理状态进行测量和评价,以确定其心理困扰与障碍的性质和程度的一种方法。

心理测评具有结果的多维性和评价标准的多重性的特点。

测评结果的多维性表现在心理测评可以从不同维度得出不同的测评结果。例如,可以从正常与不正常维度,也可以从分类与分型维度,还可以从评价与描述维度等。至于应该从什么维度进行心理测评,主要依据心理测评的目的。心理咨询对来访者的心理测评,一般的目的是评估其有无心理问题或心理障碍,因此其测评维度应该是正常与不正常维度。如果我们的心理测评目的是了解学生的兴趣爱好和人格特征,以便对其进行职业指导,那么心理测评应该从分类与分型等维度得出相应的结果,这种测评结果无所谓正常与不正常,只反映被测评者的兴趣类型与人格类型。

心理测评标准的多重性是指心理测评可以采用不同的标准,如经验标准、社会适应标准、统计学标准等。

(1)经验标准。心理测评的经验标准是指测评者以自身的直接经验或书本理论的间接经验作为测评标准来对被测评者的心理状况作出正常、异常或正常与异常之间的临界状态的判断。

(2)社会适应标准。心理测评的社会适应标准是以社会行为规范和社会适应性为评价标准,来判断被测评者的心理状况。如果一个人的性格与行为超越了社会允许的范围,与社会道德、法律规范和习俗不容,则可能被视为变态。

(3)统计学标准。心理测评的统计学标准是运用数理统计的方法,通过对群体的测查研究,找出心理特征各种状况的人数频率分布,根据统计学原理,大多数人处于中间状况,极少数人处于两端,处于中间的人被判断为正常,而处于两端的人被判断为异常。

以上三种测评标准各自有其优缺点。心理测评经验标准的优点是能综合各种资料信息,且针对性较强,但缺点是较主观,对测评者资质的要求较高。心理测评的社会适应标准能反映被测评者的社会适应性,而社会适应性则是保证一个人正常生活的基础。但社会规范是因地区、民族、社会习俗、时代等不同而存在差异的,如同性恋行为在一些国家被视为性变态,而在美国等一些国家现在则被视为是正常的。我国原来也将同性恋视为性变态,现在已将同性恋从性变态中删除。心理测评的统计学标准基于统计学原理,具有较强的科学性,这种标准具有明确的数量指标,易于掌握和使用,被广泛应用于心理测评。但这一标准的前提是心理特征呈正态分布,如果某一心理特征呈非正态分布,则其测评结果就会出现偏差。另外,统计学标准是一种相对标准,即它是以群体频率分布为依据,以一定比率的两端为异常。这里有两个问题,一是两端的性质可能完全相反,如智力分布,一端是智力缺陷,而另一端则是智力超常;二是没有考虑群体的实际水平,不管群体水平整体较高还是整体较低,都以两端各 2.2% 为异常,这会造成测评的偏差。由于三种心理测评标准都有其优缺点,因此实际测评中应综合应用各种测评标准。

(二)心理测评的意义

1. 心理测评可以提高精神疾病的临床评估的质量

　　完全依靠生理指标进行精神疾病的诊断会影响诊断的正确率,借助心理测评方法可有效提高精神疾病的临床诊断水平。我国著名心理学家林传鼎教授认为,行为或心理的测验在发现脑机能障碍方面,比物理或生理的诊断更为灵敏。据德维森(Davison)报告表明,在神经症的检查中采用脑电图、脑脊液、脑扫描及放射线对比等诊断技术,其正确率在 70% 以上,而采用某些神经心理测验方法,其正确率高达 80% 以上。因此,心理测评是精神疾病重要的诊断手段。

2. 心理测评是心理咨询与心理治疗的前提

　　在学校开展心理咨询与心理治疗,首先必须对来访者有无心理问题或心理障碍、有什么类型的心理问题、其程度如何等问题作出回答,然后才能有的放矢地进行心理咨询与治疗。要回答以上问题,必须要对来访者进行心理测评。心理测评的质量直接影响心理诊断的正确性,最终影响心理咨询与心理治疗的效果。

3. 心理测评有利于搞好心理问题的预防

　　在学校开展心理健康教育和心理咨询工作应该以预防为主,争取在学生出现心理问题之前或在心理问题的萌芽状态就能及时发现、及时解决。开展心理问题的预防工作除了经常开展心理健康教育外,还应该经常对学生进行心理健康的普查工作,以便及时发现学生的心理问题,并在心理问题尚不严重时就予以解决。心理健康的普查工作就是运用心理测评手段对每位学生的心理健康状况进行评估,因此,心理测评有利于心理问题的预防。

二、心理测评的原则

(一)客观性原则

　　客观性原则就是要求心理测评人员排除主观臆断,实事求是地对来访者的心理的真实情况作出评估。客观性原则要求心理测评人员要有客观的测评态度,选择客观的测评方法,谨慎地给出测评结论。

（二）保密性原则

心理测评工作者有义务为来访者保密。心理测评工作中会涉及来访者个人或他人的一些隐私，心理测评工作者了解这些内容是为了弄清来访者的问题，以便作出正确的评估和有的放矢地进行治疗。心理测评工作者替来访者保密是其职业道德。

（三）心身综合原则

心身综合原则是指在心理测评工作中，要把心理和生理两方面因素综合起来考虑。因为生理与心理因素是相互影响、互为因果的。在心理测评工作中，要尽可能收集心理和生理两方面的资料，进行综合分析，以便作出正确的评价。特别要防止将心理问题躯体化。中国传统观念中人们对心理疾病很忌讳，一旦得了心理疾病会感到抬不起头，因此常常会将心理问题说成躯体问题。

（四）发展性原则

发展性原则是以发展的观点来看来访者，既要看到来访者的问题，又要看到来访者的潜力，以便调动来访者的积极性与创造性，对来访者抱乐观的态度，相信来访者有能力解决自己的问题。发展性原则要求心理测评工作者对测评结果要有正确的看法，不能"一测定终身"。

（五）测评与治疗结合原则

测评本身不是目的，而是治疗的前提。心理测评工作者除了评价来访者心理问题的性质与种类，向他们说明产生的原因及危害，而且还应该尽可能地向他提供积极克服心理困扰与障碍的建议和治疗的方法。

（六）教育性原则

教育性原则就是心理测评工作一切都是为了来访者的利益，为了来访者今后的发展。在测评过程中不应对来访者有任何的伤害。例如，在对心理测评结果进行解释时，要事先考虑到可能对被测评者产生什么影响，可能产生不利影响的话坚决不讲，有利于学生发展与成长的话要多讲。

三、心理测评的过程

（一）明确心理测评的目的，做好心理测评准备工作

在进行心理测评之前，首先要明确心理测评的目的。因为测评目的不同，采用的方法也会不同。例如，作为心理健康普查，其目的是筛选出可能有心理问题的对象，那么我们可以用测查面较广又简单易行的心理健康问卷。如果已初步确认来访者有某种心理问题，为进一步查清该来访者心理问题的性质与程度，则可以用更加专业的心理量表和更深入的面谈。

心理测评的准备工作包括选择心理测评方法，准备心理测评工具和测评场所，熟悉心理测评方法与步骤等。心理测评方法主要有测验法、面谈法、观察法和个案法等，根据心理测评目的可选择其中一种或几种方法。方法确定后，还需要做许多准备工作。如心理测验需

要准备心理量表,熟悉测验具体方法和步骤。面谈法需要事先阅读相关资料或询问有关人员以了解测评对象的基本情况,设计面谈的基本思路和内容。观察法需要设定观察指标。个案法需要准备个案资料。另外,心理测评还需准备好测评的场所。测评场所要求环境安静,光线充足,空气流通,桌椅高低合适等。

(二)实施心理测评,系统收集资料

这是心理测评最重要阶段。通过实施各种心理测评方法,系统收集被测评者的各种信息。

首先,测评者要取得被测评者的信任,这是获得真实信息的前提。测评者要注意自身的形象,自己的衣着要符合心理学工作者的身份,让被测评者有一种职业上的信任感。在正式进行测评前,应该先向被测评者说明测评的目的和方法,消除他们可能产生的各种顾虑,争取获得他们的最大配合。

其次,要采用多种心理测评方法,尽可能全面收集资料。除了用测验法外,还可以用面谈法、个案法和观察法等多种方法,这样,获得的资料可以相互印证,提高测评的效度。

再次,在测评过程要注意控制各种可能影响评估结果的各种无关变量。测评者要充分意识到自己的言行对被测评者的影响,在测评过程中要严格按统一的指导语进行说明,注意自己的语气与表情,不能对被测评者有任何暗示。测评的步骤、方法、时间限制等都要做到一致,记分要有统一的详细评分标准,以保证对每一位被测评者公平,也保证测评结果的客观真实性。

(三)整理资料,综合判断

在系统收集测评资料后,还需要对测评资料进行分析整理,然后进行整合,以便最终作出判断。在分析整理资料过程中,如果发现资料不够充分,还可以继续收集资料,补充重要的缺失信息,使最终的判断能在充分的信息基础上产生。

资料一般分定性与定量两类。资料整理首先根据资料性质将其分门别类。定性资料一般通过分析、综合、概括、归纳、推理等逻辑方法进行整理。定量资料一般用统计方法进行整理。资料的整合也有许多方法,常用的有以下几种。

1. 临床判断

临床判断是根据直觉经验,将各种资料直观地整合,从而作出判断的方法。这种方法常见于医生临床诊断中。一个医生在对就诊者作诊断时,他手中一般有许多资料,例如有各种化验和检查结果资料,有原病史资料,有医生自己通过访谈和观察获得的资料,等等。面对这些资料,医生根据自己的专业知识和经验,分析它们之间的联系,最终作出就诊者有无疾病、有什么样的病、病情如何等诊断。心理测评中也可借鉴这种方法,特别当资料性质完全不同,不能将它们在数量上进行合成时,这种方法更为有效。

临床判断资料整合方法具有整体性和针对性的优点。整体性是指它是在对资料整体把握基础上作出的判断。针对性是指这种方法在作判断时,可以考虑对象的不同特点和资料之间的相互影响,灵活与因人而异地作出合理的判断。

临床判断资料整合方法的缺点是:①具有主观性。判断的作出很大程度上依赖于测评者的主观经验,若经验不足或经验不适用于新情况,就会作出错误的判断。②没有数量指标。这种方法只是将资料直观地整合,没有数量上的合成,因而最终没有量的指标。③对使用该方法者有较高要求。因为这种方法对专业知识和经验的要求很高,使用者必须受严格训练。

2. 加权

加权是根据资料的重要性赋予不同的权重后再将它们整合起来的一种方法。加权可分为单位加权、等值加权和不等值加权三种方式。

(1) 单位加权。单位加权是简单地将各种分数相加以便得到一个总分。单位加权的公式为:

$$X_c = X_1 + X_2 + \cdots + X_n$$

上式中,X_c 为整合后的总分,X_1、X_2、$\cdots X_n$ 为各种测验或其他测评方法得到的分数。

单位加权从表面上看每个分数重要性相同,但实际上每个分数的重要性是不同的,也就是在合成总分中各种分数起的作用是不同的。影响各种分数在合成总分中的作用大小的因素主要有 3 个,一是满分值,二是平均数,三是标准差。满分值和平均数对总分的影响是显而易见的,满分值和平均数较大的测验分数在总分中的作用也较大。反之则对总分的作用较小。标准差对总分的影响容易被人忽视。例如,有语文、数学和英语 3 种测验,假设这 3 种测验的满分都是 100 分,平均数都是 65 分,标准差语、数、英分别为 10、20、15。如果用单位加权计算这 3 种测验的总分,那么这些测验分数在总分中的作用是否相等呢? 答案是否定的。一般标准差较大的测验分数,它在总分中起的作用也较大;标准差小的测验分数,它在总分中的作用也较小。因此,上例中数学测验分数对总分作用最大,语文测验分数对总分作用最小。究其原因,因为标准差大意味着测验分数离散程度大,也就是考生之间分数差距拉得大,标准差小意味着测验分数离散程度小,即考生之间分数差距小,而考生分数差距大小是影响总分大小的直接因素。例如,数学测验第一名的得 100 分,最后一名得 12 分,而语文测验第一名的得 85 分,最后一名得 35 分。同样是第一名,数学分数要比语文分数高出 15 分,同样是最后一名,数学分数比语文分数低 23 分。因此,数学考得好坏对总分高低的影响就很大,而语文分数则对总分的影响相对较小。

要想使各种分数在总分中作用真正相同,必须使用等值加权方法来合成分数。

(2) 等值加权。等值加权是将各种分数转换成标准分后再相加。其公式为:

$$Z_i = (X_i - M_i)/SD_i \qquad i = 1, 2, \cdots, n$$
$$Z_c = Z_1 + Z_2 + \cdots + Z_n$$

上式中,X_i 为各种分数,M_i 为各种分数的平均分,SD_i 为各种分数的标准差,Z_i 为各种分数的标准分,Z_c 为总分。

由于等值加权是将分数转换成标准分后再相加,而标准分的平均数和标准差相等,因此,各种分数在总分中的作用是相等的。

(3) 不等值加权。不等值加权是指在资料整合前,根据每一种资料的重要性分别指派不

同的权重,然后再相加,其公式如下:

$$Z_c = W_1 Z_1 + W_2 Z_2 + \cdots + W_n Z_n$$

上式中,W_1、W_2、$\cdots W_n$ 为给不同分数指派的不同权重。

3. 多重临界点

多重临界点是指资料之间不具备互偿性时,对每一资料规定一个最低标准,凡被测评者只要有一项达不到最低标准,他就会被淘汰。多重临界点又可细分为综合分段和连续栅栏两种。综合分段是让每一个应聘者做完所有的测评项目后,再确定每一项测评的最低分数,凡是有一项不符合标准者就被淘汰。例如,硕士研究生入学考试,每份试卷都规定最低分数线,考生只要有一份卷子达不到分数线,则就被淘汰。连续栅栏是指事先确定每项测评的最低标准,然后在测评过程中逐项淘汰不符合标准者。这一方法的基本原理是将最节省时间同时成本又最低的测评方法放在前面,这样可以先淘汰一大批明显不合格者,然后可以对剩下的被测评者进行更详细的测评。例如,先对申请表进行审核,淘汰不符合要求者,然后进行心理测验,根据测验结果又淘汰一些不合格者。对剩下的被测评者再采用评价中心技术和结构性面试等较高级的测评方法进行进一步筛选,最终选定合格人员。综合分段与连续栅栏两者的区别是,前者的最低标准是事后确定的,每个被测评者必须做完所有测评项目。而后者最低标准是事先确定的,所以只有被录用的被测评者才可能做完所有测评项目,而其他人一般都没有做完测评项目就在中途被淘汰。

4. 多重回归

多重回归是一种统计方法,它是用几个分数(自变量)去预测一个效标(因变量)。在测评中,我们是用几种测评分数去预测被测评者未来的工作状况。当测评所得的几种分数具有互偿性时,就可以用多重回归方法。这时几种测评分数就是自变量 X_i,因变量 $\hat{Y}$ 就是整合分数,它是对被测评者未来的工作状况的预测。回归方程如下:

$$\hat{Y} = a + b_1 X_1 + b_2 X_2 + \cdots + b_n X_n$$

上式中,a 为常数项,即回归线在 Y 轴上的截距,b_1、b_2、$\cdots b_n$ 为回归系数。

5. 特殊方法

特殊方法指完形记分和轮廓分析。完形记分是将各个分数看作一个整体,不是孤立地看每个分数,而是看总的反应模式。例如,罗夏墨迹测验的解释,不是孤立地看每张图片的反应,而是根据对 10 张图片整体的反应模式。轮廓分析是考虑测验上所得分数的轮廓,而不是将各分数做简单的线性组合。例如,在明尼苏达多相人格调查表的解释方法中,就有轮廓图分析,即根据各量表 T 分数勾勒出的轮廓图作整体分析。

以上讨论的资料整合的各种方法各具优缺点。临床判断法的优点是不受资料性质的限制,具有弹性和针对性,缺点是这种方法有较大的主观性。加权法的优点是能得到整合分数,缺点是不同的加权会得到不同的结果。多重临界点的优点是能适用于不能互偿的资料,特别适合于选人,但它的缺点是不适用于人员安置。多重回归的优点是当资料具有线性关系时整合效果较好,但当资料不具有线性关系时整合效果就会较差。特殊方法的优点是从整体上对资料进行分析,但其缺点是较难操作。

四、心理测评的伦理准则

心理测评应用广泛,它涉及个人的隐私、权利、幸福等重大问题。针对心理测验被滥用等不良现象和严重后果,各国心理学专业团体纷纷制定心理测评的伦理准则。1992 年中国心理学会公布了《心理测验工作者的道德准则》,2000 年国际测验委员会出版了《测验应用的国际方针》,2002 年美国心理学协会出版了重要文件《心理学家的道德准则和行为规范》,2008 年中国心理学会发布了《心理测验管理条例》,综合世界各国有关心理测评的伦理准则,现归纳如下。

(一)善行与好意

心理测评工作者应做到有益于他们的工作对象,并注意不要对他们造成伤害。进行心理测评首先应该有正当理由,应该出于有益于被测评者的目的,如出于对被测评者更好的教育或治疗等目的。在心理测评过程中,心理测评工作者应以自己的专业判断和负责的态度预防可能出现的对工作对象的伤害,以正确的方式将所测结果告知被测者,并提供有益的帮助和建议。

(二)忠诚与责任

心理测评工作者应和他们的工作对象建立相互信任的关系。他们应认识到自己对社会以及他们的专业团体负有专业责任和科学责任。心理测评工作者对待测评工作须持有科学、严肃、谨慎、谦虚的态度,要维护行为的专业标准,阐明他们的专业角色和义务,保证以专业的要求和社会的需要来使用测验,不得为追求经济利益而滥用测验。为维护心理测验的有效性,凡规定不宜公开的心理测验内容、器材、评分标准以及常模等,均应保密。心理评估工作者还应当无偿奉献一部分职业时间。

(三)诚实

心理测评工作者应设法提高心理学在科学、教学以及实践中的准确性、诚实性和真实性。在介绍测验的效能与结果时,必须提供真实和准确的信息,避免感情用事、虚假的断言和曲解。心理测评工作者不应剽窃、骗取事实,或参与舞弊、欺骗或有意歪曲事实,而应信守诺言,并尽量避免做出轻率的不清楚的承诺。

(四)公正

心理测评工作者必须认识到,公平和公正使所有人都能享受到并受益于心理学的贡献,同时获得到同等质量的心理学服务。心理测评工作者应作出合理的判断,并注意避免因他们的专业局限而导致不良后果。

(五)尊重人的权利与尊严

心理测评工作者应当尊重所有人的尊严和价值,保护服务对象的隐私权,对测评中获得的个人信息要加以保密,除非对个人或社会可能造成危害的情况下才能告诉有关方面。心理测评工作者应认识到存在文化、性别、种族等差异,并尊重这些差异,在工作中不抱任何偏见。

五、心理测验的种类

（一）按测验功能来分

1. 能力测验

能力测验又可分为一般能力测验和特殊能力测验，一般能力测验就是对人的一般能力即智力的测量，因此也称智力测验。特殊能力测验是对个体在音乐、美术、体育、机械等方面特殊才能的测量。

2. 学习成就测验

学习成就测验是对学科知识和技能的测量。它又可分为教师自编学习成就测验和标准化学习成就测验，前者是教师根据教学工作实际需要自己根据教学大纲编制的测验。教师自编学习成就测验使用对象较窄。标准化学习成就测验一般由专家、教师等共同编制，以常模参照测验为主，标准化水平较高，适用对象较广。

3. 人格测验

人格测验是对人除能力以外的一切人格特点的测量。如性格测验、气质测验、兴趣测验、态度测验、情绪测验、动机测验、品德测验和综合人格测验等。

（二）按每次测验的人数来分

1. 个别测验

这是一种由一个主试每次只能测试一个被试的测验。这种一对一的测验由于主试能直接与被试接触，易于激发被试的测验动机，不易受文化程度和年龄的限制，适用对象范围广，文盲与幼儿也可适用。其缺点是测验费时费力，不易大规模测量，建立常模较困难。另外个别测验对主试的要求较高，必须经过严格训练的人才可以使用。

2. 团体测验

这是一种由一个或几个主试同时测量若干个被试的测验。这种测验的最大优点是省时省力省钱，适合大规模测量。这种测验的缺点是对测验过程不能有效控制，因此容易产生较大测量误差。

（三）按测验材料来分

1. 文字测验

这种测验使用的是文字材料，被试也是用文字作答。这种测验编制相对容易，适用于各种类型的测验，但容易受被试文化程度的影响。

2. 非文字测验

这种测验中使用的材料是图形、模型、实物和非文字的符号等。由于测验中不使用语言文字，因此适用对象较广，特别适合于文盲和幼儿。

（四）按测验目的来分

1. 筛选性测验

这种测验的目的是筛选出需要的人来。根据需要不同，又可分为人才选拔测验和问题人员筛选测验，如企业人才招聘测验、智力缺陷筛选测验和心理问题筛选测验等。

2. 诊断性测验

这种测验的目的是诊断被试有无问题。如教学过程中用于诊断学生学习中的知识技能缺陷的学科测验，以及心理咨询中诊断来访者有无心理问题的心理测验等。

3. 预测性测验

这种测验的目的是预测被试未来行为表现以及所能达到的水平。如高考就是一种预测性测验，其目的是预测学生能否胜任大学的学习。

（五）按测验的难度与时限来分

1. 速度测验

速度测验的特点是题量大，测验时间紧，但题目难度一般不大。它的目的是考察被试对有关知识技能掌握的熟练程度或动作的敏捷和协调性等。

2. 难度测验

难度测验的特点是题目难度高，但题量不大，测验时间相对较宽裕。它的目的是考察被试最高的能力水平。

（六）按测验的要求来分

1. 最高行为测验

这种测验是测量被试的能力高低或掌握知识的多少。在这类测验中，要求被试充分发挥自己的能力，尽可能作出最好的回答。所有的学习成就测验、智力测验、能力倾向测验都属于最高行为测验。

2. 典型行为测验

这种测验是测量被试平时一贯的行为方式和典型行为表现，因此题目没有正确答案，得分高也不一定是好事。在这类测验中，要求被试根据自己的实际情况选择符合自己行为方式和特点的选项，如果被试不如实回答，测验结果将无效。人格测验就属于典型行为测验。

（七）按测验性质来分

1. 构造性测验

这类测验有清楚的测验结构和明确的测验内容，每道题都有清楚的测量目的，测验的记分标准和结果解释都有严格规定。所有的能力测验、学习成就测验和大部分人格测验属于构造性测验。

2. 投射性测验

这类测验没有明确的结构，测验中的题目也没有明确的测量目标。投射测验是根据心理学的投射原理：人们对日常生活模糊刺激情境的反应是受个人当时的心理状况和他过去掌握的经验以及对将来的行为要求所推动的，当人们面对主题不明确的测验材料时，就会将自己的人格不自觉地表现出来，投射在测验的反应中，通过对被试测验反应的分析，就能得到他的人格资料。因此投射测验能测量人们心灵深处的欲望、情绪、动机、态度等人格特点。

（八）按测验的解释依据来分

1. 常模参照测验

这类测验对测验结果的解释需要对照常模，也就是需要与被试相同性质（如年龄、性别、文化程度等)样本的测验结果作比较,以确定被试的测验分数位于样本群体分数分布的具体位置,然后对被试的测验分数作出评价。所以,这类测验的解释标准是统计学标准,是一种与他人相比较的相对标准。

2. 标准参照测验

这类测验对测验结果的解释是根据预先确定的标准,而不需要与他人作比较后再作评价。例如学校中的学科测验,如果满分为 100 分,通常我们规定 60 分以下为不及格,60～69分为及格,70～79 分为中,80～89 分为良,90 分以上为优。这套解释标准是在测验前就确定的,学生的测验分数只要与这套标准对照就可进行解释。

六、心理测验的性质

(一)心理测验的概念

1. 心理测验的定义

心理测验有许多不同的定义,在众多定义中,美国心理测量学家阿纳斯泰西(A. Anastasi)的定义得到较多人的认同,她认为心理测验实质上是对一个行为样组的客观和标准化的测量。

2. 几个与心理测验有关的概念

在上述心理测验的定义中涉及一些重要概念,下面我们对这些概念进行解释:

(1)行为样组:指测验选择的一组有代表性行为。心理测验是一种间接的测量方法,是通过测量人的行为反应间接地推断人的心理。人的行为很多,我们不可能都加以测量,因此必须根据测量目的,选择一部分有代表性的行为加以测量,这一组经选择加以测量的行为就是行为样组。

(2)标准化:指测验的编制、实施、记分、解释等程序的一致性。标准化是保证测验客观性和可比性的前提,标准化水平是影响测验质量的重要因素。为了提高测验的标准化水平,首先,测验的编制要有一套严格的程序。无论测验结构的确定、测验项目的选拔都要有依据。测验要经过预测和项目筛选,当测验的信度、效度等各项指标都较理想后才可使用。其次,测验的材料、器材要符合质量要求,印刷的材料要清楚,字体和图形大小合适,器材的物理性能稳定。再次,测验实施要有统一指导语、统一步骤和时间限制,要控制影响测验结果的一切干扰因素。最后,测验记分要有统一详细的评分标准,测验结果的解释要有统一标准,心理测验常依据常模进行解释。

(3)客观性:指测验不受主观支配,做到真实客观。客观性的一个衡量标准就是可重复性。提高测验的标准化水平是保证测验客观性的前提。

(4)常模:指一个测验在标准化样本上的分数分布。标准化样本是指通过科学取样获得的一个具有代表性的被试样本。常用的取样方法是分层随机取样法。为了提高样本的代表性,除了取样方法科学外,还需要较大的样本容量。抽取代表性样本后,用测验对样本中的所有被试进行测试,以收集测验数据,获得测验分数的分布资料。常模资料中样本平均分和标准差是最重要的,因为如果分数分布是正态的,那么只要有这两个统计量就可把握整个测验分数的分布。

（二）心理测验的特点

1. 间接性

心理测验是一种间接的测量方法，它是通过测量外显的行为去推断内隐的心理。这种间接测量是基于这样一种假设：人的很多行为不是无缘无故的，是受人的内部心理控制的。心理与行为的这种因果关系是心理测验的基础。心理测验的关键在于选择能真正反映待测心理属性的行为样组。

2. 相对性

心理测验的参照点是相对零点，因此心理测验分数没有绝对意义上的零。心理测验常采用常模解释，也就是将一个被试与一组被试作比较，以确定其在群体中的位置，而位置具有相对性。心理测验的结果不是永恒不变的，会随环境与教育等因素的变化而有一定的变化，因此不能"一测定终身"。

3. 稳定性

心理测验的结果具有稳定性。人的心理是遗传与环境交互作用的结果。因为人的遗传具有稳定性，人的生活环境也具有一定的稳定性，人的心理发展具有规律性，因此人的心理如智力、性格、气质具有相对的稳定性。因为心理测量的结果具有稳定性，测量才有价值。

七、心理测验的正确使用

（一）对心理测验的正确态度

1. 对测验的两种错误态度

对心理测验的态度，历史上曾有两种错误态度。

（1）认为测验完美无缺，迷信测验。美国在20世纪20年代初，美国军队甲种智力量表和乙种智力量表的成功使用推动了一股测验的热潮。当时人们认为测验完美无缺，迷信测验结果，什么都用测验，结果测验被滥用，造成消极影响。当今，仍有一些人迷信测验，迷信测验分数，认为心理测验是非常科学的，看不到心理测验的不足，做决策过分依赖心理测验，这种对测验的态度不仅是错误的，而且是危险的。

（2）认为测验无用有害，反对测验。苏联在20世纪30年代曾用苏共中央的名义发表一项决定，取消儿童学和儿童技术学，所谓儿童技术学，其中很大一部分是心理测验。当时苏联要禁止心理测验是因为智力测验的结果是资产阶级子女比无产阶级子女的智商高，因此他们认为心理测验是在为资产阶级统治提供理论依据，是资产阶级伪科学。

另外，也有人提出心理测验是为种族歧视提供理论依据，因为智力测验的结果是白人比黑人智商高。对于上述两种观点，我们认为是错误的。因为尽管智力测验的结果确实是资产阶级子女的智商比无产阶级子女智商高，白人的智商比黑人智商高，但这并不是心理测验造成的。现代心理学认为人的智力水平高低不光受遗传影响，而且受后天的环境与教育等因素的影响。资产阶级在过去长期处于统治地位，无论在政治、经济还是教育等方面都处于优势地位，他们的子女接受最好的教育，所以资产阶级子女智商高是不足为奇的，这是由于社会不公平造成的，白人比黑人智商高也是同样原因，心理测验只是测出了客观存在的现实而已。

也有人说心理测验为唯心主义宿命论提供理论依据,这要看测验使用者如何看待测验结果,我们认为"一测定终身"的观点是错误的,测验结果只能说明被试的现在,测验分数不是一成不变的,它会随环境、教育和个人努力状况的变化而变化。

在西方,常常有人批评心理测验侵犯个人隐私。对这个问题确实应引起我们的注意。我们认为,如果心理测验具有正当的目的,即测验是为被测验者的利益考虑,是为了更好地对被测验者进行教育、治疗等目的;而且被试自己又同意做测验;再加上我们对测验结果做到保密,那么心理测验就不能说是侵犯个人隐私。

2. 对测验的正确态度

(1) 心理测验是一种有用的研究手段和测量工具。心理测验在心理学发展过程中曾起过重要作用,现在仍是心理学研究的一种重要方法。心理测验具有很大的应用价值,无论人员招聘与安置、临床诊断,还是教育评价,都可以使用心理测验。

(2) 测验作为一种研究手段和测量工具尚不完善。心理测验的不足,首先是缺乏坚实的理论基础。心理学在一些重要概念如智力、人格等方面,至今都没有统一的定义,这给这些心理现象的测量带来一定的困难。其次,心理测验在方法上尚不完善。心理量表就其性质而言仅是等级量表,不可能提供精确的测量。再加上心理现象的复杂性给测量带来巨大的困难,现在的心理量表远远不能达到人们对它的期望。因此,我们在使用心理测验时一定要谨慎,不能迷信测验分数。同时我们应该尽可能地通过多种方法获取信息,以便相互印证,保证最终决策的正确性。

(二) 心理测验使用者的资格

为了防止测验滥用,必须让有资格的人使用测验。根据中国心理学会 2008 年公布的"心理测验管理条例",测验使用人员的资格证书分为甲、乙、丙三种。甲种证书仅授予主要从事心理测量研究与教学的高级专业人员。乙种证书授予经过心理测量系统理论培训并通过考试,且具有一定使用经验的人。丙种证书为特定心理测验的使用资格证书,此证书需注明所培训使用的测验名称,只证明持有者具有该测验的资格。申请获得乙种和丙种证书需满足以下条件之一:

(1) 心理学专业本科以上毕业生;

(2) 具有大专以上(含)学历,接受过中国心理学会备案并认可的心理测量培训班培训,且考核合格。

八、心理测验使用中的注意事项

(一) 测验前的准备

1. 选择合适的量表

首先根据测验目的,选择适合的且信度、效度都较高的测验。

2. 准备好测验的材料与器具

一旦选定测验,就要准备好相关的测验材料,包括测验试题本、答题纸和测验手册等。个别智力测验往往还有一些测验器具,需要事先准备好,还需检查器具的功能是否完备。

3. 准备合适的测验场所

测验场所要求安静、通风、明亮,环境布置朴素,桌椅高低合适,桌面平整。

4. 熟悉测验的方法和步骤

主试在测验前应对测验指导语、测验方法步骤进行复习或培训,以保证对测验方法和步骤非常熟悉,指导语尽可能背熟。

（二）测验过程中的注意事项

（1）主试在测验开始前首先应取得被试的信任与配合。

（2）在测验过程中主试要注意自己的态度、表情等,不要给被试任何暗示。

（3）要做到统一指导语,统一时限,统一步骤与方法。

（4）注意被试有没有理解测验的要求与方法,如发现个别被试不理解,需要加以说明。

（5）要及时处理一些突发事件,并及时记录以供测验解释之用。

（三）测验结束后的注意事项

（1）测验记分要严格按记分标准记分。

（2）对测验解释一般按常模解释,使用适合的常模。解释要考虑教育性原则,不利于被试的话不说,一切解释都要有利于被试的发展。

（3）对测验结果要保密,没有经过被试同意,不能告诉其他人。

第二节　智　力　测　验

一、智力的定义

智力的定义是编制智力测验的理论前提。在 19 世纪后半叶,智力一词最早是由哲学家斯宾塞(H. Spencer)和生物学家高尔顿(F. Galton)将古代拉丁词 intelligence 引入英文的,其意义是代表一种天生的特点及倾向性。最早给智力下定义的是德国儿童心理学家斯腾(L. W. Stern)。他认为智力是指个体有意识地以思维活动来适应新情境的一种潜力。此后,西方心理学家们给智力下了诸多的定义。但是,尽管有关智力的研究与理论已有一个世纪之久,心理学家至今仍对智力的概念或含义未达成共识。

关于智力的定义,比较有代表性的有以下几类观点。

（一）智力是抽象思维的能力

持此观点者认为智力是一种抽象思维的能力,是判断能力、理解能力、推理能力、创造能力等的综合。智力水平高的人,是因为其抽象思维的能力强。这种观点以早期致力于制定智力量表的比奈和推孟(L. M. Terman)为代表。比奈认为:"智力是一种判断的能力、创造的能力、适应环境的能力。……善于判断、善于理解、善于推理是智力的三种要素。"推孟则直截了当地说:"一个人的聪明程度与抽象思维能力成正比。"这是从心理机制的角度来看智力的本质的,抽象思维能力是智力结构中最核心的成分,它局限了智力的范围。但是按照这种理解编制的智力测验一般都能达到一定的信度和效度。

（二）智力是适应环境的能力

持此观点者认为智力是适应环境的能力。智力水平越高者适应环境的能力也越强。这种观点的代表人物是斯腾、威尔斯（F. L. Wells）、爱德华（A. S. Edwards）、桑代克（R. L. Thorndike）、品特纳（R. Pintner）等。斯腾认为普通智力就是有机体对新环境充分适应的能力。而皮亚杰在深入研究儿童智慧发展的基础上提出的智力的定义达到了这种观点的顶峰，他认为智力的本质就是适应。这是从生物学的角度来理解智力的。有人批评这种观点泛化了智力的概念。

（三）智力是学习的能力

持此观点者认为智力是学习的能力。智力水平越高的人，能够学习的材料也越难，学习成绩也越好。学习能力只是智力的一种表现形式，若用它来定义智力，则大大局限了智力的含义。这种观点的代表人物是伯金汉（B. R. Buckingham）、科尔文（S. S. Colvin）、汉蒙（V. A. Hemon）。

（四）智力是信息加工的能力

持此观点的人认为智力是信息加工的能力，代表人物是斯腾伯格（S. Sternberg）。他认为编码和比较在解决智力的测验的任务中作用最为重要，能迅速编码和比较的人通常比加工慢的人智力高。这种观点代表了心理学发展的新思路，但观察和测量一个信息加工系统的输入、输出的各个阶段是非常难以操作的。

（五）对智力的综合理解

现代心理学家一般都认为智力是一种综合能力。如斯托达德（G. D. Stoddard）、韦克斯勒（D. Wechsler）和我国老一辈心理学家朱智贤等。斯托达德关于智力的定义为：智力是从事艰难、复杂、抽象、敏捷和创造性活动以及集中精力保持情绪稳定的能力。韦克斯勒认为"智力是一个人有目的行动，合理地思维和有效应付周围环境聚集的或整体的才能。"朱智贤教授认为智力是个体的一种综合的认识方面的心理特性，它主要包括：（1）感知、记忆能力，特别是观测能力；（2）抽象概括能力（包括想象力）即逻辑思维能力是智力的核心成分；（3）创造能力。其中，创造能力是智力的最高表现。

二、个别智力测验

（一）比奈智力量表

1. 比奈—西蒙智力量表（Binet-Simon Scale）

1905年量表。这是比奈和助手西蒙出于诊断异常儿童智力的需要，于1905年编制而成的世界上第一个智力量表。它包括30道测验项目，种类繁多，可以测量智力的多方面表现，比如记忆、言语、理解、手工操作等。它以通过多少项目作为区分智力的标准，并且显现出年龄量表的雏形，比奈和西蒙在此已指明不同年龄的儿童所能通过的项目。

1908年量表。这是第一个年龄量表。比奈和西蒙在1908年首次对1905年量表作了修订，测验项目增至59个，测验项目以年龄分组（3～13岁，每岁一组），首次采用智力年龄作为衡量儿童智力发展水平的指标，即儿童最后能通过哪个年龄组的项目，便说明他具有这一年龄的智力水平，而不论他的实际年龄是多少。这个量表运用了近代测验理论的基本思想，即测验的原理在于将个人的行为与他人比较并归类。

1911 年量表。比奈在 1908 年量表基础上对其作最后一次修订,除了改变一些项目内容及其顺序之外,还将其适用范围扩大,增设了一个成人题目组。

虽然如今比奈—西蒙智力量表由于其简陋和非标准化而不再为当代人所使用,但它在智力测验历史上的贡献是不可磨灭的,它的主导思想成为其后智力测验所遵循的传统。

2. 斯坦福—比奈智力量表(Stanford-Binet Scale)

比奈—西蒙智力量表发表以后,戈达德(H. Goddard)第一个将其介绍到美国,此后,又有一些人对它进行了修订,其中美国斯坦福大学的推孟教授的工作最负盛名。推孟将他修订的智力量表称为斯坦福—比奈智力量表,简称斯比智力量表。该量表先后修订四次,下面是该量表四个版本的基本情况。

斯坦福—比奈智力量表最初修订于 1916 年。推孟将比奈—西蒙智力量表中的项目进行了修改,并在此基础上又增设了 39 个新项目。该量表首次引入智商的概念,开始以 IQ 作为个体智力水平的指标。推孟的智商公式如下:

$$IQ = \frac{MA}{CA} \times 100$$

其中,IQ 为智商,是英文 intelligence quotient 的缩写。MA 为智力年龄,CA 为实足年龄。该智商公式用智力年龄与实足年龄的比值作为计算智商的主要依据,故后来人们称它为比率智商,以区别以后广泛使用的离差智商。

为了使测验标准化,该量表对每个项目施测规定了详细的指导语和记分标准。

1937 年推孟对斯比智力量表作了第二次修订,修订后的斯比智力量表由 L 型和 M 型两个等值量表构成。该量表的适用年龄由 1916 年的 3～13 岁扩展到 1.5～18 岁,并在修订时选取了更大的代表性样本以获得其信度、效度资料,不过其样本仍局限于白人,且偏重于社会经济地位较高家庭的儿童,因而仍未能全面反映美国当时人口状况。

1960 年发表了斯比智力量表第三版。该版本将 1937 年量表的 L 型和 M 型中最佳项目合成 LM 型单一量表,适用于 2 岁到成人。该版本的最大改变在于舍弃了比率智商,引入了离差智商概念,以平均数为 100,标准差为 16 的离差智商作为智力评估指标。1972 年对第三版进行了再次标准化,但测验内容保持不变,重新修订常模,所选常模团体包括了美国各地区、各社会阶层、各种经济状况、各民族的 2100 名儿童。取样代表性有了很大提高。

斯比智力量表第四版发表于 1986 年。修订者是桑代克、黑根(E. Hagen)等人,修订工作从 1979 年开始直至 1986 年历时 8 年才完成。第四版与前三版相比在理论框架、测验题型、测验内容、施测程序等方面都有创新。

斯坦福—比奈量表第四版的理论基础更加成熟,建构的方法也更加合理。其理论基础主要是卡特尔(R. B. Cattell)的流体和晶体智力理论以及桑代克和黑根的认知能力测验。该理论把智力界定为 3 种不同层次的能力:第一层次是一般能力(G);第二层次是晶体能力、流体—分析能力和短时记忆 3 种主要能力;第三层次是言语推理、数理推理和抽象/视觉推理

3 种特殊能力。新版本在测验内容上涵盖较广泛的认知技能及信息处理能力,并且将测验分为 15 个分测验,主要评估语言推理、数理推理、抽象—视觉推理和短时记忆四个领域的认知能力。测验结果不光有总智商,而且有四个领域的分数及 15 个分测验的分数,能提供被试认知能力方面详细的资料。

在具体施测上,斯比量表第四版可以说是适应性的,即让被试只做那些难度水平适合他的题目,以保证测验分数有较高的信度与效度。

第四版的斯坦福—比奈量表已在 2～23 岁 11 个月的美国人样本上实现了标准化。这一样本中较高社会经济地位与受教育程度的个体数目不均衡,而在记分上为修正这一问题所做的诸多尝试也不太成功。并且还存在其他的问题,比如测验所测量的因素在不同年龄水平上并不一致,各分数的一致性数据也不充分。

斯比量表是学龄儿童智力尤其是言语能力的一个有效量具。由于它的技术特性,加上它在历史上的重要性,它已成为测量智力的标准,所有其他智力测验都必须与此标准对照加以校正。因此,斯比量表的优点和局限,也在很大程度上反映在其他量表中。

3. 中国比奈测验

我国心理学家陆志韦于 1924 年第一次修订了斯坦福—比奈量表,称作《中国比奈—西蒙智力测验》。1936 年陆志韦和吴天敏合作对此测验做了再次修订。

1978 年,吴天敏主持第三次修订,1982 年完成,称作《中国比内测验》。该测验测试对象扩大为 2～18 岁,每岁 3 个项目,每题代表 4 个月的心理年龄,从易到难排列,共 51 个项目。以下是这 51 个项目的名称:

1. 比大小圆	2. 说出物名	3. 比长短线	4. 拼长方形
5. 辨别图形	6. 数 13 个钮扣	7. 说出手指数	8. 上午和下午
9. 简单迷津	10. 解说图画	11. 寻找失物	12. 倒数 20 到 1
13. 心算(一)	14. 说反义词(一)	15. 推断情景	16. 指出缺点
17. 心算(二)	18. 寻找数目	19. 寻找图样	20. 对比
21. 造句	22. 正确答案	23. 回答问句	24. 描绘图样
25. 剪纸	26. 指出错误	27. 数字巧术	28. 方形分析(一)
29. 心算(三)	30. 迷津	31. 时间计算	32. 填字
33. 盒子计算	34. 对比关系	35. 方形分析(二)	36. 记故事
37. 说出共同点	38. 语句重组(一)	39. 倒背数目	40. 说反义词(二)
41. 拼字	42. 评判语句	43. 数立方体	44. 几何图形分析
45. 说明含义	46. 填数字	47. 语句重组(二)	48. 校正错数
49. 解释成语	50. 明确对比关系	51. 区别语义	

这一测验是个别智力测验。测验首先根据年龄确定起始题目,然后从该测题开始测试,如果连续答对两题,则一直往下测试,前面未做的测题也给分。若开始做的两题有一题答错,则要退至前一年龄段的起始题重新开始。在测试中如果连续 5 题答错,则停止测试,然后计算被试的得分。该测验答对 1 题得 1 分,将各题得分相加得测验总分,这总分是原始分,需查常模表后转化为智商。中国比奈量表采用的智商为离差智商。

此外，吴天敏又根据临床的实际需要，在《中国比内测验》的基础上编制了《中国比内测验简编》，由 8 个项目组成，通常只需 20 分钟即可测完。

《中国比内测验》使用简便，易于操作学习。该测验与学校学习成绩有较高的相关，因而能较好地预测学生在校的学习情况。但它只能提供一个笼统的智商，不能具体地给出儿童智力发展的各个方面的资料，这是该测验的不足。

（二）韦氏智力量表

由于比奈量表的适用对象是儿童和青少年，对成人的测量不令人满意。所以，1934 年韦克斯勒开始了智力测验编制的研究工作。1939 年他首先编制出一个成人智力量表，即韦克斯勒—贝勒维智力量表（W-BⅠ），1942 年编成第二个韦克斯勒—贝勒维量表（W-BⅡ），即韦氏军队量表，主要测量 10～60 岁的个体。他于 1949 年又编制出韦氏儿童智力量表（Wechsler Intelligence Scale for Children，WISC），适用于 6～16 岁的儿童。该量表是当今世界上应用最广的儿童智力量表。1955 年，韦克斯勒又将 W-BⅠ 修订为韦氏成人智力量表（Wechsler Adult Intelligence Scale，WAIS），适用于 16～74 岁的成人。他又编制了韦氏学龄前和学龄初期儿童智力量表（Wechsler Preschool and Primary Scale of Intelligence，WPPSI）适用于 4～6.5 岁的幼儿，1974 年，韦氏发表了韦氏儿童智力量表修订本（WISC-R），1981 年，又发表了韦氏成人智力量表修订本（WAIS-R）。1991 年后儿童智力量表的第三版（WISC-Ⅲ）开始在美国广为发行，2003 年儿童智力量表的第四版（WISC-Ⅳ）开始在美国发行。

韦克斯勒曾受教于斯皮尔曼（C. E. Spearman）和皮尔逊（C. S. Pearson）的门下，受 G 因素理论的影响。韦克斯勒认为智力是个人有目的地行动、理智地思考以及有效地应付环境的整体的或综合的能力。他所编的智力量表属于一般能力测验，形式也多取自前人的测验。他将测同种能力的项目综合在一起，按由易到难的顺序排列，并且采用离差智商作为评估个体智力水平的指标。离差智商是针对传统比率智商的不足而由韦克斯勒提出，其计算公式为：

$$IQ = 100 + 15Z \qquad Z = \frac{X - \overline{X}}{S}$$

其中，X 为某人在测验上的得分，$\overline{X}$ 是常模样本的测验平均分，S 是常模样本测验分数的标准差，Z 是标准分。

1. 韦氏儿童智力量表

韦氏儿童智力量表（WISC-R）共包括 12 个分测验，分别构成言语量表和操作量表，其中背数和迷津两个分测验是备用测验，可用作某一同类测验在主试操作失误时作替换用。WISC-R 的 12 个分测验如下：

言语部分

（1）常识。共有 30 个题目，都是被试在日常生活与学习中常接触到的一般性的常识问题。如："一年分为哪四季？""油为什么会浮在水上？"

（2）类同。共有 17 个题目，每题都由一对名词构成，要求被试概括出两者的相似之处。

如:"蜡烛与电灯在什么地方相似?""愤怒与喜悦在什么地方相似?"

（3）计算。计算分测验共有 19 个测题,要求被试只能心算,主要用来测试心智的灵活性。如：在被试面前展示有一排共 12 棵树的图片,问:"如果在这排树的两头都加上 1 棵树,总共有多少棵树?"或者问:"如果 3 块糖价值 5 分,那么 24 块糖价值多少?"

（4）词汇。共 32 题,按从易到难的顺序排列,要求被试说出词的一般意义。如:"什么是凉台?""拖延是什么意思?"

（5）理解。包括 17 个测题,也按难易程度排列。要求被试解释为什么某种活动是合理的,在某种情况下最合适的活动方式是什么等。如:"当你割破了手指时你应该做什么?""为什么进行选举时最好用无记名投票?"

（6）背数。由主试读出一系列随机组合的长度逐渐增加的数字,要求被试顺着背或倒着背。

操作部分

（1）图画补缺。共有 26 张未完成的图画呈现给被试,要求说出缺少部分的名称。其中的 1 张图如图 4-1 所示。

（2）图片排列。包括 12 组图片,测验时将图片按固定的混乱的顺序呈现给被试,要求被试排出正确的顺序,使每组图画可表达出合理的情境或故事。图 4-2 为其中一组。

图 4-1 图画补缺

图 4-2 图片排列

（3）积木图案。要求被试用红白相间的积木组合成主试所呈现的 11 种图样。简单的图样需用 4 块积木,复杂的则需用 9 块。如图 4-3 所示。

 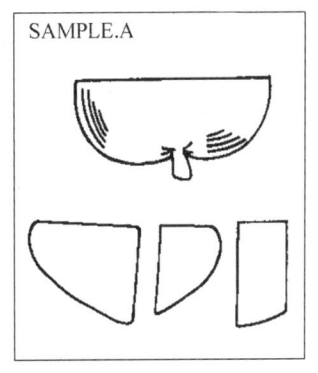

图 4-3 积木图案　　　　图 4-4 图形拼凑

（4）图形拼凑。共有 4 个拼图题目,每个题目都为一套物体或人像的拼图,让被试把散乱的图片拼成物体或人像的整体。如图 4-4 所示。

(5) 译码。先呈现给被试数字与符号对应的编码系统,然后要求被试根据编码在一张数字表格上把正确的符号填入相应的数字下。另外,在对 8 岁以下的儿童施测时,所用的是图形与符号的对应编码。如图 4 - 5 所示。

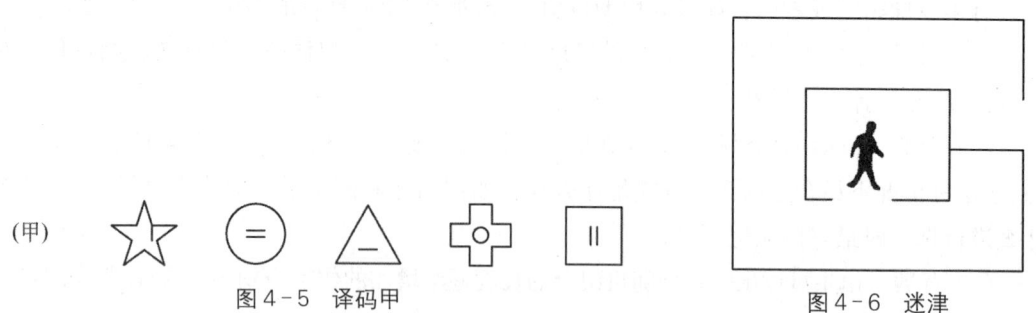

图 4 - 5 译码甲

图 4 - 6 迷津

(6) 迷津。共有 9 个从简单到复杂的迷津,要求儿童用铅笔正确地画出到达出口的线条。如图 4 - 6 所示。

在施测中,言语部分和操作部分的各个分测验在顺序上是交替进行的。从测验结果看,除能测出被试在全部量表上的智商外,还可分别测出言语智商和操作智商,一些分测验也可以用来测验儿童的精神和情绪是否正常。在智商的计算方法上,放弃比率智商而采用离差智商,可以直观地看出被试的智力水平在同龄组中的位置。

WISC - R 适用于 6～16 的儿童,从 6 岁 0 个月到 16 岁 11 个月,每 4 个月为一个年龄组,分别建立了常模表,可直接由原始分查得量表分,再将 5 个语言测验量表分相加得语言评分,将 5 个操作测验量表分相加得操作评分,测验的 10 个量表分相加得测验总分。语言评分、操作评分和测验总分通过智商转换表可得到语言智商、操作智商和总智商。该量表可用于解释的分数有 10 个分测验的量表分和 3 个智商。量表分是平均数为 10、标准差为 3 的标准分数,该分数大于或等于 13 分说明显著高于平均分,低于或等于 7 分说明显著低于平均分。

我国心理学家林传鼎、张厚粲等组织对韦氏儿童智力量表(WISC - R)进行了翻译和修订,于 1981 年正式确定了中文版(WISC - CR)内容,1986 年完成全国常模。与原版相比,中国修订本在保持原项目性质的基础上对部分内容作了调整,更适合中国儿童。难度稍有提高,表现在算术和背数测验中各增加了 1 个项目。改变了部分题目的顺序,使之由易到难排列。由于我国幅员辽阔,城乡差别悬殊,故取样只在大、中城市进行,因此,测验只适用于中等以上城市儿童。该修订本具有较高的信度和效度,在国内应用十分广泛。

美国心理公司在 1991 年对韦氏儿童智力量表修订版(WISC - R)进行了再次修订,建立了韦氏儿童智力量表第三版(WISC-Ⅲ)。第三版在保持 WISC - R 的基本结构和内容基础上,作了以下改进:

(1) 报告了新的常模信息。常模样本以分层抽样方式获得,分层以年龄、性别、种族、地区和父母教育水平为变量。样本容量为 2200 名,年龄为 6～16 岁。经研究发现,父母的教育水平因素比父母职业因素对测验分数的影响更大。

(2) 增加了"符号搜索"分测验。原来的韦氏儿童智力量表主要测查儿童的言语理解、知觉组织和注意集中三方面的认知能力。而 WISC-Ⅲ增加的"符号搜索"分测验则测查儿童加

学校心理咨询专业理论与技术

92

工速度这第四个方面的认知能力。这样使整个测验测查范围更广泛,更全面。

(3)增加测题和改进测验材料。WISC-Ⅲ在算术、图片排列和迷津分测验中增加了项目,使测题难度范围更广,更好地测量年幼儿童和大年龄儿童的智力。另外,测验中将拼图、图形补缺和图片排列分测验中的图片都改为彩色,有利于激发儿童测验动机。

(4)提供更多的信息。WISC-Ⅲ的手册中提供了更多的常模信息,以便于测验分数的解释。例如,手册提供了言语智商与操作智商之差所代表的意义,以及各分测验量表分的基本比例的解释方法。

2003年美国推出了韦氏儿童智力量表第四版(WISC-Ⅳ),中国从2007年开始修订,2008年3月9日通过了中国心理学会心理测量专业委员会的鉴定。目前该量表已在全国范围正式推广。韦氏儿童智力量表第四版对以往版本作了重大修订。首先,量表结构不再分为言语测验与操作测验两部分,而是分为言语理解、知觉推理、工作记忆和加工速度等4个指数。其次,测验项目也作了较大调整,删除了图片排列、图形拼凑和迷津3个分测验,增加了图画概念、矩阵推理、字母数字排序和划消4个分测验。这样整个量表包含14个分测验,其中10个正式测验,4个补充测验。WISC-Ⅳ使每一测验项目目标更清晰,更符合现代认知心理学的研究成果。该量表新增了许多解释内容,如差异比较、强项与弱项确定与过程分析,使它应用更广泛,具体如图4-7所示。

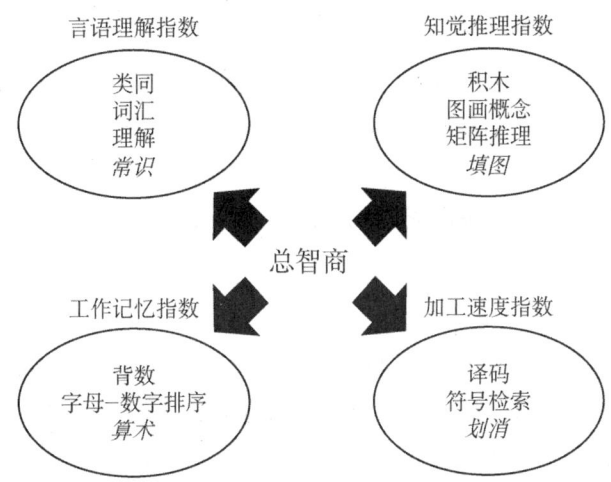

图4-7 韦氏儿童智力量表第四版的结构与分测验

2. 韦氏成人智力量表

韦氏成人智力量表修订本包括言语测验和操作测验两个部分。言语测验表共有6个分量表,它们分别为①知识;②领悟;③算术;④相似性;⑤数字广度;⑥词汇。操作测验共有5个分量表,它们分别为①数字符号;②填图;③木块图;④图片排列;⑤图形拼凑。韦氏成人智力量表的各分测验名称在英文中与韦氏儿童智力量表的各分测验名称是一样的,但由于两组修订人员没有沟通,所以翻译成中文就不一样了。

韦氏成人智力量表修订本的记分与解释方法与韦氏儿童智力量表相同。

1982年,在湖南医学院龚耀先教授主持下修订出版了WAIS的中国修订本(WAIS-

RC)。该修订本在项目内容上变化不大,只是删除了部分完全不适合我国文化背景的题目,并根据我国常模团体的测验结果对测验项目顺序作了适当调整。WAIS-RC的最大变动在于根据我国的国情,即城市和农村在文化教育方面差异很大的特点,分别建立了农村和城市两套常模。

3. 韦氏学龄前和学龄初期儿童智力量表

韦氏学龄前和学龄初期儿童智力量表(WPPSI)适合于4～6.5岁的儿童。它包括11个测验,但只有10个分测验用来计算智商,其中8个分测验是WISC向低幼年龄的延伸和改编,另3个是新加的,具体是:常识、动物房、词汇、填图、算术、迷津、几何图形、类同、扁木块、理解。

上海市第六人民医院等单位曾将WPPSI加以修订并标准化,修订后的量表常模是从全国取样的3188名4～6.5岁儿童,每三个月为一组制作了11个年龄组的量表转换表。其分半信度、再测信度及主试间信度达到0.67～0.95。与图片测验和绘人测验的相关均为0.60以上,说明具有一定的效度。

龚耀先对WPPSI作了一些改动。称为长沙—韦氏幼儿智力量表(C-WYCSI)。它的特点是适合儿童思维的直观形象性特点,具有趣味性,施测时间也较短。在项目上,将词汇测验改为图片词汇,类同测验改为图片概括,几何图形改为视觉分析,动物房改为动物房下蛋,取消语句背诵测验,部分项目在数目、命题方式、记分方法上有所改变。图片词汇测验主要是由主试念刺激词,要求被试在四幅画中找出一张最能代表这个词义的画。图片概括测验则是给被试呈现一张图,让幼儿从其他三张图中找出属于描绘同类事物的最相似的图。动物下蛋测验是WPPSIS中的动物房测验,动物房用彩色玻璃球代替,表示动物下的蛋,以此作匹配。视觉分析测验则要求被试找出与刺激图片完全一样的图形。C-WYCSI有长沙常模和全国常模。

韦氏的三种智力量表互相衔接,适用的年龄范围从幼儿直到老年,成为智力评估中最广泛使用的工具之一。

(三)麦卡锡幼儿智能测验中国修订版

麦卡锡幼儿智能测验(MSCA)是美国儿童发展心理学家麦卡锡(D. McCarthy)于1972年编制的,由5个分量表的18个分测验组成,适用范围是2.5～8.5岁的儿童,测验时间为一小时左右,可用于对儿童心理发展作综合的测定与评价,也可用于对弱智儿童的诊断。测验的材料多数近似玩具,受到儿童的欢迎。华东师范大学李丹教授等根据原版量表和日本1977年修订版制定了麦卡锡幼儿智能测验中国修订版(MSCA-CR)和中国常模,于1992发表。MSCA-CR经信度和效度检验均达到了心理测量学所要求的水平,适用于对中国各地区城市儿童的智力测查。

麦卡锡幼儿智能测验中国修订版(MSCA-CR)仍由5个分量表共18个分测验组成。5个分量表为:言语(V)、知觉—操作(P)、数量(Q)、记忆(Mem)、运动(Mot)。其中,前3个分量表又可以合成"一般智能(GI)"分量表。该测验的5个分量表的导出分数采用T分数,而一般智能则采用智商。5个分量表的具体内容如下:

1. 言语(V)

包括5个测验,要求被试用单词、词组或语句回答与短时记忆、长时记忆、发散思维和演绎推理能力有关的问题,从而评定被试的言语表达能力和对词语概念的理解。如"反义推理"中的两个项目是:"太阳是热的,冰是_____的"和"我把球向上投,球向哪里落下?"

2. 知觉—操作(P)

包括 5 个测验,通过被试对玩具的操作来测试推理、概括归类以及模仿等能力。如"连续敲击",要求儿童模仿主试敲击钢琴的序列进行敲击,难度从 3 下增加到 6 下。此测验可测评儿童的注意和知觉-动作的协调。

3. 数量(Q)

包括 3 个测验,可测量被试计数能力及对数量词的理解,都只需一步计算。如"数字记忆"要求被试顺背和倒背数字。

4. 记忆(Mem)

此分量表不是独立的,它的 4 个测验分别来自于言语分量表中的"图画记忆"和"词语记忆"、知觉—操作分量表中的"连续敲击"以及数量分量表的"数字记忆",用于测量被试的短时记忆能力。

5. 运动(Mot)

包括 5 个测验,其中"图形临摹"和"画人"与 P 分量表重叠。测量被试的大机体运动和细动作的整体协调能力。如"接投小布袋"项目要求被试在 2.7 米的距离分别用双手和单手接投小布袋。运动分量表中的几个项目(拍手、接投小布袋、绘画)还可用来测定儿童的一侧化程度,分出利手情况。

三、团体智力测验

(一)美国陆军测验

在第一次世界大战期间,需要迅速并有效地选拔士兵和军官,为了适应这种要求,美国心理学会主席耶克斯(R. M. Yerks)及桑代克等认为可用测验进行选拔,于是将推孟的学生欧提斯(A. S. Otis)尝试性编制的团体智力测验(主要是将斯坦福—比奈量表改编为纸笔测验)运用于军队,称作陆军甲种测验。此后又编制了适用于母语为非英语及文盲的陆军乙种测验,陆军乙种量表是非文字测验。陆军测验在军队中的应用使人员配置更合理,训练更有效。陆军测验的成功,使团体智力测验的研究、编制及应用迅速发展起来。

陆军测验目前已不常用。现在美国军队采用军人资格测验(Armed Forces Qualification Test,AFQT)选拔军人及分兵种。

(二)瑞文推理测验

瑞文推理测验是由英国心理学家瑞文(J. C. Raven)编制的一种团体智力测验,原名"渐进矩阵"(Progressive Matrices),是非文字型的图形测验。瑞文推理测验有 3 种量表,它们是瑞文标准推理测验(SPM)、瑞文彩图推理测验(CPM)和瑞文彩图推理测验(CPM)。华东师范大学李丹等人于 1989 年将标准型与彩图型合并,编制成瑞文测验联合型(Combined Raven's Test,CRT)。

1. 瑞文标准推理测验（SPM）

瑞文1938年编制出版该测验，它适用于5.5岁以上智力发展正常的人，属于中等水平的瑞文推理测验。

瑞文标准推理测验包括60道题，分为5组，每组12题，A、B、C、D、E这5组题目难度逐步增加，每组内部题目也由易到难排列，所用解题思路也一致，而各组之间有差异。A组考察知觉辨别、图形比较、图形想象能力；B组测类同比较、图形组合能力；C组测比较、推理能力；D组测系列关系、比拟和图形组合；E组测互换、交错等抽象推理能力。

瑞文标准推理测验施测无严格时限，一般可用40分钟左右完成，答对题目的总分转化为百分等级。

1985年，我国张厚粲教授开始主持瑞文标准推理测验中国城市版的修订工作。这次修订工作基本保留了原测验的项目形式及指导语。每一项目均是"1"、"0"计分，最后根据总分查得常模表中相应年龄组的百分等级。同时百分等级还能直接转化为离差智商，因而可与那些以IQ评定的测验量表进行比较。

2. 瑞文彩图推理测验（CPM）

由瑞文1947年编制，适用于幼儿和智力低于平均水平的人，属于瑞文推理测验中最低水平的测验。

3. 瑞文高级推理测验（APM）

最初编于1941年，经1947年、1962年两次修订成为现在的形式，适用于智力高于平均水平的人，是最高水平的瑞文推理测验。该测验分练习册与测验册，练习册共有12题，题型与标准型类似，目的是让被试掌握该测验的方法。测验册上共有36题，总体难度要比标准型难很多。

4. 瑞文测验联合型（CRT）

该测验由72幅图案构成，分为A、A_B、B、C、D、E 6个单元，每一单元12题。前3个单元为彩色，后3个单元为黑白色。瑞文测验联合型由于增加了A_B 12道题，再加上前面3个单元的图形是彩色的，更适合对年幼儿童的测量。

瑞文推理测验的理论假设源于斯皮尔曼的智力一般因素理论。瑞文将智力G因素划分为两种相互独立的能力，一种称为再生性能力，表明个体经过教育之后达到的水平；一种称为推断性能力，表明个体不受教育影响的理性推断能力。瑞文认为，词汇测验是对再生性能力的最有效的测量，而非言语的图形推理测验则是对推断性能力的最佳测量。

以上4种类型的瑞文推理测验题型都类似，每个测题是由一张抽象的图案或一系列无意义的图形构成一个方阵（2×2或3×3），方阵的右下方缺少一块（即空档），要求被试从方阵下面提供的6块或8块备选截片中选择出一块能够符合方阵整体结构排列规律的截片。测题是按从易到难的原则依次排列，故称为渐进方阵。

瑞文测验的优点在于测验对象不受文化、种族与语言等条件的限制，适用的年龄范围也很宽，从5岁半直至老年，而且不排除一些生理缺陷者。测验既可个别进行，也可团体实施，使用方便，省时省力，结果以百分等级常模解释，直观易懂。但其缺点是只有形式单一的图形操作，不能反映出个体的整体智力水平以及记分方法太简单等。

瑞文测验具有测试方便、不受文化影响、适用对象广等优点。但该测验也有测量内容较单一,不能测量到与言语有关的能力等缺点。

(三) 中小学生团体智力筛选测验

中小学生团体智力筛选测验是由华东师范大学李丹、金瑜等在美国蒙策尔特(A. W. Munzert)编制的智商自测(IQ Self-test)的基础上,经过在上海市的试用修订而成,后于1991年制定了全国常模。适用于小学三年级至高中三年级学生(8~17岁)的智力筛查。

该测验的最大特点是实施简便、省时,可作为中小学对学生进行大规模智力调查或科学教育、科学实验的测评的理想工具。

该测验是文字性质的纸—笔测验,共有60道包括文字、图形和数字方面的测题,均以选择题的形式出现。具体内容如下:

1. 归类求异

共有21题。以词或图的形式给出每组5个对象,其中4件可归为一类,或具有共同特征,要求被试通过抽象概括将最不同于其他4件的另一件找出来。如图4-8所示。

下面5个图样中哪一个最不像其他4个?(　　)

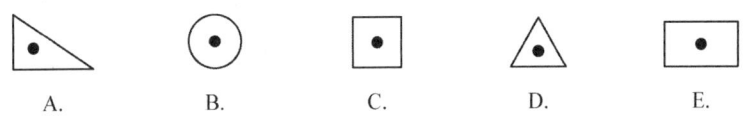

A.　　　　　B.　　　　　C.　　　　　D.　　　　　E.

图4-8　归类求异图例

2. 类比推理

共有19题。要求被试能抽出题目中所举出的两项事物之间的关系,再根据这种类比关系找出一对事物所缺的后项。如:

下面5个词中哪一个可选作最适合的对比?

树对土地好比烟囱对:(　　)

A. 烟　　　　　B. 砖　　　　　C. 天空　　　　　D. 车间　　　　　E. 房屋

3. 数的运算

共10题。主要测验解决问题的能力。如:

一个匣子里有5个小匣子,每个小匣子里又有5个小匣子,那么连大带小共有几个匣子?(　　)

A. 21　　　　B. 26　　　　C. 11　　　　D. 31　　　　E. 30

4. 逻辑判断

共有6题。根据所给的命题作出合理的判断,以测验被试分析、比较和论证的能力。如:

如果所给的W是T,而没有T是G,那么肯定没有G是W。这种说法是:(　　)

A. 真　　　　B. 假　　　　C. 不肯定

5. 数字系列

共 4 题。主要考查被试对数字间关系的分析概括能力。如：

下面的数字哪一个是不属于"2—3—6—7—8—14—15—30"这组数字系列的？（　　）

A. 3　　　　　B. 7　　　　　C. 8　　　　　D. 15　　　　　E. 30

在量表中，以上 5 类测题的顺序是交替排列的，也不按难度高低的顺序出现。测试时每题的时间无限制，但整个测验限时 45 分钟。此测验得出的智商类型为离差智商（IQ＝100＋15Z），可根据原始分在指导手册中查出。

（四）团体儿童智力测验

团体儿童智力测验（GITC）是由华东师范大学金瑜制定，先在上海地区试用，制定全国常模后于 1996 年发表。用于对 9～16 岁中小学生的一般智力进行团体施测，17～18 岁学生也可参照使用。

由语言量表和非语言量表两部分各 5 个分测验组成。共有 292 题，以多项选择题形式出现，根据测验结果可得出被试在语言量表和非语言量表和全量表的三种智商分数和各个分测验的量表分数。

具体内容如下：

1. 语言量表

（1）常识。共 38 题，内容涉及自然、地理、历史、日常生活等方面的一般常识。如：

古生物研究对下列哪个学科的研究有很大帮助？（　　）

A. 地质学　　　B. 物理学　　　C. 天文学　　　D. 精神病学　　　E. 心理学

（2）类同。共 32 题，每题都给出一对事物的名称，要求被试在答案中选出最能正确地表述出它们之间相似之处的一个。如：

海平面—赤道（　　）

A. 都在一个平面上。

B. 都是用来描述山的方位和大小的。

C. 一个反映高度，另一个用来反映水平。

D. 都标在地图上。

E. 都是地理测量的基准。

（3）算术。共 20 题，这些题目只需一般的数学知识即可解出，以测量被试的思考和推理的能力。如：

11 月 2 日是星期五，问上上一个星期的星期五是 10 月几日？（　　）

A. 16 日　　　B. 17 日　　　C. 18 日　　　D. 19 日　　　E. 20 日

（4）理解。共 32 题，让被试在答案中选择正确地说出某种情况的原因、某种事物的用

途、某种情景的处理方法等的答案。如:

　　　在工厂建立工会的主要目的是:(　　)
　　　A. 提供对付厂长的一种方式。
　　　B. 促进工人之间的团结合作。
　　　C. 提高产量。
　　　D. 在罢工时派纠察。
　　　E. 保证工人安全。

　(5) 词汇。共50题,以找反义词的形式出现,以考察被试对词的掌握和理解。如:

　　　消费的反义词为:(　　)
　　　A. 建设　　　　B. 补偿　　　　C. 增产　　　　D. 生产　　　　E. 制造

2. 非语言量表

(1) 辨异。共有26题,每题都由5个物体图片或几何图形组成,要求被试按照某种规则或特征找出最不相似的一个。如图4-9所示。

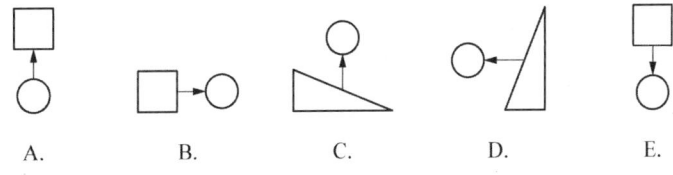

图4-9　辨异图例

　(2) 排列。包括13组图片,每组图片均有一定的情节,以打乱的顺序呈现给被试,要求被试按适当顺序排列组成一个有意义的故事。如图4-10所示。

图4-10　图片排列图例

　(3) 空间。共30题,给出一个原始图形和5个供选择的图形,让被试判断5个图形中哪一个是经过原始图形旋转后得到的。如图4-11所示。

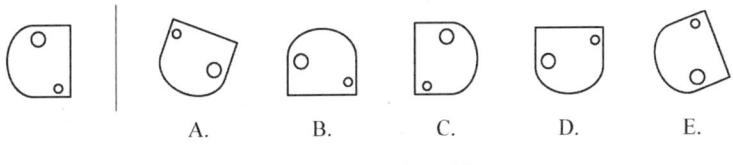

图4-11　空间图例

　(4) 译码。共34题,先给出与数字从1到9相对应编码的编码表,让被试以选择正确答案的方式译码。如图 4-12 所示。

1	2	3	4	5	6	7	8	9
(	=	/	×	\	+	−	)	÷

	/	+	=
A.	1	6	2
B.	3	6	5
C.	3	5	2
D.	5	4	8
E.	3	6	2

图 4-12 译码

(5) 拼配。共17题,要求被试以选择正确序号的方式把散乱排列的各部分图片组成完整的图形。如图 4-13 所示。

A.	4	3	1	2
B.	2	3	1	4
C.	1	3	4	2
D.	4	2	1	3
E.	4	1	3	2

1   2   3   4

图 4-13 拼配图例

该量表的最大特点是经济、快速和方便,可为教育科研、建立学生心理档案和进行心理咨询提供智力方面的信息。

第三节 人 格 测 验

人格测验是心理测验的重要组成部分。通过对个体人格特征的测量与评估来预测其稳定的心理特质与习惯化的行为倾向,从而全面准确地了解一个人的心理面貌。这对于心理与教育咨询、临床诊断、就业指导以及人员的选拔与任用等方面都具有重要的指导意义。

本节首先介绍人格测验的一些基础性问题,然后逐一介绍目前国内外最常用的自陈量表和投射测验。

一、人格测验概述

(一) 人格测验的产生

人们很早就表现出对人格及人格的测量与评价的浓厚兴趣,创造出许多人格测评的方法。就人格测评的科学性而言,人格测评工具的发展经历了前科学水平和科学水平两个阶段。人格测评工具最初是评价者借助颅相学、面相学来观察一个人的外部特征,并结合自身经验来推测其性格、气质等人格特征。由于这些工具没有良好效度、信度的支持,其科学性较差,仅属于前科学水平。直到19世纪末,科学的人格测评工具才开始在实践中进行尝试,1884年英国学者高尔顿(Galton)提出并尝试通过记录个体心跳与脉搏的变化来测量其情绪,通过观察社会情景中人们的活动来评估人的性情、脾气等人格特征,标志着对人格测评工具科学化的初步尝试。随后,许多学者开始致力于人格测评工具科学化的研究。最为典型的是 1892 年克瑞普林(E. Kraepelin)最早将自由联想测验用于临床诊断,这种方法现已成为编制人格测验的最常用方法之一;1919 年,美国的武德沃斯(R. S. Woodworth)发表了历史上第一个人格自陈量表——个人资料调查表,开了问卷式人格测验的先河,该测验是第一次世界大战期间为甄别美国军队中神经症士兵之需而编制;1921 年,世界上第一个投射测验——罗夏测验问世。此后各种人格测验工具相继问世,使人格测验技术不断发展与完善,越来越趋于科学化。

(二)人格与人格测验的含义

1. 人格

人格(personality)一词来源于拉丁语 persona,意指古希腊戏剧演员在舞台上扮演角色时所戴的假面具,它代表剧中人的身份。最初心理学沿用其含义,把一个人在人生舞台上引起种种言行的心理活动都看成人格的表现。目前,虽然人格已经发展为具有多重含义的概念,不同的学科有不同的含义,如在哲学上的人格主要指人区别于动物的本质属性;在伦理学上的人格指人的优秀的道德品质;在法学上人格是指人的权利与尊严等,但是在心理学界对人格的定义众说纷纭,尚没有一个统一定论。但通常意义上人格是指一个人所具有的一定倾向性的心理特征的总和。具体而言人格又有广义与狭义之分,广义的人格包括能力、气质、性格等心理特征和需要、动机、兴趣、价值观、世界观等心理倾向,而狭义的人格不包括能力。在心理测评领域中,人格通常指狭义的人格,即除能力以外的一个人所具有的一定倾向性的心理特征。

心理学家认为人格是个体的先天特质与后天环境相互作用的产物。人格具有:(1)整体性,即人格中的各种心理成分彼此交织、不可分割,构成一个有机整体;(2)相对稳定性,即个体具有的比较稳定的心理特征与倾向性,而不是其偶尔表现出来的言行;(3)可变性,即人格并非一成不变,在主客观相互作用下人格具有可塑性;(4)独特性,即每个人的人格都是由其独特的心理特征与心理倾向性所组成,都是独一无二的;(5)生物性与社会性,即人格的形成与发展是生物因素与社会因素共同作用的结果。

2. 人格测验

简而言之,人格测验是指以人格为对象的测验。具体地说,人格测验是通过一定的方法,对在人的行为中起稳定作用的心理特质和行为倾向进行定量分析,并依此给予评价,以便进一步预测个体未来的行为。目前,用于人格测验的工具多达数百种,如著名的明尼苏达多相人格调查表、卡特尔 16 种人格因素问卷、罗夏墨迹、主题统觉测验等。

(三)人格测验的类型

依据测验的编制与施测方法的不同,人格测验分为问卷式测验、投射测验、情境测验、客观测量法等。具体而言,人格测验主要有以下几种类型。

1. 问卷测验(Questionnaire Test)

人格问卷测评所使用的工具为各种问卷,问卷(Questionnaire)一般是经过标准化处理的测验量表(Inventory),即测验目的明确,结构严谨,经过严格的信度、效度等质量分析。问卷由若干项目构成,要求受测者对每个项目依据自己实际情况直接作答,然后把其所作的回答换算成分数,依据分数参照常模表对其人格予以评定。针对不同的测评对象,人格问卷测评可以分为人格自陈量表和评定量表两类。

(1) 自陈量表(Self-Report Inventory)。又称自陈问卷或自评量表,是目前人格测评中最常用的工具和形式。自陈量表是一种自我报告式问卷,是依据要测量的人格特征,编制一系列的有关问题,要求受测者根据自己实际情况逐一回答,然后依据受测者的作答结果来衡量其该项人格特征。相对而言,自己最了解自己,该方法要求受测者直接报告自己的情绪、态度、经验和行为表现,据此来推断其人格特征,其结果更具有客观性,但是由于在回答问题时可能会受到受测者好恶倾向、社会赞许性等心理定势的影响,而作出虚假反应。

(2) 评定量表(Rating-Scale)。评定量表也称他评量表,是由熟悉被试的人充当评定者,对被试的人格特征进行评定。一般要求评定者以一组描述某种人格特征或特质的词或句子为标准,通过观察、会谈给他人的某种行为或特质确定分数或等级,并给予相应的评价。人格评定量表并非是严格意义上的测验,只是凭借对他人的日常观察与交往产生的印象,选择出与其行为或特质最相符的一项,因此,没有人格自陈量表的结构严谨,测评结果的准确性相对不高。所以人格评定量表经常与其他测评手段结合使用,以弥补其不足之处。

2. 投射测验(Projective Test)

投射测验是一种特殊的人格测评技术,它是根据心理学的投射原理编制的。投射原理认为,人们对模糊刺激情境的反应是受其当时的心理状况、过去的经验和人格特征所影响。当人们面对主题不明确的测验材料时,就会不自觉地把自己的人格特征表现出来。投射测验的操作方式是提供预先编制的一些未经组织的、意义不明确的图形、词句或数字,让受测者在不受限制的情境下,自由地做出反应;然后,施测者对受测者的反应进行分析,来推断其人格特征。投射测验是一种非结构化的测评方法,通过受测者完成一定任务时所表现的行为(如绘画、编造故事、完成句子、描述墨迹图形等)间接地评定其人格,这类测验的目的较隐蔽,受测者不可能猜到测验目的,因此,施测过程中也就不会掩饰和伪装。但由于其原理较复杂,记分与评价较难控制,所以使用前,施测者需要经过专门的训练。

3. 情境测验(Situational Test)

情境测验法是一种行为观察法,是将受测者置于事先设计好的特定情境中,施测者观察其行为反应,从而推断其人格特征的方法。情境测验技术是近年来颇受重视的评估技术,尤其用于教育及军事等领域或特殊人员的选拔,且评估效度较高。但情境测验最大的局限是要花费大量的人力、物力、财力、时间,且情境测验所测到的心理特质也是有限的。

(四)人格测评问卷的编制策略

人格测评问卷一般是经过标准化处理的测验量表,本章以后介绍的各种人格问卷皆是标准化量表。编制的人格测评问卷科学与否直接影响人格测评结果的真实性与有效性。那么科学的人格测评问卷如何编制呢?目前常见的编制策略有四种。

1. 理论建构策略

理论建构策略以某种人格理论为依据,构建所要测量的人格特征的结构,并据此编制测验项目。用这种方法编制问卷时,要注意项目对某种人格特质的代表性即内容效度,同时要注意测验结果和理论构想的一致性即结构效度。例如,爱德华个性偏好量表(Edwards Personal Preference Schedule,EPPS)就是根据莫瑞(H. A. Murry)提出的 15 种人类需要,编制了一套反映这些需要的题目,组成 15 个分量表,即成就、获得、顺从、自主、求助、支配、谦逊、坚毅性、攻击等 15 种心理需要,以测查个体的个性偏好。

依据理论建构策略编制的人格量表,对人格理论的科学性以及对理论的正确把握的要求较高。另外,仅依据理论内容来取舍题目,会导致测验题目与所测人格特质联系过于明显,使受测者立刻看出测验的目的,受社会赞许度的影响而倾向于"装好",从而导致测评结果失真。因此,即使有时测验的表面效度较高,但并不能保证测验的真实效度。

2. 因素分析策略

采用这种策略编制人格测验是依据对测试数据进行因素分析的统计结果来筛选项目。这种方法是为了提高紧密相关的项目之间的高度一致性。具体而言,先收集或构想许多与某种人格特质相关的项目,再用这些项目施测于受测者,以获得量化的数据,然后通过统计分析得出几种因素。不同因素代表不同的人格特质,而不同人格特质组成一个完整的人格。一般而言,因素分析策略建构的测验旨在界定人格的基本维度或特质,侧重结构效度的检验,常作为人格描述性研究的工具。卡特尔 16 种人格因素问卷(16PF)是较典型的采用因素分析策略编制的测验。该问卷通过因素分析把人格划分成乐群性、聪慧性、稳定性、恃强性、兴奋性、敢为性等 16 种人格特质。

因素分析策略编制的测验的优越性在于统计技术的先进性,且同一种因素内的各项目之间较高的相关,不同因素之间的项目相关很低,所以测验单维性强,既可以测评某一种人格特质,又可以把不同人格特质结合在一起评估个体完整的人格。但这种方法也存在两个缺点,一是因素分析的结果取决于受测者与项目,受测者与项目的变更可能会影响因素分析的结果。二是把某一因素命名为某种人格特质时具有主观性,且测验缺乏实证效度的验证。

3. 效标控制策略

采用效标控制策略编制的测验不是从某种理论出发,而是依据与特定的受测者表现出的人格特征的差异来选择项目。具体而言,首先根据经验选取不同类型的几组受测者(如正常人与精神病患者),并以此为效标,然后用一系列的测题施测于不同组的受测者,最后筛选出那些能把不同类型的受测者区分开的项目组成人格测评问卷。效标控制策略建构的测验多为临床应用而设计。明尼苏达多相人格问卷(MMPI)就是采用效标控制策略编制的,它通过比较正常受测者与各种心理异常的受测者对每个项目的反应,保留那些能区分两组人格特质差异的项目,构成该问卷。

效标控制策略优越性在于编制人格测验不受理论限制,完全以实践为依据,题目内容只需"行得通",而无需"说得通",所以测验的实证效度较好。但这种方法的缺点在于难以找到各种典型的受测者样本。

4. 综合控制策略

由于以上的三种策略各有利弊,理想的测验编制策略就是将上述策略结合起来,即综合控制策略。目前编制的人格测验大多使用该方法。具体而言，首先根据理论构想建构由一系列项目组成的人格问卷；然后，将问卷施测于依据经验划分的不同类型的受测者；再根据项目是否能区分不同类型的受测者、受测者的反应是否与理论所预测的一致来筛选项目；最后对筛选出的项目进行因素分析，划分出若干因素，且保证同一因素内的各项目相关较高，而不同因素间的项目相关很低。加州心理调查表（CPI）就是比较典型的采用综合控制策略编制的测验。

二、人格自陈量表

人格测验的途径多种多样，在目前使用最广泛的最成熟的人格测评手段是问卷测验，尤其是自陈量表。自陈量表是我国心理学工作者所偏好的一类人格测评工具。如明尼苏达多相人格调查表（MMPI），艾森克人格问卷（EPQ），卡特尔16种人格因素问卷（16PF），加州心理测验（CPI），Y－G性格测验等都是比较成熟的自陈量表，也是目前使用最为广泛的人格问卷测验。

（一）明尼苏达多相人格调查表

1. 明尼苏达多相人格调查表的简介

明尼苏达多相人格调查表（Minnesota Multiphasic Personality Inventory，MMPI）是美国明尼苏达大学教授哈萨威（S. R. Hathaway）和麦金利（J. C. Mckinley）于20世纪40年代编制。它是采用效标控制策略编制自陈量表的典范。编制者先从大量的病史、早期出版的人格量表、医学档案、病人自述、医生笔记以及一些书本上人格的描述中搜集了一千多个题目，然后将这些题目施测于经确诊属于精神异常而住院治疗者（即效标组）和经确诊属正常而无任何异常行为者、来院探视的家属、居民及大学生（即对照组），比较两组对每题的反应，凡能区别正常人与精神病患者的题目被保留下来，组成明尼苏达多相人格调查表的雏形。后经过临床实践的反复验证与修订，在1966年的修订版中确定为566个项目，其中16个项目为重复项目（用于测验受测者前后反应的一致性）。通常的临床测验只使用前399个项目，即四个效度量表，十个临床量表，其余的项目则与一些研究量表有关。

MMPI适用于16岁以上，须具有小学以上的文化程度且没有影响测验结果的生理缺陷的受测者。

MMPI最初的主要功能是测查个体的人格特征，以区别精神病患者和正常者。但目前MMPI已被翻译成多种文字，广泛地应用于人格鉴定、心理疾病的诊断、治疗、心理咨询以及人类学、医学、社会学等研究与实践领域。另外，许多研究者在使用MMPI的过程中又从中分化出许多新的量表，例如焦虑量表（A，Anxiety）、压抑量表（R，Regression）社会责任感量表（Dy，Depensibility）等等。大量数据也表明自MMPI引入中国后，成为我国精神科临床上使用最多的心理量表之一。

大量的实践表明MMPI的表面效度较高，对临床测试确实有效。但MMPI也有一些不足：

（1）由于被试选取有限，常模的代表性不高。

（2）MMPI 的题量过大，施测时间较长，且还有一些使人反感的题目，如性偏好、宗教、肠和膀胱的功能等容易引起受测者的消极情绪而使其"随意作答"。

（3）MMPI 使用过多的晦涩的病理名词，难免会使一些正常人看不懂题目。

我国中科院心理学研究所的宋维真等人于 1980 年开始修订 MMPI，1984 年完成修订工作，并建立了中国的常模。在 1991 年以宋维真为首的全国协作组开始了对 MMPI - 2 的引进、研究与中国版的修订及常模的制定工作。

2. 明尼苏达多相人格调查表的内容与结构

MMPI 的所有项目的内容涉及面广，包括受测者自身的身体体验，抑郁、强迫、妄想、恐怖等精神病理学的行为症状以及对家庭、社会、政治、宗教的态度，职业关系，教育关系等共 26 类。每个项目所包括的项目数不同。MMPI 主要由 4 个效度量表和 10 个临床量表构成。

4 个效度量表的名称、代码及作用如下：

（1）疑问量表（?）：又称为"无回答"，受测者对项目"无法回答"或对项目的"是"、"否"均作回答的项目总数，即为该分量表的项目数和得分。这种"无回答"或"都回答"的反应心向反映个体的某些心理冲突或对某些问题的逃避。如果测验中有 30 个以上的项目为"无回答"或"是否都回答"，则答卷无效。但是此分量表并不常用，因为 MMPI 指导语对"无法回答"的题数作了限制，在临床使用中受测者不作回答的题目较少。

（2）说谎量表（L）：共 15 题，每个项目与社会赞许度密切相关。这些项目涉及几乎所有人都难以避免的那些细小的缺点。该分量表的目的是识别受测者是否"装好"而虚假作答。那些故意想让人把自己看得非常理想的人，不会承认这些细小的缺点，而虚假作答，则在 L 量表上得分较高。一般而言 L 分在 6 分以上，最好避免使用；若超过 10 分则结果不可信。

（3）诈病量表（F）：共 64 题，每个项目与身体或心理异常有关，且正常人一般不会作肯定回答。该分量表的目的是为了识别那些离题反应、胡乱反应或故意"装坏"的受测者。若分数过高，说明受测者有"装坏"或其他精神问题。

（4）校正量表（K）：共 30 题，其分数与 L 量表、F 量表相联系，可更为巧妙地测量受测者的态度。该分量表的目的是识别受测者是否有将自己伪装成"好人"或"坏人"的倾向。一般而言 K 值高的受测者企图把自己伪装成"好人"，而 K 值低的受测者企图把自己伪装成"坏人"。

10 个临床量表是依据效标组命名的，它们分别是：

（1）疑病症（简称 Hs，代码为"1"）共 30 题，测查受测者是否有对自己身体功能异常关心的神经质反应；

（2）忧郁症（简称 D，代码为"2"）共 60 题，测查受测者是否过分悲伤、无望、思想行动迟缓等；

（3）歇斯底里（简称 Hy，代码为"3"）共 60 题，测查受测者是否经常无意识地使用身体或心理症状来回避困难与责任且有歇斯底里的反应；

（4）精神病态（简称 Pd，代码为"4"）共 50 题，测查受测者是否具有非社会性类型和非道德性类型的精神病态人格；

（5）男性化—女性化（简称 Mf，代码为"5"）共 60 题，测查受测者是否偏离自己的性别特征；

（6）妄想狂（简称 Pa，代码为"6"）共 40 题，测查受测者是否有敌意观念、被害妄想、夸大自我概念、猜疑心、过度敏感等偏执狂症状；

（7）精神衰弱（简称 Pt，代码为"7"）共 48 题，测查受测者是否有焦虑、强迫动作和观念、无由的恐怖、怀疑及优柔寡断的神经症状；

（8）精神分裂症（简称 Sc，代码为"8"）共 78 题，识别受测者是否有思维、情感和行为混乱，有稀奇思想、行为退缩及幻觉等精神分裂症状；

（9）轻躁狂（简称 Ma，代码为"9"）共 46 题，测查受测者是否具有精力充沛、过于兴奋、思维奔逸、爱怒的躁狂症状；

（10）社会内向（简称 Si，代码为"0"）共 70 题，测查受测者是否有社会性接触和社会性责任回避退缩倾向。

以上 10 个临床量表给出受测者的 10 个人格特质的分数，以作为评估其人格特质的依据。

3. 明尼苏达多相人格调查表的施测与记分方法

（1）施测方法。MMPI 最常用的施测方法是问卷式，即使用一个题本（按一定顺序排列的 566 个题目）和一张答题纸，要求受测者严格按照指导语根据自己的实际情况在答题纸上"是"或"否"下面画记号，若无法回答则不画任何记号。施测时间没有严格限制，一般在 45 分钟左右完成，很少有超过 90 分钟的，但如果受测者的测验时间较短或较长，施测者应加以记录；如果受测者是精神病患者或焦虑、情绪不稳定，经常表现出对测试的不耐烦，这时可将测试分为几次完成。现在该测验已制作测评软件，受测者可在电脑上完成测试，由软件给出评分与解释，大大减轻了测评者的工作量。

（2）记分方法。记分方法有两种，一种是机器计分，即将测验软件化后，受测者可直接在电脑上回答题目，计算机自动算出原始分并在加上 K 分后转化为标准分。第二种是纸笔测验，又分为两种，一是用专门指定硬度的铅笔作答在固定型号的答题卡上，然后放入光电阅读器内，也会自动计算出结果。另一种是模板记分，需借助 14 张模板（每个分量表一张，Mf量表有两张，男女各一张），每张模板的大小与答题纸的大小一致，且每张模板上均有一定数量的与题号相应的记分圆洞。具体操作是：先借助不同的模板计算每个分量表的原始分（Raw scores），然后依据指导手册给 Hs、Pd、Pt、Sc、Ma 的原始分上分别加上一定比例的 K分，但是由于每个分量表的项目数不同，所以得分的基数不同，则各分量表的原始分之间无法比较，因此要将原始分转化为标准分（即 T 分）方可比较。T＝50＋10Z，即 T 分是平均分为 50，标准差为 10 的一种标准分。根据常模表将受测者各分量表的原始分转化成相应的 T 分数，再将原始分与 T 分数登记在剖面图下面的相应的分数栏里，最后把不同量表的 T 分数标记在剖面图上，再将各点连接就成为一个关于受测者人格特征的剖面图（见图 4-14）。

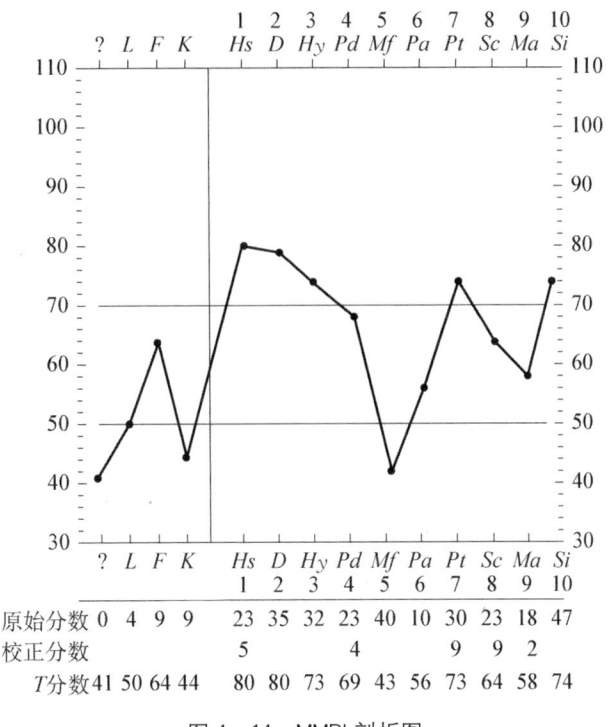

	?	L	F	K	Hs 1	D 2	Hy 3	Pd 4	Mf 5	Pa 6	Pt 7	Sc 8	Ma 9	Si 10
原始分数	0	4	9	9	23	35	32	23	40	10	30	23	18	47
校正分数					5			4			9	9	2	
T分数	41	50	64	44	80	80	73	69	43	56	73	64	58	74

图 4-14 MMPI 剖析图

4. 明尼苏达多相人格调查表测验结果的解释

对 MMPI 结果的解释是一件专业性很强的工作,必须有经过专门训练和具有一定经验的心理学家和精神科医生进行解释。主要有两种解释。

(1) 单个量表解释。依据各分量表的 T 分数,参照 MMPI 指导书对各分量表分数的文字化的描述对受测者的某项人格特质进行解释。但是指导书所列举的人格特点只是某一类人典型的共同的特征,临床研究也表明在某一个量表上得分高并不一定说明存在该分量表所称的那种疾病,因此在依据单独的某个量表解释个体的某种人格特质时要谨慎,不要妄下断语。

(2) 多个量表综合解释。综合解释常有形式有两种:一种是剖析图形态分析法,即将受测者的剖析图的形状与指导手册中的各种剖析图形状相比较,将与之相似的剖析图的解释直接套用过来作为受测者的人格特征解释。另一种是更为简单的方法即两点编码分析法,即将剖析图上得分最高的两个临床分量表组合进行解释,以说明受测者的人格特征。一般用两个高分临床分量表的代码表示,如"13"表示量表 1 得分最高,量表 3 得分其次,而"31"的组合表示量表 3 的得分最高,量表 1 的得分其次。由于"31"与"13"的解释比较相近,所以常将两种情况组合在一起解释,如 31/13。这种解释称为两峰组合解释或两点编码解释。

例如遵照指导书的解释表明:31/13 的人最显著的人格特征是不断抱怨身体不好,如头痛、易疲劳、嗜睡、但又睡眠不深等;存在着饮食问题,如厌食、呕吐等;不成熟、自我中心、自私、爱吹牛;没有安全感,渴望得到别人的关注、同情心、爱心;依赖性强,但依赖他人时又感到不舒服,想独立;较外向,喜欢人际交往,但与人的关系较为肤浅,很难真正地投入情感;倾向于利用社会关系来满足自己的需要,不会处理与异性的关系;经常过分压抑自己,极度控制自己发怒的情绪,有时却又控制不住而爆发出来,一般不会采用暴力手段发泄怒气;保守,遵从世俗的价值观。

5. MMPI 研究的新进展

1989 年,明尼苏达大学出版了《MMPI-2 施测与计分手册》,标志着 MMPI 修订工作的完成,MMPI-2 的诞生使 MMPI 更为完善。

MMPI-2 有 567 个项目,其中没有重复的项目,删除一些关于性偏好、种族歧视、肠和膀胱的功能等让人反感的内容,增加了一些与现代社会联系密切的关于自杀、药物和酒精滥用、A 型行为、人际关系等项目;且在保留原先 4 个效度量表的同时,又增加了一些效度量表,如 VRIN 量表目的是为了探测受测者的矛盾反应,是否有"随机反应"的倾向,TRIN 量表的目的为了探查受测者的是否有不加区分的"是"或"否"反应;在保留 10 个临床量表的基础上,制定了 15 个内容量表来评估 MMPI-2 的主要内容维度,取消了 MMPI 中的 Wiggins 内容量表;还有 15 个补充量表等。MMPI-2 的施测时间为 60 分钟到 90 分钟,适用于 18 岁以上的受测者。

(二) 卡特尔 16 种人格因素问卷

1. 卡特尔 16 种人格因素问卷的简介

卡特尔 16 种人格因素问卷(Sixteen Personality Factor Questionnaire,16PF)是由美国伊利诺州立大学和能力研究所的卡特尔(R. B. Cattell)教授编制的。卡特尔教授首先对人格进行了系统的研究,然后又进行了一系列的科学的实验以及因素统计分析后逐步形成该问卷。该问卷是因素分析策略编制问卷的典范。

16PF 有许多独特之处:(1)16PF 的 16 种人格因素各自独立,每种人格因素与其他因素的相关度较小,而同一人格因素中各个项目的相关度较高,该问卷具有较高的效度和信度。(2)每个项目都具备三个可能的答案,即两个相反的答案和一个折中的答案,避免了在是否之间必选其一的强迫性,例如"金钱不能使我快乐:a. 是的;b. 介于 a、c 之间;c. 不是的"。(3)采用中性测题,许多项目表面看起来与某一人格特质有关,实际上与另一人格特质有关,且避免含有社会赞许度的项目,这使受测者不易猜测每个项目的用意,有利于答题的真实性。(4)16PF 的解释具有多功能性,既能获得受测者 16 种人格因素的特征解释,还可以通过某些因素的组合获得旨在反映个体的心理健康状况、创造潜能、专业成就、内外向等特征的解释。

16PF 适用于 16 岁以上,须具有初三以上的文化程度的受测者。16PF 不仅从 16 个方面对个体的人格特质进行了详尽的描述,而且还根据卡特尔制定的人格因素组合公式,对其人格作出整体的评价,也可预测其在特殊情境中的行为特征等。基于上述优越性,16PF 在国内外广为流行,现已被译成法、意、德、日、中等多种文字,且多用于企业或学校的心理咨询、职业匹配或人员招聘和选拔等应用领域。

16PF 中国版的修订工作:1981 年,辽宁省教科所李绍农修订了中译本并建立了辽宁省的常模；1988年，华东师范大学的戴忠恒与祝蓓里等在此基础进行了再修订，取得了全国范围内的信度与效度资料，并按性别制定了中国成人、大学生、高中生等不同群体的常模。

2. 卡特尔16种人格因素问卷的内容与结构

16PF英文版有A、B两套等值的测题，每套有187个项目，分配在16个人格因素中。每个人格因素包含的项目数不等，少则13个，多则26个。16个人格因素分别为乐群性（A）、聪慧性（B）、稳定性（C）、恃强性（E）、兴奋性（F）、有恒性（G）、敢为性（H）、敏感性（I）、怀疑性（L）、幻想性（M）、世故性（N）、忧虑性（O）、实验性（Q₁）、独立性（Q₂）、自律性（Q₃）、紧张性（Q₄）。16种人格因素中各个项目是按顺序轮流排列的。16种人格因素中除了聪慧性（B）的各项目有对、错之分外，其余项目均无对、错之分。

3. 卡特尔16种人格因素问卷的施测与记分方法

16PF常用的施测方法是问卷式，使用一个题本和一张答题纸，要求受测者严格按照指导语，根据自己的情况在答题纸上每个项目的a、b、c三个选项中选择一个。一般在45分钟左右完成。既适合于团体测验，又适合于个别测验。

记分方法有两种。一种是计算机记分。将受测者的答案输入计算机后，计算机自动算出原始分并转化为标准分，进行相应的人格解释。第二种是模板记分。每个项目有a、b、c三个选项，根据受测者对每个项目的回答，分别计为0、1、2分或2、1、0分，但聪慧性分量表上项目的答案只有对、错之分，则采用2级记分，答对得1分，答错得0分。具体操作：先将模板套在答卷纸上，分别计算出每个因素的原始分数，再根据受测者的文化程度或职业类型，将原始分对照相应的常模表分别转化为标准分；然后将各因素的原始分和标准分登记在剖面图上相应的分数栏内；最后在剖面图上标出各因素的标准分数点，将各点相连，即成为一条表示受测者人格特征的曲线图。

4. 卡特尔16种人格因素问卷测验结果的解释

（1）16种人格因素的标准分解释。一般来说各因素的标准分高于7分为高分，按高分者的特征来解释；标准分低于4分为低分，按照低分者特征来解释（见图4-15）。若要作进一步的解释，需参照指导手册。

（2）二元人格因素解释。16PF不仅能够清晰地描述16种基本人格特征，还能根据不同公式推算出4种二元人格因素，可以分别诊断受测者的适应性、外向性、情绪性和果断性。

二元人格因素分别是：

① 适应与焦虑性=（38+2L+3O+4Q₄-2C-2H-2Q₃）÷10；

② 内向与外向性=（2A+3E+4F+5H-2Q₂-11）÷10；

③ 感情用事与安详机警性=（77+2C+2E+2F+2N-4A-6I-2M）÷10；

④ 怯懦与果断性=（4E+3M+4Q₁+4Q₂-3A-2G）÷10。

以上算式中的字母分别代表相应分量表的标准分数。一般而言，各二级人格因素得分低于4.5分为前一种类型，高于6.5分为后一种类型。假如一个学生在内向与外向性上得分为4分，表明该学生较为内向，通常羞怯而审慎，与人相处较为拘谨不自然。而另一个学生得

人格因素	原分	标准分	低分者特征	标准分 1 2 3 4 5 6 7 8 9 10	高分者特征
A			缄默孤独		乐群外向
B			迟钝、学识浅薄		聪慧、富有才识
C			情绪激动		情绪稳定
E			谦逊顺从		好强固执
F			严肃审慎		轻松兴奋
G			权宜敷衍		有恒负责
H			畏怯退缩		冒险敢为
I			理智、着重实际		敏感、感情用事
L			信赖随和		怀疑、刚愎
M			现实、合乎成规		幻想、狂放不羁
N			坦白直率、天真		精明能干、世故
O			安详沉着、有自信心		忧虑抑郁、烦恼多端
Q1			保守、服从传统		自由,批评激进
Q2			依赖、随群附众		自立、当机立断
Q3			矛盾冲突、不明大体		知己知彼、自律严谨
Q4			心平气和		紧张困扰

卡氏16 PF.AB种修订合订本
修订者：刘永和 梅吉瑞

标准分	1	2	3	4	5	6	7	8	9	10	依统计
约等于	2.3%	4.4%	9.2%	15.0%	19.1%	19.1%	15.0%	9.2%	4.4%	2.3%	之成人

图 4-15 卡特尔 16 种人格因素测验剖析图

分为 7 分,表明其较为外向,通常善于交际,活泼开朗,不拘小节等。

(3) 预测因素方面解释。卡特尔又收集了 7500 名从事 80 多种职业及 5000 多名有各种行为问题和精神症状的人的人格因素的测验结果,并详细分析了他们的 16 种人格因素的特征及类型,拟定了一些应用公式,适用于升学、就业、选拔特殊人才等方面的指导。比较常用的预测因素公式及解释有以下几种:

① 心理健康因素＝C＋F＋(11－O)＋(11－Q_4)。总分在 4～40 之间,平均分为 22 分,低于 12 分者仅占 10%;

② 专业上有成就者的个性因素＝2Q_3＋2G＋2C＋E＋N＋Q_2＋Q_1。总分在 10～100 之间,平均分为 55 分,67 分以上者应有其成就;

③ 创造力个性因素＝2(11－A)＋2B＋E＋2(11－F)＋H＋2I＋M＋(11－N)＋Q_1＋2Q_2。总分要转化为 10 分制的标准分,标准分越高,其创造力越强(如表 4-1 所示);

学校心理咨询专业理论与技术

表 4－1　创造力的标准分转换表

创造力得分	15～62	63～67	68～72	73～77	78～82	83～87	88～92	93～97	98～102	103～150
标准分	1	2	3	4	5	6	7	8	9	10

④ 在新的环境中有成长能力的个性因素＝B＋G＋Q_3＋(H－F)。总分在 4～40 之间，平均分为 22 分，不足 17 分者仅占 10% 左右，27 分以上者则有成功的希望。

(三)艾森克人格问卷

1. 艾森克人格问卷的简介

艾森克人格问卷(Eysenck Personality Questionnaire，EPQ)是由英国伦敦大学和精神病研究所著名的人格心理学家和临床心理学家艾森克(H. J. Eysenck)教授及其夫人于 1975 年编制完成。该问卷是他们对先前编制的一些量表的修订与完善，如 1959 年编制的莫斯莱人格调查表，1964 年发展为艾森克人格调查表等。

艾森克人格问卷的理论基础是艾森克所提出的人格的三维特质理论。他认为人格在行为上的表现是多样的，但真正支配人行为的人格主要是三个维度的人格特质。他经过长期的临床实验与观察提出了人格的三个基本维度，即内外倾、神经质、精神质。这三个基本维度彼此独立，每个人都具有，其不同程度的表现与组合构成千姿百态的人格特征。艾森克夫妇据此观点编制的艾森克人格问卷由四个分量表组成，即内外向量表、神经质量表、精神质量表、说谎量表，并发展为成人问卷和青少年问卷两种格式。

艾森克人格问卷的理论根基较为扎实，是通过大量的实验、观察及数学统计分析而得来的，因此受到人们的重视，并被广泛地应用于医学、教育、司法等实践领域。另外，该问卷与其他人格问卷相比具有项目少，表述简单，项目易于受测者接受与理解等特点。在我国的临床使用结果表明，该问卷中项目的内容较适合我国的国情，有较好的信度与效度。例如"你是否健谈？""你是否比较活跃？"等等。

早在 20 世纪 80 年代初，我国陈仲庚、龚耀先和刘协和等人分别进行了艾森克人格问卷的中国版修订。湖南医学院的龚耀先教授于 1985 年以后主持修订了艾森克人格问卷中国版。修订后的儿童问卷与成人问卷各由 88 个项目构成。这次修订取得了全国范围内的信度与效度资料，分别制定了中国儿童(男、女)和成人(男、女)常模，且还编制了艾森克人格问卷的有关计算机软件，可以在计算机上施测、评分和统计处理。

艾森克人格问卷分儿童和成人两种形式，儿童问卷适用于 7～15 岁的受测者，成人问卷适合于 16 岁以上的受测者。

2. 艾森克人格问卷的内容与结构

1975 年版的 EPQ 中成人问卷共有 101 个项目，其中 11 项不计分，实际计分为 90 项。儿童问卷有 97 个项目，16 项不计分，为备用项目。中国修订本的成人问卷与儿童问卷实际计分项目均为 88 个。问卷项目是以问句形式出现，问题多是一些关于个人喜好、生活行为及生理或情绪体验等内容。无论是成人还是儿童问卷都包含四个分量表，即 E 量表、N 量表、P 量表、L 量表。具体而言，E 量表(外倾性量表)用于测查受测者的内外倾性。内外倾性与个体的中枢神经系统的兴奋、抑制的强度密切相关。高分者表现为性格外向,特点是好交际,喜欢刺激与冒险,容易冲动。低分者表现为性格内向,其特点是安静,善于内省,除了亲密朋友外,对一般人缄默、冷淡,生活有规律,善于控制情绪。N量表(神经质量表)测查受测者的情绪的稳定性程度。情绪的稳定性与否和植物性神经的稳定性密切相关。高分者表现为高焦虑、喜怒无常易于激动,由于受激动情绪的干扰,而出现不合理的行为,经常忧心忡忡等;低分者表现为不易焦虑、情绪反应缓慢且轻微、很容易恢复平静,性情温和,善于自控等。P量表(精神质量表)用于测查受测者的精神质程度,该分量表发展较晚,其中的项目是根据正常人与精神病患者具有的特质比较筛选出来的。高分者表现为性情孤僻、冷酷、不近人情、缺乏同情心、对事情麻木不仁、对人不友好、喜欢寻衅攻击等病态人格。一般而言,正常人也具有程度极轻的神经质与精神质表现,但这并不影响其行为的合理性,只有当这些高级神经活动受到外界不利因素的影响而向病态方向发展,则神经质可能发展为神经症,而精神质可能发展为精神病。L量表(说谎量表)用于测查受测者是否有"掩饰"倾向,即是否有不真实的回答,或测定其社会朴实幼稚的程度。高分者表现出说谎行为,若该项标准分(T)大于70分,则表明其测出结果不可靠。

3. 艾森克人格问卷的施测与记分方法

EPQ适合于团体测验,也可用于个体测验。它属于纸笔测验,使用一个题本和一张答题纸,要求受测者严格按照指导语,根据自己的实际情况在答题纸上作答。该问卷一般无时间限制,但也不要拖延太长。

EPQ的每个项目有"是"或"否"(在儿童问卷中是"是"和"不是")两个选项,根据受测者对每个项目的回答,依据指导手册的记分规则分别记分为1分或0分。按E、N、P、L等4个分量表分别记分,然后算出各分量表的原始总分,再根据受测者的性别和年龄,对照相应常模表将其各分量表的原始分分别转化为标准分(T)。然后在剖面图上相应的位置上标出各维度的T分数点,最后将各点相连,即成为一条表示受测者人格特征的曲线图。

4. 艾森克人格问卷测验结果的解释

(1)剖面图解释。EPQ的剖面图可以直观地反映出各量表的得分情况。参照指导手册中描述的不同分量表的高分特征或低分特征对受测者在精神质(P)、外倾性(E)和神经质(N)三个人格维度的T分数的进行解释;再通过说谎量表(L)得分的高低来判断其真实回答的程度,以决定问卷结果的有效性。

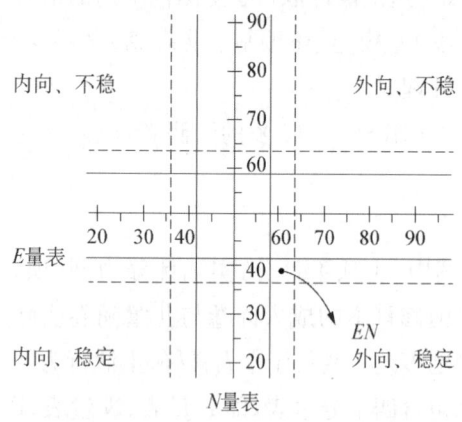

图4-16 艾森克人格问卷两维剖析图

(2)两维人格特征图解释。艾森克又以外倾性(E)的T分为横坐标,神经质(N)的T分为纵坐标做垂直交差,根据受测者的E和N的标准分的交点进行相应地分析(见图4-16),可以得出四种较为典型的人格类型,即:①外向稳定型,表现为善领导、无忧虑、活泼、健谈开朗、善于交际等人格特征;②外向易变型,表现为主动、乐观、冲动、易变、易激动、易怒、好斗等;③内向稳定型,表现为性情平和、可信赖、有节制、平静、深思、谨慎、被动等;④内向易变型,表现为文静、不善交际、缄默、悲观、严肃、刻板、焦虑、忧郁等。除了以上四种标准典型的人格特征外,还有很多不同的组合,并且在生活中很少有人具有这四种标准的典型的人格特征,大多数人处于中间水平。

5. 艾森克人格问卷的新进展

1985年,艾森克等人针对该问卷P量表信度较低的缺点,修订了艾森克人格问卷,发展为艾森克人格问卷修订版(EPQ-R),EPQ-R共有100个项目。同年,在此基础上艾森克等人又编制了适用于成人的艾森克人格问卷简式量表(EPQ-RS),该量表有四个分量表,每个分量表12个项目,共48个项目。临床应用表明EPQ-RS具有较好的信度和效度,易于操作,是EPQ系列的最新研究和应用成果之一。1997年至1998年,北京大学心理学系钱铭怡等人首次进行了EPQ-RS的中国版修订工作,根据来自全国30个省市56个地区的8 637人的样本,对其进行修订并形成艾森克人格问卷简式量表中国版(EPQ-RSC),且制定了中国常模。[①]

(四)其他的人格自陈量表

1. 加州心理调查表

加州心理调查表(California Psychological Inventory, CPI)是由美国加州大学心理学教授高夫(H. G. Gough)于1948年编制的,1951年正式出版,1957年进行了再版。它是以MMPI为基础编制的,但又不同于MMPI,MMPI主要服务于临床精神病领域,这与CPI测查的目的明显不同。CPI编制的目的主要有两个,其一是编制一套能描述正常人的行为方式或人格特征的量表,其二通过测验来预测个人在某种特定场合下的社会行为。

CPI包括480个项目(其中187个项目来源于MMPI),共有18个分量表,每个分量表评估个体人际关系或社会适应的某一重要方面,根据个体所表现出的心理特征,18个分量表又集中体现出4个方面的功能。第一个功能:对人际关系适应能力的测评。该测评依据6个分量表的测验结果,即支持性(Do)、上进心(Sc)、社交性(Sy)、自在性(Sp)、自尊心(Sa)、幸福感(Wb)。第二个功能:对个体社会化、成熟度、责任心及价值观的测评。该测评依据6个分量表,即责任心(Re)、社会化(So)、自制力(Sc)、宽容性(To)、好印象(Ci)、从众性(Cm)。第三个功能:对个体获得成就潜能及智能效率的测评。该测评包括3个分量表,即遵从成就(Ac)、独立成就(Ai)、智能效率(Ie)。第四个功能:对个体兴趣、社会态度的测评。该测评包括3个分量表,即心理性(Py)、灵活性(Fx)、女性化(Fe)。CPI有3个效度量表,即由好印象(Gi)、幸福感(Wb)、从众性(Cm)3个兼具效度功能的分量表构成。若Gi得分过高则受测者有"装好"的倾向,Wb得分过低,受测者有夸大忧愁或作假的倾向,Cm得分过低,受测者有"随意作答"的倾向。

1987年,高夫对CPI再次修订,新的版本包含23个分量表,由472个项目组成。中国的CPI修订版删除和调整了一部分质量不高或不适合我国文化背景的项目后,该调查表包含462个项目,由通俗概念量表、结构量表、特殊目的和研究量表三个部分组成。

2. Y-G性格测验

Y-G性格测验由日本京都大学矢田布达郎教授于1957年根据美国吉尔福特(J. P.

———————————
① 钱铭怡等:《艾森克人格问卷简式量表中国版(EPQ-RSC)的修订》,《心理学报》,2000年第3期,第317—323页。

Guilford)编制的个性量表修订而成的。该测验在我国南方应用范围较广,经常在心理咨询、就业指导、人才选拔与培训、司法诊断等方面使用。

Y-G性格测验进行修订后包括120个项目,共有12个分量表,每个分量表有10个项目,每个项目有"是"、"?"、"否"三个选项,要求受测者从中选择一个。例如:"情绪经常流露在脸上吗 是 ? 否,经常担心失败吗 是 ? 否"。12个分量表分别是:

(1) 忧郁性(D),测定受测者是否经常忧郁、容易悲伤;

(2) 情绪性(C),测查受测者的情绪变化大小;

(3) 自卑感(I),测查受测者自卑还是自信;

(4) 神经质(N),测查个体是否对人、对事抱怀疑态度,容易烦躁不安;

(5) 主客观性(O),测查受测者主观还是客观,是否喜欢空想;

(6) 协调性(Co),测查受测者是否与集体、社会协调、信任他人;

(7) 攻击性(Ag),测查受测者对人、对事是否容易采取攻击或过激行为;

(8) 一般活动性(G),测查受测者是否开朗、爱动、动作敏捷;

(9) 粗犷细致性(R),测查受测者是细心还是粗心,慢性还是急性;

(10) 思维的向性(T),测查受测者的思维是内向还是外向;

(11) 支配性(A),测查受测者是乐于支配还是乐于服从;

(12) 社会的向性(S),测查受测者是否善于交际。

整个测验测查的12种性格特性,又可归为情绪稳定性、社会适应性、向性等主要因素。根据这3个主要因素的得分高低划分出A型、B型、C型、D型、E型等5种标准的性格类型,并画出相应的曲线图。1983年,华东师范大学心理系对该测验进行了修订,制成了中文版。

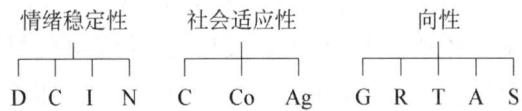

3. 中国人人格量表

中国人人格量表(Qingnian Zhongguo Personality Scale,QZPS)是由北京大学心理学系人格心理学课题组编制,该量表针对中国人在直接采用或修订西方人格量表时存在的问题和局限性,根据中国人的人格结构和行为特点编制的综合性的测量工具。具体思路:按照人格研究的"词汇学假设",将从日常生活用语中收集到的中文描述人格特质的形容词合并;再按形容词的属性分层随机抽取410个形容词作为中国人描述他人或自己的代表性样本;由中国人为被试,让其就每个词能够描述自己或他人的程度进行评定;再对结果进行因素分析等方法编制而成。该量表经过严格筛选最终由215个项目组成,共测量人格的7个大维度及相应的18个小因素(见表4-2)。该量表比较新,对量表的信度和效度的更深研究正在进行中,并随着研究工作的深入,QZPS的应用价值将会日益显露出来。[①]

① 王登峰,崔红:《中国人人格量表的编制过程与初步结果》,《心理学报》,2003年第1期,第127—128页。

表 4-2　QZPS 的 7 大维度及相应的 18 个小因素

7 大维度	18 个小因素	7 大维度	18 个小因素
外向性	合群、活跃、乐观	人际关系	热情、宽和
善良	真诚、利他、重感情	行事风格	沉稳、自制、严谨
情绪性	耐受性、爽直	处世态度	自信、淡泊
才干	敢为、机敏、坚韧		

4. 儿童 14 种人格因素问卷(CPQ)

儿童 14 种人格因素问卷是由美国印第安纳州立大学波特(R. Porter)博士与伊利诺斯州立大学的卡特尔教授合作编制的。该问卷适用于 8~14 岁的中小学生,施测时间一般为 40 分钟,能测评儿童的 14 种人格因素,即乐群性(A)、聪慧性(B)、稳定性(C)、兴奋性(D)、恃强性(E)、轻松性(F)、有恒性(G)、敢为性(H)、敏感性(I)、充沛性(J)、世故性(N)、忧虑性(O)、自律性(Q_3)、紧张性(Q_4)。

CPQ 的编制方法和理论构想、施测程序和方式以及绝大多数人格因素的含义与 16PF 相似。但与 16PF 又有不同之处,CPQ 删除了 16PF 中的怀疑性(L)、幻想性(M)、实验性(Q_1)、独立性(Q_2)四种人格因素,增加了兴奋性(D)与充沛性(J)两种人格因素。

(五)人格自陈量表的优缺点

1. 人格自陈量表的优点

(1)一般采用纸笔测验的形式施测,施测简便,适用于团体或个人测验。

(2)与其他的人格测评类型相比,问卷测评的结构明确,记分和解释较为客观,节约时间、人力、物力,可以在较短的时间内获取个体较多的人格资料。

(3)可以通过建立常模来进行个体间的比较,从而获取客观化、标准化的人格测评结果。

2. 人格自陈量表的缺点

(1)由于受测者受到社会赞许度等反应定势的影响,会不按照自己的实际情况,而是按社会期望的行为方式作答,使其能得到好的社会评价。如在人员招聘与选拔中受测者更可能在问卷式的测评中尽力地表明自己更有利于工作岗位要求的优秀品质,而出现"装好"的倾向。

(2)由于接受不同文化背景的熏陶,受测者可能会受到"默认心向"和"中庸心向"的影响。具体表现为前者无论对任何题目都有"是"或"否"的偏向;后者往往倾向选择折中的答案,如在"是"、"不确定"、"否"三个选项中经常不假思索地选择"不确定",甚至有的受测者有避免反应的倾向,即能不回答则尽量不回答。

(3)目前,西方一些人格问卷发展得较为成熟,科学性较强。中国人使用的人格测评问卷大多是引进西方人格问卷后进行改编而成的,可是西方的人格问卷基于西方人格结构编制的,而中国人与西方人在人格等心理特质上有很大差异,所以西方的人格测验往往很难完全适合中国人,所以使用这些问卷时要更为慎重。

目前的人格自陈量表多种多样,结构明确严谨,项目质量较高,被广大心理学工作者频繁地使用。除此之外,在了解人格时还有一种更为普遍使用的方法即人格评定量表,它也是测评人格特征的重要方法之一。

三、人格投射测验

问卷式测评往往是受测者在意识状态下根据一定项目来描述自己的某种人格特征,而人格投射测验是让受测者在无意识状态下反映自己的人格特征。投射测验也是目前人格测评中一种常用的方法。

（一）人格投射测验概述

1. 投射与投射测验的概念

"投射"一词最初来源于弗洛伊德对一种心理防御机制的命名,严格来说,投射测验中的投射已超出这个范围。所谓的投射(Projection)是指个人把自己的思想、态度、愿望、情绪、性格等心理特征无意识地反映在对事物的解释之中的心理倾向,也就是说受测者在对客观事物的特征进行想象性的解释过程中,不自觉地将自己的心理特征呈现在这种想象的解释中。心理的投射是个体自己无法意识到的一种推动其产生某种行为的深层动力。投射测验就是利用这个原理将受测者深层的意识激发出来,通过测量个体对特定事物的主观解释,并对其解释进行分析以了解受测者的人格特征。

投射技术作为一个心理测量术语,最初是1938年由富兰克(L. Frank)在一份私人便函中使用。1939年,在他发表的《人格研究的投射技术》一文中,明确地提出了投射技术是"一种研究人格的方法,它使被试面对某种情境并根据这一情境对它的意义作出反应"。而"投射测验"一词最初是1938年由莫瑞(H. A. Murray)在他所著的《人格探索》一书中提出。其实,投射技术与投射测验的内涵基本上是一致的。

投射技术或投射测验(Projective Test)的表现方式多种多样,但其基本方式是向受测者提供预先编制的未经组织的、意义模糊的标准化刺激情境,让受测者在不受任何限制的情况下,自由地对刺激情境作出反应;然后通过分析受测者的反应,推断其人格特点。按此方法编制的最为著名的人格测验有罗夏墨迹测验和主题统觉测验。

2. 投射测验的基本假设

投射测验旨在探讨个体在无意识状态下流露出的人格特征。按照精神分析理论的无意识观点,个体单凭自己的意识功能无法完全真实地了解自己的人格特征,需要以某种意义不确定(非结构化)的刺激情境为诱因,激发个体在不知不觉中把潜意识中的愿望、需求、动机、心理冲突等心理特征投射在对刺激情境的解释中。另外精神分析理论认为无意识的内容很难为意识所认识,自陈量表是无法探测的,而投射测验能探测到无意识的内容。从精神分析理论出发,投射测验的基本假设如下:

（1）人们对客观性事物的解释性反应都是有其心理原因的,不是随机发生的,同时也是可以给予分析和预测的。

（2）人们对刺激情境的反应是自身人格与情境共同作用的结果,不仅取决于所呈现的刺激的特征,而且受测者的人格特征、当时的心理状况、对未来的期望等心理因素对刺激情境的知觉与反应的性质和方向都有很大的影响。

（3）人格特质大部分处于潜意识中，个人无法凭意识描述自己人格特质，而当个体对一种模糊不清的刺激情境进行解释时，却可以使隐藏在潜意识中的欲望、需求、动机等人格特质不经意地流露出来。

3. 投射测验的特点

投射测验通过"旁敲侧击"的形式使受测者在"不经意中流露真情"，是一种特殊的人格测评技术，相对其他测评方法而言有许多独特之处。

（1）刺激情境的非结构化。刺激情境没有明确的结构与确切的意义，给受测者提供较大的自由反应的空间，使受测者较好地表现人格特征。

（2）测验目的的隐蔽性。受测者事先并不知道施测者对其的反应作何种心理学解释，从而有效避免受测者因伪装与防卫心理而虚假作答。因此一些无意识的人格特征可以绕过意识的检查而表达出来，被施测者捕捉并加以分析。

（3）影响反应因素的多样性。受测者对刺激情境所作出各种想象似的反应，在很大程度上不是取决于刺激情境的性质，而是取决于受测者的人格特征和当时的心理状态。

（4）人格特征的整体性解释。对投射测验的结果的解释重在把握对受测者人格特征的整体性评价，而不是对某个或某些单个人格特质的探查。

（5）测验的跨文化研究的可行性。投射测验的内容多为意义模糊的图片，在测验时不会受到语言、文字的限制，所以可以广泛地应用于人格的跨文化研究。

由此可见，投射测验采取独特的视角来研究和测评人格，注重探讨深层的心理内容。它不仅能深入地探查个体人格的独特性，而且能从整体上把握个体的人格特征，因而成为人格测评的重要方法之一。但是，投射测验也存在着自身的局限性。

4. 投射测验的局限性

（1）测验结果难以量化。由于刺激情境的非结构性和受测者反应的自由性，且缺乏客观的评分标准，所以给投射测验的记分带来了相当大的困难。

（2）施测者的选拔条件苛刻。投射测验的原理复杂深奥，且"测验结果很大程度依赖于施测者的主观过程来对反应做出解释"[①]。所以，施测者必须经过专门而又严格的训练，具有较高的专业素养及大量的临床经验方可胜任。

（3）信度与效度不易建立。虽然投射测验在国外被广泛地应用于对人格特征的评价过程中，尤其是 20 世纪 40 至 60 年代的临床心理诊断中不可缺少的工具但是由于投射测验本身的性质决定了其难以获得确切的信度与效度资料。虽然有关学者依据投射测验目的的隐蔽性使受测者很少有意伪装而推测投射测验的表面效度较低，但却无资料上的验证。

（4）常模资料不充分，测验结果不易解释与比较。虽然投射测验自从使用之初，人们就开始致力于临床资料的收集，但由于投射测验的特殊性质，常模资料的收集虽然有一定的进展，但还是不充分的，所以不同受测者的测验结果不易解释与比较。

5. 投射测验的种类

投射测验依据目的、刺激情境、反应方式、解释方法等的不同，有不同的分类。其中林德

---

① Wolman B B. International Encyclopedia of Psychiatry Psychology Psychoanalysis and Neurology. New York: Aesculapius Publishers，1977：94-99.

塞(G. Lindzey)根据受测者的反应方式的不同将投射测验分为五类较为典型。

（1）联想型。要求受测者针对呈现的一系列的刺激（如单词、墨迹）进行联想，并说出联想的内容。通过分析受测者的联想内容来了解其人格特征。如荣格的文字联想测验和罗夏墨迹测验。

（2）构造型。要求受测者根据自己所看到的图画编造一个含有过去、现在以及将来发展的完整故事。通过对受测者所构建的故事内容的分析来推测其人格特征。如莫瑞的主题统觉测验。

（3）完成型。要求受测者对一些不完整的句子、故事或短文等材料进行自由补充，使之完整。通过分析补充的内容来推测受测者的人格倾向或特征。如罗特(J. B. Rotter)的语句完成测验。

（4）选排型。要求受测者根据自己的判断准则，把呈现的项目（如图片、照片、数字等）进行分类和选择或排列。根据受测者的操作过程或操作结果来分析其人格特征。如图形排列测验。

（5）表露型。让受测者借助某种方式（如绘画、游戏、心理剧等）自由表露其心理状态。通过对受测者在活动中的行为表现进行分析以探查其人格特征。如画人测验和画树测验。

总之，投射测验的种类繁多，形式多样。上述的分类界线并不是绝对的，有些测验可能兼具几种类型的特点。

（二）经典的投射测验

下面将介绍两个经典的投射测验。

1. 罗夏墨迹测验

（1）罗夏墨迹测验简介。

罗夏墨迹测验(Rorschach Ink-blot Test)是由瑞士精神病学家罗夏(H. Rorschach)于1921年编制的，并于当年发表在其撰写的《心理诊断法》一书中。早在20世纪初，就有人使用墨迹技术来了解人的想象力，但是罗夏则是第一个使用这种技术对人的心理健康与否进行诊断的人。20世纪初，泼墨游戏在瑞士民间广为流行。罗夏自小对泼墨游戏非常感兴趣，成为精神科医生后，他将随意形成的对称的墨迹图形（即分别在一张纸的中央滴一堆墨汁，然后将纸对折，并用力挤压，从而形成两边对称但形状不一的墨迹图形）做为施测材料，用于鉴别各种精神病患者。具体操作是先将图片呈现给受测者，问受测者看到了什么，然后记录他们的反应。通过对一系列的精神病患者和正常人的测验与比较，最终选出10张墨迹图，并确定了一套记分与解释系统，这为后继的追随者的研究奠定了基础。

罗夏通过长期的测验与比较研究编制的墨迹测验，其理论依据是精神分析学派的心理动力学理论，该理论强调人格的独特性、动力性和整体性，把人格视为个人独有的各种力量（如动机、需求、欲望等）交错而成的动力组织。该测验旨在借助受测者对一些标准化的墨迹图形的反应，以对其人格进行整体性的定性解释。

罗夏墨迹测验自问世以来，引起了西方心理学界和精神病学界的极大兴趣，并广泛地运用于人格测验和临床心理诊断等领域。但由于罗夏墨迹测验存在自身无法克服的费时费力、结果不易解释、没有经过专门训练者不能使用、难以获得确切的信度和效度支持等缺点，所以随着五六十年代人格自陈量表的发展与应用,罗夏墨迹测验的地位慢慢回落。同时,许多研究者也针对该测验的上述不足进行了大量的研究,迄今为止,关于墨迹测验的研究多种多样(如团体墨迹测验的出现),各种详细的记分方法和常模被制定出来,对其的评价也贬褒不一。

由于我国学者深受精神分析学观点影响的不多,且专业人员有限,所以对罗夏墨迹测验的研究与应用工作有待于进一步的开展。目前我国使用的罗夏墨迹测验中文版是由湖南医学院龚耀先等人主持完成的,并在小范围内进行了试用。

(2) 罗夏墨迹测验的使用。

① 施测的指导语。先设法使受测者放松、舒服。施测者使用简单的、标准化的指导语告诉受测者如何完成测验,指导语中尽量少加自己的观点或其他的说明。罗夏墨迹测验的版本多种多样,但指导语一般是:要给你看的图上印有偶然形成的墨迹图形,请你将看图时所想到的东西,不论是什么都自由地、原封不动地说出来,回答无所谓正确与不正确,所以,请你看到什么就说什么。

② 测验的材料。此套测验共有 10 张对称图形,且内容模糊不清,毫无意义。这 10 张图形是以一定顺序排列的墨迹图,其中 5 张(第 1、4、5、6、7张)为黑白图片,墨迹深浅不一;2 张(第 2、3 张)是黑白墨迹加红色斑点(见图 4 - 17)(图中较浅颜色部分即为红色斑点);3 张(第 8、9、10 张)是彩色图片。

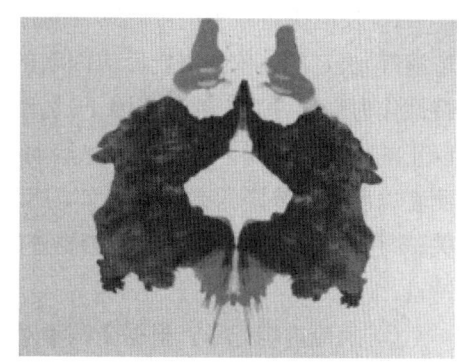

图 4 - 17　罗夏墨迹测验图

③ 施测方法。此测验一般属于个别测验。在施测过程中,施测者尽量不要插话或打断对方,当受测者对自己不明确的回答进行试探性的提问时,施测者不要作明确的回答或暗示性的提示,一般采取中性的回答。如:"你看到什么或想到什么,就说什么。"测验的具体实施分为 4 个阶段:

A. 自由反应阶段:施测者按规定的顺序和方位将图片呈现给受测者,让其对所看到的墨迹图进行自由联想;施测者对其反应一般不进行干涉,也不与其进行交流,而是逐字逐句地记录受测者的言语反应、每张图片呈现到第一次反应的时间、各个反应之间较长的停顿时间、每张图片反应的总时间、受测者的表达时附带的情绪、动作等。

B. 提问阶段:施测者为了对受测者的反应记号化,再次将图片逐一呈现给受测者,并有针对地对其进行提问。如:"每一种反应是根据图片中的哪一部分做的? 引起这种反应的因素是什么?"等等。

C. 类比阶段:当经过提问阶段仍不能理清记号化的问题,无法确定受测者的反应类型,可在此阶段进一步询问、补充。

D. 极限测试阶段:若在第三个阶段仍无法确定受测者的反应类型,施测者则直接提问受测者是否能从图片中看到某种具体的事物等。如:"别人在这张图片上可以看到一只蝙蝠,你能看到吗?"

一般来说,前两个阶段是每个受测者都必须接受的,而后两个阶段是在经过前两个阶段仍不能确认受测者的反应类型时才考虑使用的。

④ 测验的记分方法。罗夏墨迹测验最复杂的、也是最困难的部分就是评分与解释。此测验的记分过程实际上是把受测者质的反应数量化的过程。所谓的数量化就是先将受测者作出的相似特性的反应归总分类，给以相应的记号，然后按记号的类别计算反应的次数等。反应是记号化和进行量的分析的基本单位。具体而言记分包括以下几个方面：

A. 反应区位记号。确定受测者依据墨迹图的什么部位作出反应的，并据此将反应进行分类。共划分为 5 种类型的反应：整体反应(W)是依据整个或几乎整个墨迹作出反应；普通大部分反应(D)是依据墨迹图中一些寻常或明显的部分作出反应；普通小部分反应(d)指受测者依据被空白、浓淡、色彩等墨迹图的形态所隔开的小部分作出反应，即仅利用墨迹图中较小但仍较明显的部分作出反应；特殊部分反应(Dd)是受测者依据墨迹的不寻常部分(如轮廓线、极小部位等)作出反应；空白部分反应(S)指受测者把图片的空白部分作为图案进行反应，而将墨迹部分作为背景。

B. 反应决定因子记号。其目的是确定受测者的反应是由墨迹的什么因素(形状、颜色、浓淡等)决定的。依据决定反应因素的不同可分为 4 种：形状(F)：受测者仅以墨迹的形状特性作为受测者反应的决定因子；运动(M)：受测者对墨迹进行活动性的想象或投射，即在静止的墨迹上看到了人或动物的运动、表情，或者是抽象的、非生物的动作等；浓淡(K)：受测者以墨迹的浓淡的微妙差异作为反应的决定因素。K 反应与受测者的情感满足程度有关；彩色(C)：受测者的反应是由墨迹的色彩决定的。C 是外倾性符号，代表感情作用与内在冲动。

C. 反应内容记号。根据受测者对墨迹图所作的反应内容进行分类。受测者典型的反应内容是：人(H)、动物(A)、解剖(At)、性(Sex)、物体(Obj)、自然(Na)等。

D. 反应独创性记号。依据受测者对墨迹图反应的独特性程度进行分类记号。主要分为两类，即平凡反应(P)表示多数人共有的反应，以及独创性反应(O)表示个别的、比较特殊的反应，这种独创性反应可能表示受测者具有的创造性联想或病态的思维。

以上介绍了罗夏墨迹测验记分的主要维度，在涉及具体的记分时将更为复杂，每种反应都可进一步的细分并进行相应的记分。如运动反应可以细分为人的运动反应、动物的运动反应、无生物运动反应，分别记号为 M,FM,m、mF,Fm。

⑤ 测验结果的解释。罗夏墨迹测验的解释较为复杂，需要专业人员进行评分与解释。该测验结果的解释主要分为量的分析和序列分析两个过程。

首先根据上述记号化的结果，在决定因子的心理图像上标出每个因子的主要或附加记号的次数，将各点相连，得到受测者的整体的人格图像。然后再结合反应区位、反应内容、反应的独创性以及它们之间的数量关系等对每个图版及每个反应进行序列分析，最后综合所有的分析来解释受测者的人格特征。

一般而言，在反应区位记号中，W 分高表示具有高度的综合能力，但如果过高则表明缺乏精细分析的能力；在反应决定因子记号中，C 分高表示性格外向、情绪不稳定，F 分高表示有良好的自我控制能力和情绪活动的和谐；在反应内容记号中，A 分较高表示智力低下、适应混乱等；在反应独创性记号中，P 分较低表示与现实联系较弱，等等。

总之,在对各种反应记号进行解释时,不同反应记号要相互结合起来作综合性的评价,不可单凭某一个分数来判断受测者的人格是否正常。

2. 主题统觉测验

(1)主题统觉测验的简介。

主题统觉测验(Thematic Apperception Test,TAT)是与罗夏墨迹测验齐名的另一种投射测验。由美国哈佛大学的心理学家莫瑞(H. A. Murray)与摩根(C. D. Morgan)于20世纪30年代编制。该测验主要任务是让受测者根据所呈现的内容暧昧的图片自由联想编造故事,再通过分析其编造的故事以了解其心理需求、动机、情绪等人格特征。

TAT编制的理论基础是莫瑞的需要—压力理论,其基本假设是个人在面对一个模糊的图片情境时所编出来的故事常会与其生活经验密切联系;受测者在编故事时,不仅受到知觉到的图片本身形态的影响,而且常常会不自觉地把自己隐藏或压抑在内心的动机、欲望以及矛盾穿插在故事的情节中,借故事中的人物的行为宣泄出来,从而"投射"出个人的心理历程。因此,通过分析受测者编的故事,便可了解其心理需求、动机等人格特征。

TAT自编制以来经过3次修订,并逐渐推广应用于人员招聘与选拔、人格测验等实践领域,但是TAT不能作为诊断测验,因为通过它只能了解患有不同精神障碍的受测者在此测验中表现出的一些具体特征,仅能对诊断起参考作用。

由于原版测验图片不适合中国人,而且操作复杂,评分缺乏客观性,信度、效度不理想,更无标准化常模,所以在中国临床实践难以推广。为避免原版测验的缺陷,1993年,我国有了TAT的修订版。TAT的中国修订版把原来的无结构投射法修改为半结构化的联想—选择法投射,即要求受测者对每个图片的固定数量的描述短语进行选择;为避免文化差异的影响,将图片中人物形象或场景全部改绘成相应的中国人的形象或适合中国文化背景的场景。这使测验简单易行,具有一定的信度与效度,并建立了国内部分地区的常模。

(2)主题统觉测验的使用。

① 施测的指导语。TAT的一般指导语是"这是一个想象力的测验,是测验你的智力的一种形式。我将让你看一些图片,请你根据每一张图片的内容编一个故事,告诉我图片中的事情是如何发生的?现在正在发生什么?画中的人物在想什么?以后将会发生什么?请你把所看到的全部说出来。你可以随意讲,故事愈生动、愈戏剧化愈好"。另外,在测验的过程中,施测者要积极营造一个友好的气氛,对受测者的反应应当给予相应的鼓励与赞许。

② 测验材料。TAT共有30张内容颇为隐晦的黑白图片(见图4-18)和1张空白卡片。图片的内容多为人物,兼有部分景物,每张图片中至少有一人物。30张图片及一张空白卡片依据受测者的年龄与性别组合成4套材料,分别适用于成年男性、成年女性、男孩和女孩,每套20张,分成两个系列,每系列各有10张,其中,4套材料中有一些图片为共用的,有的为各套专用,每张图片后都有相

图4-18 主题统觉测验的图片之一

应的编号。

TAT 的这些图片与罗夏测验用的墨迹图不同,是关于人物的图片,有一定主题,不是完全无结构的。但 TAT 对受测者的反应不加限制,任其自由联想编造故事,所以 TAT 仍属投射测验。

③ 施测方法。TAT 属于个别测验,每张图片约需 5 分钟,整套测验约需在 90～120 分钟内完成。进行测验时,施测者按顺序逐一出示图片,要求受测者对每一张图片根据自己的想象和体验,讲一个大约 300 字左右的内容生动、丰富的故事。每套测验的两个系列分两次进行,两个系列之间的测验至少要间隔一天。施测者需详细记录受测者的各种反应,若施测者对其所编故事中的概念、用语意义不明确,或对故事意义不清楚时,应在其讲完故事后立即进行询问。

④ 测验的记分与解释。具体而言,根据 TAT 的评分与解释的依据可以划分为以下几个方面:

A. 主角本身:在各种图片中受测者认为能代表自己的角色。如领袖、犯罪者、演员等。

B. 主角的动机倾向与情感:对主角的行为尤其是异常行为分析时要加以注意,且关注受测者提到的次数是否多,次数多则是强烈的表示。莫瑞举出若干特征,如屈辱、成功、控制、冲突、失意等,均可按照受测者在叙述时的强烈、迟缓、重复性以及重要性,进行 5 级评分。

C. 主角的环境力量:有时受测者会杜撰出图片中没有的人或物,用作对主角产生影响的力量,如拒绝、身体伤害、缺陷、失误等,可依据其强度进行 5 级评分。

D. 结果:主角本身的力量和环境力量的对比,经历了多少困难或挫折? 结果是成功还是失败? 是快乐还是不快乐?

E. 主题:主题实际是前面 4 个方面的综合。如主角的需要和环境力量相互作用的结果是成功还是失败? 这是简单的主题;若把这些情况联合成为一串的东西就成为复杂的主题。

F. 兴趣与情操:体现为对主题的选择,图片中角色的表现。例如图片中的人物,老年妇女常常被比喻成母亲,老年男子常常被比喻成父亲,有的人物被描述为正面人物,有些人物被描述为反面人物等。

总而言之,TAT 记分分为两部分:其一,每一种需要变量或情绪变量的记分,依据受测者每一种需要或情绪的强度,在 1～5 之间记分;其二,每一种压力变量的记分,根据受测者每一种压力的强度,在 1～5 之间记分。在每个变量上都得到两个分数,一是总体平均分(AV),二是分数的分布(R)。评定这些变量的分数全部依据受测者在所编的故事中对主人公的行为动机、情感、兴趣和主人公所处环境的描述,以及整个故事的主题与结果等。最后根据指导手册中对各种需要、情绪及压力变量的相应描述去解释受测者投射在所编的故事中的人格状态与特征。

TAT 的施测方法简单,但对每个故事的评分与解释较为复杂,必须由经验丰富的临床专家来进行记分、解释。为了避免受评分者主观性的影响,最好由两三位专家共同评估,使分析与解释更具有客观性。另外 TAT 的评估很花时间,往往需要 4 至 5 个小时才能评定一份记录。

统觉测验发展很快,除了 TAT 之外,还有密歇根图片测验(Michigan Picture Test,MPT),密西西比主题统觉测验,职业统觉测验(The Vocational Apperception Test,

VAT)等。

(三）其他投射测验

1. 语句完成测验

语句完成测验（Sentence Completion Test，SCT）是一种借助言语联想投射出受测者的人格特征，属于完成型的投射测验。该方法起源于德国，最初用于测查儿童的智能，后来美国使用这种方法测查人格。这种方法使用比较简便，易于掌握，既可作个别测验，又可以作团体测验，从而广泛地运用于临床实践。SCT 一般有两种形式，一种是限制选择式：在一个未完成的句子后列出数个短句，由受测者从中选择一个自认为最合适的短句完成句子；另一种是自由完成式：由受测者将未完成的句子自由联想补充为一个完整的句子。一般而言，由于自由完成式对受测者的联想不加任何限制，更能有效地投射其人格特征，所以自由完成式测验使用较多，较为著名的有塞克斯（J. W. Sacks）编制的塞氏语句完成测验和罗特（J. B. Rotter）编制的句子完成测验。

塞氏语句完成测验（Sacks Sentence Completion Test，SSCT）有 60 道未完成的句子，分为家庭、性、人际关系、自我概念 4 类。如"我觉得我的父亲_____"，"我认为婚姻生活_____"等。罗特的语句完成测验（The Rotter Incomplete Sentence Blank）由 40 道未完成的句子组成，题干十分简单，要求受测者自由联想加以完成。根据受测者对每一项目的反应进行 7 个等级的记分。在受测者的诸多的反应中投射出其感情、态度、观念等。例如"我喜欢_____"，"我觉得_____"，"读书_____"，"我恨_____"，"大部分女孩_____"，"我最大的忧虑_____"等。

2. 绘画测验

绘画测验属于表露型的投射测验，通过画人或画物来投射出受测者的内心世界。绘画测验的优点在于施测简单方便；由于不受语言文字的限制，还可用于跨文化研究。但是该类测验的解释较为复杂，需要经过专门训练的人员担任。最为常见的绘画测验是画人测验和画树测验。

（1）画人测验（Draw-A-Person Test）。在安静舒适、照明条件较好的环境中要求受测者用铅笔在一张 20×28 厘米的白纸上画一个人，当画完之后，再要求受测者画一个与刚才性格相异的人。施测者按照这两张画中的人像的大小、在纸上的位置、线条的粗细轻重、正面或侧面、各部分的比例、缺失程度等进行分析与记分，从而评估受测者的智力与人格。例如，头部的比例相对于正常比例偏大表示智慧或权威。

（2）画树测验（Draw-A-Tree Test）。画树测验是由瑞士心理学家卡尔柯齐（Charleskoch）设计的。让受测者任意画一棵果树，将画好的果树与卡氏事先确定的 20 种标准相比较，以解释受测者的人格特征。例如：树有根，表示受测者稳重、不投机、不作轻率之举；树无根或无横线来表示地面，表示受测者缺乏自觉、行动无一定的规律；树冠由同心圆组成，表示受测者富有神秘感、缺乏活动、自满自大、性格内向；树干由两根平行直线构成，表示受测者斤斤计较、实事求是、想象力缺乏、倔强固执；树干短、树冠大，表示受测者有雄心、有要求赞许的倾向等等。

除了上述的画人或画树测验,还有布克(Buck)的房—人—树测验(House-Tree-Person Test)、考夫曼(Kaufman)的家庭活动绘画技术(Kinetic-Family-Drawing Technique, K-F-D)等。

3. 逆境对话测验

该测验是由罗桑兹威格(Rosenzweig)编制的。原名为罗桑兹威格挫折图片研究(Rosenzweig Picture Frustration Study),分成儿童组和成人组两种。该测验主要是由一些图片组成,图片中通常是两个人物,其中一个人对另一个人说了几句足以使其生气或陷入困境的逆耳的话,受测者想象后者的感受,对这些逆耳的话作出反应并写下来。该测验假定受测者将自己受挫时的想法投射到图片中人物的身上,从而依据其回答内容结合指导手册来推测受测者在遭遇挫折时的反应倾向(如图4-19)。

图4-19 逆境对话测验图片举例(儿童组)

第四节 学校心理咨询中常用心理量表的使用方法

一、学校心理健康普查中常用心理量表的使用方法

(一)心理健康临床症状自评量表

1. 心理健康临床症状自评量表的概况

心理健康临床症状自评量表(The Self-report symptominventory symptom Check List, 90, SCL-90)也称90项症状清单,是由德罗盖蒂斯(Derogatis)于1975年编制。20世纪80年代由上海铁道医学院吴文源引进修订,已含90个项目,分五级评定,临床应用证实此量表的评估有比较高的真实性,同时与其他自评量表(SDS、SAS)相比,它具有内容大,反映症状丰富,更能准确刻画病人的自觉症状等优点,能较好地反映病人的病情及其严重程度和变化,是当前学校心理健康普查中应用最多的一种自评量表。

2. 心理健康临床症状自评量表的内容与结构

SCL-90有10个因子,即所有90个项目可以分为十大类。每一类反映病人的一方面情况。10个因子中9个根据测查内容来命名,1个因子没有命名,称为其他。各因子定义及所含项目为:

(1) 躯体化(Somatization)：包括 1、4、12、27、40、42、48、49、52、53、56、58，共 12 项。该因子主要反映主观的身体不适感。包括心血管、胃肠道、呼吸道系统主述不适和头疼、脊疼、肌肉酸痛，以及焦虑的其他表现。

(2) 强迫症状(Obsessive-compulsive)：包括 3、9、10、28、38、45、46、51、55、65，共 10 项。它与临床上强迫表现的症状定义基本相同。主要指那种明知没有必要，但无法摆脱的无意义的思想、冲动、行为等表现，还有一种比较一般的感知障碍（如"脑子空了"，"记忆力不行"等）也在这一因子中反映。

(3) 人际关系敏感(Interpersonal sensitivity)：包括 6、21、34、36、37、41、61、69、73，共 9项。它主要指某些个人不自在感与自卑感，尤其是在与其他人相比较时更突出。自卑感、懊丧以及人事关系明显相处不好的人，往往出现这一因子高分的现象。

(4) 抑郁(Depression)：包括 5、14、15、20、22、26、29、30、31、32、54、71、79，共 13 项。它反映的是与临床上抑郁症状群相联系的广泛的概念。抑郁苦闷的感情和心境是代表性症状，它还以对生活的兴趣减退、缺乏活动愿望、丧失活动能力等为特征，并包括失望、悲叹、与抑郁相联系的其他感知及躯体方面的问题。该因子中有几个项目包括了死亡、自杀等概念。

(5) 焦虑(Anxiety)：包括 2、17、23、33、39、57、72、78、80、86，共 10 项。它包括一些通常与临床上明显与焦虑症状相联系的症状和体验。一般指那些无法静息、神经过敏、紧张以及由此产生的躯体征象（如震颤）。那种游离不定的焦虑及惊恐发作是本因子的主要内容，它包括有一个反映"解体"的项目。

(6) 敌对(Hostility)：包括 11、24、63、67、74、81，共 6 项。这里主要以三方面来反映病人的敌对表现、思想、感情及行为。其项目包括从厌烦、争论、摔物直至争斗和不可抑制的冲动爆发等各个方面。

(7) 恐怖(Phobivanxeity)：包括 13、25、47、50、70、75、82，共 7 项。它与传统的恐怖状态或广场恐怖所反映的内容基本一致，恐怖的对象包括出门旅游、空旷场地、人群或公共场所及交通工具。此外还有反映社交恐惧的项目。

(8) 偏执(Parnoilideation)：包括 8、18、43、68、76、83，共 6 项。偏执是一个十分复杂的概念，本因子只包括它的一些基本内容，主要是指思维方面，如投射性思维、敌对、猜疑、关系妄想、妄想被动体验和夸大等。

(9) 精神病性(Psychotism)：包括 7、16、35、62、77、84、85、87、88、90，共 10 项。其中有幻听、思维播散、被控制感、思维被插入等反映精神分裂症状项目。

(10) 其他：包括 19、44、59、60、64、66、89，共 7 项，是反映睡眠及饮食情况的。

3. 心理健康临床症状自评量表的记分与解释

SCL - 90 每一项目均采用 5 级评分制(1～5)，且没有反向评分项目。

具体说明如下：

1——无：无该项症状问题。

2——轻度：自觉有该项症状，但发生并不频繁、不严重。

3——中度：自觉有该项症状，其严重程度为轻度到中度。

4——相当严重：自觉有该项症状，其严重程度为中度到重度。

5——重度：自觉有该项症状，频度和程度都十分严重。

SCL-90可以计算总分、总均分、阳性症状均分与因子分。

(1) 总分：将90个项目的各单项得分相加，得到总分。某人在90个症状项总分减去90分为他的实际总分。

(2) 总均分＝总分/90，表示总的看来，该病人的自我感觉介于1～5的哪一个范围内。

(3) 阳性症状均分＝(总分－阴性项目数)/阳性项目数，表示"有症状"项目中平均得分，可以看出该病人自我感觉不佳的程度究竟在哪个范围内。其中阴性项目数，表示病人"无症状"的项目有多少。

(4) 因子分＝组成某一个因子的各项目总分/组成某一因子的项目数。

当我们通过计算得到了各因子分以后，可以通过轮廓图分析方法来进一步研究病人的自评特征性结果。图4-20横轴代表10个因子，纵轴代表因子分。

SCL-90上述计算分数都可对照常模进行解释。

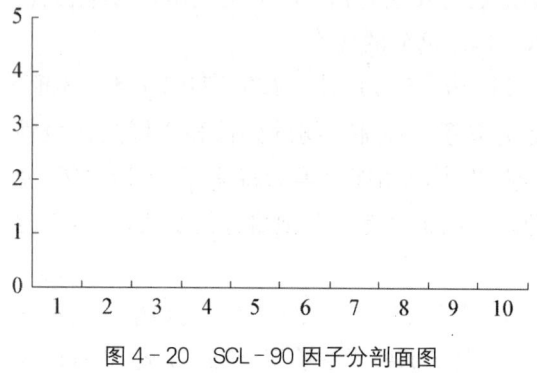

图4-20　SCL-90因子分剖面图

(二)中学生心理健康状况普查量表

1. 中学生心理健康状况普查量表简介

中学生心理健康状况普查量表是由中科院心理所王极盛教授主持编制的。该量表分为学习焦虑、对人焦虑、孤独倾向、自责倾向、过敏倾向、身体症状、恐怖倾向、冲动倾向和虚假倾向9个维度，共计100道题。每题有两个选项：是或否。

2. 中学生心理健康状况普查量表的记分和解释

选"是"答案，记1分；选"否"答案，记0分。然后计算各维度的得分。

(1) 学习焦虑(1～15题)：大于或等于8分，说明该生对考试怀有恐惧心理，不安心学习，十分关心考试分数；小于或等于3分，说明该生学习焦虑低，学习不会受到困扰，能正确对待考试成绩。

(2) 对人焦虑(16～25题)：大于或等于8分，说明该生过分注重自己的形象，害怕与人交往，遇事退缩，嫉妒心强；小于或等于3分，说明该生热情、大方，容易结交朋友。

(3) 孤独倾向(26～35题)：大于或等于8分，说明该生孤独、抑郁、任性，自我封闭，不善于交往；小于或等于3分，说明该生爱好社交，喜欢寻找刺激，喜欢与他人在一起。

(4) 自责倾向(36～45题)：大于或等于8分，说明该生自卑，怀疑自己的能力；小于或等于3分，说明该生自信，能正确看待失败。

(5) 过敏倾向(46～55题)：大于或等于8分，说明该生容易为一些小事而烦恼，遇事时过于敏感；小于或等于3分，说明该生敏感性较低，能较好地处理日常事务。

(6) 身体症状(56～70题)：大于或等于8分，说明该生在极度焦虑的时候会出现呕吐、失眠等症状;小于或等于 3 分,说明该生基本没有身体异常表现。

(7) 恐怖倾向(71～80 题):大于或等于 8 分,说明该生对日常事物,如考试、陌生人、黑暗等,有较严重的恐惧感;小于或等于 3 分,说明该生基本没有恐怖感。

(8) 冲动倾向(第 81～90 题):大于或等于 8 分,说明该生十分冲动,自控力差,情绪波动大;小于或等于 3 分,基本没有冲动。

(9) 虚假倾向(91～100 题):大于或等于 6 分,说明该生不诚实,虚伪,弄虚作假。

说明:若全部指标在 70 分以上,可认为该生存在一定的心理障碍,这种学生在日常生活中有不适应行为,有的可能表现为攻击和暴力行为等。

(三)大学生人格问卷

1. 大学生人格问卷简介

大学生人格问卷(University Personality Inventory,UPI)是一种为早期发现存在心理问题的大学生而编制的健康调查问卷,该问卷 1966 年由日本大学的心理咨询专家和精神科医生集体编制而成。1991 年由日本学生相谈会会长松原达哉和我国清华大学樊富珉翻译介绍到我国。1993 年,由樊富珉、王建中主持修订。目前已广泛应用于大学生入学心理健康调查。

UPI 中文修订版由三部分构成,第一部分是被试的基本情况,包括姓名、性别、家庭情况、入学动机等。第二部分是问卷的核心部分,由 60 道题目构成,包括 4 道测谎题(第 5、20、35、50 题),其余 56 题反映学生的心理健康状况,其中第 8、16、25、26 题是关键题。第三部分是 4 道辅助题,了解被试对自己身心健康评价与主要困扰的心理问题。

日本上智大学根据 UPI 测量结果,将大学生的心理症状倾向分为三种:精神分裂症倾向、抑郁症倾向和神经症倾向。国内有人将 UPI 分为 6 个因子:偏执强迫、抑郁、情绪波动、交往障碍和身体状况。

2. 大学生人格问卷的记分与解释

测验只有第二部分 60 题记分。每题有两种选项:是或否,凡选"是"的题记 1 分,选"否"记 0 分。先计算说谎题的得分,如大于等于 2 分,则测验无效。如测谎题得分小于 2 分,测验有效,再计算其余 56 题的总分。

UPI 测验结果的解释如下:

第一种类筛选标准:凡总分 25 分以上者,或第 25 题做肯定选择者,或辅助题中至少有两题做肯定选择者,或明确提出咨询要求的且属于有心理问题者。以上四种情况只要符合其中一种,即符合第一种类筛选标准,应在测试完成后马上对其进行面谈,进一步了解情况,及时做心理咨询或做相应的处理。

第二类筛选标准:凡总分在 20～24 分之间,或 8、16、26 题中有一题做肯定选择者,或辅助题中有一题做肯定选择者。以上三种状况只要符合一种即符合第二种筛选标准。凡符合第二种筛选标准者,应在符合第一类筛选标准的学生处理完后,马上进行面谈等处理。

(四)中国大学生心理健康量表

中国大学生心理健康量表是由郑日昌教授领衔的教育部大学生心理健康测评系统课题组编制。该量表是在文献研究、咨询案例分析、专家访谈和讨论、开放式问卷调查的基础上,采用实证法编制而成。该量表制定了全国大学生常模,并对其信度和效度进行了检验。结果表明:该量表具有良好的信度与效度,可以用于我国大学生心理健康水平的检测。

该量表设定了测量大学生心理健康的 12 个维度,共计 100 题,其中有 4 道测谎题。12 个维度分别为:躯体化、焦虑、抑郁、自卑、偏执、强迫、退缩、攻击、性心理、依赖、冲动、精神病倾向。

二、学校个案评估中常用的心理量表

(一) 抑郁自评量表

1. 抑郁自评量表的概况

抑郁自评量表(Self-Rating Depression Scale,SDS)是由华裔精神病学家张威廉(W. K. Zung)于 1965 年编制,用于衡量抑郁状态的轻重程度及其在治疗中的变化。该量表共有 20 道题目,反映抑郁状态的四组特异性症状:(1)精神性—情感症状,包含抑郁心境和哭泣 2 道题目;(2)躯体性障碍,包含情绪的日间差异、睡眠障碍、食欲减退、性欲减退、体重减轻、便秘、心动过速、易疲劳等,共 8 道题;(3)精神运动性障碍,包括精神运动性迟滞和激越 2 题;(4)抑郁的心理障碍,包含思维混乱、无望感、易激惹、犹豫不决、自我贬值、空虚感、反复思考自杀和不满足等,共 8 题。

抑郁自评量表具有较高的信度,分半信度为 0.73(1973 年)和 0.92(1986 年)。抑郁自评量表也有较理想的效度,它与贝克抑郁问卷、汉密尔顿抑郁量表、明尼苏达多相人格问卷中的 D 分量表之间具有高度和中度相关,临床应用也证明其有较好的效度。

抑郁自评量表题量少,操作方便,容易掌握,能有效地反映抑郁状态的有关症状及其变化,特别适用于学校心理咨询中发现有抑郁倾向的学生。

2. 抑郁自评量表的记分与解释

抑郁自评量表的 20 道题目中有 10 题为正题,10 题为反题。正题记分标准为 1、2、3、4,即选“从无或偶而”记 1 分,选“有时”记 2 分,选“经常”记 3 分,选“总是如此”记 4 分。反题评分标准相反,为 4、3、2、1。当每题评分后再计算测验总分。测验总分还只是粗分,需转换成标准分后才能解释。抑郁自评量表的标准分从 20 分到 100 分,根据 1340 名中国成人样本所得常模为 41.88 ± 10.57,因而分界值可定为 53 分,超过 53 分,则被认为有抑郁症状,且超过越多,抑郁症状越严重。

(二) 焦虑自评量表

1. 焦虑自评量表的概况

焦虑是对外部事件或内在想法与感受的一种不愉快的体验,它涉及轻重不等的一系列情绪,最轻的是不安与担心,其次是心里害怕和惊慌,最严重的是极端恐怖。

焦虑自评量表(Self-Rating Anxiety Scale,SAS)由张威廉于 1971 年编制,适用于具有焦虑症状的成年人。该量表从量表结构到具体评定方法都与抑郁自评量表类似,它也含有 20 道题目,采用 4 级记分。

焦虑自评量表是一种分析被试主观焦虑症状的相当简便的临床工具,经临床使用,表明焦虑自评量表具有较好的效度,能较准确反映有焦虑倾向的被试的主观感受,现已广泛用于咨询门诊中。

2. 焦虑自评量表的记分与解释

焦虑自评量表共 20 题,正题 15 题,反题 5 题,分别是第 5、9、13、17、19 题。正题记分方法为:选"没有或很少时间"记 1 分;选"少部分时间"记 2 分;选"相当多时间"记 3 分;选"绝大部分或全部时间"记 4 分。反题反向记分,即选"没有或很少时间"记 4 分;选"少部分时间"记 3 分;选"相当多时间"记 2 分;选"绝大部分或全部时间"记 1 分。在每题记分后,再计算 20 题的总分。

测验总分为粗分,乘以 1.25 以后取整数就是标准分,或用粗分直接查粗分标准分换算表(与 SDS 同一换算表)得到标准分。中国量表协作组对 1 158 名正常人的研究结果,粗分的常模为:29.78±10.07。即标准分高于 50 分则可被判定为有焦虑症状,分数越高,焦虑症状越严重。

(三)考试焦虑自评量表

1. 考试焦虑自评量表简介

考试焦虑自评量表是对学生考试焦虑的评估工具。该量表共 33 题,每题后有 4 个选项:"很符合、比较符合、较不符合、很不符合",被试可根据自己的情况进行选择。该量表简单易行,适合学校咨询人员对学生考试焦虑的评估。

2. 考试焦虑自评量表的记分与解释

(1)记分方法。每题的评分标准为:很符合记 3 分,比较符合记 2 分,较不符合记 1 分,很不符合记 0 分。然后计算 33 题的总分。

(2)测验结果的解释。测验结果根据总分进行解释,各分数段的解释如下:

0~24 分:镇定。总是以较为轻松的方式对待考试,只有在特别重要的考试前才会有些激动。但是如果得分少于 10 分则说明对考试不在乎,学习动机较低。

25~49 分:适度焦虑。面对考试时有些激动,有时会有点紧张和不安。这时脑细胞被充分调动起来了,这种程度的焦虑有助于考试的超常发挥。只是不要让焦虑持续太久。

50~74 分:中度焦虑。面对考试比较紧张,这种焦虑如不及时调整,会导致无法静心复习,考试时还会影响发挥。

75~99 分:过度焦虑。可能有"考试焦虑症"。一到考试就会莫名其妙地恐惧,甚至会有生理反应,如头痛、失眠等。如果无法降低自己的焦虑度,建议找心理老师进行辅导。

(四)Achenbach 儿童行为量表

1. 儿童行为量表简介

Achenbach 儿童行为量表(Child Behavior Checklist,CBCL),又称 Achenbach 儿童行为清单,由阿肯巴克(Achenbach)在 20 世纪 70 年代编制,80 年代初出版了使用手册。CBCL 是根据转诊问题儿童和健康儿童之间的鉴别点为基础编制而成的。由于其容易操作,评分简单,在短时间内可以收集到许多有用的信息,因而广泛用于儿童、少年的临床和研究领域,主要用来识别和评价行为和情绪问题高危儿童,但其并不能给出心理障碍的诊断。根据评估对象及评估人的不同,目前存在四个版本。

1980 年我国引进适用于 4~16 岁的家长用表,在上海及其他城市做了较广泛的应用,并总结出了我国常模的初步数据，在国内应用较广。该量表主要用于儿童社交能力和行为问题的筛查，同时对治疗计划的制定、临床干预研究和在医疗或司法情景中儿童的评估方面也具有应用价值。

CBCL 的内容可分为一般项目、社会能力和行为问题 3 个部分：

一般项目：如姓名、性别、年龄、种族、年级、父母职业和填表人等。

社会能力：包括参加体育运动、课余爱好、参加团体、课余职业或劳动、交友情况、与家人及其他小孩相处和在校学习情况，共 7 大项。

行为问题：包括 113 条，其中第 56 条包括 8 小项，第 113 条为"其他"。填表时按最近半年(6 个月)内的表现记分。

2. Achenbach 儿童行为量表的实施、记分与解释方法

(1) 适用范围。CBCL 主要用于筛查儿童的社会能力和行为问题，适用于 4～16 岁的儿童。主要用来识别和评价行为和情绪问题高危儿童，但并不能给出心理障碍的诊断。

(2) 评定方法。针对 4～16 岁儿童的家长用 CBCL，可以由熟悉儿童的父母或照料者进行填写。一般通过对儿童的观察和了解，填写其最近半年来的情况。在填写 CBCL 前，要对父母或照料者讲清填写方法，并进行必要的指导，以保证量表填写的准确性和可靠性。

(3) 测验的记分及解释。在 CBCL 中，第一部分是不记分的，但在分析时要注意父母的职业，这往往与家庭的经济状况有关。第二部分的社会能力归纳成 3 个因子，即活动情况(包括Ⅰ、Ⅱ、Ⅳ条)，社交情况(包括Ⅲ、Ⅴ、Ⅵ条)及学习情况(Ⅶ条)，得分越高表明社会能力越强。第三部分每一条行为问题都有一个分数(0、1 或 2)称为粗分，把 113 条的粗分加起来，称为总粗分，分数越高，行为问题越大，越低则行为问题越小。国外根据大样本的统计分析，算出正常上限分界值如表 4-3 所示：

表 4-3　CBCL 正常上限分界值

年龄	男孩	女孩	年龄	男孩	女孩
4～5 岁	42	42～45	12～16 岁	38	37
6～11 岁	40～42	37～41			

超过分界值的儿童或少年，就应接着做进一步检查。

(五) UCLA 孤独量表(UCLA Loneliness Scale)

1. UCLA 孤独量表简介

UCLA 孤独量表最初由鲁塞尔(Russell)等人于 1978 年编制，共 20 道题。这些题是从西辛伟恩(Sisenwein)的博士论文所提出的 75 道题中选出的。这些题许多来自心理学家对孤独体验的描述，有的来自艾迪(Eddy)的量表，20 题都是正题。1980 年作者将量表进行了修订，称为第二版。第二版还是 20 题，分为 10 道正题和 10 道反题。为解决有些被试文化程度较低，不能理解第二版的题目的问题，作者又设计了第三版，可用于各类成人。第三版也是 20 题，但正题有 11 题，反题有 9 题。

UCLA 孤独量表有较高的信度，第二版和第三版的 α 系数都高达 0.94，重测信度为 0.73

(相隔两个月)。该量表也有较好的聚合效度和区分效度。

2. UCLA 孤独量表的记分与解释

UCLA 孤独量表采用 4 级记分,正题选"从不"记 1 分;选"很少"记 2 分;选"有时"记 3 分;选"一直"记 4 分。反题反向记分。

第二版用 237 名大学生(男 102,女 128)建立常模,得男性常模:37.1±10.9;女性常模:36.1±10.1。第三版常模如下:大学生(487 人)40.1±9.5;护士(305 人)40.1±9.5;老人(284 人)31.5±6.9。

(六)青少年生活事件量表(ASLEC)

1. 青少年生活事件量表简介

自 20 世纪 30 年代斯蒂尔(H. Style)提出应激的概念以来,生活事件作为一种心理社会应激源对身心健康的影响引起了广泛的关注。1967 年霍姆(Holme)和拉希(Rahe)编制了第一份包含 43 个项目的社会再适应量表(SRRS),开辟了生活事件量化研究的途径。由于不同民族、文化背景、年龄、性别及职业群体中生活事件发生的频度及认知评价方式存在差异,针对特殊群体的生活事件量表也相继问世。20 世纪 80 年代,杨德森和张明园教授等结合我国国情先后编制了两份生活事件量表,两份量表各有特色,已被多项研究引用。刘贤臣等在综合国内外文献的基础上,结合青少年的生理心理特点和其所扮演的家庭社会角色,于 1987 年编制了青少年自评生活事件量表(Adolescent Self-Rating Life Events Check List,ASLEC),该量表适用于青少年尤其是中学生和大学生生活事件发生频度和应激强度的评定。

经过对 1473 名中学生的测试,证明了该量表有较好的信度和效度,现已用于多项研究。刘贤臣等对 1365 名中学生(初中生 816 名,高中生 549 名),平均年龄为 14.6±3.4 岁,男女生分别是 822 名和 543 名,进行测试,并对其中的 108 名学生在 1 周后进行了再测验。通过内部一致性系数分析,各事件评分和总分间的相关系数从 0.24 到 0.57,平均为 0.45;克朗巴哈(Cronbach α)系数为 0.85;用奇偶分半的方法,将 27 个事件分成两部分,斯皮尔曼-布朗(Spearman-Brown)校正分半信度系数为 0.88。两次测试各事件和 ASLEC 总分经 T 检验均无显著差异,各事件平均相关系数为 0.50,总分两次测验间的相关系数(重测信度)为 0.69。

主成分因子分析显示 ASLEC 可用 6 个因子来概括:

Ⅰ 人际关系因子:包括条目 1、2、4、15、25。

Ⅱ 学习压力因子:包括条目 3、9、16、18、22。

Ⅲ 受惩罚因子:包括条目 17、18、19、20、21、23、24。

Ⅳ 丧失因子:包括条目 12、13、14。

Ⅴ 健康适应因子:包括条目 6、7、23、24。

Ⅵ 其他:包括条目 6、7、23、24。

6 因子可解释全量表 44% 的变异。

ASLEC 总分与应对方式问卷中消极应对分(r=0.31)和心理控制源量表(CNSIE)中外控分(r=0.22)呈显著正相关关系。此外 ASLEC 总分对焦虑自评量表(SAS)评分(B=0.29)和抑郁自评量表(SDS)评分(B=0.20)有显著的预测作用。

该量表有以下特点：

(1)简单易行，可以自评也可以访谈评定；(2)评定期限依研究目的而定，可以是3、6、9或12个月；(3)应激量根据事件发生后的心理感受进行评定，考虑了应对方式的个体差异；(4)ASLEC仅包含青少年时期常见的负性生活事件；(5)ASLEC有较好的信、效度；(6)统计指标包括发生频度和应激量两部分。

该量表可用于学校心理咨询中对学生心理应激程度的评估。

2. 青少年生活事件量表的记分与解释

ASLEC为自评问卷，由27项可能给青少年带来心理反应的负性生活事件构成。评定期限依研究目的而定，可为最近3个月、6个月、9个月或12个月。对每个事件的回答方式应先确定该事件在限定时间内发生与否，若未发生过仅在未发生栏内划"√"，若发生过则根据事件发生时的心理感受分5级评定，即无影响"1"、轻度"2"、中度"3"、重度"4"或极重度"5"。完成该量表约需要5分钟。

统计指标包括事件发生的频度和应激量两部分，事件未发生按无影响统计，累积各事件评分为总应激量。若进一步分析可分为6个因子进行统计。

附录 1 SCL‑90 的题目与常模表

SCL‑90

姓名　　　　　性别　　　　　年龄　　　　　文化程度　　　　　血型

职业　　　　　工作年限　　　　　填写日期

注意：以下表格中列出了有些人可能会有的问题,请仔细地阅读每一条,然后根据最近一个星期内下述情况影响您的实际感觉,在 5 个方格中选一格,划一个"√"

	没有	很轻	中等	偏重	严重	工作人员评定	
	1	2	3	4	5		
1. 头痛	☐	☐	☐	☐	☐	1	☐
2. 神经过敏,心中不踏实	☐	☐	☐	☐	☐	2	☐
3. 头脑中有不必要的想法或字句盘旋	☐	☐	☐	☐	☐	3	☐
4. 头昏或昏倒	☐	☐	☐	☐	☐	4	☐
5. 对异性的兴趣减退	☐	☐	☐	☐	☐	5	☐
6. 对旁人责备求全	☐	☐	☐	☐	☐	6	☐
7. 感到别人能控制您的思想	☐	☐	☐	☐	☐	7	☐
8. 责怪别人制造麻烦	☐	☐	☐	☐	☐	8	☐
9. 忘记性大	☐	☐	☐	☐	☐	9	☐
10. 担心自己的衣饰整齐及仪态的端正	☐	☐	☐	☐	☐	10	☐
11. 容易烦恼和激动	☐	☐	☐	☐	☐	11	☐
12. 胸痛	☐	☐	☐	☐	☐	12	☐
13. 害怕空旷的场所或街道	☐	☐	☐	☐	☐	13	☐
14. 感到自己的精力下降,活动减慢	☐	☐	☐	☐	☐	14	☐
15. 想结束自己的生命	☐	☐	☐	☐	☐	15	☐
16. 听到旁人听不到的声音	☐	☐	☐	☐	☐	16	☐
17. 发抖	☐	☐	☐	☐	☐	17	☐
18. 感到大多数人都不可信任	☐	☐	☐	☐	☐	18	☐
19. 胃口不好	☐	☐	☐	☐	☐	19	☐
20. 容易哭泣	☐	☐	☐	☐	☐	20	☐
21. 同异性相处时感到害羞、不自在	☐	☐	☐	☐	☐	21	☐
22. 感到受骗、中了圈套或有人想抓住您	☐	☐	☐	☐	☐	22	☐

	没有	很轻	中等	偏重	严重	工作人员评定	
	1	2	3	4	5		
23. 无缘无故地突然感到害怕	□	□	□	□	□	23	□
24. 自己不能控制地大发脾气	□	□	□	□	□	24	□
25. 怕单独出门	□	□	□	□	□	25	□
26. 经常责怪自己	□	□	□	□	□	26	□
27. 腰痛	□	□	□	□	□	27	□
28. 感到难以完成任务	□	□	□	□	□	28	□
29. 感到孤独	□	□	□	□	□	29	□
30. 感到苦闷	□	□	□	□	□	30	□
31. 过分担忧	□	□	□	□	□	31	□
32. 对事物不感兴趣	□	□	□	□	□	32	□
33. 感到害怕	□	□	□	□	□	33	□
34. 您的感情容易受到伤害	□	□	□	□	□	34	□
35. 旁人能知道您的私下想法	□	□	□	□	□	35	□
36. 感到别人不理解您、不同情您	□	□	□	□	□	36	□
37. 感到人们对您不友好、不喜欢您	□	□	□	□	□	37	□
38. 做事必须做得很慢以保证做得准确	□	□	□	□	□	38	□
39. 心跳得很厉害	□	□	□	□	□	39	□
40. 恶心或胃很不舒服	□	□	□	□	□	40	□
41. 感到比不上他人	□	□	□	□	□	41	□
42. 肌肉酸痛	□	□	□	□	□	42	□
43. 感到有人在监视您、在谈论您	□	□	□	□	□	43	□
44. 难以入睡	□	□	□	□	□	44	□
45. 做事必须反复检查	□	□	□	□	□	45	□
46. 难以作出决定	□	□	□	□	□	46	□
47. 怕乘电车、公共汽车、地铁或火车	□	□	□	□	□	47	□
48. 呼吸有困难	□	□	□	□	□	48	□
49. 一阵阵发冷或发热	□	□	□	□	□	49	□
50. 因为感到害怕而避开某些东西、场合或活动	□	□	□	□	□	50	□
51. 脑子变空了	□	□	□	□	□	51	□
52. 身体发麻或刺痛	□	□	□	□	□	52	□
53. 喉咙有哽塞感	□	□	□	□	□	53	□

	没有	很轻	中等	偏重	严重	工作人员评定	
	1	2	3	4	5		
54. 感到前途没有希望	☐	☐	☐	☐	☐	54	☐
55. 不能集中注意	☐	☐	☐	☐	☐	55	☐
56. 感到身体某一部分软弱无力	☐	☐	☐	☐	☐	56	☐
57. 感到紧张或容易紧张	☐	☐	☐	☐	☐	57	☐
58. 感到手或脚发重	☐	☐	☐	☐	☐	58	☐
59. 想到死亡的事	☐	☐	☐	☐	☐	59	☐
60. 吃得太多	☐	☐	☐	☐	☐	60	☐
61. 当别人看着您或谈论您时感到不自在	☐	☐	☐	☐	☐	61	☐
62. 有一些不属于您自己的想法	☐	☐	☐	☐	☐	62	☐
63. 有想打人或伤害人的冲动	☐	☐	☐	☐	☐	63	☐
64. 醒得太早	☐	☐	☐	☐	☐	64	☐
65. 必须反复洗手,点数目或触摸某些东西	☐	☐	☐	☐	☐	65	☐
66. 睡得不稳不深	☐	☐	☐	☐	☐	66	☐
67. 有想摔坏或破坏东西的冲动	☐	☐	☐	☐	☐	67	☐
68. 有一些别人没有的想法或念头	☐	☐	☐	☐	☐	68	☐
69. 感到对别人神经过敏	☐	☐	☐	☐	☐	69	☐
70. 在商店或电影院等人多的地方感到不自在	☐	☐	☐	☐	☐	70	☐
71. 感到任何事情都很难做	☐	☐	☐	☐	☐	71	☐
72. 一阵阵恐惧或惊恐	☐	☐	☐	☐	☐	72	☐
73. 感到在公共场合吃东西很不舒服	☐	☐	☐	☐	☐	73	☐
74. 经常与人争论	☐	☐	☐	☐	☐	74	☐
75. 单独一人时神经很紧张	☐	☐	☐	☐	☐	75	☐
76. 别人对您的成绩没有作出恰当的评价	☐	☐	☐	☐	☐	76	☐
77. 即使和别人在一起也感到孤单	☐	☐	☐	☐	☐	77	☐
78. 感到坐立不安,心神不定	☐	☐	☐	☐	☐	78	☐
79. 感到自己没有什么价值	☐	☐	☐	☐	☐	79	☐
80. 感到熟悉的东西变成陌生或不像是真的	☐	☐	☐	☐	☐	80	☐
81. 大叫或摔东西	☐	☐	☐	☐	☐	81	☐
82. 害怕在公共场合昏倒	☐	☐	☐	☐	☐	82	☐
83. 感到别人想占您的便宜	☐	☐	☐	☐	☐	83	☐
84. 为一些有关"性"的想法而很苦恼	☐	☐	☐	☐	☐	84	☐

	没有	很轻	中等	偏重	严重	工作人员评定	
	1	2	3	4	5		
85. 认为应该因为自己的过错而受到惩罚	□	□	□	□	□	85	□
86. 感到要赶快把事情做完	□	□	□	□	□	86	□
87. 感到自己的身体有严重问题	□	□	□	□	□	87	□
88. 从未感到和其他人很亲近	□	□	□	□	□	88	□
89. 感到自己有罪	□	□	□	□	□	89	□
90. 感到自己的脑子有毛病	□	□	□	□	□	90	□

SCL - 90 的中国成人常模
均分±标准差

（1）总分常模：129.96±38.76。

$\overline{X}+2S$ 以上　207.48 以上,高分,心理问题严重;

$\overline{X}+S$—$\overline{X}+2S$　168.72～207.47 较高分,有一些心理问题;

$\overline{X}-S$—$\overline{X}+S$　91.2～168.71 中等分,基本没有心理问题;

$\overline{X}-S$　91.2 以下低分,无心理问题。

（2）总均分常模：1.44±0.43。

2.3 以上,高分,心理问题严重;

1.87～2.29 较高分,有一些心理问题;

1.01～1.86 中等分,基本没有心理问题;

1.01 以下,低分,无心理问题。

（3）阳性症状均分 2.60±0.59。

3.78 以上,高分,心理问题严重;

3.19～3.77 较高分,有一些心理问题;

2.06～3.18 中等分,基本没有心理问题;

2.06 以下,低分,无心理问题。

（4）因子分常模：

躯体化：1.37±0.48

强迫症状：1.62±0.58

人际关系敏感：1.65±0.51

抑郁：1.50±0.59

焦虑：1.39±0.43

敌对：1.48±0.56

恐怖：1.23±0.41

偏执：1.43±0.57

精神病性：1.29±0.42

附录 2. 抑郁自评量表(SDS)

抑郁自评量表(SDS)

	偶无	有时	经常	持续
1. 我感到情绪沮丧,郁闷	1	2	3	4
*2. 我感到早晨心情最好	4	3	2	1
3. 我要哭或想哭	1	2	3	4
4. 我夜间睡眠不好	1	2	3	4
*5. 我吃饭像平时一样多	4	3	2	1
*6. 我的性功能正常	4	3	2	1
7. 我感到体重减轻	1	2	3	4
8. 我为便秘烦恼	1	2	3	4
9. 我的心跳比平时快	1	2	3	4
10. 我无故感到疲劳	1	2	3	4
*11. 我的头脑像平时一样清楚	4	3	2	1
*12. 我做事情像平时一样不感到困难	4	3	2	1
13. 我坐卧不安,难以保持平静	1	2	3	4
*14. 我对未来感到有希望	4	3	2	1
15. 我比平时更容易激怒	1	2	3	4
*16. 我觉得决定什么事很容易	4	3	2	1
*17. 我感到自己是有用的和不可缺少的人	4	3	2	1
*18. 我的生活很有意义	4	3	2	1
19. 假若我死了别人会过得更好	1	2	3	4
*20. 我仍旧喜爱自己平时喜爱的东西	4	3	2	1

注:前注 * 者为反序记分。

粗分标准分换算表

粗分	标准分	粗分	标准分	粗分	标准分
20	25	40	50	60	75
21	26	41	51	61	76
22	28	42	53	62	78
23	29	43	54	63	79
24	30	44	55	64	80
25	31	45	56	65	81
26	33	46	58	66	83
27	34	47	59	67	84
28	35	48	60	68	85
29	36	49	61	69	86
30	38	50	63	70	88
31	39	51	64	71	89
32	40	52	65	72	90
33	41	53	66	73	91
34	43	54	68	74	92
35	44	55	69	75	94
36	45	56	70	76	95
37	46	57	71	77	96
38	48	58	73	78	98
39	49	59	74	79	99
				80	100

附录3 焦虑自评量表(SAS)

焦虑自评量表(SAS)

姓名 _____ 性别 _____ 年龄 _____

填表注意事项:下面有二十条文字,请仔细阅读每一条,把意思弄明白,然后根据您最近一个星期的实际感觉,在适当的方格里打一个"√",每一条文字后面有四个方格,表示:A没有或很少时间;B少部分时间;C相当多时间;D绝大部分或全部时间。E由工作人员评定。

	A	B	C	D		E
1. 我觉得比平常容易紧张或着急	☐	☐	☐	☐	1	☐
2. 我无缘无故地感到害怕	☐	☐	☐	☐	2	☐
3. 我容易心里烦乱或觉得惊恐	☐	☐	☐	☐	3	☐
4. 我觉得我可能将要发疯	☐	☐	☐	☐	4	☐
5. * 我觉得一切都很好,也不会发生什么不幸	☐	☐	☐	☐	5	☐
6. 我手脚发抖打颤	☐	☐	☐	☐	6	☐
7. 我因为头痛、颈痛和背痛而苦恼	☐	☐	☐	☐	7	☐
8. 我感觉容易衰弱和疲乏	☐	☐	☐	☐	8	☐
9. * 我觉得心平气和,并且容易安静坐着	☐	☐	☐	☐	9	☐
10. 我觉得心跳得很快	☐	☐	☐	☐	10	☐
11. 我因为一阵阵头晕而苦恼	☐	☐	☐	☐	11	☐
12. 我有晕倒发作,或觉得要晕倒似的	☐	☐	☐	☐	12	☐
13. * 我吸气呼气都感到很容易	☐	☐	☐	☐	13	☐
14. 我的手脚麻木和刺痛	☐	☐	☐	☐	14	☐
15. 我因为胃痛和消化不良而苦恼	☐	☐	☐	☐	15	☐
16. 我常常要小便	☐	☐	☐	☐	16	☐
17. * 我的手脚常常是干燥温暖的	☐	☐	☐	☐	17	☐
18. 我脸红发热	☐	☐	☐	☐	18	☐
19. * 我容易入睡并且一夜睡得很好	☐	☐	☐	☐	19	☐
20. 我做噩梦	☐	☐	☐	☐	20	☐

注:加"＊"号题为反序记分题

附录4 考试焦虑自评量表

临近考试了,许多同学感觉紧张,但不知道自己是否患有考试焦虑,也不知自己焦虑的程度如何,是否严重到了影响自己考试成绩和神经功能的地步。请你做一下下面的这个测试。本测试共有33道题,每道题有四个备选答案,请根据自己近两个星期的实际情况,给每道题目选出相应的答案,每题只能选一个答案。

学校　　　　年级　　　　测试者　　　　时间

序号	问 题	很符合	比较符合	较不符合	很不符合
1	在重要的考试前几天,我就坐立不安了。	1	2	3	4
2	临近考试时,我就泻肚子了。	1	2	3	4
3	一想到考试即将来临,身体就会发僵。	1	2	3	4
4	在考试前,我总感到苦恼。	1	2	3	4
5	在考试前,我感到烦躁,脾气变坏。	1	2	3	4
6	在紧张的温课期间,我常会想到:"这次考试要是得到个坏分数怎么办?"	1	2	3	4
7	越临近考试,我的注意力越难集中。	1	2	3	4
8	一想到马上就要考试了,参加任何文娱活动都感到没劲。	1	2	3	4
9	在考试前,我总预感到这次考试将要考坏。	1	2	3	4
10	在考试前,我常做关于考试的梦。	1	2	3	4
11	到了考试那天,我就不安起来。	1	2	3	4
12	当听到开始考试的铃声响起,我的心马上紧张地急跳起来。	1	2	3	4
13	遇到重要的考试时,我的脑子就变得比平时迟钝。	1	2	3	4
14	看到考试题目越多、越难,我越感到不安。	1	2	3	4
15	在考试中,我的手会变得冰凉。	1	2	3	4
16	考试时,我感到十分紧张。	1	2	3	4
17	一遇到很难的考试,我就担心自己会不及格。	1	2	3	4
18	在紧张的考试中,我却会想些与考试无关的事情,注意力集中不起来。	1	2	3	4
19	考试时,我会紧张得连平时记得滚瓜烂熟的知识一点也回忆不起来。	1	2	3	4
20	在考试中,我会沉浸在空想之中,一时忘了自己是在考试。	1	2	3	4

序号	问　　题	很符合	比较符合	较不符合	很不符合
21	考试中,我想上厕所的次数比平时多些。	1	2	3	4
22	考试时,即使不热,我也会浑身出汗。	1	2	3	4
23	考试时,我紧张得手发僵,写字不流畅。	1	2	3	4
24	考试时,我经常会看错题目。	1	2	3	4
25	在进行重要的考试时,我的头就会痛起来。	1	2	3	4
26	发现剩下的时间来不及做完全部考题,我就急得手足无措、浑身大汗。	1	2	3	4
27	如果我考了个坏分数,家长或老师会严厉地指责我。	1	2	3	4
28	在考试后,发现自己懂得的题没有答对时,就十分生自己的气。	1	2	3	4
29	有几次在重要的考试之后,我腹泻了。	1	2	3	4
30	我对考试十分厌烦。	1	2	3	4
31	只要考试不记成绩,我就会喜欢进行考试。	1	2	3	4
32	考试不应当像在这样的紧张状态下进行。	1	2	3	4
33	不进行考试,我能学到更多的知识。	1	2	3	4

附录5 UCLA 孤独量表(第三版)

UCLA 孤独量表 (第三版,1988)

指导语:下列是人们有时出现的一些感受。对每项描述,请指出你具有那种感觉的频度,将数字填入空格内。举例如下:

你常感觉幸福吗?

如你从未感到幸福,你应回答"从不";如一直感到幸福,应回答"一直",以此类推。

	从不	很少	有时	一直
*1. 你常感到与周围人的关系和谐吗?	1	2	3	4
2. 你常感到缺少伙伴吗?	1	2	3	4
3. 你常感到没人可以信赖吗?	1	2	3	4
4. 你常感到寂寞吗?	1	2	3	4
*5. 你常感到属于朋友们中的一员吗?	1	2	3	4
*6. 你常感到与周围的人有许多共同点吗?	1	2	3	4
7. 你常感到与任何人都不亲密了吗?	1	2	3	4
8. 你常感到你的兴趣与想法与周围的人不一样吗?	1	2	3	4
*9. 你常感到想要与人来往、结交朋友吗?	1	2	3	4
*10. 你常感到与人亲近吗?	1	2	3	4
11. 你常感到被人冷落吗?	1	2	3	4
12. 你常感到你与别人来往毫无意义吗?	1	2	3	4
13. 你常感到没有人很了解你吗?	1	2	3	4
14. 你常感到与别人隔开了吗?	1	2	3	4
*15. 你常感到当你愿意时就能找到伙伴吗?	1	2	3	4
*16. 你常感到有人真正了解你吗?	1	2	3	4
17. 你常感到羞怯吗?	1	2	3	4
18. 你常感到人们围着你但并不关心你吗?	1	2	3	4
*19. 你常感到有人愿意与你交谈吗?	1	2	3	4
*20. 你常感到有人值得你信赖吗?	1	2	3	4

评分:带星号的条目应反序记分(即 1=4,2=3,3=2,4=1)。然后将每个条目分相加。高分表示孤独程度高。

附录6 青少年生活事件量表

青少年生活事件量表

姓名_____性别_____年龄_____文化程度_____编号_____

过去12个月内,你和你的家人是否发生过下列事件?请仔细阅读下列每一个项目,如某事件发生过,则根据事件对你造成的苦恼程度在相对方格内打个"√",如果某事件未发生,仅在未发生栏内打个"√"就可以了。

生活事件名称	未发生	发生过,对你影响的程度				
		没有	轻度	中度	重度	极重
1. 被人误会或错怪	( )	( )	( )	( )	( )	( )
2. 受人歧视冷遇	( )	( )	( )	( )	( )	( )
3. 考试失败或不理想	( )	( )	( )	( )	( )	( )
4. 与同学或好友发生纠纷	( )	( )	( )	( )	( )	( )
5. 生活习惯(饮食、休息等)明显变化	( )	( )	( )	( )	( )	( )
6. 不喜欢上学	( )	( )	( )	( )	( )	( )
7. 恋爱不顺利或失恋	( )	( )	( )	( )	( )	( )
8. 长期远离家人不能团聚	( )	( )	( )	( )	( )	( )
9. 学习负担重	( )	( )	( )	( )	( )	( )
10. 与老师关系紧张	( )	( )	( )	( )	( )	( )
11. 本人患急重病	( )	( )	( )	( )	( )	( )
12. 亲友患急重病	( )	( )	( )	( )	( )	( )
13. 亲友死亡	( )	( )	( )	( )	( )	( )
14. 被盗或丢失东西	( )	( )	( )	( )	( )	( )
15. 当众丢面子	( )	( )	( )	( )	( )	( )
16. 家庭经济困难	( )	( )	( )	( )	( )	( )
17. 家庭内部有矛盾	( )	( )	( )	( )	( )	( )
18. 预期的评选(如三好学生)落空	( )	( )	( )	( )	( )	( )
19. 受批评或处分	( )	( )	( )	( )	( )	( )
20. 转学或休学	( )	( )	( )	( )	( )	( )
21. 被罚款	( )	( )	( )	( )	( )	( )
22. 升学压力	( )	( )	( )	( )	( )	( )
23. 与人打架	( )	( )	( )	( )	( )	( )
24. 遭父母打骂	( )	( )	( )	( )	( )	( )
25. 家庭给你施加学习压力	( )	( )	( )	( )	( )	( )
26. 意外惊吓,事故	( )	( )	( )	( )	( )	( )
27. 如有其他事件请说明	( )	( )	( )	( )	( )	( )

第五章　学校心理咨询的过程

心理咨询是运用心理学理论和技术助人的过程。这个过程由若干阶段构成，一般包括：收集资料、澄清问题、判断评估、确立目标、制定方案、采取行动、检查反馈、巩固结束等。由于不同学者对咨询各环节的理解和认识不同，他们对心理咨询过程的阶段划分也各不相同。一般而言，心理咨询大致可划分为初期、中期和后期三个时期或阶段，这样的三分法固然是符合人们思维习惯的划分方法，但这样大体的划分并不利于我们认识和理解心理咨询不同阶段的重点任务和主要目标。为了突出不同阶段心理咨询的重点任务和主要目标，可将心理咨询过程分为四个阶段：初始阶段（建立关系、协助表达与讲述、收集资料）、探索阶段（探讨问题、寻求突破、设立目标）、导向阶段（开掘资源、消除阻碍、促进行动）、结束阶段（回顾总结、效果巩固、关系终止等）。学校心理咨询是发生在学校这个特定环境之下的心理咨询，同样可以做这样的划分。

第一节　学校心理咨询的初始阶段

心理咨询的初始阶段是整个心理咨询的起点和基础。良好的开端是成功的一半，美国咨询心理学家沃尔斯（J. W. Worth）曾指出，不好的开头会阻碍有效的相互影响。一个成熟的咨询师，总是非常重视心理咨询的初始阶段，机智慎重地实现这个阶段的工作目标。初始阶段并非从来访者进入咨询室才开始，其实最早可以追溯到来访者通过各种渠道接触咨询机构的那一刻，所以，咨询机构的宣传介绍、咨询预约人员的接待、咨询机构的地点及环境氛围等，都是咨询初始阶段可能带给来访者影响的因素。通常，在心理咨询的初始阶段，建立起良好的咨询关系是咨询师最重要的工作，与此同时，咨询师还必须利用好这段时间尽可能了解来访者，并协助他们表达自我、讲述问题，以便心理咨询工作的推进和深入。此外，咨询师还要在咨询初始阶段对来访者的问题进行资料收集，并在收集资料的基础上进行危机及精神状态的评估，必要时要采取紧急措施确保来访者及相关人员的人身安全。

一、建立良好的咨询关系

心理咨询是咨询师和来访者之间有效互动的过程，所以建立和维持良好的咨询关系是贯穿心理咨询始终的重要工作。在心理咨询开始的最初阶段，建立相互信任、协调一致的咨询关系是最紧迫、最重要的任务。因为这关系着来访者是否愿意和咨询师一起走上自我探索和自我开拓之路。心理咨询开局不利往往都是由于咨询关系建立这一目标没有尽快实现造成的，因为心理咨询其他所有工作都必须在良好咨询关系的基础上才能有效推进，或者说，有了好的咨询关系，即使其他工作暂时没有做到，也可以有机会再来，唯独咨询关系的建立出了问题，来访者就有可能一去不回头，心理咨询便会因此终结。所以，在心理咨询实践

学校心理咨询专业理论与技术

中常常会碰到"只能咨询三次"的来访者,他们大多是因为咨询师经过咨询初期的前三次仍然没有和其建立起良好的咨询关系。"事不过三",如果来访者一而再再而三地前来咨询,结果都没有感受到咨询师的理解、关注、尊重等积极情感,他们会感到失望,会选择离开。当然也有一些来访者的确是因经过三次咨询就真的解决了问题而终止咨询的。

罗杰斯指出,咨询师与来访者之间的良好咨询关系和心理上的接触与联结,是来访者改变的基础。沙利文的人际关系理论认为,咨询师与来访者首先要建立一种相互间基本的"联系感",这种联系感能缩小双方的距离感,增加亲切感,给予处于心理困扰中的来访者更多的安慰、力量和希望。总之,心理咨询初始阶段最重要的目标便是建立良好的咨询关系,咨询师须从多方面着手努力实现这一目标。

(一)营造咨询氛围

咨询师在初次接待来访者时应该十分用心地营造良好的咨询氛围。心理咨询现场的氛围一方面是物理环境,另一方面是咨询师与来访者之间心理上的交互影响。因此,一方面,咨询师要优化咨询场所的物理环境,使咨询室保持安静、整洁、舒适,保持恰当的通风与光线,家具、摆设、装饰及各类物品的安放等应注意协调,并且不宜在短期内频繁地作出剧烈的改变。另一方面,咨询师要注意营造融洽的氛围(理解和尊重来访者的氛围),从有利于来访者心理状态的角度来选择自己的言行举止,为来访者建立安全的环境,让来访者放松身心、平复心绪、放下戒备、敢于表达、直抒胸臆。在咨询初期,咨询师应充分地表达出积极关注的态度,认真倾听、亲切温暖、尊重接纳,能够使来访者感到自己被重视、被接受,这就有了一个良好的咨询氛围,有了信任的基础。这一阶段,咨询师须避免过于直接的解释、说明、指令、评判,更不能采用责备、批评、挖苦、讽刺、攻击、刨根究底、无视忌讳等不良态度或言行,也不宜无原则地予以褒奖、逢迎、夸张附和。

初次见面,咨询师首先要做的就是尽快与来访者相互适应,通过亲切得体地打招呼、自我介绍、调整空间环境或心理氛围促进来访者安身安心,表达尊重和倾听的意愿、如实告知咨询相关事宜等,从而形成良好的咨询氛围,让咨询会谈能够顺利进行下去。比如,有一名初一学生到学校心理咨询室求助,他刚进屋时咨询师就发现他身体有些发抖,显然很紧张。在这种情况下,咨询师可以通过以下这些话语和亲切的态度让来访者安心、平复情绪,以便心理咨询的顺利开启:

——同学,你好,我是你的咨询老师,请来这边沙发上就坐。
——要不要调整一下沙发(椅子)?坐着还舒服吗?你觉得空调温度合适吗?你需要一个抱枕吗?……
——好,我现在还需要一两分钟让自己静一静,你看可以吗?
——让咱们俩一起静一两分钟,好吗?
——现在我准备好了,你呢?
——我现在还不知道你想说什么,但你无论你想说什么,我都愿意听。

（二）强化咨询动机

在心理咨询的初始阶段，来访者对咨询师言谈举止等表现的第一印象十分重要。在心理咨询的初期，尤其是初次会谈，来访者往往比较紧张、局促，甚至充满疑惑、担忧，他们会考虑咨询师是什么样的人，能不能真的理解、同情、尊重自己；另外，有些来访者一方面渴望获得他人的理解或同情，一方面又不希望别人同情他。来访者第一次走进咨询室的时候，往往就是处在这种复杂、矛盾的心理状态之下，因此，咨询师一开始所流露出来的态度、言行举止，都会对他们产生很大的影响。第一次见面，如果咨询师给来访者一个亲切、温暖、尊重、接纳的第一印象，使他感到自己被重视、被接受，这就有了一个良好关系的开端，有了信任的基础，对咨询的怀疑、担忧、不确定感逐步消解，力图通过咨询来帮助自己的确定性得到提升。反之，如果来访者感到被轻视、被嘲笑或被贬低，或者感到咨询师不可信任等负面感受，咨询的动力或意愿将显著受损，那么咨询的"开始"也就意味着"结束"，心理咨询很可能就此终止。

咨询师的态度是通过其言行举止来表达和体现的。因此，咨询师必须注意自己在来访者面前的一言一行、一颦一笑、一举一动是否体现了恰当、专业的工作态度，所带给来访者的是怎样的感受和体会，新手咨询师尤其要特别注意。在随后章节中介绍的许多技术，如关注、倾听、同感等，都可以帮助咨询师在来访者面前表达出专业、恰当的态度。关注、倾听、同感等既是技术，也可以看作是咨询师助人应具备的专业态度，或者说是咨询师内在专业态度的外在表现。

前文中提到的这位初一男生，在稍微平静了一些之后，面对陌生的咨询师开始倾诉自己的困扰，但这时的他，依然有些不安和拘谨、犹豫不决，谈话中眼睛还是始终不能正视咨询师。

来访者：上星期五放学后，我无意之中见到三个高年级的学生正在威胁我的同桌，逼迫他交出口袋里所有的钱，高年级学生得逞后便匆匆溜走。

咨询师：（关注、倾听来访者，点了点头）嗯哼……

此时，咨询师可以运用"SOLER"关注技术与来访者继续建立联系。上身略微向他前倾，与他进行视线的接触，通过"嗯"、"啊"、点头等方式予以应答，逐步让他意识到自己正被咨询师关注，被接纳和被倾听着，进而对咨询师产生进一步的信赖感。于是，他终于敢于把内心的恐惧、害怕、困扰讲出来。而咨询师接下来使用的共情技术则进一步让他感到自己被咨询师理解了。

来访者：可是，因为没有人帮他，他被人抢了钱也不敢跟别人说。这两天我见他总是垂头丧气的，心情很不好的样子，常常独自待在教室里。我想我是个胆小鬼，我没有把看到的情况告诉任何人，我不知道怎样做才对。

咨询师：听得出来，你为同学被欺负感到不安、愤愤不平，你还自责自己当时没去帮他，看到他苦恼的样子，你整天也在内疚之中，不知该如何是好。（共情技术）

可以看出,虽然来访者内心中还是承受着很大的压力,但他对咨询师的信任正在逐步提升。

(三)澄清咨询设置

对于心理咨询,许多来访者都可能心存疑惑或产生不确定感,对于心理咨询究竟是怎么回事,都不是十分清楚。因此,在初次会谈时,咨询师要根据来访者对心理咨询的认识和了解,有针对性地说明和解释心理咨询的性质、限制、角色、目标以及特殊关系等"基本设置",例如,时间限制、会谈的预计次数、保密及其限度、咨询师如何工作、咨询可能的效果或限制等,帮助来访者对心理咨询形成合理的期望,承担必要的责任等。对这些问题的说明和澄清,可以减少来访者的困惑、消除焦虑,也避免来访者对心理咨询产生不恰当或过高的期望,同时也有助于来访者对自己的问题承担责任,防止逃避、推脱。在初次会谈中,有必要对心理咨询过程中记录事宜予以说明,以及对所谈内容的保密和对隐私权的尊重等原则作出肯定承诺,并仔细说明或解释相关例外情况,取得来访者的认可,消除来访者过度戒备的心理和不必要的担心。对于学校心理咨询教师而言,以上这些显得更加重要,因为来访学生容易把咨询师当作一般意义上的教师来看待,他们对老师必然有一些固有的看法、观点,甚至是偏见,这些解释和说明对于他们形成对心理咨询教师的正确认识、合理期待是非常必要的,也是来访学生与心理咨询教师建立恰当咨询关系时所必须做的。当然,在说明和解释这些设置的时候也需要注意采用恰当的语气和态度,不能仅仅让来访者自行阅读一遍"咨询须知"就草草了事,也不能是咨询师照本宣科地把相关规定生硬地宣读一遍给对方听就完了,最好是用双方问答或对话的形式来实现,必须最大程度地让来访者理解并认可有关说明或条文。比如:

咨询师:这是你第一次找心理咨询老师咨询吗?

来访者:是的。

咨询师:谢谢你对心理咨询老师的信任,选择用咨询来帮助自己。

来访者:嗯,是的。

咨询师:那么,在正式咨询之前,我猜想你可能对于心理咨询究竟是怎么一回事还是有些不确定吧?你看我们是否可以先来谈谈心理咨询是什么,接下来可能会做些什么,这些议题,你看可以吗?

来访者:好的,谢谢老师。

咨询师:心理咨询就是我跟你一起来探讨你的一些疑问或困惑,依据心理学的理论方法,帮助你确定自己遇到的困难是什么,确立努力的方向、目标,和你一起制定实现目标的方法和计划,并且努力克服或处理好实现目标过程中的一些阻碍,最终达成目标。这就是心理咨询。你理解吗?

来访者:我知道了。

咨询师:那你有什么想要问的问题吗?

来访者:嗯……暂时没有。

再比如,在介绍保密原则时,也可以通过对话来进行:

> 咨询师:我们接下来可能要谈很多关于你个人的事情,你也许要讲一些可能很深入甚至很隐秘的内容,你担心吗?有顾虑吗?或者你对我有什么要求或建议吗?
> 来访者:嗯……我想知道我所说是不是学校其他老师或其他人都不会知道。
> 咨询师:保密是我们咨询工作的首要原则,但我也要坦诚告诉你,我们这里的保密也是有限度的。不知道你对保密的限度有没有什么了解?
> 来访者:我还不大清楚呢!
> 咨询师:那么我们就先谈谈保密原则的限度,好吗?
> 来访者:好吧。

以上几点有助于心理咨询师和来访者在心理咨询初期建立良好的咨询关系,但并不限于这几点。比如,在心理咨询的初期,咨询师还要协助来访者宣泄情绪、讲述心事,这些工作或环节,需要在咨询关系初步建立的基础上才能进行,当然,这些环节的完成,本身也有利于咨询关系的加强、发展及巩固。

二、协助来访者宣泄情绪

心理咨询要深入下去,咨询师须在心理咨询的初始阶段让来访者将积郁的情绪情感表达或宣泄出来,一方面降低情绪情感的强度,有助于来访者逐步平静下来面对问题本身,另一方面也体现了咨询师对来访者的理解、同感和敏感性,有助于提升来访者对咨询师的信任,促进咨询关系的建立。因此,在倾听来访者的诉说时,咨询师不仅要了解来访者所遭遇的事件,更要关注他此时此刻的情绪状态以及影响他产生这些情绪反应背后的想法。沟通理论认为,要想让来访者倾诉更多、更深层的心事,读懂来访者的感受要比明白事件真相重要得多。在前面这位学生说出自己"……不知道怎样做才对"的苦恼之后,咨询师作了如下回应:

> 咨询师:听得出来,你为同桌被欺负感到不安、愤愤不平,你还自责自己当时没去帮他,看到他苦恼的样子,你整天也处在内疚之中,不知该如何是好……

听了咨询师的这番话,该学生突然哭了起来,这件事在他心中已压抑了好多天了,此刻终于被释放了出来。他感到咨询师真的明白了他的心思。

哭诉可以释放人压抑着的有害情绪,引导来访者情绪宣泄却更能产生治疗性功效。不少来访者在咨询师的引导下,痛痛快快地进行一番宣泄,心情放松了许多,同时也开始提升其直面问题和应对问题的内在动力。当然,这并不是说咨询师非得要直接揭开来访者的伤疤或痛处来让他们尽快哭出来才好,要知道,协助或引导来访者宣泄情绪须通过同感回应来实现,这时候,咨访间的信任、共情同感状态作为铺垫和保护,有助于保护来访者揭开伤疤而不遭到伤害。

在心理咨询中,咨询师常常运用"我听得出来,你很生气"、"我能理解你的不安、害怕、委曲、愤愤不平、伤心……"、"我能感觉到你的伤心和失望"、"我猜想这件事情让你感到非常委屈"等用以表达咨询师读懂了来访者的感受、表达咨询师对来访者共情同感的常用回应句式。咨询师对来访者感受的敏锐感知和正确表达的能力十分重要,咨询师通过它表达关切、尊重、理解、感同身受等信息,有助于来访者受伤的情绪得到安抚,让他们感受到咨询师给予的温暖和关注,在此基础上,来访者会对咨询师感到安全、信任,进而逐步做到推心置腹,这样,心理咨询会谈才会逐步引向深入。

> 咨询师:事后,你有没有把这件事告诉其他人?
>
> 来访者:是的。我告诉妈妈了。妈妈说,他们这群恶少,我们惹不起,你没上去帮忙就对了,你只能这样。以后再遇到这种人,切记躲得远远的。
>
> 来访者:我妈一点都不理解我,呜,呜……(他哭得更伤心了)。
>
> 咨询师:你妈妈的想法也许有她的道理,但是你感到妈妈并不知道你心里有多难过,她似乎没有体会到你的难处。那么你有没有去告诉老师?
>
> 来访者:后来,我也告诉了老师。老师批评我没有勇气挺身而出去帮助同学。他还说我胆子小,不敢同歪风邪气作斗争,我也感到我是胆小鬼,我害怕得罪有"邪气"的同学,我真是个没用的人……

在上述案例中,家长、老师对来访者说的话,严格来说都没有错,但从心理咨询助人的角度看,这些话就显得不合时宜了,因为它并没有产生引导来访者宣泄情绪的积极效果。家长教育孩子通常都会注重发生事件的经过而忽视孩子的感受,在孩子消极情绪还没有得到充分宣泄、还没被真正理解之前,就急于讲道理、给建议、作评判,使得帮助并没有达到想要的效果。咨询师在咨询过程中,必须避免一般化的说教,而应严格遵循心理咨询的专业理论和技术来规范实践。

罗杰斯是一位感情投入的倾听者,他在倾听中总是首先了解来访者的情感体验、心理需要和心理冲突,从中理解他们的内心世界。准确的理解,不仅是打开来访者心灵大门的钥匙,同时也能成为他们应对问题的力量,进而起到调节情绪、舒缓压力、振作精神的作用。

值得注意的是,情绪宣泄也要有限度,对于过分陷入情绪漩涡的来访者,咨询师要特别注意不宜过多地表达同感共情,避免来访者进一步陷入负面情绪中无力自拔,而是应该有节制地表达,引导和促进来访者从情绪中走出来,帮助他们树立起为自己负责的态度。

三、引导来访者诉说心事

在心理咨询的初始阶段,引导来访者讲出自己的心事,不仅有助于咨询师了解来访者的问题,为心理咨询的继续推进打下基础,也有助于咨询关系的建立和巩固,甚至其本身也有助于来访者开始重新审视自己的问题。当咨询师对待来访者的感受持无条件积极关注和接纳的态度时,可以打动来访者的心,使他们感受到咨询师的真诚和无条件的接纳,进而打开心扉,让咨询师进入他们的内心世界。即使自己有不可言喻的困惑和苦衷,但也会相信把这些隐私倾诉出来后能得到咨询师的积极关注、充分理解和有效帮助。

某大学一名大二女学生,在犹豫了很久之后终于来到心理咨询室,她一开始显得很沉默、很多话都到嘴边也不肯说出来,直到咨询师的表现让她有了基本的安全感和信任感,或者说是她与咨询师之间建立了前面所提到的"联系感"之后,她的情绪才开始略微稳定,并诉说了自己难以启齿的心事:意外怀孕,男友要求她去人流,她自己感到很惊慌,又不敢告诉父母,不知道该怎么办,心理压力很大。作为学校心理咨询师,对这样的情况不能因同情而表现出情绪化,也不能从伦理、道德和校纪校规的角度显露出过于理性的心理状态或立场。如何恰如其分地对来访者作出反应是至关重要的,它会影响咨询关系的建立,也会影响心理咨询的深入及助人的效果。

咨询师要积极引导来访者诉说心事,首先要把关注点放在来访者当前的心理状态而不是刨根问底去了解事件本身的细节经过,这样才能使来访者对咨询师产生安全感,才会自然地诉说事件的由来及自己在应对中的困惑与难题。引导来访者诉说心事可采用的方法包括倾听、核实、共情等。

(一) 倾听

处在困境中的来访者,在诉说困难时往往会出现词不达意的现象。在引导来访者诉说时,咨询师必须耐心倾听,尽力准确了解对方话语或非言语行为中的显性信息和隐含信息。咨询师在倾听过程中要特别注意情境、行为、情绪、想法(观点)四个方面的信息。在倾听的过程中需要辅以观察和思考,同时需要给予来访者必要的反馈,使来访者感受到咨询师已听懂并且试图理解自己。另外,咨询师在倾听时须注意以下几点:

(1) 倾听中,要专注地耐心地听,并且不失时机地给予"同感共情"的回应。

(2) 倾听中,不要太随意地插话或提问,打断来访者的思路。

(3) 倾听中,要忠于来访者,不要主观地解释和分析来访者的表达。

(4) 倾听中,要谨慎细致地分析和理解来访者的状态,不要过早表态,也不宜用自己的立场和价值观去分析判断来访者表达的意思,要充分表达对来访者的理解。

(5) 倾听中,对于未听清的话语或者意识到可能是很重要信息(如来访者说到此哽咽了,显然他很激动,触到痛处了)时,要对通过回应表达来核查自己的理解,争取获得对来访者的准确理解。

(二) 核实

咨询师要准确了解、认识和理解来访者,须不断核实自己对来访者所表达的关于他们的情绪状态、思维观点、行为事实等信息是否如实掌握,这就是核实过程。通常,咨询师可以适时采用"你是说……"、"你感到……"、"我听到你说……,是吗?"、"我想核实一下,你刚才是说……"等反馈,来核对自己对来访者的认识和理解,同时也有助于促进来访者自身澄清自己讲述的问题,一方面提高咨询师倾听的准确性,另一方面也有助于提高来访者表达的准确性。

有人这样描述罗杰斯的积极关注与倾听:他耐心地听着,积极理解来访者话语中的含义,当来访者难以表达自己真正想表达意思时,他似乎总能找到确切的词汇,使那些含糊的或自相矛盾的陈述变得清晰和有意义。

来访者：因此，当我告诉她那些事情以后，她却只是看看我，然后就离开了，我还以为她至少会说些什么！

咨询师：所以，如果我没有理解错，你本想听听她对你说的事情的想法。

核实有助于咨询师获得对来访者心事的准确理解，与此同时，还有助于来访者感受到咨询师的诚意、关注、尊重和理解，从而有助于咨询关系的建立和稳固。而且，在通过反馈来核实其看法、认识和理解的过程中，咨询师反馈的内容，哪怕不那么全面、准确，但对来访者而言，这些内容也代表了从他人的角度对他们及其问题的看法或认识，因而也有利于来访者借此进行自我探索、自我反思，加深或拓展其对自身问题的认识和理解。

（三）共情

咨询师在心理咨询初期，要引导来访者讲述自己的心事，同感共情的表达是必不可少的。因为同感共情代表了咨询师对来访者的理解和尊重，会给来访者力量和信心去开口讲自己的心事。此外，共情对于咨询关系的建立也是必须的。罗杰斯曾强调，心理咨询的核心就在于以真诚的关注态度表现真正的共情。他认为，有时甚至需要通过长时间的沉默、耐心等待来表达共情，有时也需要通过情感反映和适时的自我表露来表达出与来访者的同感与共情，突破来访者自我孤立的防线，触及来访者的内心，让来访者宣泄出来。共情是能力、态度以及沟通技能等成分的复杂组合。咨询师要有敏锐的意识和感受力，能对来访者抱以非批判的、开放、尊重、灵活、自信、敏感、温和等态度，要关心来访者，愿意听他们把话说完，随后要把自己所感受到的来访者所表达的情绪情感清楚地用自己的语言表达出来，让来访者知道。一般而言，咨询师对来访者的反馈、回应可以是非同感共情的，也可以是不那么同感共情的，还可以是非常好的同感共情的。共情技术是咨询师必须掌握的技术之一，它对于咨询成败具有重要影响。下面举一例来说明：

来访者：我觉得人生很空虚。我常常想，每天从早到晚就是上课、做作业，这样日复一日，年复一年，究竟是为了什么？

咨询师1：我很不高兴你用这样一种消极的态度来描述自己的生活，如今学习条件那么好，你们该知足了。（这是完全忽视对方感受的一种回应）

咨询师2：人生不如意的事多着呢，应该乐观地去对待，要是你天天认为自己的人生很空虚，那么就会越来越觉得空虚与难受的。（这是自上而下的理性分析和告诫性的回应）

咨询师3：每个人都要经历艰苦的学习、工作阶段，我希望你不要埋怨。想一想烈日下的建筑工人、农民工、清洁工，你就该为自己感到庆幸了。（这是将自己的价值观强加于他人的回应）

咨询师4：真想不到你年纪轻轻竟如此消极，这也太不应该了，你爸妈辛苦劳累都是为你能够有条件好好学习。（这是批评、指责性的回应）

咨询师5：你对现在的学习生活感到很单调、无聊，你觉得生活很没意思，甚至让你怀疑生命的意义，你希望自己的生活更有意思。（共情）

很显然,第五个咨询师的回应才是我们作为心理咨询师所要做的,尤其是在心理咨询的初始阶段,这样的表达有助于回应对方的感受、发掘对方的积极因素,不仅能使来访者感到被理解,还能使来访者看到自己积极的一面。

四、全面收集来访者资料

咨询师需要尽可能全面深入地了解来访者,然而一个人要完全认识和了解另外一个人基本上是不可能的。因此,作为咨询师,在咨询的初始阶段,要想在短短的一次或几次会谈中全面认识和了解来访者,就必须特别注意收集与来访者有关的各种资料,通过会谈、观察、倾听、心理测验等方式,了解对方的基本情况及其存在的心理问题。

咨询师需要了解的来访者的基本情况包括:姓名、年龄、班级、家庭及社会生活背景、生活经历、兴趣爱好、学习生活近况及有无心理咨询经验等。通过对基本情况的了解,有助于掌握来访者过去、现在等各方面的活动及生活形态或生活方式,有助于逐步把握来访者主要心理问题。

此外,深入了解来访者的心理问题是确定心理咨询目标的前提和基础,当然也是咨询师在心理咨询初期的重要工作。相对于对来访者基本情况的收集和了解,对来访者心理问题的认识和了解,无疑要复杂得多,因为它既涉及咨询师是否具备足够的心理学专业知识,尤其是异常心理学的有关知识,还因为来访者在咨询初期往往都心存顾虑,通常也不愿意那么直截了当地把面临的心理问题如实表达出来,或是他们自己也弄不清问题的实质,只是感觉到困扰,希望改变现状。所以,了解来访者心理问题所涉及的多个方面,收集有关资料,弄清心理问题的性质、持续时间及产生原因,是咨询师必须要做的事。

五、评估来访者危机风险

在咨询初期,咨询师还有一个必须慎重对待和处理的重要工作,就是识别和评估来访者是否疑似罹患精神障碍或存在心理危机。根据《中华人民共和国精神卫生法》和有关法规,对于疑似罹患精神障碍的来访者,咨询师应建议对方到精神卫生专门机构寻求诊治,咨询师不得对来访者的精神障碍提供心理治疗服务。因此,凡是疑似精神障碍的来访者,咨询师应尽早予以识别和评估,作出相关转介建议后,视情况确定是继续提供辅助性的心理咨询还是终止咨询。

此外,一些寻求心理咨询帮助的来访者,已经处于情绪崩溃、理智丧失的状态,或者悲观绝望,或者激愤冲动,对自己或他人存在伤害或危害的风险(如抑郁患者的自我伤害、自杀的风险,或情绪激越者的攻击伤人倾向等),或者处于精神疾患状态、自知力严重受损,丧失对自己人身安全的基本照料,有可能发生非自主的人身安全问题(如精神分裂症患者无法自我照料可能发生意外伤害,或者来访者因严重的厌食症导致营养不良而有生命安全之虞等)。来访者是否身处这样的危险情境,需要咨询师尽早进行识别和评估,一旦确实存在安全危机,采取有效措施保证来访者及相关人员的生命安全,是咨询师的第一责任和优先考量,而此时,咨询关系建立与否以及后续咨询工作是否能顺利推进,需要咨询师放到第二位去考量。总之,咨询师在咨询过程中,须审慎评估来访者是否处于心理咨询服务范围之外的精神障碍发作状态,是否处于自我伤害或伤害他人的危机状态,并确定是否进行转介或危机干预,只有在排除危机,确定来访者是心理咨询帮助对象范围之后,方可进入常规的心理咨询流程。

总之,在心理咨询初始阶段,建立和谐、信任的咨询关系是主要任务。此外,确定来访者不存在精神疾患,可以通过咨询来得到帮助,排除来访者自我伤害或伤害他人的安全风险,都是初始阶段必不可少的环节。在初始阶段,咨询师要给来访者以良好的第一印象,给他们以专业上的信任感,并使他们感到咨询师乐意帮助他们。同时,咨询师要以热情而自然的态度,亲切、温和、尊重的言行消除来访者初次见面的陌生感、不确定感、不安全感,使其身心得以放松。当然,引导来访者宣泄其情绪情感、畅谈心事,深入了解来访者及其问题,也都是咨询初期需要做的。只有这样,才能将心理咨询推向深入。

第二节　学校心理咨询的探索阶段

在心理咨询初始阶段,咨询师与来访者建立起良好的咨询关系,初步了解了来访者的问题现状和来访者的一些基本信息,排除了来访者的危机或严重精神疾病,心理咨询随即进入探索阶段。在探索阶段,咨询师要充分探索来访者的处境及问题,形成对来访者心理问题的基本假设,并逐步进行验证和修正,引导来访者逐步深入对自身问题及可用资源的认识,协助来访者萌发或强化改变的愿望,并在此基础上确立咨询的目标,制定咨询方案。

一、深入探究问题

在与来访者建立起良好的关系、初步了解了他们的问题、现状等之后,咨询师需要与来访者一起深入探究其问题或困扰。在咨询初期,来访者所提及的问题很可能只是表面问题或者是经过掩饰的问题。毕竟,许多来访者最初要咨询的问题往往到后来都会被证明只是其最表面的一个问题。此外,来访者即使面对咨询师也有可能会掩饰、隐藏,甚至逃避自己的问题。

通常,深入探究问题,就是要协助来访者呈现其核心问题,讲出自己最关心的、最重要的、最内在的问题,并且敢于直面它们。来访者隐藏核心问题,往往是因为它是敏感的、特别隐私的,对来访者有重大意义或影响的,比如涉及道德、人伦、自尊、羞耻等的问题。这类问题一般不容易被来访者讲出来,但它们往往又是来访者问题的症结所在,从其问题根本解决的角度来看,心理咨询中常常需要巧妙地触及问题核心并引导来访者真正直面它们。比如,有位咨询师的一位女大学生来访者在多次会谈过程中谈论了很广泛的内容:心情、学业、人际关系、家庭情况、成长史、前途未来、生活方式等,最终在即将涉及某些敏感话题时却中断了咨询,其原因是咨询师未能帮助她突破某些阻碍,把最核心的问题呈现出来,使得心理咨询未能真正触及其问题核心。这个例子也说明,要协助来访者呈现真正的问题,必须是在良好的咨询关系的基础之上,通过探究技术和共情技术,乃至挑战技术来达到这一目的。

要深入探究问题,还要协助来访者突破误区、发现和消除盲区,发展出新的观点(认识)。人们对事物认识普遍都存在着盲点或曲解,因此,通过挑战来推动来访者转变态度或重构认知,无疑是心理咨询的重要着力点。这也意味着来访者在咨询师的协助之下取得认知上的积极改变,发展出一种新的有助于处理问题的有益认识或理解。

(一)帮助来访者澄清想法

咨询师必须听懂来访者的问题是什么,才能清楚地知道如何提供帮助。通常,来访者的问题都与他们的想法和情绪感受有关。作为咨询师,须了解当事人对自身问题的思考,并协助他们探究自己对问题的看法。通过与咨询师谈论自己的问题,来访者能够很好地倾听自己,进而尝试理解自己的反应。咨询师要了解来访者对问题的真正忧虑,咨询师要让来访者放慢脚步,思考自身的状态,在一个支持性的、无评判的氛围中从不同角度去谈论自己的问题。通过解释自己的情况或处境,来访者有可能对自身问题形成新的理解和认识。通常,咨询师可通过复述、开放式提问等方法来促进对来访者想法的探究。

罗杰斯曾说咨询师要做一面镜子或回音壁,让来访者能够不被评判地听到自己在说什么。准确的重述可以让来访者聚焦于某个问题,并在这个问题上谈得更加地深入,对问题有更清楚的了解,因此,咨询师要特别注意捕捉来访者所表达出来的敏感信息,尤其是他们最不确定的、没有经过认真思考的、不能完全理解的部分。咨询师可以通过"我听到你说……"、"听起来好像是……"、"我想你是不是在说……"等方式来概要地复述来访者表述中的重要信息,帮助来访者在相关问题上深入下去。以下是咨询师通过重述来促进来访者呈现问题的例子:

> 来访者:昨天我休息,我在屋里什么都没有做,我是有事要做的,但我就是无法从床上起来去做事!
>
> 咨询师:你在休息日做事情会有些困难。
>
> 来访者:确切说,我在每一项任务上都是这样,我总是要等到最后一分钟才急忙去赶工。我最终会整晚地熬夜,我想对于最后的成果,我本来可以做得更好。
>
> 咨询师:你看到这是自己的一种模式,你认为是你的拖延使你无法把任务完成得像你可以做到的那么好。

开放式提问也可以用来帮助来访者澄清和探索自身的想法和看法,鼓励来访者对自身问题讲得更加深入。咨询师同样要在会谈过程中针对一些重要的敏感信息进行开放式提问,以帮助来访者思考问题的不同方面,呈现更多的对问题的思考和看法。咨询师可以通过"关于这个……,请告诉更多一些"、"对于这个情况,你想到了些什么?"、"你说的……,意味着什么?"等方式来帮助来访者澄清对问题或处境的看法,或者在重要的问题上深入下去。

> 咨询师:你不在家的时候是什么样? 请告诉我。
>
> 来访者:一方面,我很高兴自己不在家,离开那个糟糕的地方,另一方面,我有觉得有罪恶感,就好像我是泰坦尼克的幸存者,他们都沉下去了。
>
> 咨询师:那么当你和家人在一起的时候,又会是什么样子呢?

来访者：我父母都还住在一起，但他们经常吵嘴、打架，家里笼罩着恐怖、紧张的气氛，我父母的脾气都很暴躁，我感到很害怕，但我还要照顾我的妹妹。当我想到我要照顾自己和妹妹时，我就变得坚强了。

（二）帮助来访者探索情感

来访者向咨询师寻求帮助常常因为他们感到痛苦，因此，有必要帮助他们对痛苦感受进行探索。格林伯格（L. S. Greenberg）指出，愤怒、悲伤、恐惧、羞愧、痛苦和受伤害等是助人工作中要特别重视的情绪。但这些情绪情感常常不被来访者允许或表达，只有在支持性的、安全的环境下，来访者才可能敞开心扉去表达这些情感。未被接受的情绪会以破坏性的方式表达出来，而通过安全氛围下的表达和释放，来访者可以更好地接纳自己的情绪情感，并对新的情感和体验形成开放、接受的态度，进而有可能作出行动的决定。

咨询师通过来访者对自身情绪的探索和表达，可以更好地认识和理解来访者。来访者的情绪体验，反映了来访者如何对待其自身所遭遇的事件，也反映了来访者的诉求或需要。咨询师通过情感反映、情感表露、开放式提问等技术或方法，可以帮助来访者更好地探索和澄清自身的情绪感受，一方面有助于咨询师对来访者问题的认识，另一方面也有助于来访者增进对自己的了解。

情感反映是指咨询师用陈述的方式清楚地指明来访者的感受。咨询师通过情感反映帮助来访者识别、澄清情绪情感，以及更加深入地体验自身的情绪情感。情感反映也可以帮助来访者重新思考、检视自己的真正感受，同时，情感反映对于咨询关系的建立也很有帮助。咨询师要选择来访者所表达出来的最突出的情绪感受进行反映，帮助来访者探索和了解自己。通常，咨询师可以使用"你觉得……，因为……"、"听起来你也许感到……"、"我猜想你可能觉得……"、"也许你感觉到……"等方式来对来访者的情感进行反映。

来访者：上周我旷课了，因为上课前我接到电话，说我父亲发生了严重的车祸。他当时正开车在高速公路上，一辆卡车因为司机过度疲劳注意力不集中直接撞上了他，总共六辆车撞在了一起，真是可怕！

咨询师：听起来你很难过！

来访者：是的，在去医院的路上，我一直担心他。最糟糕的是他最近祸不单行，股票赔了、生意垮了，他似乎失去了一切。

咨询师：听起来你非常担忧，因为最近发生了一连串不好的事情。

来访者：是啊，我父亲都不怎么想活下去了，我不知道能为他做点什么，我试着陪他，但他并不怎么在意。

咨询师：他没有理会你，让你觉得很受伤。

来访者：是的，我总是取悦他，我怎么都没法让他高兴起来！我想他从来不在乎我做的事情，我觉得他一定是不喜欢我！

咨询师：唉，那真是太让人难受了，我想你会不会感到很生气？

来访者：是的，没错，我到底怎么了，他那么不在乎我？我觉得自己还不错！

情感表露也是咨询师用来帮助来访者探究情感的方法之一。咨询师直接呈现自己在与来访者类似处境下的感受，可以帮助来访者认识并表达他们的感受。亚隆(I. D. Yalom)曾指出，普遍性(如感受到与其他人有相同的感受)对于来访者有帮助作用。所以，咨询师与来访者有类似感受，并对此予以表露和分享，对来访者而言是一个很大帮助，来访者可以借此进一步探索自己的情绪感受。

来访者：你学习过哪些心理咨询的方法？你碰到过我这种情况吗？

咨询师：我想你是否想要了解我的专业资质？

来访者：我只是想知道你是否能帮到我。

咨询师：我可以理解你的这种担心，记得我第一次去做咨询的时候，我也觉得很紧张，很不确定！

来访者：这是我第一次跟别人谈自己的问题，我很紧张。我觉得这样做其实说明我很笨、很脆弱。我父亲常常说神经病才去做心理咨询。

咨询师：这样说会让我很生气。

来访者：我也很生气，我父亲很少谈他的问题，我确实需要一个机会谈谈我的家，我家简直就是一团糟，我想我自己也是！

针对来访者情绪感受的开放式提问也可以用来帮助来访者探索自己的情绪情感。咨询师可以通过"我想知道你对……的感受"、"你对……觉得怎么样"、"跟我说说你那时的感受"等方式来帮助来访者澄清他的情绪情感。

（三）帮助来访者看清问题

来访者遭遇困难或痛苦，不少都存在对问题的误解、曲解或盲区，咨询师有必要协助来访者突破曲解和盲区。共情技术，尤其是高层次共情技术，在帮助来访者探索自己的问题方面有很好的效果，因为它能够很好地表达咨询师对来访者情绪情感的理解，既有助于咨询关系的稳固和发展，又有利于协助来访者了解到自己的盲点或曲解。而挑战技术主要用于来访者对自己问题的逃避、视而不见、有意隐藏、歪曲误解、夸张放大等情况。下面这段咨询对话呈现了咨询师通过探究、共情和挑战等技术的运用帮助来访者看清问题所在的过程。

来访者：眼看要期末考试了，平时我基本没有听什么课，但现在我也没有办法紧张起来去好好看书。

咨询师：你是说虽然时间很紧，学习任务也不轻，你却没有办法让自己认真学习，你为此很不安。似乎有什么东西让你感到难以投入学习。（共情基础上的挑战技术）

来访者：嗯……是这样的。我其实也并不是很想要一个好成绩，就我自己而言，我觉得整天看看网络小说、动漫什么的，其实过得挺开心的。

咨询师：你是说就目前而言你感觉其实挺好的，那么又是什么时常来影响你的情绪呢？（挑战技术：针对来访者前后表述信息不一致来提问）

来访者：我觉得大学两年多的生活，只要不去想未来，我觉得过得真的很惬意，很舒服。但是，一想到将来，想到父母的要求和期望，我觉得还是有很大问题的，学习成绩实在太糟糕了，我也知道应该好好学习，可是很难控制好自己。

咨询师：你觉得生活其实这样也挺好，但又担心好景不长，随着时间推移，它总会结束。你说很难控制好自己，我很想知道你怎么会这样评价你自己。（关于想法的探究技术）

来访者：我决定好要做的事情常常做不成，比如说睡前定好早上 7 点起床，我却总是起不来，哪怕设了多次闹钟，也没有用，常常是把闹钟关掉后继续再睡，不到十一二点根本起不来。

咨询师：你是说你常常在该做某件事情时却选择了不去做，结果也就失败了。我想主观上选择放弃或不按计划行事给人的感觉并不是自我约束能力不好，和你说的自我控制好像也不是一回事，你怎么看呢？（挑战技术：针对来访者行为和感受与实际情况之间的不一致提问）

来访者：（挠挠头）是这样啊！似乎我在要做某件计划好的事情的时候很容易放弃，而不是坚持，也许我根本就没有真正想要改变自己的这种生活方式，相反倒是很享受、很留恋它。

此外，针对来访者可能存在的认识上的某些盲点或误区，咨询师可以通过"提供参考框架"来帮助他们看清问题、认识到自己的问题是源于某些误解、盲点或歪曲。来访者小杨是一位刚就职的高校教师，某名校英语系博士毕业。她第一次走进咨询室时面容憔悴，坐下的第一句话就是："我不知道我遇到什么问题了，我仿佛鬼使神差地走到这里来了。"在咨询过程中，她有时谈自己的成长历程，有时谈父母望子成龙的观念，甚至谈到不公平的社会现象……内容杂乱无章，咨询进展艰难。咨询师感觉她是个极其敏感且心理防御极强的人，对自己的问题隐藏得很深。不过，在来访者零碎的叙述中，咨询师还是捕捉到她诉说的一些关键内容。原来学习上一帆风顺的来访者，在毕业就业时，由于自己的职业理想未能实现，便开始一系列的自我怀疑和否定，同时也怀疑别人的不正当竞争导致自己未能如愿。咨询师引导来访者去全面认识和理解真实事件的来龙去脉之后，来访者最终发现自己认识上与真实情况之间的偏差，对自己的过度否定等问题，然后对自己的问题有了更加清醒的认识和了解。

二、促进觉察领悟

在充分探索来访者的问题和困难的基础上，咨询师要帮助来访者对自身问题形成深层次的觉察与领悟，帮助来访者深刻地理解自己的过去和现在，使其看到新的事实，或者从已知的事实之间看到新的关系、意义，为行动目标的生成奠定基础。弗洛伊德认为，来访者只有通过获得对问题的领悟，才能最终解决问题。症状或问题通常在过去和当前的生活经验的背景中才能得到理解和领悟。来访者对问题或困惑产生自己相信的解释,赋予意义,意味着他有了一个可以进行思考的框架,在框架的支持下,新的行动就有了可能性。例如,一个年轻人,不愿意学习开车,如果他认为不愿开车是因为害怕出车祸,他可能会说害怕是主要问题。如果他认为害怕源于不愿意长大和独立,他可能会感到解决与父母的分离问题更为紧要。如果他认为自己不愿学开车是因为要离开久病的母亲而感到焦虑或内疚,那他就可能坦然地作出与自己希望如何对待母亲的愿望相一致的明确决定。所以,咨询师需要探索和了解来访者是如何解释他的行为或问题的,而且可能要从意识和无意识两个层面上去理解,以帮助来访者发展出更具有适应性的解释,对自己的问题或处境获得积极的领悟。下面是咨询师通过自我表露技术帮助来访者获得领悟的咨询对话。

　　　　来访者:我最近想了很多关于生死的事情,我不是想自杀,而是在想死亡的必然性。我不知道死亡意味着什么。新闻里面到处都是战争、枪击、暴力等事件,我觉得这些人莫名其妙就死了,真是太不公平了。

　　　　咨询师:听起来你似乎害怕与死亡有关的事情。

　　　　来访者:哦,嗯……是的吧。我确实不知道死后会发生什么。我奶奶说好人死了会升天。我不知道,我不太相信。如果我不相信,那死亡后会怎样呢? 还有,人们辛苦忙碌、四处奔波,最后不都是死吗? 那生命的意义究竟是什么呢? 我最近一直都在想这些乱七八糟的东西。

　　　　咨询师:我明白你的意思,我想,人都要探究生命的意义,每个人都要面对自己最终会死去的这个事实。这是个难题。我觉得,当我自己在关注死亡和生命意义的问题的时候,通常都是处在某个转折时期。比如我大学低年级期间,那时候我在学习和思考未来人生的问题上正处于迷茫之中,我试图搞清楚自己想要从生活中得到什么。我不知道你是否也是类似呢?

　　　　来访者:嗯,这个挺有启发的。我现在高二,学习上压力很大,我觉得自己很努力,但是没有什么进步,父母整天批评我不上进,我不知道我要不要考大学,考了又怎样,不考又怎样,也许这对我也是一个很大的转折期,或者是个挑战。

　　来访者一旦获得了积极的领悟,就有可能基于这个领悟,发挥自己的积极潜力,作出清晰明确的决定。罗杰斯十分强调每个人都有潜能,都能依靠自身解决自己的问题这一以人为本的基本立场。他认为来访者"个人具有足够的能力来建设性地处理他意识到的生活的所有方面,……我们可以说:在每一个有机体中,在某种程度上,都有一股向着建设性地实现它的内在可能性的潜流"。罗杰斯认为,心理障碍的根本原因是来访者背离了自我实现的正常发展方向,咨询和治疗的目标在于使来访者恢复正常的发展。他主张咨询师应选择来访者自我健康的一面,与来访者的健康心理部分组成同盟。咨询师要真诚关心来访者的情感,要通过认真倾听达到对来访者的真正理解,在真诚和谐的关系中启发来访者运用自我指导能力,促进来访者形成新的愿望和目标,进而实现自己内在的健康成长。请看下面这段咨询对话。

咨询师：你意识到该去冒这个险，但又想着，也得考虑承担失败的问题。

来访者：我好像总在考验自己，是不是很好笑？我无法想象自己怎么会变成这样，真是既幼稚又愚蠢。每当这个时候，我就会往极端处想：生活对我是否还有意义，我是不是还有活着的价值。

咨询师：好，如果我没理解错的话，你是想和我一起探索一下人活着的理由。

来访者：可以这么说。

咨询师：如果我们实在找不着，那也就死无遗憾了。

来访者：对。

咨询师：那要是能找到理由呢？就是再大的挫折和失败也得坚强地活着？

来访者：我想是吧。我很想知道您和别人是怎么想的，也想说服自己。

咨询师：你看，你今天谈论生命的态度已经和上次有很大不同了。一个脆弱的人是没有勇气谈论生命的。

来访者：其实我现在也很脆弱。您不觉得人生就像一场马拉松比赛吗？我感到自己跑不动了，落在最后了，没有人关注我了。

咨询师：人生像一场马拉松比赛，你比喻得很好。人生这场比赛，你一直都跑在最后吗？

来访者：过去我跑得挺顺的。可是，现在一切都变了。

咨询师：我想问你。获胜的马拉松运动员是一直都跑在最前面吗？

来访者：不一定。据我所知，他们有自己的策略。老练的运动员会有计划地分配体力。一开始保存体力，等别人体力下降，速度减慢时，突然爆发全力，把别人甩下，最后取胜。而缺乏经验的运动员往往一开始就用尽全力急于抢先，结果体力难以坚持到最后。

咨询师：你的人生现在已经快到终点了吗？

来访者：我这么年轻，当然没有。您的意思是，我还是可以跑到前面去的。您真的相信？

咨询师：要是你看到别人领先了，就以为自己没希望了，退出赛场，那你就可能永远失去成功的机会了。

来访者：事实上，我始终在不甘心和自暴自弃中矛盾着。还能有这个能力？

咨询师：过去有，现在就没理由没有。除非你甘心退出赛场。

来访者：您的话真的很令人回味，这些日子，我权当在修复自己，储存爆发力吧。

咨询师：下次见，希望见到一个全新的你。

来访者：我会努力的。谢谢您！

三、制定咨询目标

经过深入探索问题之后，无论是咨询师还是来访者都对问题有了确切的认识和把握，尤其是在来访者觉察和领悟自己的现状之后，确定咨询助人工作的目标就成为了咨询师和来访者接下来的共同任务。当然,来访者一般都是带着一些咨询目标而来的,但这些目标通常不甚明确,或者过于乐观、激进,或者过于悲观、保守,或者包含了不切实际指望他人的成分,或者来访者过度承担责任造成困难,等等。因此,咨询师要与来访者协商,确定切实可行的咨询目标。之所以要制定咨询目标,一是因为目标就是动力,有了明确的目标,来访者就能看到方向,激发动力,主动参与咨询过程,有助于咨询师来访者双方的合作。二是因为目标是评估的依据,只有有了明确的目标,才可以衡量或评估来访者的成长和变化,来访者与咨询师才可以把握心理咨询的进展程度,而咨询师的督导或管理者也才能评价咨询师的工作与效果。

确立咨询目标时,咨询师通常可以这样引导来访者:"经过我们前面的讨论,你希望通过咨询解决什么问题? 什么样的情况才是问题得到解决?""你希望有什么改变? 达到什么程度?"等等。需要注意的是,咨询师不仅要了解来访者想要解决什么问题,有什么愿望或意愿,更重要的是要把来访者的愿望具体化为咨询的目标。制定咨询目标时,还应注意以下几点。

(1)目标必须由咨询双方共同协商制定。

(2)目标是具体、清晰的,应有一些客观标准,很清晰,可接近,最重要的是可操作,可测量或度量的。

(3)目标是现实可行的,要根据来访者的潜力、水平及周围环境来制定。

(4)目标是解决心理健康方面的,可以通过心理咨询的手段来达到,目标应限制在心理品质和行为特征的改变上。

(5)根据需要,可建立阶段目标、终极目标,形成咨询目标体系。

在制定目标的同时,咨询师也要和来访者协商如何去实现咨询的目标,也就是要制定咨询的方案,其中重要的是咨询的方法。看看下面这位咨询师在咨询中是如何制定咨询目标和协商约定咨询方案的。

　　咨询师:听了你的述说,我能感受到你对自己一次越轨行为的后悔和对男友伤害的深深的不安。你希望通过咨询得到什么帮助呢?(探究来访者的愿望、咨询目标)

　　来访者:这件事闹得我每天整天坐立不安,我不知该怎么办?

　　咨询师:你想通过咨询让自己知道这件事该怎么面对?(探索咨询目标)

　　来访者:是,是这样想的。

　　咨询师:你还想知道怎样才能恢复内心的平静?(探索咨询目标)

　　来访者:是的。我就是想知道,事情已经发生了,说什么也是我的错,我是向他全部坦白,还是说出部分,继续撒谎……(认可咨询师表达的咨询目标)

　　咨询师:好。我要和你说明的是,这是我们共同的探讨,而不是我单方面的分析和提供方法。我希望做你的"镜子",让你看到自己真实、内在的一面。好吗?(双方约定咨询方式)

　　来访者:好的。我明白您的意思。

　　咨询师:还有,我不可能替你回答,但我会尽力帮助你。你才是你自己的专家,你完

全有潜力解决自己的问题。让我们一起努力探究问题、寻找摆脱困境的方法,好吗?(双方继续约定咨询方式)

　　　　来访者:好的。您说吧。

　　总之,在心理咨询的探究阶段,咨询师要协助来访者澄清自己的想法、情感,从多个角度去澄清其问题或难题,形成对自身问题和未来生活的觉察和领悟,产生积极的愿望或期待,咨询师还要协助来访者把希望或愿望具体化、明确化,以咨询目标或目标体系的方式呈现出来。这就使得咨询可以在明确的方向和计划的指引下继续深入。

第三节　学校心理咨询的导向阶段

　　经过前两个阶段,咨询师与来访者之间的关系稳定发展,对来访者的问题有了清晰、全面的认识和领悟,来访者也已对自身问题逐步解决具有了初步的信心和尝试的愿望,并与咨询师一起商定了咨询的目标和方案,接下来便是心理咨询过程中的行动导向与实施的阶段。其间,咨询师要与来访者一起把新的认识、观念变成行为,达成咨询的目标,实现来访者的成长愿望。在这一阶段,来访者从认识到行动的过程必定是不轻松、不平坦的,其间总有反复、总有挫败,咨询师要协助来访者探索行动策略,筛选最符合他们的价值观、资源和环境的策略备用,咨询师还要在来访者行动过程中及时予以评估、反馈、鼓励、支持,推动他们积极行动,才能有所助益,达成目标。

一、协助来访者挖掘行动助力

　　德克斯(Dirkes)曾指出,一般人之所以陷入心理或情绪的困境,是因为他们较少或者难以进行发散性思维(Divergent Thinking)的缘故,以至于难以解决问题、有效行动。对于一个爱钻牛角尖的,找不到解决问题的出路,而停留在困扰中难以自拔的来访者来说,协助他们掌握打开思维桎梏的方法是有益的。比如,上文提到的小杨老师,在落实与咨询师共同商定的一些行动计划的过程中感到进展缓慢甚至无效,感到气馁。

　　　　来访者:谢谢您的帮助。经历了一些事情后,我想通了,没有人跟我过不去,我没有理由怨恨谁。可是,我还是要告诉您,我的情绪起伏很大,常常还会莫名其妙地哭,还会有轻生的念头。

　　　　咨询师:你是说你虽然明白了道理。但还是觉得我们的谈话在你的整个状态上没发生作用?

　　　　来访者:不能说一点也没发生作用。起码我开始行动了。出去的次数比过去多了,串门、和别人交往也多了。没有那种自我迷失和想证明自己的感觉了。可问题是,和别人在一起时,我还是老样子,有些畏缩,然后会选择离开,然后又会后悔。

　　　　咨询师:就是说,你为改变自己采取了一些措施,做了些努力,试着与他人交往,只是感到没能达到自己所期望的效果。

来访者：是的。在聚会时我喜欢听别人说话。我试着让自己认识到，他们看问题不受个人影响，他们才是正常人。我试图让自己从中受益，然而我感到……实际上对我还是没有用。

咨询师：我注意到，你开始喜欢了解别人了。你还努力把理解别人的做法用来理解自己，但是效果不大。

来访者：对，是这样。虽然我觉得聚会很好，组织得挺有气氛，但是在聚会里，我独自坐着，什么也没做。我对自己不满意。

咨询师：我不太确定，你听我说得对不对？你希望自己做一些值得别人认可的事，并从别人那儿得到赞扬。

来访者：也许吧，我说不清。有时候我感到疑惑，我已经把自己关在家里、办公室好些日子了，所以我试着去参加聚会。不知我这种交往方式是否有用。从表面上看，我去参加聚会会见朋友，实际上我没能主动做什么。

咨询师：你的意思是你对自己有点失望，你觉得自己没有什么明显变化。听得出来，你也意识到你的问题已经存在很长时间了，要变化可能需要一个较长的过程。

来访者：没错。我是在和自己过不去。我似乎迫切地想改变什么，但面对现实中的某些东西我根本不想改变，就是这样矛盾着——这就是我全部的问题。

咨询师：你发现，刚刚有了常人的那种勇气，就忽然泄气了。

来访者：我的意思是，当别人说了或做了什么的时候，我不是给自己打气，而是说，我对此无能为力。

咨询师：你是说，就因为那次打击，你经历了太重的挫折和失败。现在很难有振作的劲头了。

来访者：即便我接受了现实并采取了行动，我还是会想：别感觉太好，万一我做错了呢。我依然没有把握。这已经成为我的心病了，我不知道我如何才能跨出这一步，在聚会中像大家那样自然地投入，自然地尽自己所能为聚会做点什么。

小杨有了改变自己的意愿，而且按照咨询师上次的建议尝试去参加聚会，接触大家，而她还是恐惧和被动。她十分清楚自己的问题，只是不知在改变自己的行动上该如何下手，如何一步步地去做。小杨情绪上的波动、轻生念头固然与小杨的抑郁有关，但也与小杨没发现自己的资源、不知怎样采取相应的策略和计划有关。此时，咨询师就该不失时机地帮助她谋求解决之道。

要让小杨在情绪上、行动上有新的突破；让她能有所改变，就要让她找到成功的感觉，逐步增强自信，提高自我形象。在这一改变过程中，咨询师专业的帮助显得十分重要。首先帮助小杨采取相应的策略。所谓策略是指在不利的情况下，确定并选择合理、切实可行的计划以达成目标的一种艺术。咨询技术里的头脑风暴法，能激发来访者的想象力，促其设想更多的可能性来解决自己的问题。头脑风暴法尤其适用于遭受困扰的人，可以帮助其发挥内在所拥有的创造力资源，有效地重振自信。具体做法如下：

（1）第一步，列出所有的阻力。咨询师帮助小杨列出一些可能的阻力：

● 我怕遇到陌生人，每次我都会感到害羞和不自然，我常以躲避的方式来面对，尽可能谨慎不去碰到陌生人；

- 我觉得我的外表不吸引人，我怕因我的外表人们会疏远我；

- 我一直想着我那次被人拒绝的失败，我怕相似的情形会在新参与的聚会中再次发生；

- 我实在没兴趣与他人说话，我的沟通技巧很笨拙；

- 和别人相处时，我找不出交谈的话头。因我的害羞和过于关注自己的行为，使我无法专心听别人在说什么，然后我又担心我不会得体地回答，我实在愚蠢；

- 我希望别人喜欢我，但总觉得别人在厌烦我；

- 我想不出自己在聚会时该为大家做些什么，总是别人做了，我才想起来，我为什么没有想到，没有主动去做。

（2）第二步，列出行动上的助力。让小杨学习头脑风暴法，发挥充分的想象，列出行动上的助力：

- 我是个相当有智慧的人，虽然我的动作反应不够灵敏，但能知道在某个情景中该做什么；

- 我有很好的英语对话能力，在有外国朋友的聚会中，我可以对外国朋友发挥我语言的吸引力；

- 我还是一个愿意照顾他人的人，我虽不活泼和灵活，但我有亲和力，有一双善良的大眼睛；

- 我虽然不时尚，但我的穿着不俗，常给人以淑女形象，和我交往让人有安全感；

- 我的知识面较广，遇到大家谈论各种问题，我不会因孤陋寡闻而窘迫。

（3）第三步，选择对行动最具决定性的力量。请小杨在这两张表上，选择对行动计划最具决定性的力量。

经过思索，小杨注意到最重要的一个阻力是"我希望别人喜欢我，但总觉得别人在厌烦我。"而在助力上，小杨认为最具决定性的动力是"我虽然不时尚，但我的穿着不俗，给人以淑女形象，和我交往让人有安全感。"因为这是她自然而然的形象，用不到刻意地去追求是自己一贯的风格，也是自己比较满意的。她觉得在自己工作社交圈里，大多数人都会认同她这种形象，她"不被喜欢，不被欢迎，会遭拒绝"的那些顾虑全是自己想象与猜测的结果，源于她太在意别人喜欢不喜欢了。所以现在她觉得：选择这个动力起码是在做自己。在这一点得到自己的认可后，小杨发现自己的能力并不是聚会中每个人都拥有的，例如：英语交流能力，在交流中有可谈的话题都是她的优势。

二、协助来访者增加自我肯定

在计划实施的过程中，挫败和挑战总是存在的，来访者往往容易陷入自我否定的状态之中，因此，心理咨询要引导来访者自我肯定。计划的开始，也是来访者行为、生活态度改变的开始。首先要改变他们自认是"病人"的观念，变为重塑自己的执行者。因此，咨询师必须帮助缺乏自我肯定的来访者认识到自己需要什么，如，要清楚自己的喜好、愿望和感受，否则，他们不会付诸行动甚至会放弃；此外，咨询师还要协助他们清楚自己的非理性信念，如妨碍自我肯定或引起拖延甚至放弃行动计划的种种非理性信念：

- 我的权利是不重要的,至少对他人而言是不重要的;

- 我是一个容易失败受挫的人,假如我行动了,可能又会伤及自己;

- 不论我用口头还是行动,我都无法完整地表现我个人的意见;

- 假如我表现自我肯定的行为,我将失去他人的爱护和赞许;

- 假如我行动了,我可能会失败,而失败等于毁了自己;

- 其他人是容易受伤的,我要行动了,必将伤害他们。

此外,咨询师要善于发现来访者的积极品质和自身资源。咨询师不能一味地关注来访者的问题和不足,更要有意识地去探寻来访者的积极方面。一般来访者都对自己有过低的评价,对自己有片面的认识和严苛的要求,正是因为他们这样的特点,才容易陷入自我否定的泥潭难以自拔。在咨询过程中,咨询师要对来访者付出的努力、做出的尝试、取得的进步保持高度敏感,并及时反馈给来访者,增进来访者的自我肯定。有些技术可以用来增进来访者的自我肯定,如面质、澄清、赞许、重构、例外、自我表露等等。

咨询师:你有没有证据可以证明"聚会上没有一个人愿意和你跳舞"这个说法?(面质)

咨询师:你说你完全没有办法度过那种情绪上的痛苦深渊,可现在你正坐在这里和我交谈。(面质)

咨询师:听起来,你虽然没有完全实现计划,但还是做到了不少,相比之前已经有了不错的进步。(澄清)

咨询师:我注意到你对别人付出了很多,却并不求回报。人们会觉得你为人还不错、值得信赖吧?(重构)

咨询师:你说你的计划根本无法执行,但我注意到你每次都能按时来到咨询室。(澄清、例外)

咨询师:我为你在这么困难的情况下依然选择坚强面对感到非常钦佩!(赞许)

咨询师:如果我是你,我可能会更加挫败。(自我表露)

三、协助来访者掌握应对技巧

通常,来访者的困难都与他们缺乏自我肯定有关,而咨询过程中,从计划到行动总有些冒险性,对于缺乏自我肯定的来访者尤其会放大这种危险性,并且缺少处理相关情境的技能或经验,因此来访者不能展开行动。技巧练习或者通过角色扮演进行必要的演练,可以帮助来访者学习掌握处理某些具体问题或情境的技巧,弥补他们的缺陷。

在心理咨询过程中,咨询师要通过有意识的训练帮助来访者学习技巧和方法,在咨询室这个安全的环境里让来访者掌握相关方法和技巧,再迁移和应用到实际生活情境中去。练习的过程不仅仅是掌握技巧,也有利于提高来访者的自信心和冒险的勇气。例如,咨询师让来访者小杨在每次聚会前做一点轻松的准备,通过有意识地准备一些具有操作性的实用技巧,比如:怎样和陌生人打第一声招呼,怎样介绍自己和了解对方,如何在聚会中观察到何时需要提出增进彼此交流的建议以及如何做等,这样可以降低来访者的焦虑,提高积极的预期。

在咨询过程中,咨询师可以通过信息提供、过程建议、直接指导、及时反馈、策略表露等方法帮助来访者提高采取行动、解决问题的信心和技巧。

> 咨询师:据我所知,学校就业中心每年会举办许多关于简历写作方面的专题培训,你是否有考虑过去参加?(信息提供)

> 咨询师:我想你是否愿意在这里尝试表达一下你想跟女朋友谈的话。你可以假设这个椅子上坐着你的女朋友,你是在告诉她你的感受,一时可能会觉得有点奇怪,但是你可以试试看……(过程建议)

> 咨询师:我认为你在选专业这件事情上犹豫不决,实际上是你对这几个专业都不是很了解。你是否可以去找到这些专业的主要课程的教材来看看,或者去旁听一下它们的专业课。(直接指导)

> 咨询师:我注意到你刚才做这样的表达时,比之前显得确定、自信,表情也比较放松。(及时反馈)

> 咨询师:你说的这种情况如果是我遇到,我也觉得挺难,但有些方法对我是有用的,我会选择暂时沉默,先做几个深呼吸,甚至出去一个人走走,然后再来考虑自己和对方的对错。(策略表露)

四、协助来访者使用行动契约

在咨询中,来访者尝试行动或改变的动力,一开始可能比较有力,但是,不少来访者都会在随后一段时间里面出现动力或努力程度的下降,因此,通过一些方法协助来访者按部就班地去落实行动,是非常必要的。早在 20 世纪 30 年代,奥托·兰克(O. Rank)就提出了意志疗法(will therapy),强调个体的创造性、独特性、自我指导性和自我成长。在心理咨询过程中,咨询师可以帮助来访者使用行动契约来进行自我指导,实现自我成长,这通常也是一个直接有效的方法。在落实行动的路途上,契约可清晰明了地规定来访者应做到的事项,并规定成功和失败的奖励与惩罚。这时候咨询师承担着一定程度的裁判员的职责,关注和评价着来访者的行动。奖励可以使来访者更加遵守契约,让他们体会到良好表现被肯定的快乐。而且,行动契约对较有难度的行动也有特别的帮助,因为它能使来访者集中精力、发挥聪明才智努力去完成,会让他们体会到久违了的成就感。以下是在中小学中常用的矫正不良行为的行动契约。

1. 用行为矫正技术改变不交作业的行为(如表 5-1 所示)

表5-1 用行为矫正技术改变不交作业的行为

阶段	目标行为	奖 励
第一阶段(7~10 天)	只要交(漏题、做错暂不计较)	老师微笑
第二阶段(7~10 天)	不仅要交,还要不漏题(做错暂不计较)	老师点头、拍拍肩

阶段	目标行为	奖　励
第三阶段(15～20天)	不仅要交、还不能漏题、每天都能提高正确率	老师翘翘大拇指
第四阶段	不仅要交、还不能漏题、每天还要提高正确率	撤消一切强化物,采用"自我命令、自我奖惩"的方式进行

2. 用自我奖惩技术来矫正或塑造行为(如表5-2所示)

表5-2　用自我奖惩技术来矫正或塑造行为

星期	目 标 内 容			★自觉做到的 △经提醒做到的 ×没做到 每周统计并与上一周进行比较: 进步:自我奖励 退步:自我惩罚
	按时起床	带着预习问题听课	先复习后作业	
一				
二				
三				
四				
五				
六				

第四节　学校心理咨询的结束阶段

咨询师与来访者顺利完成了初始阶段、探索阶段、导向阶段的工作,也就意味着咨询师和来访者建立了良好的咨询关系,探索和澄清了问题,理解和把握了重点或来龙去脉,来访者形成了新观念和认识,咨询中也制定或修订了行动目标和计划,并且切实推进实施,达成了咨询目标,尤其是核心目标,那么心理咨询就必然走向结束阶段。

一、回顾和评估

在心理咨询结束阶段,咨询师应与来访者针对最初确定的咨询目标、咨询方案,以及咨询过程中出现的问题和进展等内容进行回顾性的总结。主要是对达到既定咨询目标的结果的评估;对来访者已取得的进步或进一步改善需要的评估。咨询师应具体地分析来访者所取得的成绩,明确来访者还需改进的方面,并鼓励来访者的独立意识与自立精神。这将有助于帮助来访者加深对自己成长过程的认识,使他们不仅清楚自己的突破,也明白自己今后继续努力的方向。同时,咨询师还要让来访者对心理咨询的结束有一个逐步而良好的适应,避免因咨询结束而带给来访者打击或挫折,也有助于来访者对结束咨询做好心理准备,树立起自立自强和负责任的精神。

二、巩固咨询效果

在心理咨询结束阶段,咨询师要协助来访者巩固已有的进步,强化咨询过程获得的经验在日常生活中的应用，并促进这些学习收获逐步稳定，内化为来访者自身的观念、行为方式和能力，从而帮助他们独立、有效地适应现实环境。需要指出的是，一个人从学习"经验"到运用"经验"，两者之间还有一段距离，这既有经验掌握尚未牢固的原因，也有自信心不足的心理因素，因此，咨询师需要在来访者从学到会、从会到熟的过程中陪伴他们，与他们同在，以帮助他们既能在特定条件下表现其习得的经验或技能，又能在独立面对实际生活环境时恰当应对。只有这样，心理咨询结束的前提条件才得以成立。

三、结束心理咨询

在回顾、评价、巩固之后，心理咨询结束的时候就到了。一般而言，在整个心理咨询过程即将结束之前，咨询师必须向来访者说明其心理问题已基本得到解决，不再需要继续保持咨询关系，否则不利于其成长。此外，咨询师还要提前告知来访者咨询关系即将终止，让他们对咨询结束做好准备，对结束后的生活有一定的心理准备，并可以在结束前的会谈中有机会解决他们因为咨询关系结束可能带来的问题。同时，咨询师要向来访者承诺，如真的有需要，也有必要，心理咨询机构或咨询师愿意再次提供关心和帮助。

结束之前，来访者一般需要填写咨询反馈表，将自己接受心理咨询以来的收获、启发、想法、建议，以及对咨询师的评价等信息反馈给心理咨询机构。这样的信息反馈表一般是由心理咨询机构统一制作和印制的，咨询师应嘱咐来访者如实填写并反馈给心理咨询机构或咨询师。

最后，咨询师还要与来访者约定咨询结束后回访的时间和方式（面谈或电话）。回访面谈固然是直接了解咨询效果的有效方式，这种方式获得的信息量大，容易深入，也便于咨询师及时察觉问题，并适时提供进一步的帮助，但相对而言比较费时费力。一般来说，电话回访是更加简便的方法。

四、追踪与回访

为了了解来访者能否运用获得的经验适应环境，进而最终了解整个咨询过程是否成功，咨询师应对来访者进行咨询结束后的追踪调查或其他方式的回访。追踪调查应在咨询基本结束后的数月至一年间进行。时间过短，调查结果的真实性难以保证；时间太长，亦不能及时了解情况，不利于及时发现问题，同时也增加了调查工作的难度。

在学校心理咨询中，追踪调查还可以通过第三方评价来进行。咨询师可以通过向了解来访者学习、生活等情况的人，如父母、班主任、辅导员、同学、关系密切的朋友等，来了解来访者在实际生活中的适应状况。这种做法一般比较客观，如果能将这种方式所获得的信息与其他方式反馈的信息综合起来考察，得出的结论将更加全面和真实。但是，使用第三方评价来追踪，必须特别注意维护来访者的合法权益，保护其自尊及隐私。

附：完整案例报告举例

一例社交紧张的咨询案例报告

咨询师：心岸

一、来访者一般资料

（一）人口学资料

小红(化名)，女，现年20岁，汉族，某重点大学一年级学生，未婚，生活状况尚可。

（二）个人成长史

小红出身于农民家庭，家乡偏僻贫穷，她还有一个妹妹，父母很疼爱她们姐妹两个。父母性格内向，把所有的希望都寄托在小红身上。小红从小乖巧懂事，学习成绩一直也很好，从小学到高中，学习成绩一直在班级前三名，得到过很多次学校的奖励。小红一直严格要求自己，希望通过努力改变自己的命运。尽管没有丰富的物质生活，但是小红没有经历过什么挫折。小时候小红就不爱说话，只知道刻苦学习，不善于交往，家里一般也很少来客人。因为她学习很好，所以从小学到中学，她都感觉自己的生活很平静，只是埋头学习没有考虑别的事情。和同学关系也一般，没有很深入地和别人交流过，她一直把所有的心思都放到学习上，高中毕业她考上了外地大城市的重点大学。

（三）精神状态

来访者衣着整齐，举止得体，愁容满面，腼腆羞涩，缄默不语，沉闷而压抑。

（四）身体状态

来访者自幼身体健康，未患过重病，家庭无精神病遗传史。最近总是失眠，多梦，去医院检查，无任何器质性病变。

（五）社会交往

来访者无法正常地和同学交往，在大学宿舍里常常孤立于同学之外，不和其他同学交流。尽可能回避一切社交场合。

（六）心理测验结果

来访者做了SAS、SDS、SCL-90心理测试，结果为：SAS 65、SDS 47、SCL-90显示轻度的焦虑、抑郁。

二、来访者主诉与个人陈述

主诉：心情不好，睡眠差，和人交往紧张，不敢说话，一说话就紧张、脸红、心跳加快，不能和同学正常交往，总回避他人，独来独往。

个人陈述：从小就不太爱说话，上大学以前只知道要努力学习，不关心其他事情，尽管说话不多，当时同学们都因为她学习好而喜欢她。上了大学以后，小红发现自己很多方面都比不上身边的同学，学习成绩也不再是她的强项，她找不到可以让她自信的资本了。从踏进大学的第一天开始，她就陷入了深深的自卑当中。刚上大学的时候，别的同学都是父母带着大包小包来送孩子上学,而小红则是一个人从农村来的。到了城市,什么都不懂,所以做事情小心谨慎,担心自己被别人嘲笑,担心别人说她土气、没有见过世面,担心自己说话的时候出错。加上小红性格本来就内向,就更加不敢和别人说话了,无论是见了男同学还是女同学,都感觉说话不自然,后来慢慢发展为一说话就感觉紧张脸红,心跳加快。小红很害怕这种症状被别人看出来,所以就愈发逃避别人,尽量一个人,尽量不和别人接触,上大学两个月了,小红说感觉每天都因为交往问题而感觉紧张、担心、不安,晚上睡眠也不好,一般要晚上12点以后才能睡着,严重地影响了自己的学习和生活。小红为此非常苦恼,所以前来求助。

三、观察和他人反映

咨询师观察到,小红衣着整洁,说话小心谨慎,精神不振,面容痛苦,沉闷无奈,说话不敢抬头、声音很小,腼腆羞涩。

其母反映小红从小说话不多,刻苦学习,交往不多,几乎没有好朋友。

四、评估与诊断

根据小红的临床资料,综合其相关因素,如家庭中无精神病史,本人无重大疾病史,本人知、情、意是统一一致的,对症状有自知,有求医行为,无逻辑思维的混乱,无感知觉异常,无幻觉、妄想等精神病的症状等。根据精神活动正常与异常的三原则判断,可排除重性精神病。小红目前心理与行为问题是由她上大学后和同学的交往困难、生活适应不良引起的,因此,其冲突具有现实意义,持续时间为2个多月,不良情绪有一定的泛化,但是对社会功能的影响不是非常严重,而且经过检查无器质性的病变,符合严重心理问题的诊断标准。

主要表现为:

1. 不敢和别人交往,交往时脸红、紧张、心发慌。

2. 上课不能集中注意力,情绪低落,睡眠不好。

五、咨询目标

根据咨询目标的七项原则,咨询师与来访者共同协商达成口头或书面协议,初步确定:

(一) 近期目标(具体目标)

1. 改变其不合理的错误观念,帮助她建立自信心,接纳自我。

2. 改善低落的情绪,在自信基础上增强社会交往的技能。

3. 改善睡眠。

(二) 长远目标(终极目标)

促进小红心理健康发展,完善人格,重新构建合理的认知模式。

六、咨询方案

(一) 主要咨询方法和适用原理

1. 咨询方法:认知行为疗法。

2. 咨询原理:所谓认知一般是指认识活动或认识过程,包括信念和信念体系、思维和想象。具体来说,"认知"是指一个人对一件事或某个对象的认识和看法,对自己的看法,对人的想法,对环境的认识和对事的见解等。认知疗法是根据人的认知过程影响其情绪和行为的理论假设,通过认知和行为技术来改变来访者的不良认知,从而矫正适应不良行为的心理治疗方法。

（二）引起来访者心理问题产生的原因

1. 来访者生物因素：不明显。

2. 来访者社会因素：刚上大学，从农村来到大城市。

3. 认知因素：自己来自农村，到了大城市什么都没有见过，什么都不懂，什么都比不上别人，说话如果说错了，会被别人看不起，会受到他人的嘲笑。

以上由生物因素、社会因素和认知因素引发的问题行为互为因果，相互交错，加重了小红的负面感受，给她带来了精神痛苦。及时采取可操作性的认知行为疗法加以矫正，可以避免不良循环造成的进一步破坏。

另外，小红的知识文化水平较高，对自己的心理问题有一定的认识，适用于认知行为疗法。

（三）咨访双方各自的特定责任、权利、义务

1. 来访者的责任、权利和义务：

（1）责任：

① 向咨询师提供与心理问题有关的真实资料。

② 积极主动地与咨询师一起探索解决问题的方法。

③ 完成双方商定的作业。

（2）权利：

① 有权了解咨询师的受训背景和执业资格。

② 有权了解咨询的具体方法、过程和原理。

③ 有权选择或更换合适的咨询师。

④ 有权提出转介或中止咨询。

⑤ 对咨询方案的内容有知情权、协商权和选择权。

（3）义务：

① 遵守咨询机构的相关规定。

② 遵守和执行商定好的咨询方案中各方面的内容。

③ 尊重咨询师，遵守预约时间，如有特殊情况要提前告知咨询师。

2. 咨询师的责任、权利和义务：

（1）责任：

① 遵守职业道德，遵守国家有关的法律法规。

② 帮助来访者解决心理问题。

③ 严格遵守保密原则，并说明保密例外。

（2）权利：

① 有权了解与来访者心理问题有关的个人资料。

② 有权选择合适的来访者。

③ 本着对来访者负责的态度，有权提出转介或中止咨询。

（3）义务：

① 向来访者介绍自己的受训背景，出示营业执照和执业资格等相关证件。

② 遵守咨询机构的有关规定。

③ 遵守和执行商定好的咨询方案各方面的内容。

④ 尊重来访者,遵守预约时间,如有特殊情况要提前告知来访者。

（四）咨询时间

每周 1 次,每次 1 小时,共 4 次。

七、咨询过程

（一）咨询阶段

1. 诊断评估与咨询关系的建立阶段。

2. 心理帮助阶段。

3. 结束与巩固阶段。

操作原理:通过谈话,使来访者认识自身的问题是因为错误、歪曲的认知造成的。

放在来访者非功能性的认知问题上,意图通过改变患者对己、对人或对事的看法与态度来改变并改善所呈现的心理问题。

（二）具体操作步骤

第一次咨询:

1. 目的:

（1）了解基本情况。

（2）建立良好的咨询关系。

（3）探寻改变的意愿。

（4）找出来访者当前急需解决的目标。

（5）进行咨询分析,发现不合理信念。

2. 方法:心理测验法、认知行为疗法。

3. 咨询过程:

（1）填写咨询登记表,询问其基本情况,介绍咨询中有关事项与规则。

（2）用摄入性谈话法,收集临床资料,探寻来访者的心理矛盾及改变意愿,同时使来访者得到充分的宣泄,释放内心的焦虑与冲突。

（3）用 SAS、SDS、SCL－90 等自评量表对来访者进行测验,并了解其成长过程。

（4）将测验结果反馈给来访者,并作出初步问题分析。

（5）确定咨询目标:双方共同确定咨询目标,矫正不合理的认知。

将测验结果反馈给小红本人,结合问题行为作出初步分析,让她了解问题行为的成因:①内向、孤僻、胆小的性格特征是影响人际交往的内在因素。②自我的思维方式和认知观念使她形成了对自我的高度要求。这对人际交往起着阻碍的作用。③在和同学的相处中,因为性格原因和交往的减少,使得她和人的沟通不能顺利和自然。并因此产生了自卑感。④当在社交中出现脸红反应后,便批评、督促自己该怎样做,控制自己不要怎样做,这就产生了一种暗示、强化"症状"的作用。再加上当来访者感到"不自然"、"狼狈"、"难堪"时,头脑中就会出现"想象观念"。这进一步导致了她自我感觉的恶化。如此恶性循环,"症状"便日益严重了。来访者在这种想改变又不能改变,想摆脱又无力摆脱的困境中,出现了心理的矛盾和冲突。

(6) 布置家庭作业,让来访者自己回顾本次的咨询谈话内容,分析原因并建议她一个星期以后进行第二次咨询。

4. 咨询摘录:

咨询师:你好,请坐,你希望在哪方面得到我的帮助呢?

来访者:我上大学两个月来,心情很烦,晚上睡眠也不好,白天上课也听不进去。

咨询师:你最近心情烦躁,引起你这样的原因是什么呢?

来访者:我家是农村的,是很偏僻的农村,我刚来省城上学的时候感觉很兴奋,什么都没有见过。可是和同学接触的时候,才发现我和他们的差距是多么大。他们的穿着和生活习惯都让我感觉和他们有距离,我怕他们嘲笑我、说我土。另外我不会说普通话,家乡口音使我更不敢和同学交流,我每天都独来独往,和同学一说话就紧张。我真苦恼啊。

咨询师:因为来自农村,你感觉很自卑?

来访者:是啊,我们宿舍的女孩子个个都很阳光,打扮得花枝招展的。我的衣服根本无法跟她们比,我在她们面前担心她们感觉我土气。

通过这次面谈,确立了来访者的咨询目标,发现了来访者的一些不合理信念:

(1) 农村来的,自卑,什么都怕别人说她土。

(2) 自己穿得不好,土,别人会看不起,会嘲笑自己。

第二次咨询:

1. 目的:

(1) 加深咨询关系。

(2) 确定问题:提问及自我审查技术。

(3) 检验表层错误观念。

2. 方法:认知行为疗法。

3. 咨询过程:

(1) 讨论家庭作业,小红对自己的问题有了哪些新认识。

(2) 巩固咨询关系。

(3) 采用认知疗法帮助来访者认识症状产生和发展过程,使来访者识别自己的错误认知和观念。协助其对自我的探索和认识,明白身心是一体的,心理因素出现了自主神经功能失调的症状,如脸红、心跳等,通过纠正认知并配合放松技术来改善症状。

来访者的歪曲认知和错误观念有:我性格内向,不会说话;我来自农村,比不上别人;大城市的生活我不懂,没有见过世面,别人会看不起;说话万一说错了,会受到别人的嘲笑。

这次咨询把重点放在了认知的重新建立上,正确认识城乡差别,帮助来访者建立自信心。来访者的自卑主要是来于认知的问题,其他方面的原因都是因此而起。她在心理上对其内向的性格有一定的心理定势,很多人都是这样的观念,提到内向就感觉很不好。正确地认识这个问题,对她建立自信心帮助很大。

4. 布置家庭作业：

(1) 把认为自己想法不合理的地方写在本子上,并写出想法合理的地方。

(2) 列出自己的优点和缺点。学会对自我正确的评价,克服自卑感。

(3) 完成放松训练的家庭作业。以日记的形式记录下来。

5. 咨询摘录：

咨询师：你好,在这个星期中,你觉得有什么变化吗?

来访者：有点变化,我通过观察,发现同学们都很善良。但是我还是不太喜欢和他们说话,还是会脸红。

咨询师：你观察到同学们都很善良,感觉一般同学之间是如何交往的呢?

来访者：一般同学都很热情,他们交往都很轻松,很自然,没有感觉到有谁要嘲笑谁。

咨询师：你们班级的同学家庭条件都很好吗?

来访者：也不是,也有很多是农村来的。其中还有一个城市来的同学,父母都是下岗工人,来到大学以后还申请了助学金。

咨询师：从这当中你是如何看待城乡差别的呢?

来访者：城市的人也不全是富有的,也有很困难的,有的还不如农村生活得好。

咨询师：你是说不能绝对说城市、农村生活得好与不好。

来访者：我感觉农村也没有什么不好。

咨询师：噢。你感觉同学们都对农村很有偏见吗?

来访者：没有。没有人说起过。没有听到有谁说农村不好。

通过本次交谈,来访者认识到自己想法有些问题,并且意识到自己的不合理信念。

第三次咨询：

1. 目的：

(1) 分析来访者心理问题产生的深层原因(核心错误观念)。

(2) 提高自我情绪和行为的调控能力。

2. 方法：认知行为疗法。

3. 咨询过程：

反馈咨询作业,通过对家庭作业的分析,使来访者明白,是她核心的错误观念导致了她的不良情绪和行为。

4. 布置家庭作业：

(1) 记录此次咨询对自己认知转变的启示,并分析这种观念转变对改善情绪的作用。

(2) 不断巩固新观念,多观察分析他人,多注意观察别人的缺点和不足,明白每个人都不是完美的,都有自己的优势和劣势,正面积极评价自己,学会接纳自我,以增强自信心,提高自我调控能力。

5. 咨询摘录：

咨询师：你最近和同学的交往有所改善吗?

来访者：好一点了。我和同宿舍的同学开始交往了。

咨询师：恩，你是有了进步，不错。和宿舍同学交往感觉怎么样呢？

来访者：我通过和同学交往，感觉大家都很善良，对我也很热情。

咨询师：有看不起你的地方吗？

来访者：那倒没有。就是我自己感觉还是放不开自己。

咨询师：你感觉放不开自己，这些是主观因素多，还是客观因素多呢？

来访者：都是我自己想得太多吧，很多时候是我自己感觉自己土，会被别人嘲笑。

咨询师：你在主观上对自我的评价低，想象他人对你的评价多是负性的，那么你想想和人交往形成的这些困难，都是什么因素引起的呢？

来访者：都是我自己的负性思维，自卑。

在本次咨询中，咨询师同来访者一起分析了她的不合理信念，并进行反思，最后教其运用放松练习缓解紧张焦虑的情绪。

第四次咨询：

1. 目的：

(1) 巩固咨询效果。

(2) 结束咨询。

2. 方法：心理测验法。

3. 咨询过程：

(1) 反馈作业，紧张和脸红的症状基本消失，小红自我感觉目前心理状态比较稳定。

(2) 学会正确地评价自己和现实问题，增强自我调节的能力，多运用积极的心理暗示，并在社会生活中积极实践。

(3) 做了 SAS、SCL-90 心理测验，结果各项指标均在正常范围内。

(4) 基本结束咨询，做好咨询的回顾和总结，对来访者的进步给予正性反馈与强化，帮助来访者把咨询过程中学到的认知方式、分析和解决问题的方法运用到日常生活中，用新的认知和行为模式面对未来生活。

4. 咨询摘录：

咨询师：你最近和同学的关系怎么样？

来访者：很好，我和宿舍的一个女孩子成了好朋友。她对我帮助特别大。

咨询师：那很好。这个女孩子是什么样的人呢？

来访者：她家就是本市的，家庭条件很好。她对我很好。她对我的态度让我明白更多的时候是我自己不接纳自己造成的自卑。

咨询师：你从她对你的态度中反省了自己。

来访者：我通过和同学的交往，通过大量的实践和事实，都证明同学们对是从农村还是从城市来的并不在意。同学们看中的还是个人的品质多一些，比如对人是否真诚。

咨询师：你通过实践收获了很多嘛。

来访者：是啊。大学生活和中学大不一样，我心情也好多了，我要多交朋友。

咨询师：看到你这些变化，我很高兴，希望你以后继续努力。

八、咨询效果评估

（一）来访者本人和其他人的评价

小红情绪明显好转，自述自己和别人交往时紧张的心理得到改善，睡眠恢复正常，质量有所提高。

同学们普遍反映小红比以前活泼了，还交了好朋友，情绪稳定，心情好转了。

（二）咨询师评估

通过回访，了解小红本人目前状态稳定，精神面貌较初访时大有好转，交往正常，学习和生活也恢复了正常，小红说："自己和人交往轻松多了，感觉自己和他人都是平等的，来自农村也并不是被人看不起的理由，心理上轻松多了。"咨询基本上达到预期目标。

（三）心理测验评估

使用 SAS 和 SCL - 90 对来访者的焦虑情绪进行了测量，SAS 标准分 34 分，SCL - 90 各项指标均已恢复正常，说明来访者心理问题已经基本得到了解决。

通过以上评估，说明本案例咨询效果显著。

第六章　学校心理咨询的常用技术

　　可以运用在学校心理咨询中的心理干预技术有很多，这里重点介绍的是一些常用技术。根据心理学的主要学派，心理干预技术也可以分为精神动力学派、行为主义学派、认知学派以及人本主义学派等不同的类型。这些技术一般都是在心理治疗技术中进行介绍的，并且同样适合在学校心理咨询的实践中运用。

第一节　精神动力学学派的心理干预技术

　　现代心理治疗的发展与弗洛伊德的精神分析理论密不可分，他比较系统地提出了一系列用于临床实践的理论假设和治疗技术，推动了治疗的发展，在 19 世纪末和 20 世纪初产生了很大的影响。20 世纪 80 年代初曾有一系列精神分析方面的经典著作被翻译成中文在国内出版，但仅限于理论性的介绍和探讨，很少用于临床实践。近年来，随着国内有关精神动力学理论和技术培训的增加，更多的专业人员，包括学校心理咨询师也尝试运用精神动力学的理论和技术在自己的专业岗位上付诸更多的实践和探索。

一、精神分析经典技术

（一）病人的选择和治疗前的准备

　　弗洛伊德根据自己的实践经验，认为最适合使用精神分析治疗的疾病是癔症、强迫症和恐惧症，而这些疾病正是使用其他方法难以治愈的顽固性心理疾病。治疗的接受者要受过一定教育，能理解医生的解释。病人年龄一般在 20～40 岁之间，较容易产生疗效。弗洛伊德明确指出，不宜给亲密朋友和家人进行治疗，因为这会带来诸多问题。

　　在实施治疗前，需要作好以下准备：首先，要让病人清楚治疗需要的时间。应该坦率地向病人说明分析治疗至少需要半年、一年或更多的时间。每周会见 3～6 次，每次平均一个小时。还应说明治疗在短时间内很难奏效，而且不能随意终止，否则就会前功尽弃。其次，要对病人讲清楚会有一定负担的治疗费用问题。弗洛伊德认为这不仅关系到医生的收入问题，还有其他心理学方面的意义。

（二）自由联想

　　心理咨询师让来访者躺在专用的躺椅上，心理咨询师在来访者后面注意倾听他们的诉说，这能象征性地再现来访者童年时期和父母关系的情境，容易引导心理上的退行，有助于移情的产生和发展。治疗环境是一个相对隔离的环境，要安静，不能有人旁听，不应受到干扰，不能有家属或其他有关的人员在场。

　　自由联想要求来访者必须遵守治疗中的规则，对所有当前生活中的事情暂且都不做任何思考，而应该把此时此刻浮现在头脑中的任何观念、想法全部说出来，不必讲究条理、顺序、逻辑、褒贬,不仅把愿意讲的内容向心理咨询师表述,即使有一些难以启齿的内容,如使自己感到害怕、羞辱、惭愧、自责的内容也都毫无掩饰地向心理咨询师诉说。来访者的整个表达应松弛、开阔、随意、流畅,努力地做到自由地联想。

(三)阻抗和应对阻抗

弗洛伊德将阻抗(resistance)定义为来访者在自由联想过程中对于那些使人产生焦虑的记忆与认识的压抑。他强调了潜意识对于个体自由联想活动的能动作用,明确了阻抗的意义在于增强个体的自我防御。

阻抗的表现形式可以是语言形式或非语言形式的,也可以表现为个体对心理咨询师要求的回避与抵制。在语言表达方面可表现为沉默、寡言或赘言。通常以沉默为多见。沉默可表现为个体拒绝回答心理咨询师提出的问题,或长时间的停顿。少言寡语常以短语、敷衍及口头禅等形式加以表现。赘言表现为来访者滔滔不绝地讲话,潜在动机可能是减少心理咨询师的说话机会,回避某些核心问题,转移其注意力等,目的在于回避那些他们不愿表达的内容。

阻抗在谈话内容方面可表现为情绪发泄、谈论琐事、东拉西扯和假提问等。在讲话方式上常表现为外在归因、健忘、顺从、控制话题等,这样就把问题归为外界的各种因素,客观上严重地阻碍了个体的自我反省。健忘也有很大的任意性,来访者往往不愿意提起往事或对于往事的细节表现出记忆模糊。对心理咨询师的顺从具有隐蔽特点,常使人不易发觉对方潜在的阻抗作用。控制话题除了能回避来访者不愿谈论的内容之外还可强化他本人的自尊。

阻抗还可以表现在关系方面。最常见的表现是不认真履行心理咨询师的安排,包括不按时赴约,借故迟到早退,不认真完成许诺同意完成的家庭作业等。对心理咨询师请客送礼也是一种阻抗的关系表现,因为这种看上去是讨好的行为,其内在的含义却是一种自我保护,避让心理咨询师强大治疗功能的发挥。

传统的精神分析十分重视阻抗对自由联想的影响,并把解除阻抗作为精神分析中的一个重要的目标。因此,心理咨询师需要识别各种形式的阻抗,了解产生阻抗的各种原因。来访者的阻抗原因可能是多种多样的,有的来自心理问题本身,有的则与来访者人格特点有关,还可能源于对心理咨询师的不同感情。因此,心理咨询师要根据阻抗的不同情况做不同的处理。

一旦心理咨询师确认来访者出现了阻抗,他们可以把这种信息反馈给来访者。但是这种反馈一定要从帮助对方的角度出发,以诚恳的态度与对方进行探讨,共同讨论出现的阻抗现象。应对阻抗的主要目的在于解释阻抗,了解阻抗产生的原因,以便最终排解这种阻力,使治疗取得进展。这里的关键是要调动来访者的积极性。克服阻抗不是一件轻而易举的事情,需要进行多次反复的解释和讨论,直至来访者真正领悟到阻抗的存在并与心理咨询师协同克服阻抗。

(四)梦的解析

梦的解析(The Interpretation of Dreams)在精神分析中也是一项重要的技术。弗洛伊德在《梦的解析》中进行了详尽的阐述。第一次告诉曾经无知和充满疑惑的人们,梦是一个人与自己内心的真实对话,是自己向自己学习的过程,是一种特别的与自己息息相关的人生。他从心理学角度对梦进行了系统研究,这些研究使梦与疾病的关系渐渐清晰起来。奥地利心理学家阿德勒认为,梦是在潜意识中进行的自我调整和激励,以及对未来目标的设定。美国心理学家弗洛姆认为,梦的功能是探讨做梦者的人际关系,并帮其找到解决这些问题的答案。

弗洛伊德认为梦不是偶然形成的联想,而是压抑的欲望(潜意识的情欲伪装的满足)。它可能表现出对治疗有重要意义的情绪的来源,包含导致某种心理的原因。所以,梦是通往潜意识的桥梁。任何梦都可分为显相和隐相:显相,梦的表面构象,是指那些人们能够记忆并描述出来的内容,类似于假面具;隐相,是指梦的本质内容,即真实意思,类似于假面具所掩盖的真实欲望。在弗洛伊德看来,梦的运作、化装主要通过压缩、移置、象征、次级修正的过程把梦的显相完全歪曲。压缩,使显相的梦被转化为简略的形式,梦的某些成分被略去,另一些只以残缺的形式出现。移置,即一个不重要的观念或小事情,在梦中却变成大事或占据重要的地位。象征,即以具体的形式代替抽象的欲望。它显示了梦作为通往潜意识的真实路径;能在形成的内容(变化、矛盾、原因)中反映逻辑关系,以改头换面的方式出现。次级修正,即把梦中无条理的材料加以系统化来掩盖真相等。

弗洛伊德对梦的解释已深入到内心深处的潜在动机,超出了前人研究和应用的范围。但他在释梦中的主观性、任意性和神秘性也是显而易见的。他把人的一切梦的隐义都与梦者潜意识中的欲望联系起来,这很难得到实证,对此也引发了不少学术方面的争议。

(五)移情

移情(transference)是精神分析的一个用语,也是一项技术。来访者的移情是指在以催眠疗法和自由联想法为主体的精神分析过程中,来访者对心理咨询师所产生的一种强烈的情感。是来访者将自己过去对生活中某些重要人物的情感投射到心理咨询师身上的过程。

移情可以表现为正面和负面两种,来访者对心理咨询师的过分热情、爱慕和关心是正面移情,来访者对心理咨询师的敌视、厌烦和憎恨属于负性移情。心理咨询师对来访者也可能产生同样的移情,这被称为对抗移情或逆移情。根据精神分析理论,形成移情的基础,是幼儿期在与双亲或其他人际关系中的关键人物之间存在的未能处理妥当问题的重现。移情在不同背景的来访者身上都可能发生。当来访者的情感达到一定的强度时,他们会失去理性的客观判断力,移情至心理咨询师,就好像心理咨询师是他们生活中的重要人物一样。

无论心理咨询师的性别是男是女,移情都有可能发生。因为心理咨询师的出现,会使来访者过去未被满足的要求重新浮现。不管是正移情或负移情,常常是来访者所熟悉的以往交往模式重新浮现的一种形式。移情可以帮助发现来访者早些时候受到某种特殊对待时的感受。移情通常发生在当心理咨询师(无意中)做了或说了些什么,从而触动了来访者心中未得到解决的问题,而这些问题正是曾经存在于来访者与其家庭成员,如父母、兄弟,或其他重要人物之间的残留问题。移情常发生于治疗的开始阶段,随着治疗的深入移情会变得越来越强烈。

有些学者认为移情对于治疗过程具有一定的价值。认为在帮助来访者解决了由于移情而产生的对心理咨询师的曲解,双方的关系才会获得极大的改善,这种改善会使来访者和心理咨询师的关系更加紧密和牢固。对于移情这一心理反应,尽管有正面的评价,但就其客观效果来讲,不论是哪一种移情,由于它很容易构成对人或物所形成的固定心理定势,从而就造成判断失真,并可能产生成见或偏袒。同时,由于这一感情的产生强化了来访者对心理咨询师的投射,也就阻碍了来访者与心理咨询师真诚的、自然的沟通,从而扰乱了治疗过程中本该建立起来的理性的人际关系。

精神分析特别重视心理咨询师自身压抑情感的处理和训练。心理咨询师要处理好自己的感情,既要注意来访者在自己面前所表露出来的各种态度和行为,也要特别注意不要将自己的生活经历和情感经验带进心理治疗,更不能以此试图影响来访者的思想和行为。产生移情时,来访者过去未曾解决的问题会使他们对心理咨询师的知觉和反应方式产生变形。这些未解决的问题来源于来访者过去的人际关系,而现在又直接指向了心理咨询师。如果心理咨询师对于来访者移情的处理感到困难并出现僵局时,应该考虑对来访者进行转介。

二、短程精神动力学心理治疗

短程精神动力学心理治疗(brief psychodynamic psychotherapy),是在传统精神分析和其他精神动力学心理治疗的基础上逐步改良发展而成的。20 世纪 50 年代以来,部分学者提出对长程精神动力学治疗进行改良,缩短疗程,聚焦问题,提高效率。美国学者亚历山大(Alexander)是短程精神动力学心理治疗的早期开拓者之一。随后英国学者曼兰(D. Malan)及其同事比较详细地提出了短程心理治疗的方法和应用。20 世纪 60 至 70 年代,美国希奈斯(P. Sifneos)、约翰·曼(J. Mann)等学者也提出了一些特殊的简易或短程动力学的心理治疗方法。由此形成了短程精神动力学治疗的基本特点。

(一)治疗的对象及范围

短程精神动力学心理治疗一般用于自卑或人际交往中存在问题,同时伴有各种情绪障碍的来访者。对于严重的精神分裂症、抑郁症、药物依赖、冲动行为、有自杀倾向、边缘人格障碍、偏执人格障碍的来访者都不适宜使用。

对于治疗对象的选择应该符合以下一些指征:①有焦点冲突;②能用情感词语来表达其思考的内容;③有强烈的求助动机和愿望;④对治疗性解释有良好反应;⑤有一定的人际交往能力;⑥能与心理咨询师建立感情的接触和沟通。

(二)基本治疗过程

在各种短程精神动力学心理治疗中,一般提倡每周进行一次治疗会谈,每次时间为 30~60 分钟,全疗程为 10~20 次。由于短程精神分析治疗的疗程较短,治疗的重点便转向对某一个问题的改变,而不再强调做广泛的人格分析。所以这类治疗又被称为"焦点心理治疗"(focal psychotherapy)。由于治疗有短程、限时等特点,所以在治疗目标的设定,病例的选择以及技术应用等方面也有其独到之处。

短程精神动力学心理治疗过程一般都可分为以下三个阶段。

1. 初始阶段

由来访者和心理咨询师共同商定聚焦于某一侧重的心理问题。鼓励来访者通过对一具体实例的描述来表达来访者在特定处境中的想法、做法以及相应的情感表现。在这个过程中心理咨询师应较少主动参与，而是鼓励来访者自由地叙述，逐步建立起良好的治疗性关系。心理咨询师较多关注的是来访者的情绪状态，对来访者的各种表达作出适度的反应。

2. 中期阶段

在以后的会谈过程中，心理咨询师鼓励来访者集中讲述内心的苦恼，复述人际关系冲突中自己方面的问题，并且确定问题核心或焦点的所在。帮助来访者回顾自己的生活经历和认识当前问题的产生过程。心理咨询师可以给予一些提示，帮助来访者理清对自我和问题的一些认识。这些提示是作为一种"假设"引导来访者进行思索，而并非要求来访者必须接受。这种假设的来源是基于来访者对自己过去生活经历的看法，也参照来访者和心理咨询师接触交流后所反应的行为表现。

3. 后期阶段

心理咨询师在考虑治疗结束之前就应该向来访者告知何时结束治疗的打算。让来访者对于所接受的是短程治疗以及治疗即将结束能有充分的心理准备。这有助于调动来访者对于治疗进程的紧迫感，使他能积极投入和努力配合治疗。心理咨询师在基本达到治疗目标时就应该果断地结束治疗，避免来访者为了一些残余的小事而随意延长治疗过程。在实际的治疗过程中，心理咨询师一般也不会很刻板地规定具体的结束时间。多数情况下心理咨询师都能把握治疗的节奏，水到渠成地结束治疗。

（三）常用的治疗技术

短程精神动力学治疗非常强调治疗性关系的建立，其中包括良好的会谈交流。治疗技术除了支持、鼓励、复述、解释以外还包括确定焦点问题与以往经历的联系、移情分析、新想法思考替代、行为应对以及良性忽视等技术，以下介绍其中的三种。

1. 确定焦点

对于来访者来说，所谓焦点就是他的焦点冲突，也就是主要心理问题的症结。不同学者对于焦点冲突认识的观点也有所不同，有的认为是当前忍受的痛苦，有的认为是围绕成功和失败方面问题的纠结。在治疗中对于特殊或明显的部分能在短期内得以解决，而对于比较复杂的或潜在的问题，由于需要耗费大量的时间才能解决，所以这些内容就不能列为要在短程治疗过程中解决的问题。因此准确地确定焦点冲突，对于短程精神动力学治疗的成败至关重要。

2. 移情分析

在短程精神分析治疗中，心理咨询师在与来访者的交谈中需要具有高度的识别能力，理解来访者对以往经历的叙说的关键内容以及与当前焦点问题的内在关联，然后才能做到恰如其分的分析或移情解释。移情是心理咨询师的常用技术，但是需要来访者具有一定的文化程度、领悟能力才能产生较好的效果。如果移情的操作千篇一律，很难得到来访者的全力配合。

3. 良性忽视

短程精神分析治疗有一个重要技术是"良性忽略"（being neglect）。由于精神动力学的长程治疗需要解决的问题很多，而在短程治疗中无法顾及，所以心理咨询师只能关注焦点和核心问题，忽略一些必须忽略的问题，对这些内容不作评论和干预。

第二节　行为主义学派的心理干预技术

行为干预的技术十分广泛，根据学校心理咨询的特点，常用的技术有行为塑造、促进、行为技能训练、惩罚、代币治疗、行为契约、放松训练、系统脱敏、快速暴露法等。

一、行为塑造

（一）行为塑造的定义

行为塑造是用来培养一个人目前尚未作出的目标行为的手段，它可以使个体行为不断接近目标行为，最终作出这种目标行为。

（二）行为塑造的实施过程

行为塑造是一个过程，操作可以分为以下一些程序。

1. 定义目标行为

根据需要为治疗对象拟定一个行为目标。在确定目标时，应该充分估计这个塑造计划能否成功，何时能够获得成功。

2. 判断塑造方法对来访者是否是最佳选择

塑造是要让来访者作出新的行为举动，或者是恢复曾经有过的行为，但是这个行为目前已经消失。对于那些时有时无可能出现的行为，不能采用塑造方法，而是通过差别强化方法来操作（在一个情景中只强化一种行为，而其他行为不被强化）。

3. 确认初始行为

初始行为必须符合两个要求，即应该是来访者已经在做的行为，至少已经在做，其次是初始行为必须和目标行为有一定的关联。以此为基础，能向目标行为逐步递进。

4. 选择行为塑造步骤

个体在塑造过程中，一定要在掌握了上一步以后才能进入到下一步，应该循序渐进地朝目标行为趋近。需要注意的是，迈向新的一步所改变的幅度不能太大，否则来访者会难以接受。同时，在塑造过程中的每一步又不能太细小，这会使塑造的进度过于缓慢，费事又费力。所以要尽可能地趋于合理，让来访者既能接受又能做到行为改变的进步。

5. 选定行为塑造过程中的强化物

需要选定一个强化物，可根据学校环境的特点和可能选定强化物。要确保来访者在作出一个正确的行为时能及时得到强化物。使强化物能够对新的行为产生直接作用。但是，强化物的量必须适度，以免来访者轻易得到强化物而满足，忽视塑造过程中付出努力的代价。

6. 对各个连续的趋近行为实施差别化强化

塑造是一个连续性过程。刚开始时，当来访者出现初始行为时就应给予强化物，以达到强化行为的效果。当此行为基本巩固后进入到后一步行为时,就应对出现后一步的行为进行强化,停止对前一步行为的强化。按照这样的程序,一旦某一步骤的行为能够达到保持连续出现后,就应进入到下一步行为,强化也随之转向此新行为。如此操作,直至达到目标行为。在目标行为得到巩固后才能停止给予强化物。

7. 按照合适的速度完成塑造的各步骤

塑造推进的速度需要适当,过分急于求成,来访者会出现为难惧怕的情绪。过分节奏缓慢,来访者会拖拖拉拉。因此需要根据来访者的实际情况以及在强化操作过程中的不断反馈来确定进度。塑造过程并非是一个"匀速"的过程,因此需要边观察边调整,从起始行为顺利到达目标行为。

二、促进

(一)促进的定义

促进是指在行为进行之前或行为进行之中给予的刺激,有助于行为的发生。促进的功能就是使一个正确行为出现,并使它得到强化。在学校环境中,教师给予学生促进,能使学生表现出正确的行为,由此可提高教学和其他方面培养的效率。

(二)促进的类型

反应促进是在行为矫正中使用的最常见的一种促进方法。反应促进是指与希望反应相联系的促进。通常有语言促进、姿势促进、示范促进和躯体促进等。

1. 语言促进

当一个人在打算行动或者在行动中时,另一个人的语言能引起他的正确反应,这就是一种语言促进。如果一个经常怯场的学生在进入考场之前,心理咨询师特别叮嘱他:"不要慌,好好发挥。"这样的叮嘱就是语言促进,这会让学生产生被鼓励的行为效果,激发他冷静应考的良好状态。语言促进可以包括语言指导、规则、提示、暗示、提问或其他任何语言性的帮助,只要能提高学生的正确行为发生的可能性,这些都可成为语言促进。

2. 姿势促进

当一个人在打算行动或者在行动中,其他人对他的任何躯体运动或姿势如果能引起他正确行为的出现,这都被认为是一种姿势促进。例如,一位十分焦虑的学生在体育课上参加长跑测验,站在跑道外的心理咨询师用挥手向他表示加油。在场外心理咨询师的鼓动下,场上的学生跑得很出色。姿势促进的动作幅度可大可小,即使心理咨询师对学生跷起大拇指,也能起到对学生行为赞赏鼓励的效果。

3. 示范促进

一个人任何正确性的示范能使其他人的正确行为在适宜时间内出现的可能性增加的过程就称为示范促进。例如,一位教师在实验课上给学生示范实验的操作过程,学生观察并模仿教师的示范的程序做实验,能把实验做得更加规范和准确,这就是示范促进的作用。

4. 躯体促进

躯体促进是指一个人通过躯体上的帮助使被帮助者在适宜的时间内作出正确的行为反应。例如,教师在书法课上手把手地指导学生如何握笔和运笔,使学生很快地掌握书法中的一些用语言也难以表达的诀窍。

在学校环境中,当心理咨询师试图影响学生的行为时,以上各种促进方式都可以应用。因此反应促进有时具有一定的强制性和控制性。在咨询过程中,需要选择能够被学生所接受的促进方式。

三、行为技能训练

行为技能训练就是帮助个体熟悉有用的行为技能(如社会技能或学习相关的技能)。示范、指导和演习是行为技能训练的常用方法。

(一)示范

训练者(心理咨询师)向学习者示范正确的行为。学习者通过观察示范行为并进行模仿,从而习得正确行为。示范可以是具体的,也可以是象征性的。具体示范就是心理咨询师直面来访者进行示范操作,而进行象征示范时,心理咨询师是通过录像、录音、视频材料的形式来演示。

示范要产生效果,必须掌握以下一些要点:(1)学习者必须具备模仿能力;(2)示范者具有一定权威性;(3)示范行为的复杂程度应与学习者的接受能力相符;(4)学习者在心理咨询师示范过程中的专注程度要高;(5)学习者在观看示范后应进行相应的演习模仿等。

(二)指导

指导是指向来访者恰当地描述某种行为。只有针对性地向学习者描述、讲解和解释如何达到希望表现的行为,才能让来访者知道应该如何去做,如何做才是正确的。指导来访者并非是一件容易的事情,因此在指导中必须做到以下一些要点:(1)指导者所用的语言要符合学习者的理解水平;(2)指导者应当是来访者所信任的人(如心理咨询师、教师、父母);(3)接受指导后应该尽快给学习者实际行动的机会;(4)来访者在注意力集中的时候给予指导,这样才会有明显效果;(5)指导者应该重复指导语,以保证来访者正确听到并记住指导语。

(三)演习

演习是指来访者在接受指导和观察行为示范后对这种行为进行的实践。演习是行为技能训练的一个重要组成部分。在演习过程中心理咨询师才能看到来访者的表现,才能判断来访者是否已经掌握了该行为。在演习操作中需要做到以下一些要点:(1)在适当的时候对行为进行演习,这样可以引导来访者对学得的行为以此类推;(2)演习应该从简到难,循序渐进,以提高来访者的成功率,增强信心;(3)对成功的演习应立即给予强化;(4)对不完全正确的或错误的演习,应给予更正性反馈;(5)只有在行为表现达到正确时演习才能停止。

四、惩罚

惩罚是指某一行为发生后紧随的后果导致行为将来出现的可能性减少的过程。所以它包含三个要素:(1)一个具体行为发生了;(2)这个行为之后立刻跟随一个结果;(3)将来这个行为不大可能再次发生。

在行为矫正中,惩罚是一个具有特定含义的术语,这与大多数人所认为的惩罚的含义是不同的,它没有任何消极色彩。但在现实社会中一般人都把惩罚看成为做错事的人应得的报应结果,所以它包含了伦理、道德和法律的内涵。因此,心理咨询师在对惩罚的认识上应该把行为矫正中的一项专业技术和一般人理解的带有负面意义的内容严格加以区分。需要指出的是,在惩罚程序的使用方面尚存在一些争议,有人认为在学校环境中使用惩罚会侵犯学生的个人权利。也有人认为厌恶的刺激会给人带来一些痛苦或不愉快,似乎也是不可取的做法。所以,考虑到种种因素,惩罚程序一般不作为对问题行为干预的第一选择。

以下阐述的四种惩罚程序,"罚时出局"、"反应代价"、"厌恶活动"、"厌恶刺激"都是学校中常用的方法。前两种方法属于负性惩罚,即在出现问题行为后转移强化事件。后两种方法属于正性惩罚,是在问题行为发生后,提供厌恶事件,从而使问题行为以后发生的可能性降低。

（一）罚时出局

罚时出局是指在短时间内由于问题行为失去接近正性强化物的机会。结果能使今后问题行为出现的可能性减少。罚时出局有两种类型：非排斥性罚时出局和排斥性罚时出局。

例如,一组学生在心理健康教育课中做心理游戏,有一个学生不遵守课堂纪律,不专心投入,与周围的同学随便大声讲话。心理教师看到这种情况,就平静地走到这位学生面前,拉着他的手,指着教室墙边的一个椅子对他说,你坐到这张椅子上,暂时不参加游戏了,因为你大声讲话影响了大家的活动。学生静坐在椅子上看着其他同学继续做游戏。大约10分钟后,教师见该学生安静了,情绪平稳了,就又让他回到班级群体中继续参与游戏。此时学生不再大声喧哗,认真地参与到心理教育课的活动中。心理教师的这种做法就是非排斥性罚时出局。

如果心理教师要求学生即刻到教师办公室静坐,请另一位教师监管。在心理教育课结束后再去和该学生谈话,对他说明这样做的理由并针对学生的问题行为进行心理辅导。该学生在以后的心理教育课中不再出现不遵守课堂纪律的行为了。这样的过程就称为排斥性罚时出局。

使用罚时出局并增加其有效性,应该注意以下一些要点。

1. 罚时出局要有可行性

在实施罚时出局中应考虑到当时的实际情况和可行性。如果是排斥性罚时出局,心理教师需要物色一位助手陪同学生到达其他的房间,同时需要监管该学生。如果学生的配合度很差,对排斥性罚时出局进行反抗,这很容易形成冲突的僵局,无法达到行为干预的目的。所以心理教师在考虑实施罚时出局时对操作能否成功应有充分的预估。

2. 罚时出局要确保安全

无论是实施排斥性罚时出局还是非排斥性罚时出局,都应考虑到学生的安全。当让学生离开现场进入另一个环境（走廊、教室或办公室）,都应该有委派的教师进行监管,不能让学生独自处在另一个环境中随意活动。即使是非排斥性罚时出局,心理教师也需要密切观察学生的动态,对可能出现的不配合或不安全的行为密切观察并及时作出反应。

3. 罚时出局要控制时间

罚时出局应该是一个短暂失去获得正性强化物的过程,因此必须把握适当的时间长短。罚时出局一般为 1~10 分钟。若需要延长时间,可以在监管人在场的情况下延长 15 秒~1 分钟。心理教师应严格把握时间,不能在学生的问题行为还没有终止时就结束出局,这样做会导致对学生问题行为的强化。

4. 罚时出局要防止逃脱

无论是非排斥性罚时出局还是排斥性罚时出局,监管人一定不能让学生在出局结束前离开、逃脱。学生的逃脱成功会使罚时出局的实施以失败告终,这是对学生问题行为的强化。但是有的学生会设法逃脱,心理咨询师和监管人应在不引起冲突爆发的情况下尽量让学生完成罚时出局,在时间方面可以考虑适当缩短。

5. 罚时出局要能够接受

心理咨询师在决定使用罚时出局之前必须认真考虑此程序在具体的操作环境中是否是可以被接受的。因为尽管这是科学的行为塑造的良好方法,学生也能够接受,但是学生的家长可能对此做法产生误解,认为这是对学生的一种变相虐待,不接受学校心理治疗师的做法。有的学生家长会赞同使用罚时出局,他们自行在家中对学生实施罚时出局来制约问题行为。但是由于他们缺乏正确的指导,可能对于学生操作的强度把握不好,会越出合理的程度,从而使学生难以接受并且影响了罚时出局的良好效果。

(二)反应代价

所谓反应代价就是根据问题行为出现与否,拿走一定数量的强化物。反应代价程序被政府、执法部门和其他机构广泛应用。在交通执法中,罚款和扣分都是最常见的反应代价,因为罚款就是失去一定数量的强化物(钱),扣分与暂停和剥夺驾驶资格明显挂钩。在学校环境中尽管心理咨询师不可能对学生使用罚款手段,但是选择收取一定数额的代币,剥夺一些学生喜好的活动时间,撤回学生的一些特权等都可以作为反应代价的强化物。

在反应代价的程序操作中应该注意以下一些要点。

(1)罚款不宜在学校环境中作为反应代价的强化物。

(2)学生在问题行为发生后所失去的强化物,应该尽可能立即生效,不宜延迟一段时间,因为学生会因延迟失去而减弱对失去强化物的刺激效果。

(3)失去的强化物应合情合理,符合道德。不会对学生造成本质上的损害。同时应避免家长对孩子失去强化物的误解。

(4)反应代价的实施有其可行性。心理咨询师对于实施反应代价的程序应做周密的安排,要有计划、有条理地实施。不宜在学生不知情或不清楚规则的情况下轻易失去强化物,这会导致学生的不理解和不配合。此外,心理咨询师也应了解和充分估计自己的专业水平和应对能力,这是应变处理反应代价的基础条件。

(三)厌恶活动

厌恶活动属于正性惩罚的一种程序,在问题行为发生后,提供厌恶事件,从而使问题行为未来发生的可能性降低。厌恶活动有很多类型,在学校环境中常用的方法有"矫枉过正"、

"过度补偿"、"引导服从"和"身体限制"等。

1. 矫枉过正

矫枉过正是指要求学生在每次问题行为发生的一段时间内进行与该行为有关的费力活动。矫枉过正一般有两种形式:积极练习和过度补偿。

(1) 积极练习。学生在每次出现问题行为后,要求他们积极地练习正确形式的行为。这种做法必须在随后的一段时间内进行(5~10分钟),需重复一定的次数才能停止。平时在学校中教师要求学生把做错的作业订正或多抄几遍就是矫枉过正的原理。只是因客观条件的限制,积极练习的时间被延迟了。最有效的做法应是尽快地进行积极练习。

(2) 过度补偿。在学生每次出现问题行为后,心理咨询师必须纠正学生问题行为所造成的环境影响,并要求把环境恢复到比出现问题行为之前更好的状态。例如,当学生随便移动课桌,影响了教室的环境整洁,心理咨询师除了要求该学生恢复移动的课桌以外还要求他把其他凌乱的课桌也整理排齐。这样的过度补偿过程中学生的问题行为就会得到矫枉过正的纠正。

2. 随因练习

随因练习的程序是当学生出现问题行为时必须进行某种形式的体力活动,其结果能使问题行为在未来发生的可能性减少。这不同于矫枉过正中厌恶活动,这是对问题行为的正确形式的积极练习或是矫正了由问题行为造成的紊乱环境。随因练习中的体力活动与问题行为之间没有直接的关系。体力活动必须在学生能够完成的范围之内,不会造成对学生的伤害。例如,一学生有随地吐口水的习惯,心理咨询师就要求学生在发生随地吐口水的行为后必须做10次俯卧撑,为的是希望该学生逐渐减少不良习惯。这种体力活动的过程就是随因练习。

3. 身体限制

身体限制是一种惩罚程序,当学生出现问题行为时,心理咨询师或者教师把该学生的部分身体控制,使他制动,不再能够继续问题行为。例如,一个男学生欺负一个女学生,用脚踢女学生,被教师看到了。此时,教师就抱住男生的腰,不让男生再继续踢女生。这就是身体限制的过程。许多人能体会到自己的活动受到限制是一件令人反感的事情,所以对这些人使用身体限制的方法可以作为惩罚手段。

关于身体限制的实施须注意以下一些要点:

(1) 心理咨询师或教师在有足够体力的情况下才能实施对学生的身体限制。

(2) 操作者必须充分估计到被身体限制者可能会做出的肢体反抗。

(3) 操作者必须确定执行程序不会对问题行为学生造成伤害。

(四) 厌恶刺激

进行厌恶刺激即在问题行为发生后呈现令人厌恶的刺激物。当问题行为导致厌恶刺激呈现时,这样的行为在以后就不大可能再出现。厌恶刺激的手段有多种,包括电休克、香味氨水、水雾喷射、面部遮蔽、闹钟铃声等。

在精神病专科医院,电休克对于有严重自杀自伤行为的来访者来说是一种有效的治疗措施。在一些特殊教育学校的环境中,心理咨询师可以根据学生的具体情况,适度地使用其他不同的厌恶刺激手段来实施惩罚他们的问题行为。对于普通学校的学生,厌恶刺激的实施需要十分谨慎。

使用惩罚应当在慎重考虑的前提下安排实施。因为惩罚涉及强化物的损失、强迫活动、行动限制或呈现厌恶刺激等,所以使用此程序不能使用不当或滥用,它可能会对学生造成危害。为此,为了确保惩罚符合道德,应做到以下一些事项:

(1)知情同意。心理咨询师必须完全理解惩罚的程序、实施的原理、如何实施、预期的效果和副作用。在实施前必须全面了解学生是否合适接受惩罚,他们是否同意接受惩罚。所以,对未成年人和不能作出承诺的成年人(智障或精神疾患)使用惩罚时,必须由维护其权益的合法监护人或合法代表作出承诺同意实施惩罚。

(2)替代治疗。惩罚不宜作为首选的心理行为干预手段,如果有其他合适的替代方法,可以先使用替代方法,在无效的情况下才考虑使用惩罚程序。

(3)确保安全。惩罚程序不能对学生产生任何伤害。如果所采用的技术会对学生的身体造成伤害,则不能使用。

(4)实施引导。如果准备实施惩罚程序,心理咨询师必须对参与实施的人员(课程教师、家长等)认真指导和管理。并给予书面指导文本,详细表述操作中的细节。

(5)专家复查。惩罚程序必须写成详细的书面计划,提交有关专家或督导师进行复查。在专家评估批准的情况下才能进行实施,以防止惩罚的滥用。

五、代币治疗

代币治疗是在一个指导治疗或接受教育的环境中,受教育者(被治疗者)在出现期望行为或减少不良行为后给予代币,并可得到兑换的物品,成为一种条件强化物,从而达到改变行为的过程。

代币治疗的实施有以下一些基本步骤。

(一)确定目标行为

代币治疗的第一步是确定在治疗中要强化的期望目标。在学校教育环境中由于学生所确定的目标有其特殊性,对于不同年龄和不同成长阶段的学生所确定的目标也应该有所区别。

(二)确定用作代币的项目

代币应该是一件实物,方便携带,以便心理咨询师在学生每次出现行为目标时可以在此环境中立即给予学生代币。代币通常的形式有印好的卡片、专用券、各种形状的小贴片、在纸卡上盖戳等。

(三)确定后援强化物

后援强化物十分重要,它和代币的配合才能构成对目标行为的强化。后援物包括零食、饮料、游戏、看录像、看电影、参与集体活动等。在学校中可以根据环境条件和不同层次学生的不同兴趣点进行安排。

（四）确定适当的强化计划

当学生出现了目标行为后,心理咨询师应该立即给学生一个代币。心理咨询师应对如何给予强化物确定一个由简到难的计划。在实施计划的初期,学生的行为出现都能较容易地得到一个代币。但是随着学生行为的改善,他能够得到的代币的难度应有所增加,从一次行为得一个强化物,逐步转到5～10次行为得到一个强化物。这样做既能确保学生早期获得代币的可能性,同时又能在难度逐步增加的情况下使学生体验到得到强化物的自我价值的提升。

（五）建立代币的兑换率

代币和后援强化物的兑换率必须明确而又公开。每一种后援强化物都有一个价格和用代币兑换它的比率。建立兑换率是为了公平地对待参与代币治疗的所有学生。为了获得代币法的良好效果,心理咨询师对于强化物的兑换率应根据实施代币法的变化情况做适当的更换。另外,学生在一天中允许兑换的后援强化物的总价格应有一个封顶的限制。

（六）建立兑换代币的时间与地点

在学校心理咨询室中可以设立一个代币兑换点,明确兑换的开放时间。开放时间根据心理咨询师所设定的代币治疗的计划而定。需要向参与治疗的学生明确兑换的时间和地点。同时又应规定在学生获取代币后的一段时间内(一般为一周)不准许进行兑换,以便让学生表现更多的目标行为去累积更多的代币。

代币治疗在学校中的应用面很广,这一程序有诸多优点：
(1) 强化快速：使用代币可以在目标行为出现后立即得到强化。
(2) 管理严谨：代币管理严谨,学生的期待目标行为可以得到一致的强化。
(3) 操作简单：代币便于分发,也便于学生自己保管和积累。
(4) 便于量化：代币强化便于量化,减少强化的主观因素。
(5) 扩大成果：可以通过储存代币,为了购买更多东西而学到更多的技能。

同时,需要指出的是,实施代币治疗,心理治疗师和心理咨询机构在人力、物力和时间方面的花费都比较大。

六、行为契约

（一）行为契约的定义

达成协议的双方来签署一项行为契约,其中一方或双方同意在行为中采取一定程度的目标行为。同时契约还规定了该行为的出现或没有出现时将执行的相关行为强化结果。

（二）行为契约的组成

一个行为契约由以下五项基本结构组成。

1. 明确契约中的目标行为

契约中的目标行为都必须使用客观可操作的描述。目标行为可以包括非期望行为的减少,或期望行为的增加,或者两者都有。

2. 规定如何测量目标行为

负责实施目标行为的心理咨询师必须有目标行为出现的依据,来访者必须能够证明目标行为是否出现。在写契约的同时,来访者和心理治疗师必须对测量目标行为的方法达成协议。

3. 确定该行为必须执行的时间

为了强化的实施,每项契约都必须规定该行为出现(或不出现)的时间范围。

4. 确定强化与惩罚的发生

心理咨询师运用正性强化与负性强化,或者正性惩罚与负性惩罚,帮助来访者执行(或节制)契约中规定的目标行为。强化或惩罚的发生需清楚地写在契约中。来访者需认可一定程度的目标行为,并进一步同意与目标行为相关联的强化或惩罚。

5. 确定由谁来实施强化或惩罚

一项行为契约需要包括两个部分。一部分是同意采用特定的目标行为;另一部分是实施行为契约中规定的强化或惩罚。

(三)行为契约的类型

行为契约有两种类型:单方契约和双方契约。

1. 单方契约

单方契约又称为单方面契约,由寻求改变一项目标行为的来访者一方,与实施强化的契约管理的心理治疗师一起安排强化或惩罚计划。单方契约常用于学生想要增加期望行为,如运动、学习、饮食习惯或其他与学校有关的行为。也可用于减少非期望性行为,如贪食、咬指甲、看电视过多或上学迟到等。契约管理者不宜让学生的家长担任,因为一般家长都难以掌控对契约的执行。

2. 双方契约

契约由双方签写,每一方都想改变一种目标行为。在双方契约中,由双方来确定要改变的目标行为及对目标行为实施的强化。签订双方契约的人有着相互的关系,如同学、朋友、同胞、师生等。通常是一方对另一方的某些行为感到不满,契约确定的行为改变,能使双方感到愉快满意。

(四)行为契约的商定

参与行为契约的成员必须商定契约中的内容,使大家都能接受契约。在单方契约中,心理咨询师要与来访者商定能够接受的目标行为的程度、适宜的结果及契约的时间限定。心理咨询师还需选择一种强化,以确保执行目标行为的成功。

商定一项双方契约可能会有难度,因为契约的双方往往是处于冲突的矛盾之中,关系紧张。每一方都认为对方是错的,同时又坚信自己的行为没有任何问题。所以,都期待改变对方的行为,而不愿意改变自己的行为。心理咨询师必须与他们商定一项双方都能够接受的契约,必须让双方都能看到他们会从各自行为的改变中获益。同时要帮助双方认识到,只有双方共同参与,改变自己的行为,让对方满意,冲突的状况才能得到改善。

（五）行为契约的应用

行为契约已经大量用于改善儿童、青少年及大学生的在校学习生活。同时也运用在学生之间，师生关系和亲子关系的改善中。

需要指出的是，行为契约虽然能够产生行为塑造的效果，但是这是一种延迟的后果，它并不能立即跟随目标行为出现。因此行为契约并不是通过简单的强化或惩罚过程所导致的行为改变，而是建立在其他行为过程基础上的改变。此外，行为契约是通过规则支配行为。契约所建立的是一些规则，签约人需要在相应的环境中把契约作为一种自我指令，督促自己采取目标行为。

七、放松训练

放松训练是一种通过调节来访者自主神经兴奋状态从而达到减轻焦虑和恐惧的行为干预技术。自主神经兴奋状态表现为全身肌肉紧张、心悸、四肢发冷、脸色苍白、呼吸局促、出冷汗等。而放松训练能够降低自主神经的兴奋性，使机体调整到平静、松弛、安宁、舒适的状态，从而能够减轻或消除焦虑和恐惧情绪。

放松训练最为常用的方法有渐进性肌肉松弛法、腹式呼吸法和注意集中训练法等。

（一）渐进性肌肉松弛法

当人体的局部肌群人为地进行收缩紧张，随后立即放松，肌肉将出现比原先更加松弛的状态。这就是肌肉松弛法的基本原理。心理咨询师在指导来访者进行渐进性肌肉松弛法训练时可以分为以下三个步骤操作：

第一步，放松练习需安排在一个宁静的无干扰的室内进行。让来访者坐在一张舒适的靠椅上，轻轻闭上双眼。

第二步，首先进行选择优势侧手及手臂，使肌肉紧张5秒钟，然后突然放松。让学生体会到紧张与放松状态之间的区别，集中关注和仔细体验此时的松弛状态5～10秒钟，来访者可以清晰地感受到放松后的局部肌肉的舒适及轻松。然后根据表6-1的顺序，依次对全身的每组肌群进行紧张及放松练习。

表6-1　全身不同部位肌群及紧张方法

肌群	紧张的方法
1. 优势侧的手和手臂	先用力，向肩部屈肘
2. 非优势侧的手和手臂	同优势侧
3. 前额及双眼	睁开双眼并提眉，尽可能使前额有很多抬头纹
4. 上颊及鼻子	皱眉，斜眼，皱鼻子
5. 颚部，下颊，颈部	咬牙，翘起下巴，嘴角降低
6. 肩部，背部，胸部	耸肩，尽可能地往后拉肩峰，好像要使它们触到另一侧

肌群	紧张的方法
7. 腹部	轻轻向腰部弯曲,上腹部挺起,尽可能地紧张肌肉,使腹肌坚硬
8. 臀部	收紧臀部,同时向下推压椅子
9. 优势侧大腿	推挤肌肉,使之紧张变硬
10. 优势侧小腿	脚趾向上翘,伸展并紧张腓肠肌
11. 优势侧脚	脚趾向外,向下分开,伸足
12. 非优势侧大腿	同优势侧
13. 非优势侧小腿	同优势侧
14. 非优势侧脚	同优势侧

第三步,当来访者能够熟练地掌握全身每一肌群的紧张放松方法,并能够做到不依赖图表或录音提示,能完全记忆放松肌群的整个程序时,来访者可以尝试不通过顺序性地对每组肌群进行紧张放松练习过程,而直接进入到自我全身放松。在这种过渡中可以通过一些提示语,如"我要全身放松",由来访者在自我提示下立即进入到全身的放松状态,最终使自我提示和全身放松形成一种条件反射。学生能够在对自己进行提示放松后便即刻进入到全身放松的状态。

(二)腹式呼吸法

当来访者处在焦虑状态下,通常伴随自主神经的兴奋,呼吸会表现为浅而快的局促、紧张状态。此时若用一种慢节奏的深呼吸来取代,通过呼吸的调整能够达到减轻焦虑的效果。用以取代的深呼吸是一种腹式呼吸,是通过膈肌的上下运动达到的一种深呼吸。腹式呼吸的训练有以下两个步骤:

第一步,来访者选择一个舒适的静坐姿势,用一只优势手轻放在胸肋下的腹部部位,这正是膈肌的位置,以检察腹部的运动状态。而用另一只手放在胸部以检查胸部的运动状态。当来访者使用膈肌进行深呼吸时,可以通过优势手感受到腹部向外慢慢地放松地鼓起。而放在胸部的手感到胸廓略微有平稳的运动。此时的腹式呼吸才达到了膈肌深呼吸的要求。

第二步,练习腹式呼吸可以选择坐姿、站姿或躺着姿势。先慢慢闭上双眼和嘴巴,缓缓地用鼻子吸气 3～5 秒钟,腹部有向外鼓出的感觉。然后再缓缓地用鼻子呼气 3～5 秒钟,使肺部的空气顺着膈肌的向上运动,自然地排出体外。这样反复的练习能够产生降低焦虑的效果。在进行腹式呼吸的练习中,来访者应该把注意力集中在对呼吸的感受上,感到腹部在内外运动,胸部保持平稳。腹式呼吸的最终效果体现在降低焦虑的程度。

腹式呼吸练习是大多数放松训练的一个组成部分,腹式呼吸可以配合其他放松练习同时运用。

（三）注意集中训练法

注意集中训练法的基本原理是通过练习使来访者的注意指向一个中性的或愉快的刺激，而从产生焦虑的注意刺激方面转移离开。常用的注意集中训练法有默想法和指导意象法等。

默想法是通过练习把注意力集中到某个视觉刺激、听觉刺激或运动知觉刺激上，其目的也是为了使来访者从会产生焦虑反应的刺激中移开，从而达到机体和情绪放松的效果。

指导意象法是通过想象练习，使学生构成轻松愉快的情境或影像。练习时来访者可以采用舒适的坐姿或半卧位姿势，在心理咨询师的指导下闭上双眼，跟随播放制作好的引导语录音材料，使学生通过同步想象，进入到心旷神怡状态之中。录音材料可以有多种配置，如海边、丛林、田野、村落、深山等，既有大自然的声音气息效果，又有优美的音乐伴奏。可根据来访者性别、年龄、经历、喜好的不同，选择不同的伴音素材。指导意象法练习目的同样是转移来访者焦虑反应的刺激源。

八、系统脱敏

（一）系统脱敏的原理

系统脱敏是由南非的精神科医生约瑟夫·沃尔普(J. Wolpe)创立并发展的一种行为治疗方法。沃尔普医生通过对猫的恐惧实验结果，认为机体处在恐惧的情境中保持放松的状态，这样就能降低机体的恐惧反应。他把这个过程称作"交互抑制"，因为放松反应抑制并防止恐惧反应的出现。

在系统脱敏实施过程中，心理咨询师的鼓励、赞许对来访者的操作训练起着强化作用，使来访者在恐惧情境下仍保持放松，不再引起焦虑和退缩，恐惧行为便会自然消退。也就是说，心理咨询师有步骤地让来访者在放松状态下想象并逐步接触以前曾引起他恐惧的情境，逐步增加其耐受程度，由于处于放松状态，来访者能直接体验到平静的情绪，因而原有的恐惧反应和回避行为就会逐步减退和削弱。

运用系统脱敏方法有三个重要环节：

（1）来访者学习和运用放松技术。

（2）心理咨询师和来访者一起建立一个恐惧事件的等级。

（3）来访者在心理咨询师的指导下进入不同层次恐惧情境的同时练习放松。

（二）系统脱敏的操作

有关系统脱敏的具体实施操作可以分为以下两个过程。

1. 建立恐惧事件等级

来访者在和心理咨询师的共同商议下，制作一个恐惧程度量表来确定自己对于恐惧事件不同承受程度状况的分级。这个恐惧程度量表称为 SUDS(主观不适程度等级)。在 0～100 的分级中，0 相当于没有恐惧和焦虑，100 相当于极度的恐惧与焦虑。恐惧事件应通过一系列的恐惧程度来确定，这样恐惧等级就由低、中、高等不同计分组成。

以下是一位对乘地铁场所恐惧来访者的恐惧程度等级表(见表 6-2)。

表 6-2 对乘地铁场所恐惧的程度等级表

序列	恐 惧 情 景	等级分
1	想象站在地铁站候车	5
2	想象进入到地铁的车厢内	10
3	站在地铁候车室,看到地铁到达站台	25
4	当地铁停站后,车厢的门打开时,来访者快速走进车厢并即刻退出车厢	50
5	当地铁到站后走进车厢,乘坐一站路便在下一站就下车	75
6	在地铁到站后走进车厢,乘坐三站路后下车	90
7	能乘坐在地铁车厢内,路程超过 5 站路	95
8	能乘坐地铁到达任何目的地	100

2. 通过恐惧事件等级的过程

来访者在心理咨询师的辅导下学习了放松方法,并建立了对恐惧事件的恐惧程度等级后,就开始运用系统脱敏的方法通过这些等级。在这个过程的开始,心理咨询师指导来访者进行放松训练,当进入放松状态后,心理咨询师便要求来访者进入到第一级的情景,来访者只会感到很轻微的恐惧。随后继续放松,在想象的同时保持放松状态,这时便可以进入到下一个恐惧的等级。来访者如果能够顺利地完成若干等级的想象,能承受较高一级恐惧的情景,接下来便可转入到现实脱敏的阶段。此时,心理咨询师需要与来访者一起到达恐惧的具体场景,同样不断指导来访者进行放松练习,在放松的状态下尝试接受更高一级恐惧程度的情景。由于在现实的情景中要来访者很快地提升接受恐惧等级会有难度,所以,现实脱敏的进度需根据来访者客观的接受能力而定,不能强求。从想象脱敏到现实脱敏是一个连续的过程,不应因产生困难而随意终止,这样会使脱敏的效果前功尽弃。心理咨询师应有充分的耐心和信心,即使来访者出现为难的情况,也应鼓励来访者,把原先制定的恐惧等级进行修改,使进度减缓,确保来访者能够承受渐进提升的恐惧程度。

需要指出的是,在系统脱敏中,想象脱敏和现实脱敏是两种不同类型的操作。想象脱敏一般能在咨询室中进行,而现实脱敏需要到实地进行操作,而且要有心理咨询师亲自陪同和指导。因此对于心理咨询师来说现实脱敏更加费时费力。在大多数情况下要达到系统脱敏的切实效果,需要通过想象脱敏结合现实脱敏才能实现。

九、快速暴露法

快速暴露法又称为满灌法,是让来访者快速暴露在刺激性的环境或事物中,使之承受并适应这种刺激环境或事物。快速暴露法主要适用于恐惧障碍以及某些强迫行为(强迫仪式动作)。对于场景恐惧及某些特殊恐惧更适合使用此方法。

对于快速暴露法的具体操作需要注意以下一些要点。

(1)对于需要暴露的对象,包括恐惧的场景、特殊的事物或强迫仪式动作等都必须十分具体,不能似是而非,模棱两可,要具有十分清晰的针对性。

（2）来访者需要有较高的文化程度,有强烈求治的要求和良好的合作态度,这些是适合接受快速暴露治疗的对象。如果来访者有人格障碍的基础,恐惧无特定对象,强迫症状十分多样或缺乏信任和合作,都不适宜列为暴露干预的对象。

（3）来访者的求治动机和治疗场所的安排（特定情境或家中）以及家庭成员参与治疗过程等对快速暴露的疗效有着很大的影响。在治疗前需要让来访者充分地了解暴露疗法的原理和方法,并与来访者一同制定治疗计划。取得来访者的同意和合作后,调动来访者的主观能动性,积极参与治疗。如果能有某些家庭成员参与督促及指导来访者的暴露,则有利于暴露疗法的顺利进行。

（4）应用快速暴露法治疗需要根据不同的问题制定相应的暴露治疗计划。在快速暴露的过程中会出现意外或并发症。例如,对某些特定恐惧的学生在暴露治疗时,他们可能出现晕厥、心动过速或心动过缓,因此需要在治疗过程中特别加以重视。对于合并有严重躯体疾病的来访者,不适宜采用快速暴露治疗。由于快速暴露也可能引起心理、生理的剧烈反应,可能加剧恐惧,导致回避,甚至可引起呼吸循环意外等,所以对于接受快速暴露的来访者需要经过严格的筛选。

（5）对于社交恐惧的来访者,在实施快速暴露前,需要对来访者的人际关系进行特别准备和处理,要事先对来访者进行社交技巧方面的训练,避免他们直接进入到社交环境中出现强烈的惊慌失措状态,从而导致行为干预的失败。

（6）不可忽视良好的咨访关系。咨访之间轻松、愉快的关系有助于来访者克服不良行为。一般认为心理咨询师和来访者之间的关系是一种共同参与模式。在实施快速暴露期间,心理咨询师或家庭成员都不允许采取强制或体罚的手段迫使来访者完成治疗计划。

第三节　认知治疗学派的心理干预技术

20 世纪 70 年代中期和末期,在行为疗法的实用性开始被人们广泛接受的同时,学者们对行为治疗的临床疗效也产生了质疑。他们开始逐渐明白,对于那些没有对简单的行为治疗做出有效反馈的来访者而言,认知因素在其中施加着影响。他们认识到了在治疗中要解决认知因素的必要性。

班杜拉的关于观察学习的研究工作对人们关注行为疗法中的认知因素起到了至关重要的作用。班杜拉认为,一个人通过观察其他人做出某种行为而构成学习,如果这个人随后做出该种行为,那么该种行为的学习效果最佳,但是这并不是一个必要条件。班杜拉的理论和对观察学习的研究,为认知和行为治疗的整合提供了基础。

当认知治疗和行为治疗出现整合以后,学术界早期将这种治疗的名称称之为"认知—行为治疗"（Cognitive-Behavior Therapy）。埃尔伯特·艾利斯（A. Ellis）和艾伦·贝克为认知—行为治疗的形成及临床应用作出了突出的贡献。

艾利斯原是一位精神分析师,后来对影响情绪和行为的认知或思维的重要性产生了浓厚的兴趣。他在 1955 年就出版了《理性生活指南》,1961 年出版的《心理治疗的理性及情绪》

具有里程碑的意义。他创立的理性情绪疗法，阐述了被称为适应不良行为的 ABC 理论。艾利斯认为应激性生活事件(A：Activating Events)，不会直接引发心理障碍或情绪反应的后果(C：Consequences)。而非理性信念(B：Irrational Beliefs)，或不现实的解释，是导致人们对所遭遇的生活事件产生心理障碍的真正原因。之后，艾利斯又把 D 和 E 加入到他的理论中，心理咨询师通过争辩(D：Disputing)和指导来访者对非理性信念进行调整，用恰当的理性的信念来替代非理性信念。最后要求来访者对替代的效果进行评估(E：Effects)。艾利斯以他的临床实践推进了他的治疗方法，因而被公认为是认知—行为治疗创建者之一。

除了艾利斯之外，还有一位认知—行为治疗的创始人，这就是艾伦·贝克。他曾经对抑郁症来访者进行梦的分析，实验结果和临床的观察使贝克放弃了精神分析的治疗模式。1973 年，贝克和他的同事完成了《抑郁症的认知治疗》的训练手册，并根据此手册的理论和技术，进行了对认知治疗与氯丙咪嗪药物治疗的疗效对照研究。1979 年贝克的经典著作《抑郁症的认知治疗》正式出版。对此，美国精神医学会给贝克颁奖，表彰他创立认知治疗以及对抑郁症研究的成就。1982 年贝克被誉为"十大最有影响力的心理治疗学家"。

2002 年左右，美国有一些学者开展了应用功能性磁共振(fMRI)来检测认知治疗在大脑成像方面的变化研究，并获得了成功。研究表明，认知治疗对于来访者的心理干预的疗效能够通过影像技术进行生物学方面的检测，这又是一个重大的突破。

认知治疗还在不断地发展之中，不断地被世界各国的心理治疗的专业学者所吸纳，经过"本土化"的过程成为适合各国来访者能够接受的、行之有效的、能被临床证实并具有生物学指标验证的科学的心理治疗方法。

一、认知治疗的基本要素

(一)认知、情绪、行为之间的相互影响

构成来访者心理问题的认知、情绪、行为这三个主要成分并非单独存在，他们之间是相互影响的，这种影响呈现两种双向的循环模式，即认知—情绪—行为影响模式和认知—行为—情绪影响模式。

当来访者在遇到有压力的社会生活事件时，首先启动的是认知评估系统，引发对事件的想法和看法等。由于这些想法和看法中存在着曲解、失真、逻辑错误等非理性及功能失调的成分，因此就会影响来访者机体的情绪系统，产生负性的不良情绪。负性情绪会触动个体的行为活动，构成情绪性行为(Emotional behavior)。这些行为的发生又会对社会生活事件构成一定的影响。同时，来访者的负性情绪和应对性行为则强化了来访者对事件曲解的想法和看法。

(二)自动想法

自动想法是指个体在一定的情境下，大脑中自然而然涌现出的对自己、对他人及对周围环境评价的一闪而过的念头，故又称为"一闪念"。自动想法是自发涌现的、快捷的、简洁的，并非经过深思熟虑的一种思维流。自动想法产生于大脑的边缘系统，而边缘系统正是大脑对外界情境作出快速评估反应的生理结构。这种快速涌出的自动想法对于机体应对紧急情况以及危机状态具有维护性功能。

自动想法具有以下一些特征：

（1）正常人及有心理障碍的来访者都有自动想法，只是有心理问题来访者的自动想法中存在有曲解的、负性的成分，从而会引发出不良情绪及不适应行为等功能失调的后果。

（2）自动想法是自发涌现，即时冒出的想法。既不自我反省，也无深思熟虑。虽然这是在意识范围中的思维形式，但平时却不容易清晰、鲜明地意识到。只有通过心理咨询师的指导和训练，来访者才能够学会捕捉和收集自动想法。

（3）自动想法的出现绝大部分先于情绪和行为。当自动想法一闪而过时，就很快影响到情绪和行为反应。来访者往往会产生一种错觉，似乎在遇到有心理压力的情境时，自己首先清晰感受到的是不良的情绪及反应性行为，但实际上自动想法的出现已经先于情绪和行为了。

（4）自动想法最常见的形式是"词汇"、"短语"及"图像"，十分简洁，通常是以"短语"的方式出现。由于"一闪念"出现的时间极短，来访者在不知不觉中忽略了对想法的感受及识别。

（5）自动想法还有一些其他的表达形式，有"疑问句式"，如"我能行吗？"，但实际表达的意思是"我可不行"。还有"隐含句式"，如"我觉得自己好像是行尸走肉"，但实际意思是"我的存在毫无价值"，等等。

（6）尽管自动想法是自发涌现的思维流，但它的深部有着信念系统的影响和支撑。只要来访者信念中存在的问题被认识清楚，并进行有效的调整，其功能失调的自动想法也就能够从根本上杜绝。

在日常生活中人们遇事都会产生自动想法。如果自动想法是合理的，那么合理的自动想法对人们的情绪和行为的影响都是正性的，产生的功能也是正常的。但是，如果自动想法是曲解的、失真的、非理性的，它就会引发出人们的负性情绪和不适应行为，同时也产生了失调的社会功能。

以下是浅表层面认知中常见的功能失调性自动想法：

（1）过度引申（Overgeneralization）：将以往生活中曾经发生的特殊事件引申成为以后一直会发生的普遍现象。

（2）选择关注（Selective Abstraction）：选择性地关注复杂事物的某些负性方面，而忽视事物的其他方面。

（3）好走极端（Dichotomous Thinking）：是一种极端性的想法，认为事物只有两种可能，不是"好"就是"坏，"不是"全"就是"无"，不是"黑"就是"白"，全然不考虑事物存在有中间状态的可能性。

（4）贬低积极（Discounting Positives）：在看待自己、他人和环境中的积极方面时，都觉得是没什么，无价值。

（5）瞎猜心思（Mind Reading）：没有客观依据，随意负面地猜测别人的想法和反应。

（6）预测命运（Fortune-Telling）：预测未来事情会变坏，或者未来有不祥和危险存在。

（7）灾难当头（Catastrophizing）：把已发生的一般负性事件看作是无法接受和无法应对的重大灾难。

（8）错怪自我（Personalization）：因外界因素所致的负性结果都归咎于自己。

（9）情绪推理（Emotional Reasoning）：听任负性情绪引导自己对客观现实作出随意诠释。通常又可称为感情用事。

（10）乱贴标签（Labeling）：不顾是否符合实际情况，给自己或他人贴上固定标签。

（11）理所当然（"Should" Statement）：用"应该"、"必须"来设定自己的动机和行为目标。

（12）管中窥豹（Tunnel Vision）：只看到事物的一部分，满足于所见不全面或略有所得。

（13）后悔莫及（Regret Orientation）：为自己已成定局的往事深感懊悔，确信若不是当初，结果将会更好。

（14）以偏概全（Oversimplification）：用片面的观点看待整体事物。

（15）任意推断（Arbitrary Inference）：又称非逻辑思考。缺乏严密逻辑思考，对事物随意地做出推论。

（16）委曲求全（Stoop to Make Compromises）：使自己饱受委屈，来成全讨好别人。

（17）失衡对比（Unfair Comparisons）：用不切实际的标准来对事物进行不合理的比较。

（18）完美主义（Perfectionism）：对自己要求十分完美，苛求尽善尽美。

（19）胡乱指责（Blaming）：责怪别人和环境把自己搞得一团糟，排斥从自身寻找原因。

（20）固执己见（Inability to Disconfirm）：拒绝任何可以驳斥负性想法的证据和理由，总是自以为是。

（三）核心信念和中间信念

信念是人们从童年开始逐步形成的对自我、他人及世界的自认为可以确信的看法，其中高度概括、根深蒂固的观念则称为核心信念。核心信念有以下一些特征。

1. 始于童年

核心信念的形成往往可以追溯到人们的童年，但并非都是在童年时期已经完全形成。核心信念是随着个人的成长发展过程而潜移默化地沉积而成的。

2. 事出有因

核心信念的形成并非无中生有，它的产生有其来源，这就是个人经历中的各种社会生活事件。这些生活事件引发了个人对自己、他人及世界的想法、看法及应对方式。个人也从中获得了某些反馈和信息，成为构成自己核心信念的组成成分。社会生活事件有大有小，但对于个人形成核心信念都具有同样强大的影响力。有的生活事件对于个人的刺激是强烈的，影响是深远的，所以会在个人的记忆中留下深刻的印象，而对于日常生活中的一般事件却容易淡忘，无从追溯，然而这些事件在形成个人的核心信念中同样起到了至关重要的作用。

3. 信以为真

人们对自己已形成的核心信念一般都充满自信和依赖，认为其核心信念是真实的、正确的、可信的、有意义的、有价值的。所以不会对此动摇和质疑。因此要自我否定已形成的核心信念则有较大的难度。

4. 牢固稳定

核心信念一旦形成便十分牢固稳定。因为核心信念处在认知的主导地位，所以每个人都是从核心信念出发来看待、评价自己及其他各种外界事物。由于每个人都存在有一种倾向,容易选择性地关注和采纳与自己核心信念相容的信息,从这些信息中证实自己信念的合理性。久而久之,核心信念被不断地强化,成为稳定态的潜在层面的认知结构。

5. 表达困难

核心信念是个人的核心观念,尽管这些内容存在于意识层面,但由于处在潜在层面的认知结构中,所以个人在表达这些内容方面会存在一定的难度。从性质而言,核心信念有正性和负性之分。正性的核心信念具有自我肯定,自我认同的积极功能,而负性的核心信念具有自我否定的消极功能。通常人们很容易亲和那些正性的或相对正性的核心信念。所以对于这些信念内容的表达就显得容易一些。而对于负性的核心信念却予以排斥,因而往往被隐含和忽略,只有在心理状态处在十分纠结及痛苦时,核心信念的内容才会浮现出来。有心理障碍的来访者要自主清晰地表达这些内容会有相当的困难,所以只有在心理咨询师的引导下,采用心理干预的技巧性谈话,才能使来访者表达出负性的核心信念。

负性核心信念就是个人对自我、他人及世界的非理性的、功能失调的核心信念。当负性核心信念在来访者的思维中占有主导地位时,来访者在接纳和包容这些负性核心信念的同时会自然而然地排斥与其对立的、不相容的信息,使来访者陷入到对负性核心信念不断自我求证,不断自我认同,不断自我强化的误区之中。

负性核心信念通常可分为三种类型,即对自我评价的负性核心信念,对他人评价的负性核心信念以及对世界(环境、处境)评价的负性核心信念。

(1) 对自我评价的常见负性核心信念。

根据对自我评价的核心信念主题内容可归纳为"我无能"和"我不可爱"两种类型。

"我无能"类可分为"无能"及"无成就"两组。

"无能"组中的内容主要包括:①我无能;②我无力;③我软弱;④我受欺;⑤我贫困;⑥我艰难;⑦我被动;⑧我退缩;⑨我被控;⑩我尴尬;⑪我窝囊;⑫我绝望。"无成就"组中的内容主要包括:①我不能胜任;②我不起作用;③我不被信任;④我不受尊重;⑤我缺陷很多;⑥我浑浑噩噩;⑦我自认失败;⑧我没有出息;⑨我亏欠他人;⑩我成为累赘。

"我不可爱"类可分为"不可爱"及"没价值"两组。

"不可爱"组中的内容主要包括:①我不可爱;②我被嫌弃;③我无魅力;④我被忽视;⑤我属多余;⑥我真差劲;⑦我很倒霉;⑧我没品味。"没价值"组中的内容主要包括:①我没有价值;②我不如他人;③我缺点很多;④我惹人麻烦;⑤我浑身晦气;⑥我遭受拒绝;⑦我必被抛弃;⑧我纯属多余。

(2) 对他人评价的常见负性核心信念。

对他人评价负性核心信念的主要内容有:①他人都毫无诚信;②他人都十分危险;③他人都难以捉摸;④他人都心怀鬼胎;⑤他人都不知好歹;⑥他人都没有良心。

(3) 对世界评价的常见负性核心信念。

对世界评价负性核心信念的主要内容有:①这个世界杂乱无章;②这个世界很不安全;③这个世界腐败透顶;④这个世界荒谬可笑;⑤这个世界无药可救;⑥这个世界末日来临。

来访者的负性核心信念对功能失调性自动想法的影响并非是直接作用,而是通过功能失调的"规则"和"假设"使作用传递影响到功能失调性自动想法。在认知治疗的理论中把处于中介形态的功能失调的"假设"和"规则"称之为中间信念(Intermediate Beliefs)。

规则是人们在成长发展过程中逐步被内化形成的典式和法则,是在社会生活中应对各种问题、困难和事件而逐渐形成的习惯及约定俗成的遵循准则。对于幼年的孩子来说,规则是被塑造的、习得的,带有绝对性。

假设是指没有充分依据的设定。假设最常见的表达形式有"如果……那么……"、"倘若……那么……"、"万一……就……"、"即使……就会……"、"或许……就……"。有心理问题和心理障碍的来访者很喜欢采用自己的假设来看待自己及周围的一切。

二、认知治疗的常规实施过程

(一)建立认知治疗的治疗性医患关系

认知治疗的治疗性医患关系是心理咨询师和来访者为了解决某些目标,为了共同而又各有区分的问题,在有限的时间阶段中融洽相处。认知治疗有多种形式,大部分情况下是一对一的个别治疗,但也有小组治疗、家庭治疗和夫妻治疗等。尽管治疗的形式及参与的人员有所不同,但治疗性医患关系的建立及功能的发挥都有其共同特性。认知治疗的治疗性医患关系从治疗一开始就已经存在,并在治疗过程中不断得到关注和强化。

建立认知治疗的治疗性医患关系必须要掌握一些基础的要领。

(1)体现人本。在认知治疗的医患关系中同样需要这些人本主义基本元素。因此心理咨询师在建立治疗性医患关系中不可忽视体现人本主义的要素特点,要坚持把来访者作为整个治疗过程的"中心"。努力做到同感、理解、关注、真诚、尊重、一致、无条件等。

(2)体现透明。在认知治疗过程中,高度的透明是其显著的特点。心理咨询师和来访者都十分清楚治疗目标、方案结构、进程安排、疗效反应、困难阻力、排解效果、来访者反馈等。所以在建立治疗性医患关系时,心理咨询师应十分透明地让来访者清晰地了解心理咨询师自己的所作所为以及对来访者的具体要求。

(3)体现合作。医患之间的合作是建立治疗性医患关系的一个重要指标,也是认知治疗顺利进行的关键。医患关系的建立必须体现在医患的高度合作上。医患之间的合作不能搞形式,不能搞虚拟,而必须是踏踏实实的共同努力。

(4)体现递增。治疗性医患关系的建立进程犹如一条"抛物线"的轨迹。开始是从基线开始,随着治疗的启动,医患关系便开始递增上升。如果心理咨询师不断强化医患关系,医患关系就能较迅速地提升到一个功能最佳的高度。这个高度需要维持较长一段时间,在整个治疗阶段的大部分时间中,医患合作应处在稳定的状态。

(5)体现稳定。在认知治疗中医患关系并非都是一帆风顺,会有所起伏。心理咨询师需要始终留意、关心、呵护和维持良好的医患关系。在治疗过程中会不断出现一些有损于医患关系的负性因素,这些都会影响到医患关系的维持。在治疗中,心理咨询师应该敏锐地觉察到医患关系松动的先兆,及时找出原因,努力进行修复。

(二)全面评估,确定目标

1. 全面评估

每一个来访者,他们都是一个独立的个体。他们的问题、挫折、艰难都有他们各自的特点。作为心理咨询师要想治疗好来访者的心理疾患,若没有对于来访者的全面的、细致的、深入的、同感的了解就很难做到对来访者的全面评估,也无法准确地设定治疗目标,更不可能有的放矢地规划治疗计划和有效实施心理干预。心理咨询师不仅要真正搞清楚来访者问题的源头、进程、影响、趋向,还需要对其中的每一个环节之间的关系、作用、影响、结果都搞得十分清楚,做到理清头绪,泾渭分明。

心理咨询师在评估来访者方面要达到以上的高标准,需要从以下六个方面进行努力。

(1)兴趣浓厚。倾听是医患沟通的基本功,能否做到获得更多更全面的信息,心理咨询师在倾听中必须做到对来访者阐述的内容抱有浓厚的兴趣。这种兴趣不是低水平的猎奇,不是对情节内容的一般知晓,而应该是从心底里发出的一种尊重和信任。医患之间的谈话有开放式的,也有闭合式的,但无论是何种谈话形式,心理咨询师都要以兴趣浓厚的姿态进行倾听,这样才能够获得更丰富、更详细的信息。

(2)勿加评论。对来访者的全面评估中,当来访者在讲述成长史,回忆深刻的生活事件、人际关系问题、近期的心身状态等多方面的信息时,心理咨询师要做到少加评论或勿加评论。在评估阶段,心理咨询师与来访者的交谈的重点是大量收集来访者的信息,为全面评估收集素材。所以心理咨询师在谈话中需要注意技巧,既要鼓励来访者的表达,又要谨慎地防止对来访者的信息随意评论,这样才能使来访者畅所欲言,表述出各方面的真实信息。

(3)粗中有细。心理评估需要把握整体的框架,但也不能忽略细微的小节,要做到粗中有细。通常心理咨询师对于收集来访者的信息以及评估来访者的问题都比较关注重大的方面,关心一些事件的全过程,了解情节变化最后的结果。同时,心理咨询师也不能轻视和忽略来访者心理行为问题的相关有价值的细节问题。因为了解这些细节的信息有助于心理咨询师从微观的角度去评估来访者的心态,这能为心理咨询师的有效干预提供具体的内容。

(4)循循善诱。要精确无误地评估来访者的心理问题,心理咨询师还需要具备循循善诱的素养。由于来访者对于自己问题的了解程度一般都在浅表层面,而对于较深层次的或隐含的内容所知甚少。引出隐情就需要逐步的、渐进的引导,不能猜测,不应添加,更不能似是而非地误解来访者表达的内容。

(5)大智若愚。在与来访者谈话时心理咨询师要很有智慧地做到"懂装不懂"、"清楚装糊涂",这样才能引出来访者心理问题的细节。要做到这一点,很不容易。在一般情况下心理咨询师会很习惯地超前领会来访者所讲述的内容,自以为是地把一些相关的信息进行串并,得出似乎很有逻辑的推理和结论。来访者的心理问题是错综复杂的,是立体的,是网络状的。因此心理咨询师必须做到大智若愚,问个究竟,这样的评估才能体现心理咨询师在认知治疗中的深度和质量。

(6)持之以恒。心理评估需要持之以恒的态度,因为评估是贯穿于认知治疗整个过程的不可缺少的一项程序。在治疗初期,心理咨询师需要花很多精力和时间投入到早期的评估中。随着治疗的进展,在每次治疗性谈话中都有评估的内容,心理咨询师对来访者治疗间隔期间的状态都要进行评估。评估的方法随着治疗不同阶段的需要也有所不同。用的最多的是自我状态评估,几乎每次治疗都需要进行自我测评。在认知治疗的早期、中期及最后阶段对于来访者都需要应用心理测量的工具进行量化的评估。心理评估需要持之以恒地同步于认知治疗的全过程。

2. 确定目标

确定治疗目标在认知治疗中是一项重要的务实内容。这既是设定治疗的方向，也是明确医患双方在单位时间阶段中需要达到的切实治疗效果。

（1）确定治疗目标的原则。认知治疗的最大特点是现实和务实，所以在确定治疗目标时有一个原则，这就是必须达到一个真实的效果，是能"看得见，摸得着"的疗效。来访者的心理问题和心理障碍是具体的、现实的，因此在确定认知治疗的目标时也应该考虑其治疗效果必须是客观的和可靠的。

（2）确定治疗目标的方法。认知治疗目标的确定应该由来访者和心理咨询师商议而定，先由来访者提出，再由心理咨询师认可。治疗目标所确定的内容是以调整来访者当前最突出的心理问题或心理障碍为主的，从调整来访者曲解的非理性的认知入手从而改变不良情绪和不适应行为。一般情况下，确定的治疗目标的范围尽可能要集中，当主要的心理问题解决以后，其他相关的问题便可迎刃而解。

（3）确定治疗目标的要点。在确定治疗目标中需要注意一些要点：①目标要合理。心理咨询师和来访者都要把个人的努力和客观因素的许可条件综合起来考虑，目标不能太大，应该量力而行。②目标可以细化。尽管在确定目标时要求面不能太宽，但在达到总体目标的框架下可以进行细化。可以根据治疗规划的进程划分为近期目标、中期目标和最终目标。③目标可以调整。在确定治疗目标的操作方面并非是绝对一成不变的，可以有适度的灵活性。

（三）识别和收集功能失调性自动想法

识别和收集功能失调性自动想法。这是认知治疗的跨进实质性内容的开端。这是进入认知干预的第一步。

1. 启发来访者了解自动想法及功能失调性自动想法

由于一般来访者对于自动想法及功能失调都缺乏了解，所以心理咨询师需要对此做耐心的解释和指导。重点有以下三个方面。

（1）指导来访者认识自动想法及相关效应。当自动想法出现时，会带动人们的情绪、行为、生理等一系列连锁反应。这些反应的相互影响呈网络状态。而各种被引发的反应同样对自动想法也构成影响，这就形成了机体的一种内环境，从相互激活到相互影响，再到相互强化，相互凝固。

自动想法对于情绪、行为及生理反应的影响是强劲的，一旦被激活，其影响的程度会有一定的持续效应。即使当一闪念已经过去，但情绪、行为及生理方面的反应却会维持若干时间。所维持时间的长短一般都取决于引发性社会生活事件的性质、内容，每个个体的个性特征以及对于外来刺激的反应方式和反应强度。

（2）指导来访者了解功能失调性自动想法。对于一位初次接受认知治疗的来访者来说，"自动想法"的确是一个从未接触过的新概念。所以心理咨询师需要耐心地向来访者讲解、解释、指导什么是自动想法，尤其是与构成心理问题和心理障碍密切相关的功能失调性自动想法。

所谓功能失调性自动想法，指的是这些会直接引出人们心身功能失调的负面结果的自动想法。这些结果包括不悦的情绪、不适应的行为、不适的躯体反应等。自动想法之所以会导致一系列的功能失调，是因为这些想法的本身存在着问题和缺陷。如对事物评价是曲解的、非理性的思考，对问题的判断出现逻辑错误，主观想法脱离了客观现实，等等。

心理咨询师应向来访者明确解释，功能失调性自动想法是处在意识层面的一种思维活动形式，它不是个体主动的思考过程，只是从大脑中极速流露而出的一些想法。由于自动想法快速呈现的特点，十分容易被忽略。

（3）指导来访者如何识别功能失调性自动想法。自动想法从其功能而言可以分为正常自动想法和功能失调性自动想法。心理咨询师需要重点指导来访者如何识别功能失调性自动想法，因为功能失调性自动想法是来访者浅表层面的功能失调的认知。对于功能失调性自动想法的调整将能联动对情绪及行为的相应调整。心理咨询师在指导来访者如何识别功能失调性自动想法时应清晰地向来访者解释"功能失调"一词的性质及含义。在通常情况下，人们往往会自然地把"功能失调"与"消极"、"不好"等含义相等同，会把一些在社会价值观方面被否定的内容附加在"功能失调"这个词义中。在认知治疗中"功能失调"的定性范围基本限定在来访者本人的范围之内，仅仅是针对自身的认知、情绪、行为、生理反应而言。在认知治疗中关于自动想法的"功能失调"属性是针对来访者自身功能的评价，有别于其他评价系统的评价。

2. 指导来访者收集功能失调性自动想法

指导来访者收集好功能失调性自动想法是心理咨询师的一项颇有难度的工作，往往需要花费较多的精力和时间来教会来访者及时准确地收集功能失调性自动想法。心理咨询师除了要向来访者解释功能失调性自动想法容易出现的条件、情境和相伴的心理行为内容以外，还要帮助来访者收集各种内容的功能失调性自动想法。

（1）启发来访者提取功能失调性自动想法。虽然心理咨询师已经向来访者解释了什么是功能失调性自动想法，教会来访者识别功能失调性自动想法的特征和方法。但是当要求来访者开始操作收集功能失调性自动想法时，还是会遇到许多实际困难。通常心理咨询师可以通过一些启发式的谈话来引导来访者去发现、领会和捕捉一些比较简易、典型的功能失调性自动想法。

（2）收集治疗谈话中的功能失调性自动想法。收集功能失调性自动想法的方法、场合、技巧有多种，但最基本的方法是在治疗谈话中，心理咨询师指导帮助来访者收集功能失调性自动想法。当心理咨询师和来访者在谈及心理问题或心理障碍时，都会涉及有关社会生活事件、情绪及行为方面的反应，这些都会联系到构成网状循环影响的关键诱因，这就是功能失调性自动想法。

（3）收集回忆往事中的功能失调性自动想法。来访者的心理问题及心理障碍的形成多半是由来已久的，所以被激发性社会事件引出的一系列功能失调的反应的信息十分有价值。但是这些内容都已属于"往事"，包括背景事件的情境，当时的情绪反应、行为反应及自动想法，都只能从来访者的回忆中去提取。

（4）收集现场处境中的功能失调性自动想法。在收集功能失调性自动想法的操作中有时也会遇到一些困难，在治疗会谈中来访者会出现难以表达在某个特定处境下的自动想法。如果要求来访者进行回忆和追溯当时的自动想法，来访者会加入想象或猜测。所以针对某些来访者的特殊情况，心理咨询师可采取到现场情境中收集功能失调性自动想法的方法，获取真实、确凿的第一手材料。

（5）收集平时生活中的功能失调性自动想法。在整个认知治疗期间，需要来访者密切配合治疗，在平时的日常生活中要留意识别和收集功能失调性自动想法，并做好记录，用文本的形式整理好，以备在治疗谈话时交给心理咨询师作为观察资料。

3. 指导来访者记录功能失调性自动想法

当来访者识别和收集到功能失调性自动想法时，需要及时地记录这些想法，否则很容易疏漏和遗忘。对于功能失调性自动想法的记录方法和填写内容也必须根据要求严格操作执行。常用的记录方法有：（1）用一小本子，把功能失调性自动想法记录在本子上，可以同时简单地注明情境、情绪和行为的即时状态。（2）使用手机或录音笔，把自动想法用言语进行录音，一天下来，在晚上进行录音整理。（3）用手机以发短信的方式，把自动想法及相关信息写成短信发给自己。来访者用不同的方法所记录的功能失调性自动想法都需要认真地进行整理，然后填写到"每日功能失调性自动想法记录表"中。

（四）检验和矫正功能性失调性自动想法

认知的调整是一个复杂而又艰巨的过程，不可能一蹴而就。调整功能失调的自动想法是认知干预的第一阶段，总体可以分为两大步骤，这就是检验和矫正。

1. 检验功能失调性自动想法

心理咨询师要让来访者逐步认识到自己头脑中冒出的自动想法是存在问题的，是非理性的，是功能失调的。在帮助来访者调整功能失调自动想法中可以运用认知干预的多种技巧，循序渐进地引导来访者对功能失调自动想法从逐步认识，到逐步动摇，逐步淡化，逐步放弃。在帮助来访者检验功能失调性自动想法的操作方面可以从以下几方面实施。

（1）对自动想法内容进行归类和分析。由于来访者对不良情绪和不适应行为方面的表现比较敏感，所以心理咨询师与来访者的谈话可以从这两方面着手分析激发各种不良情绪和不适应行为时的自动想法。心理咨询师从来访者功能失调性自动想法记录中能够获得大量有关自动想法的信息以及与自动想法直接相关联的情绪方面的反应。

（2）对功能失调性自动想法进行检验。心理咨询师在帮助来访者检验自动想法是否功能失调时有一个基本的评估原则就是自动想法对于来访者情绪和行为的作用和功能所产生的效果。如果一个自动想法激发的情绪是不良的（如：抑郁、沮丧、焦虑、担忧、恐惧、害怕，等等），对行为的影响是不适应的（如：退缩、回避、坐立不安、全身颤抖、行为反复、厌食、自残，等等），那么这个想法就是功能失调性自动想法。

为了让来访者对习惯冒出的自动想法有所反思，发现问题，心理咨询师在检验自动想法时可以与来访者从以下两方面进行讨论。

第一，既然自动想法可以引出不良情绪和不适应行为，说明此想法存在功能失调问题，所以需要思考查明此想法的问题出在哪里。

第二,既然是相符的功能失调性自动想法,接下就从正反两个角度,用具体依据来验证自动想法的实际效应。

检验来访者的功能失调性自动想法的目标是要把来访者对负性自动想法从原来较高的相信程度逐步地开始降低,为矫正功能失调性自动想法,用理性的自动想法进行替代做好准备。

2. 矫正功能性失调性自动想法

矫正功能失调性自动想法是心理咨询师对来访者在浅表层面进行认知干预的重大工程。自动想法是认知模式中浅表层面的认知。因此只有首先在此层面中有效地矫正功能失调性自动想法,才能同步地调整好来访者的情绪和行为,为进一步调整深层面的负性信念打下坚固的基础。

对于功能失调性自动想法的矫正,心理咨询师必须把握整体的策略和步骤,有条不紊地进行干预。对于来访者功能性失调性自动想法的矫正过程实质上是帮助来访者重建新的理性想法,并对功能失调自动想法进行替代的过程。当重建理性想法成功地替代功能失调性自动想法后,就需要不断强化操练这种重建和替代过程,最后使来访者能够做到很自然、很稳定地以理性的合理的想法取代和覆盖功能失调的自动想法,使来访者在情绪、行为及其他各方面都获得调整。

心理咨询师可以以"功能失调性自动想法合理替代记录表"(如表6-3所示)作为框架,帮助来访者进行理性想法的替代调整。

表6-3　功能失调性自动想法合理替代记录表

日期	情境 1. 引起不良情绪的事件或情境。 2. 引起不良情绪和不适应行为的思绪、遐想或回忆。	情绪 1. 不良情绪。 2. 不良情绪的程度。 1%～100%	功能失调性自动想法 1. 激发不良情绪的功能失调性自动想法。 2. 对功能失调性自动想法的相信程度。 0～100%	合理的反应 1. 写出理性替代想法。 2. 对合理替代想法的相信程度。 0～100%	结果 1. 再评估对原先功能失调性自动想法的相信程度。 0～100% 2. 再评估不良情绪的程度。 1%～100%	行为的进步

（五）探索、检验并矫正负性中间信念

成功地指导来访者完成功能失调性自动想法的理性替代，这只是心理咨询师在浅表层面对来访者进行认知干预的一个阶段性成果。从根本上解决心理问题或心理障碍，一定要进一步调整潜在层面的心理根底，矫正信念系统中存在的非理性的负性成分。这样才能真正做到认知的调整和转变，达到标本兼治的治疗目标。

在来访者的信念系统中，由于负性核心信念对功能失调性自动想法的影响是通过负性中间信念的功能失调的假设和规则构成传递和中介作用，因此探索、检验并矫正负性中间信念是实施深层面认知调整的重要一步。

1. 探索功能失调性假设和规则

心理咨询师应启发帮助来访者探索功能失调性假设和规则，可以根据以下步骤进行实施。

（1）启发来访者了解假设和规则。心理咨询师应让来访者了解人们从童年开始以及以后的成长发展过程中会在不知不觉中对自我、对他人、对世界形成一套自己独有的想法、看法和做法，潜移默化地形成了个人的一套信念系统，其中主要包括核心信念和中间信念（假设和规则）。人们在日常生活中实际上都不断地受到自己信念系统的影响。人们的信念中的负性成分一旦被激活，就会使大脑涌现出功能失调性自动想法。从而引发了情绪、行为及生理反应等一系列的问题或障碍。因此，要阻断来访者的功能失调性自动想法的涌现，就需要从调整功能失调性假设和规则做起。

（2）指导来访者识别功能失调的假设和规则。心理咨询师须要指导来访者识别功能失调性假设和规则，首先要使来访者了解假设和规则的基本表述形式。假设的表述形式通常有"如果……那么……"、"倘若……那么……"、"万一……就……"、"即使……就会……"等。而规则通常表达为"必须……"。

心理咨询师可以运用一些技术和技巧来引导来访者识别出自己思维中的负性中间信念。例如：①从功能失调的自动想法中直接提炼中间信念。②心理咨询师通过直接的点拨，诱导出来访者长期固定的规则。③心理咨询师通过来访者提供信息中的假设内容的前半部分的前提部分，设法引导来访者表达出假设内容的后半部分的结论。④通过直接询问的方法，让来访者明确表达他们的中间信念。

2. 检验并矫正功能失调性假设和规则

由于功能失调性假设和规则是功能失调性自动想法的支撑，因此心理咨询师有必要帮助来访者对这些认知深层面的假设和规则进行检验和矫正，构建合理的假设和规则，从而才能达到对认知系统中负性成分的调整及更新。常用的心理干预技术有挑战功能失调的规则、成本—效益分析、合理假设替代等。

（1）挑战功能失调的规则。来访者功能失调的规则通常是以"必须"的陈述方式进行表达。由于这些陈述中掺杂了不合逻辑及过分概括的成分，因此要改变来访者长期形成的功能失调的"必须"的想法单靠心理咨询师的一味否定是难以奏效的，所以需要顺着来访者的逻辑，循循善诱地对来访者的陈述提出质疑，给予空间，让来访者多一个角度进行重新思考。

（2）成本—效益分析。来访者往往对于自己固守的规则很少进行反思，他们坚信规则是合理的,并严格地根据自己的规则处事。其实来访者在执行和操作这些功能失调性规则时往往要付出极高的代价和成本,所得的效益却很低,仅仅是获得遵循规则的满足感而已。虽然来访者已被这些规则搞得入不敷出、筋疲力尽,但还是固执己见、执迷不悟。此时心理咨询师可以通过成本—效益分析技术,与来访者一起"仔细算账",来引导来访者以清醒的头脑重新审视他们的规则。

(3)合理假设替代。合理假设替代是在心理咨询师的引导下让来访者根据"合理"的要求去尝试用新的假设来替代以往习惯的功能失调性假设的方法。假设的合理性标准是能引出来访者理性的自动想法、良好的情绪状态、适应的行为表现为指标。

(六)揭示、质疑并矫正负性核心信念

核心信念是人们自童年开始以及以后成长发展过程中长期形成和沉淀的信念中最为核心的部分。它会直接影响到个体对自我、他人和世界的评价、应对及展望。如果核心信念中的负性成分充塞到一定的高比率程度,这些负性核心信念就会支配性地影响到人们对自我及对周围事物的合理评估,随之就联动地构成负性中间信念,并在某些因素的激发下激活功能失调性自动想法,个体的情绪和行为,包括生理功能都因此出现了负性变化,引起了整体功能失调的结果。心理问题或心理障碍也就随之而生。

但是,负性核心信念并非是永久凝固、牢不可破的。只要来访者认识到负性核心信念,努力矫正负性核心信念,完全有可能摆脱负性核心信念的束缚,从改变信念做起,达到功能失调认知和行为的全面调整。调整核心信念的具体操作有以下一些步骤。

1. 揭示负性核心信念

心理咨询师除了向来访者提供有关核心信念的知识以外,还须指导来访者揭示其存在的负性核心信念。在确认来访者已经学会了矫正功能失调性自动想法,掌握了负性中间信念的合理替代,并且已经获得了心理调整的初步成果,心身症状有所缓解或改善的情况下才可决定深入到揭示负性核心信念这一步。心理咨询师需要通过一些较为直观的方法,把这既难以理解又难以表达的内容简易化地帮助来访者揭示出来,便于心理咨询师能更有针对性地对负性核心信念实施干预。

2. 质疑并矫正负性核心信念

因质疑包含了部分矫正的功能,所以质疑和矫正归在同一个干预策略和干预措施中。用于矫正负性核心信念的技术和方法除了可以参考、借用调整自动想法及矫正假设和规则的策略及方法之外。还可以运用一些其他方法进行信念的矫正。包括苏格拉底式对话、行为实验、理性—情绪角色扮演、以他人为参照点、以改变的行为强化信念的改变、自我显露、重建早期记忆、运用比喻方法、重建合理信念、孔子式对话,等等。

(七)巩固疗效,预防复发

巩固疗效,预防复发是常规认知治疗过程的最后一个步骤。当来访者通过自己及心理咨询师双方的努力,经过一个阶段时间的集中治疗,来访者的认知及行为都得到了矫正,取得了显著的临床治疗的效果。但是这些成效还处在尚未完全凝固的状态,新的理性的认知系统和改变以后的新的行动模式还会显得有些脆弱。所以巩固疗效就显得特别的重要。为此,心理咨询师要从以下三方面入手,做好巩固疗效的工作。

1. 维持巩固

在结束集中阶段认知治疗后,心理咨询师必须继续帮助来访者维持巩固疗效,而不宜立即完全脱钩,立刻结束治疗。常用的策略是"逐步撤离"。最后向来访者明确表示结束整个治疗过程,结束医患关系。

2. 定期随访

当完整的认知治疗结束以后,心理咨询师的角色已经趋于淡化,然而定期的随访仍是心理咨询师的职责。心理咨询师可以通过信件、电话或电子邮件等联络方式与来访者取得联系,了解来访者最近心理健康的状态及来访者的需求。

3. 应激援助

应激援助也属于巩固疗效,预防复发的工作范围。在来访者结束治疗以后,有可能又遇上某些应激性事件,使原有的心理问题或心理障碍出现反复的先兆。此时一旦来访者有应激援助的需要,心理咨询师可以针对应激状态和来访者讨论如何应对。

三、认知干预的常用技术

在认知治疗中认知干预的技术很多,以下是常用的认知干预技术。

(一)调整功能失调性自动想法的技术

1. 归类曲解想法

根据认知治疗的理论,来访者的心理障碍的发生可以从他们的认知中找寻原因。自动想法一旦出现曲解,那些非理性的想法就能直接影响到情绪、行为、生理反应并导致功能失调。当来访者提供自动想法后,心理咨询师若发现了其中存在曲解之处,就应该启发来访者了解自动想法的常见类型以及指导来访者识别自动想法。

2. 核查客观证据

来访者对在一定情境下所冒出的自动想法都认为很有道理。对于支持这些曲解自动想法的依据却很少经过深思熟虑和仔细推敲,所以心理咨询师可以抓住这一特点,诱导来访者提供客观证据。当他们发现其中的缺陷和漏洞,就会对已经习惯的自动想法开始重新思考。

3. 引导自我发现

心理咨询师通过简单直接的提问,如:"然后怎么了?""这话是什么意思?""接下来会发生什么事?"等等,帮助来访者去思索在遇到某些事件后自己在想法、情绪、行为方面的自然反应。心理咨询师只做引导,不加回答,让来访者在回答问题中发现自己的问题所在。

4. 质疑绝对肯定

来访者在表达曲解自动想法时喜欢用表示绝对肯定的词语,如:"从来没有"、"总是"、"没有一个人"、"每个人都是"等,把话说得满满当当,让人毋庸置疑。实际上,正是这些绝对的思考模式使得来访者陷入一种难以自拔的泥潭。所以心理咨询师需要运用质疑的技术使来访者开窍,动摇他们僵化固定的非理性想法。

5. 考虑其他可能

来访者由于受到曲解想法的局限,思考模式变得刻板、固执。心理咨询师可以采用"考虑其他可能"的技术使来访者扩大思考范围,变化视野角度,从而不再拘泥于狭隘的思维形式,摆脱思维束博引起的对情绪及行为的负面影响。

6. 进行重新归因

来访者往往坚信自己想法的因果关系十分严谨,因此会习惯性地根据自己的因果判断模式来确定引起事物结果的原因。心理咨询师需要引导来访者进行重新归因,动摇原来的归因模式,得出新的、合理的、理性的归因结论。

7. 不幸中有转机

当来访者对于已经过去的事件或经历后悔莫及而影响现时心境时,心理咨询师可以运用"不幸中有转机"的技术引导来访者把目光转移到当前的积极生活中。让来访者从缠绕在一些已完全定局的自认为是后悔的往事中走出来,直面当下的状态,并对可能出现变化的现实有正性的预估。

8. 直接对峙争辩

尽管在认知治疗中通常都要求心理咨询师通过引导、启发等方法使来访者产生感悟和改变,但在特定的情况下需要采用"直接对峙争辩"的技术对来访者曲解的想法进行直接的辩论。这时心理咨询师就需要和来访者的危险想法、绝望想法、走极端的想法进行直接的争辩讨论。以直接对峙来动摇来访者的想法需要有充满智慧的讨论,要让来访者从绝望中唤醒过来。

9. 挑战极端思考

伴有极端思考的来访者一般都比较固执,他们的想法常从一个极端跳向另一个极端,所以总是非此即彼地去认定事物的结果。他们的思维是在两个端点上,无论是对待自己、对待别人和对待环境都是绝对化的。心理咨询师可以通过挑战极端思考的技术来化解来访者被极端思考的桎梏束缚得窒息的地步。挑战的关键是引导来访者认识在两个极端之间还存在有许许多多层次,看待和评价各种事物都不能忽视大多数的中间状态。

10. 澄清双重标准

在一个完美主义来访者的眼里,他对待自己的标准和对待别人的标准大相径庭。在一个相同的事实或条件下他们以双重标准来评判和处理问题。心理咨询师应设法引导来访者统一这些双重标准,调整双重标准给来访者带来的心身功能失调。

(二)调整假设和核心信念的技术

1. 苏格拉底式对话

苏格拉底式对话是认知治疗中十分有应用价值的一种谈话技术。苏格拉底坚信每个人身上都有太阳,主要是如何让他发光。教育不是灌输,而是点燃火焰。他认为,人们的很多知识不是由他人灌输的,而是自身早已孕有,需要通过"助产术"使知识产出。"助产术"是通过"诘问式"的对话来进行。这种技术称为苏格拉底反诘法(Socratic Irony),以提问的方式揭露对方的各种命题和观点中的矛盾,用剥茧抽丝的方法,使对方逐渐了解自己的无知,发现自己的错误,建立正确的认知观念。

苏格拉底式对话形式有以下三种特点:

（1）通过问答方式搞清对方的思路，使其自己发现问题和真理。

（2）在谈话过程中偏重于提问，不轻易回答对方的问题。以谦和的态度进行发问，只要求对方根据所问的问题进行回答，从对方的回答中导出对其他问题的资料，通过不断的诘问使对方领悟自己的问题所在，承认自己的无知。

（3）在传授某些知识点时并非是直接告知概念，而是先向对方提出问题，让对方回答，如果对方回答错了，也不直接纠正，而是进一步提出问题引导对方思考，从而一步一步地得出正确的结论。

苏格拉底式对话的操作有以下三个步骤：

（1）苏格拉底式讽刺。让对方接受自己的"无知"，变得谦虚，产生求知愿望。

（2）定义。在问答中经过反复的诘难和归纳，从而得出明确的定义和概念。

（3）助产术。引导对方进行思索，让对方自己得出正确的结论。

2. 逐级挖掘推导

这在改变来访者的假设和核心信念方面是一个常用的技术。在此技术中的一个关键用语是："如果此想法是对的，这将意味什么？"逐级推导的目的是引导来访者从自动想法开始推导支撑自动想法背后的深层面的假设及核心信念。所以推导的起点是自动想法，终点是核心信念。

逐级推导的操作从来访者列举情境开始，心理咨询师向来访者提问，在此情境下你有什么自动想法冒出来。当来访者清晰地表达出自动想法后，心理咨询师开始运用"如果此想法是对的，这将意味什么？"的用语对来访者深层的认知进行启发式的追索推导。

3. 合理假设替代

假设核心信念是曲解自动想法的根底，假设支撑来访者的曲解自动想法，也带动了情绪和行为的功能失调。假设的合理替代技术能够开拓来访者的视野，更新陈旧的模式，使来访者尝试去探究运用新的合理解释来带动曲解自动想法的调整。

合理假设替代是通过填写"假设的合理替代练习表"来完成的。合理的标准是以能引出理性的自动想法、良好的情绪状态、适应的行为表现为指标。这是心理咨询师和来访者的合作过程。在心理咨询师的引导下让来访者根据"合理"的要求尝试用新的假设来替代以往习惯的假设。

4. 成本收益分析

当来访者被不合理的假设搞得心身功能失调、精疲力竭时，他们也很少去反思这些假设的客观成本和收益。心理咨询师可以通过分析成本和收益来帮助来访者反思假设，重构假设，从而有助于调整曲解自动想法。

心理咨询师可以聚焦来访者的具体心理困扰，指导来访者列表思索分析假设所导致的情绪和行为的成本和收益。然后和来访者共同分析讨论，进行理性的再思考，从而体会调整后的实际效果。

5. 忽略微小概率

关注小概率事件往往是心理障碍来访者功能失调的认知来源，需要进行有效的调整。对于大多数人来说，由于小概率事件发生的可能性极小，通常可忽视它的存在。但是对于有心理障碍的来访者来说，他们就会纠缠于某些负性的小概率事件的存在，把它视同大概率事件一样,成为心目中即将爆发的灾难性事实。

心理咨询师需要正确地引导来访者,让他们理解小概率事件的存在并非等同所有的可能性,不应该把"可能性"当作"必然性"去应对,不要因噎废食地把现实生活打乱,使自己始终处在惶惶不可终日的艰难境地。

6. 分析逻辑错误

心理障碍来访者中有不少来访者的认知曲解是因思维的逻辑错误所致,因此,心理咨询师应帮助来访者精细地分析其思维中存在的逻辑错误,这有益于来访者进行曲解认知的调整。

逻辑错误一般是指思维过程中违反形式逻辑规律的要求和逻辑规则而产生的错误。常见的典型逻辑错误有:

(1) 同语反复。例如:"悲观主义者就是持悲观主义观点的人。"

(2) 循环定义。例如:"如果长期处于抑郁的人就是患了抑郁症,那么抑郁症来访者的情绪一定十分抑郁。"

(3) 概念不当并列。例如:"我感到自己孤独、孤立、孤僻,总之很古怪。"

(4) 偷换概念。例如:来访者家属说:"你应该到医院去看病。"来访者说:"你总是说我有病,这就是你的病,你应该自己去医院看病。"来访者家属说:"你应该服药。"来访者说:"是药三分毒,我不想服毒药。"

(5) 转移论题。例如:"我认为一般人没有必要学习心理健康知识,现在每个医院都设有心理科。我主张医院的心理科医生定期给大家做一些心理健康讲座就可以了。"

(6) 自相矛盾。例如:"我没有关于强迫症的任何知识,只是稍微了解一些,知道强迫症很难治疗。"

(7) 两重不可。例如:"关于对这个疾病评估的看法不能说很全面,也不能说是很片面。"

(8) 以偏概全。例如:"我的病在那位医生那里已经看了一年多还没有看好,看来没有医生能看好我的病了。"

(9) 循环论证。例如:"我害怕在别人面前出洋相,所以减少和别人接触交往。我和别人接触交往少了,我也就没有什么洋相可出了,心理就会踏实很多。"

(10) 倒置因果。例如:"为了身体健康,我要勤洗手,因为勤洗手能预防疾病。"

(三) 控制反复冒出想法的技术

来访者经常会被不断涌出的自动想法搞得烦心和困扰。特别是在焦虑和清静的状态下,自动想法的干扰更是频繁。心理咨询师需要教会来访者运用一些必要的技术来控制自动想法的泛滥。以下是控制反复冒出想法的技术。

1. 停止想法

功能失调的自动想法的涌现经常具有"滚雪球"的效应。一个想法刚刚出来,就会牵动另一个想法的冒出。如果这些曲解的想法连绵不断,层层加码,来访者就会难以抵御,因为自动想法来得太快,使得来访者应接不暇,难以招架。

心理咨询师可以指导来访者采用一些简单的刺激方法来打断冒出自动想法的思维流。

大量的临床实践证明,虽然"停止想法"只是一种中断负性自动想法的暂时性措施,但确实能够产生干扰功能失调想法进行性放大和不断延伸的效果。

2. 重新聚焦

当来访者对于"停止想法"的操作感到困难时,可以考虑使用"重新聚焦"的方法来打断和控制自动想法的蔓延。当来访者在某个情境下自动想法被触景生情地引发出来时,会很快地影响到情绪、行为及生理反应。如果此时来访者有意识地将自己的注意力很快地转向另一个方向,同样能够起到中断原来想法的效果。

（四）转变和控制行为的认知技术

不适应行为是来访者心理障碍的重要组成部分,对于这些行为的转变及控制可以通过一些认知技术进行有效的干预。

1. 预估行为结果

有些来访者在处理某些困扰他们的行为时显得有些操之过急或者畏缩不前,这是因为他们对于客观情况的判断与自己所作出的反应之间存在着信息不对称的情况,从而构成了行为的受挫。失败的行为又会作为一种正性强化刺激对认知作出反馈,给认知带来曲解的导向。

心理咨询师在运用"预估行为结果"技术时,要求来访者在还没有对某些情境作出实际反应时,对自己的打算作出的行为反应进行一个预先估计,估计自己的行为会产生怎样的结果。心理咨询师可以引导来访者进行多方面的思考,对行为的结果进行多角度的估计,也可和来访者一起拟定应对行为的实施方案,由来访者从认知层面预先进行选择。

2. 警示背道而驰

当来访者处在冲突时,他们对于自己的处境、困惑、为难、抉择都会是不协调的。来访者从深层面的信念到浅表层面的情绪及行为都会进入到一种与自己原本的处事原则背道而驰的状态。来访者常常是身在冲突中,神在恍惚里。他们会失去理性地去做一些"傻事",对行为将会导致的严重后果缺乏深思。

此时,心理咨询师需要对来访者提出警示,要对他们与原本做人基本原则背道而驰的想法进行针对性的干预,不能让来访者在违背自己正确的原则道路上越走越远。

3. 自我指导训练

自我指导训练也是一种针对控制行为的认知技术,主要用于控制暴发性情绪及冲动性行为。这是一种自我指导的训练,从认知的调整达到相应的情绪及行为的调整。在一般情况下,人们在遇到压力而产生冲动行为时,也能够意识到行为的过激性,也会动用自我指导的能力来调节自己的情绪及行为。但是由于来访者处在病理心理状态中,原有的自我指导能力会随心理障碍的加重而相对削弱。所以心理咨询师需要激发和提升来访者的自我指导能力,使来访者认识到自己本身固有的能力需要加强,需要用这些能力来控制自己的情绪及行为,尤其是在出现冲动及过激的行为时。

4. 激励自我动机

当来访者出现心理困扰而必须面对现实的困境及艰难的抉择时,最大的负担往往是缺乏自我动机。激励来访者的动机是心理咨询师应做的努力。

首先需要使来访者能够锁定有指向性的行为结果,看到这些行为结果的有效价值,从而积极地把实现这些价值作为行动的目标。其次,心理咨询师应帮助来访者对那些似是而非的目标进行梳理,整理出最主要的目标,最后,心理咨询师需要帮助来访者排除影响行为动机的干扰因素,鼓励来访者进行适度的尝试,逐步提升实施努力的信心。

(五)正念疗法

正念疗法是对以正念为核心的各种心理疗法的统称,目前较为成熟的正念疗法包括正念减压疗法(Mindfulness-Based Stress Reduction)、正念认知疗法(Mindfulness-Based Cognitive Therapy)、辩证行为疗法(Dialectical Behavioral Therapy)和接纳与承诺疗法(Acceptance and Commitment Therapy)。正念疗法被广泛应用于治疗和缓解焦虑、抑郁、强迫、冲动等情绪心理问题,在人格障碍、成瘾、饮食障碍、人际沟通、冲动控制等方面的治疗中也有大量应用。以正念为核心的心理疗法目前在美国较为流行,其疗效获得了从神经科学到临床心理方面的大量科学实证支持。医学研究还显示,坚持练习某些类型的正念技术对改善心血管系统问题、提升免疫力、缓解疼痛(如神经性头痛、腰痛等)等方面也有一定的辅助效果。

"正念"的概念最初来自佛教的"八正道",是佛教的一种修行方式,它强调有意识、不带评判地觉察当下,是佛教禅修的主要方法之一。西方的心理学家和医学家将正念的概念和方法从佛教中提炼出来,剥离其宗教成分,发展出了多种以正念为基础的心理疗法。

正念就是指我们观察事物的本身——念头、情绪、身体感受以及周边发生的一切。正念是我们对世界的一面反射镜子:清晰、公正、不变形。修习正念时,我们能觉察、意识到生活中正在发生的一切,而不会迷迷糊糊地陷入其中,全然无知。

正念也被简称为一项 ABC 技能:A(Aware)觉知;B(Being with)全然接受当下经历的,而不是意气用事;C(Choice)更好地选择适应环境的方式。

正念意味着全然感受生命(即使有时很痛苦),对每一种体验都充满好奇心和勇气。正念也意味着任何时候都要保持淡定,只有接受了,我们才能作出冷静明智的决断,而不是批评、争辩和意气用事。正念是有意识的、有活力的、谨慎的、精确的。正念也包括了接纳、和蔼、开放和宽容。

心理咨询师首先应自己做到熟练掌握正念的操作技巧,在治疗中根据来访者的实际情况指导来访者掌握合适的正念练习方法,并带领来访者逐渐熟练地掌握,直到在生活中能够灵活运用正念方法应对各种困难问题和挑战。研究显示,长期稳定的正念练习本身就可以带来更持久的注意力、更清晰的判断力以及更成熟的情感能力。随着来访者对正念操作的不断熟练,疗效也会自然而然地逐渐产生,而心理咨询师在正念训练方面的水平高低和来访者在正念练习方面的投入程度将直接影响到治疗的效果。

另外,大多数以正念为核心的心理疗法都以认知行为疗法为基础,因此运用正念疗法的心理咨询师也会像其他认知—行为学派的心理咨询师一样,帮助来访者探索和分析造成目前心理问题的核心信念和行为模式,根据来访者的特点和情况介绍相关的心理知识和技能,鼓励和协助来访者通过实际行动来改善自身状况,而正念练习所带来的清明觉察将能够加速这一治疗进程。同时,心理咨询师也会帮助来访者掌握一套适合自己的心理危机应对方法,以保证来访者在离开治疗后能够最大限度地独立应对生活中和心理上的各种挑战,最大限度地避免心理问题的复发。

正念冥想有很多种方法,如数呼吸、观察自己的思维、步行冥想、躯体扫描等。正念练习的引导语大多并不复杂,但做起来却不容易,因为这些冥想的要求经常会挑战我们现代人的思维和行为模式,而正是这些思维和行为模式导致了我们的心理问题。比如我们惯于过度思考,正念就要求我们觉察而不参与思考过程。我们习惯于对负面体验条件反射式地回避,正念就要求我们坐在那里学习体验、忍耐而不回避。得心应手地应用正念是一个核心问题,因此需要认真规范地练习才能熟练掌握,并且运用于长期练习。

躯体扫描是一种常用的正念练习,具体的操作过程如下。

(1) 让自己躺在一个温暖且不被打扰的地方,使身体放松,平躺在床上,慢慢地闭上眼睛。

(2) 静下心来觉知自己的呼吸和躯体。当自己准备好以后,就开始关注自己躯体的感觉,尤其是自己的躯体和床的接触或身体的压感。然后放松自己,让自己的身体慢慢地往下沉。

(3) 提醒自己这个练习的目的并不是获得不同的感受,也不是为了放松或者平静。这些感受可能发生也可能不发生。这个练习的意图在于,随着依次关注自己躯体的各个部位,尽最大可能让自己觉知所发现的各种感觉。

(4) 现在将自己的注意力关注于下腹部的躯体感觉上,在自己吸气和呼气的同时觉知小腹部感觉的变化。随着自己的呼吸体会这些感受。

(5) 在觉知了腹部之后,就将觉知的焦点聚焦到自己的左腿上,伸向左脚,依次关注于左脚的每一个脚趾,逐步好奇地去体验自己察觉到的每一种感觉,可能自己就会发现脚趾之间的接触,麻麻的、暖暖的,或者没有什么特殊的感觉。

(6) 当自己准备好后,在吸气时感觉或想象一股气进入到肺部,然后进入腹部,进入左腿,左脚,然后从左脚的脚趾出来。然后呼气时,感觉或想象气体反向返回了,从左脚进来,进入左腿,通过腹部,胸腔然后从鼻腔出去。尽可能连续地多做几次这样的呼吸,呼吸从上到下到达脚趾,然后从脚趾回来。尽管这样的操作可能有些难度,但只要尽量地去做,放松地做,充满乐趣地做,就可以了。

(7) 在呼气并觉知脚趾的时候,把自己的意识移向左脚底部——温柔地、探索性地觉知脚底、脚背和脚跟。

(8) 紧接着,让觉知扩展到脚的其他部位,如脚踝、脚指头以及骨头和关节。然后,再进行一次稍微更深的呼吸,指引它往下进入到整个左脚,随着呼气,完全放松左脚,让觉知的焦点慢慢地移向左腿,转向小腿、皮肤和膝关节等部位。

(9) 继续依次引导自己把觉知和好奇心向躯体的其他部位进行探索——左腿上部、右脚趾、右脚、右腿、骨盆、后背、腹部、胸部、手指、手臂、肩膀、脖子、头部和脸。在每个区域里,最好能让自己用同样精细水平的意识和好奇心来探索当前的躯体感觉。当你离开每一个主要区域时,在吸气时把气吸入这个部位,在呼气时又把气从这个部位退回。

（10）当自己觉知到紧张或躯体某个部位的其他紧张感时,自己用"吸气"的方法让气进入到这个部位,然后觉知这种感觉。在呼气时,让气从这个部位导回,让自己感觉到一种释放感和轻重感。

（11）内心不可避免地会从呼吸和躯体部位不断地游移到其他地方。这是完全正常的现象。这本是自己的内心所为。当自己注意到出现这种情况时,应该意识到这种情况,然后努力地逐步把转移出去的注意力再转回到自己躯体部位来。

（12）当自己以这样的方式对全身进行"扫描"后,花几分钟把躯体作为整体知觉一下,能够体验到的是自己的呼吸以及气在到达躯体的各个部位并从这一部位返回排出体外的整个过程。这个过程正是自我觉知的过程。

（13）在"扫描"的练习过程中,如果发现自己有点昏昏欲睡,可以用枕头把头部垫得高一些,张开自己的眼睛或者坐起来练习,这样就会稍稍清醒一点。

第四节　人本主义学派的心理干预技术

人本主义心理疗法是在 20 世纪 60 年代兴起的,是由许多学者共同创建的一类新型心理疗法,包括来访者中心疗法、完形疗法、存在主义疗法等。其中以罗杰斯开创的来访者中心疗法影响最大,成为人本主义疗法中的一个常用方法。

一、来访者中心疗法

（一）理论假设

罗杰斯对人的基本假设是人性本善,人是完全可以信任的,且人具有自我实现和成长的能力,有很大的潜能理解自己的问题。如果人的自身体验受到闭塞,或者自身体验的一致性丧失、被压抑、发生冲突,使人的成长潜力受到削弱或阻碍,就会表现为心理病态和适应困难。如果创造一个良好的环境使他能够和别人正常交往、沟通,便可以发挥他的潜力,改变其适应不良的行为。罗杰斯认为如果来访者处在一个特别的咨询关系中,就能够通过自我引导而成长,他认为心理咨询师的态度和个性以及咨询关系的质量是首要的,要充分相信来访者有自我治愈的能力。

（二）对人性的看法

在来访者中心疗法中,罗杰斯对于人性有以下几点基本的看法。

1. 人有自我实现的倾向

人天生就有一种基本的驱动力,称之为实现倾向,控制着人的生命活动。自我实现的趋势是一个引导人们努力认识、实践、自治、自我决定、完善的过程。这种趋势能够通过自我意识和自我引导引起态度和行为的改变。

2. 人具有机体评价能力

个体在自我成长过程中,不断与现实发生着互动。个体不断对互动中的经验进行评价,这种评价不依赖于某种外部的标准,也不借助意识上、水平上的理解,而是根据自身机体上产生的满足感来进行评价,并由此产生对这种经验及相关联系的事件的趋近或回避态度。凡是符合自我实现倾向的经验,就被个体喜欢和接受,成为个体成长发展的有利因素,而那些与自我实现的倾向不一致的经验,就会被个体回避和拒绝。

3. 人是可以被信任的

来访者中心疗法对人的看法是积极的、乐观的,相信每个人都是理想的,能够自立的和自我负责的,每个人都有积极的人生趋向,因此可以不断地成长与发展,迈向自我实现。人都是建设性和社会性的,是值得信任的。心理咨询师给求助者充分的信任和支持,求助者就会依靠自己的力量发生改变,并不需要心理咨询师进行控制和指导。

(三)自我理论

在来访者中心疗法中,罗杰斯的自我理论十分有价值,这决定了他对心理问题存在的解释以及心理治疗的操作基础。自我理论中有以下重要观点。

1. 经验

对于经验的解释来源于现象场,罗杰斯认为经验就是指求助者在某一时刻所具有的主观精神世界,既包括有意识的心理内容,还包括没有意识的心理内容,还有个体的认知和情感事件,这些能够被个体知觉到,或具有被知觉的能力。经验被个体体验、知觉的状况对一个人心理的形成和发展以及适应状况非常重要。

2. 自我概念

自我概念指向的是求助者如何看待自己,是对自己总体的知觉和认识,是自我知觉和自我评价的统一体,自我概念通过个人与环境的交互作用,尤其是个人与生活中重要他人的相互作用形成,对人的行为有很大的影响。

3. 价值的条件化

每个人都存在两种价值评价过程,一种是先天具有的有机体评价过程,另一种是价值的条件化过程,价值条件化建立在别人评价的基础之上,而非建立在个体自身的有机体的评价基础之上。个体在早期就存在来自于他人的积极评价的需要,即关怀和尊重的需要。一个人的行为受到别人的好评时,这种需要就会得到满足,当对自己的行为满意,而他人没有感觉满意时,就会产生一种困境,自我概念和经验之间就会出现不协调。

(四)心理失调的实质及治疗

罗杰斯认为,自我概念与经验之间的不协调是心理失调产生的原因。个体为了保持自我对环境的适应,可能为了符合别人的期望而否认和改变自己的价值,但这种改变不符合自己的意愿。来访者中心疗法的实质是重建个体在自我概念与经验之间的和谐,或者达到个体人格的重建。

(五)来访者中心疗法的治疗技术

1. 无条件地积极关注

心理咨询师要达到同感的理解,即设身处地理解,必须在一开始就能让求助者感觉到这种关注,即无条件的积极尊重。不论来访者的阶层、感情和行为是什么样的,都要发自内心地感到对方是一个有价值的人,这种尊重是真诚的情感。

2. 用语言交流的同感的理解

同感地、设身处地地理解意味着理解求助者的情感和认知信息,并且让求助者知道他们的情感是被准确理解的。促进性的言语交流必须把重点放在求助者当前的情感和认知内容上,与来访者的体验紧密地联系在一起。心理咨询师要深入了解求助者面对当前问题和处境时的内心世界,而不是就现实问题分析和探讨求助者的处境。

3. 非语言交流的同感的理解

非言语信息可以通过几种方式传达出来,包括姿势、身体活动和位置、面部表情、动作的频率、声音特点、手脚的活动、目光接触等,甚至距离远近也能反映出求助者的内在信息。

4. 沉默

咨询中沉默会出现在某一个时刻,心理咨询师和求助者都要考虑所说的话,而不需要任何言语,任何语言在这时可能都会产生干扰作用。一个善于观察的心理咨询师能够感觉到求助者在某一时刻的内心活动。因此,沉默也是心理咨询师设身处地理解的一种有效方式。但是沉默需要显示出智慧,不能让来访者误认为这是医患之间沟通出现的僵局。

(六)来访者中心疗法的一般过程

罗杰斯的来访者中心疗法很少提及心理咨询师对来访者的干预过程及技术操作过程。但他却描述了一个改变过程。这个过程包括以下一些阶段。

1. 经验固执阶段

来访者对待自己的经验是刻板的、固定的。他们对于当前的经验,常常寻找它们与过去的情景有无相似之处,然后根据过去的行为模式作出反应并感受它,看不到新经验所存在的变化。

2. 出现松动阶段

来访者开始可以流畅地谈论一些自我之外的话题,但仍不能走出自己经验的框架,对所存在的问题不愿从自我中去反省。

3. 表达自我阶段

当前两个阶段感觉能被心理咨询师完全接纳,那么来访者在心理上就会感到更加安全,此时的表达就会更加流畅和自由。虽然能够意识到自己的真实感受,但很少承认当前的感受,并且对自己的感受不能接纳。

4. 表达情感阶段

来访者在这个阶段能够自由地表达个人的情感,但是在表达情感的过程中对于很具体、很生动的情感的表达还存在一些障碍。来访者能够接受自己的某些情感,并能对所存在的问题开始出现一些自我责任感,对经验与自我不一致的地方有一些新的认识。

5. 接受自我阶段

在此阶段,来访者对于情感的表达显得更为自由,对情感和个人意义的分化更加明确,开始接受自己的真实情感,并且能够认识到自我内部的不协调和矛盾。他与内部自我的交流变得越来越流畅,同时也意识到自己的责任,出现想成为真实自我的愿望。

6. 切实体验阶段

这个阶段,来访者不再否认、恐惧、抵制那些自己的真实感受,感受到已经解除了自我概念中那些对经验的束缚,能够接受被阻碍和被否认的情感,能够切实体验到自己的真实情感,来访者的自我与情感之间变得协调一致,因此感到格外轻松。

7. 自我整合阶段

在这个阶段中,来访者几乎不需要心理咨询师的帮助,可以继续自由地表达自己。对自我经验出现排斥、歪曲的状态逐步减少,自我内部沟通越来越多,自我体验趋向更加真实。尝试改变自己从前僵化的个人建构,能够有效地处理自己的各种经验。来访者对自我的整合,治疗过程的领悟会从某一具体问题的解决扩展到生活中的其他领域,变得自由和开放。

(七)来访者中心疗法实施中需要注意的问题

来访者中心疗法体现了人本主义的哲学思想,是一种不断变化和发展的理论体系,不能把这种治疗方法作为一种固定的模式。罗杰斯期望自己的治疗模型能够不断完善、开放和包容地发展。这种治疗导向的首要责任在于来访者,来访者面临着选择他们自己的机会。心理咨询师不能把具体目标强加给来访者,而应该让来访者自己选择自我价值和目标。来访者中心疗法有一个潜在的局限性,这就是一些正在接受培训的初学者倾向于接受没有挑战性的求助者,这样也就限制了他们自己的反应和咨询风格,只把经历放在倾听、同感等反应上。目前来访者中心疗法的一些治疗理论和技术已经被整合到各种心理治疗中,所以对于来访者的关注、共情、尊重、真诚的态度等已经变成当前各种心理治疗的基本技术,也成为心理治疗师和心理咨询师不断提升的基本素质。

二、完形疗法

完形疗法的理论渊源来自于完形心理学又称为格式塔(Gestalt)心理学,这是 20 世纪初在德国出现的反对冯特构造主义的一个学派。诞生于 1912 年,"格式塔"是德文"Gestalt"一词的音译,意思为"形式"、"形状",在心理学中用这个词表示的是任何一种被分离的整体。格式塔心理学也被译为完形心理学。

格式塔学派认为,人的心理意识活动都是先验的"完形",即"具有内在规律的完整的历程",是先于人的经验而存在的,是人的经验的先决条件。人所知觉的外界事物和运动都是完形的作用。

该学派的主要代表人物是魏特墨(M. Wertheimer)、柯勒(W. Kohler)和考夫卡(K. Koffka)。魏特墨认为在心理现象上整体不等于部分之和,整体的性质不存在于它的部分之中,而存在于整体之中。考夫卡的主要观点认为心理学的任务是研究行为与心理物理场的因果关系,所谓心理物理场含有自我和环境的两极性,而这两极性的每一部分都有自己的结构。他把环境分为地理环境,即外部实际的环境和行为的环境,即个人心目中的环境。人们的行为产生于行为的环境。

(一)完形疗法的理论依据

皮尔斯(F. S. Perls)认为,如果一个人要达到成熟,就必须寻找在本身的生活方式中,负起自己应负的责任。来访者的基本目标是去察觉他们正体验到什么及自己做些什么。通过这种觉察达成自我了解,并得到足以修正自我的知识,从而学习如何对自己的情感、思维和行为负责。由于看重的焦点在于来访者对现实环境的察觉,所以完形疗法的基础是在此时此地,是存在取向。因此,该疗法要求来访者将其有关的过去与可能的未来带入此刻,然后直接去体验它们。所以说,完形疗法是生动活泼的,它能实际地增进人们的直接体验,而并非只是抽象地谈论情境。同时,该治疗方法是体验性的,来访者必须去摄取与治疗者交互作用时的情感、思维与行为。完形疗法的功效取决于来访者在治疗过程中愿意显露自己的意愿的多少。疗效的产生源自于两人坦诚的接触,而非由于心理咨询师所使用的技术或所作的一些合理解释。心理咨询师的角色之一是通过设计一些经验的体验来增进来访者对自己在做什么及如何做的自我察觉,通过这种察觉使来访者能够看到可以改变他们自己,做其他可能的选择。来访者被要求要自己主动去看、去感觉、去感应和去解释,而不是被动地等待治疗者给他们洞察和给予分析和解释的答案。

(二)完形疗法的重要概念

1. 人性观

存在主义哲学和现象学是完形疗法人性观的基础。认为真正的知识由知觉者的即时体验而产生。治疗的目的并不在于分析,而在于整合一个人不时存在的内在冲突。"重新拥有"个人曾经否定的部分。自我整合的过程需要逐步渐进,直到来访者不断强大使自己不断地成长。

完形疗法认为个人能有效地处理生活上所发生的问题,特别是能够完全察觉发生在自己周遭的事情。人们经常用不同的方式去逃避某些可能面临的困难和问题,因此,在其成长过程中往往会形成一些人格上的缺陷。对此,完形疗法提供了必要的处理方式与面对挑战的技巧,帮助来访者朝着整合、坦诚以及更富有生命力的存在迈进。

2. 此时此刻

"此时此刻"十分重要,除了它没有其他现实的东西是存在的。因为昨天已经过去,将来尚未来临,只有现在才是最重要的。完形疗法的主要理念之一就是强调"此时此刻",强调充分学习、认识、感受当前这一刻,留恋过去就是在逃避体验现在。对许多人而言,已经丧失"现在"这股力量,他们不知道如何把握此时此刻,却把精力虚掷于感叹过去所犯的错误,苦思冥想该如何改变将来的生活,把精力倾注于无止尽的未来抉择与计划之中。当他们把精力投向追忆过去或冥想未来时,"现在"的力量便消失无踪了。完形治疗中心理咨询师提问经常用的是"什么"、"怎样"和"如何",却很少提及"为什么"。这是为了增进来访者对于现时的观察。

3. 未完成事件

完形疗法的另一个重要焦点为"未完成事件"(unfinished business),这是指未能表达出来的情感,包括:悔恨、愤怒、怨恨、痛苦、焦虑、悲伤、罪恶、遗弃感等。虽然这些情感并未表达出来,但却与鲜明的记忆及想象联结在一起。由于这些情感在知觉领域里并没有被充分体验,因此很容易在不知不觉中被带入到现实生活中,从而妨碍了自己与他人间的有效接触。未完成事件会一直持续存在,直至个人有勇于面对并处理这些未曾表达的情感为止。

4. 回避

回避是一个与未完成事件相关的概念。它所指的是人们用来回避面对的未完成事件、避免去体验以往没有经历过的情境中可能引发的不愉快情绪。大多数人都宁可逃避体验痛苦的情绪,而不愿去做必要的改变。因此,他们会变得迟钝、不想突破僵局,从而阻碍了自己成长的可能性。因此,完形治疗者鼓励当事人在治疗阶段要充分地表达以前从未直接表达的紧张情绪。

5. 接触

接触在完形疗法中是促进成长与发生改变的必要条件。当人与环境接触时,改变就无可避免地发生了。接触是通过看、听、嗅、触摸和移动等方式来实现的。良好的接触指的是与他人自然地进行交互作用,但同时又能从中获得个人的体验。

6. 能量

在完形疗法的理念当中,特别注意能量的问题,它包括能量在何处、如何使用以及如何被阻碍等。能量受到阻碍是抗拒接触的另一种形式。它可能表现在身体某些部位的紧张。例如,姿势变换、身体紧缩、颤抖、与别人说话时看别处、音调异常等,但这些诸多表现的形式很难描述穷尽。

(三)完形疗法的基本过程及操作方法

1. 治疗目标

完形疗法的目标在于达到察觉的状态,以及经由察觉获得更多的选择及肩负更多的责任。察觉包括:了解环境、了解自己、接纳自己,以及能与别人会心接触。察觉能力的提升与丰富就体现了疗效。未能察觉的话,则来访者就没有能力去进行人格改变。有了察觉之后,他们就有包容力去面对与接纳自己原先拒绝接受的部分,并能充分地去体会这一部分的主观性。于是他们会变得逐渐统一与完整。在来访者停留在察觉状态时,重要的未完成事件总是会浮现出来,此时就可以在治疗中加以处理。完形疗法就是帮助来访者去注意到自己的察觉历程,使他们因而能够负责,能够有所筛选地作选择。在来访者与心理咨询师的真诚相会的背景下,觉察就容易出现。

2. 心理咨询师的角色与功能

当我们面对自己"现在"已成为怎样的人,而不是一味去想我们"应该"要成为怎样的人时,我们就会有更多改变自己的可能性。所以,完形疗法的目标并不是要去改变来访者。心理咨询师的作用在于,通过与当事人的接触,去帮助他们发展自己的察觉能力,以及体验当时他们是怎样的人。心理咨询师的任务就在于鼓励来访者积极投入,抱着对人生探索的态度去学习认识自己,并在治疗历程中尝试新的行为,以及注意自己发生了哪些改变。

心理咨询师的重要职能之一,就是去关注来访者的肢体动作。来访者的非语言线索可提供给心理咨询师丰富的信息,因为它能够流露出来访者本人未能察觉的感觉。在治疗过程中来访者的姿势、行为、手势、声音等动作,均说明了一些客观的现象。需要指出的是,通过语言的沟通常可能形成误导。所以,如果心理咨询师仅注意来访者口语的内容,就容易对一个人的本质形成误解。真正的沟通其实是超越语言文字范围的。

同时,心理咨询师需要注意来访者的语言与肢体动作间是否有不一致的现象,特别是来访者无时无刻不在避免与现实做充分的接触时,心理咨询师就必须试着去引导来访者用语言把肢体动作说出来,把语言变成他们肢体动作的一部分。此外,心理咨询师也必须注重语言形式与人格之间的关系,因为来访者的语言形式常流露出情感、思想和态度。心理咨询师应注意来访者的说话习惯,用以增进其自我了解,同时也请他们注意自己的语言是否与其经验一致,是否与其情绪背离,以此提升来访者的自我了解。

另一方面,心理咨询师必须心平气和地面对来访者,帮助他们去察觉语言形式对他们的影响。由于对语言形式的关注,增进来访者此刻的察觉程度,以及自己是如何避免与此时此刻的经验接触。

3. 来访者在治疗中的经验过程

完形疗法的基本方向就是要使来访者学习为自己的想法、感觉和行为担负起更大的责任。心理咨询师常对来访者试图逃避的责任加以质问,同时测试他们是否愿意继续接受治疗,以及想从治疗中学习什么、想如何利用治疗时间等。心理咨询师的治疗重点包括心理咨询师与来访者之间的关系,以及该关系与来访者和其他人之间关系的相似性。因此,来访者在治疗过程中所扮演的是一个积极参与者的角色,他们将要为自己的言行作合理的解释并赋予意义,同时以主动积极的态度来增进自己的察觉能力,并澄清各种关系对自己的意义。

4. 心理咨询师与来访者的治疗关系

治疗过程中的基本焦点在于心理咨询师与来访者之间一对一的关系。心理咨询师应对治疗进程、对自己及对来访者的了解程度以及来访者能否保持开放的态度负责。同时应建立和维持一个良好的治疗环境,以促进来访者进行改变。治疗者的经验、洞察力和察觉是达成疗效的基础;而当事人的察觉和反应能力则更是治疗成功的关键。重要的是,当心理咨询师与当事人会心接触时,心理咨询师应允许自己受到当事人的影响,并能与对方分享自己的知觉经验。

在完形治疗过程中,心理咨询师不仅要让来访者展现本来的面目,乐于表达他们的观察与反应,还要以适当的方式分享个人的经验,但不会试图操纵来访者。与此同时,心理咨询师也要对当事人的反应有所回馈。借助回馈,可引出来访者对自己所作所为的察觉。心理咨询师还需要以诚心和敏锐的反应面对来访者,在不否定对方的情形下,去挑战他们可能的行为取向。此外,心理咨询师也必须与来访者共同探索他们的内心恐惧、灾难性期望、抵触及抗拒等。

5. 完形疗法的技术

完形疗法的技术较多,皮尔斯等人对此做过归纳性描述,这些技术包括:①对话技术;②空椅子技术;③绕圈子技术;④我负责技术;⑤投射技术;⑥反转技术;⑦预演技术;⑧夸张技术;⑨感觉留置技术,等等。

(1) 对话技术。完形疗法中将人格功能分成"优势"(top-dog)及"劣势"(under-dog)两部分。优势部分代表了正直、权威、道德、命令、主宰及操纵,用"应该"、"必须"的心态来困扰人,并且以灾难性的威力操纵别人。劣势部分则是以扮演受害者的角色、被保卫、歉疚、无助、懦弱无能等方式来牵制着对方,所表现的是被动的一面,是不负责任、借词逃避的一面。对话练习就是要让人格中的"优势部分"和"劣势部分"进行对话。前者以命令的方式指手画脚地对待后者,后者却是以一个不服从的顽童角色来应付前者。两种势力之间的对话能够暴露出来访者内心的冲突。一个人在社会生活中不可避免地会汲取别人的观点和特质进入自我体系中,但是若未经自身评判而全盘接受他人的价值观,有可能就会与自我发生冲突,会影响一个人的独立自主性。通过对话练习能够使来访者识别那些被内化的价值观,这时需对它们进行厘清,不能让这些内化的又格格不入的人格成分成为自我发展的阻碍。

(2)空椅子技术。空椅子技术(empty-chair)是一种内射外显技术。此技术运用两张椅子,要求来访者坐在其中一张,扮演一个优势者,然后再换坐到另一张椅子上扮演劣势者,让来访者扮演两方进行对话。这项技术本质就是一种角色扮演,让来访者来扮演所有的部分。通过这种方法,可使内射表面化,使来访者充分地体验冲突。由于来访者角色扮演中能接纳和整合优势者与劣势者,因此冲突可得到解决。同时此技术会协助来访者去接触他们潜藏深处的情感,以及连他们自己都可能否定的一面。他们并非通过讨论形式而使情感外显化,这样更有助于来访者充分地去体验这种深藏的情感。这个技术能够帮助来访者去了解他们情感中真实的部分。

两个相对势力间的对话目的在于使人们内在的对立与冲突获得较高层次的整合,即学习去接纳这种对立的存在并使之并存,而不是要去消除一个人的某些人格特质。空椅子技术并没有强调要求来访者作出即时的改变,而是通过这种换角色的对话让来访者自行地去除自我折磨的困扰。

(3)绕圈子技术。绕圈子技术(making the rounds),又可称为直面表达技术,一般用于团体治疗中。当治疗者觉得某位参与者的问题有必要对团体中的每一位成员直面表达时,可以使用此技术。此时要求团体中的某位成员走到他人面前直接公开地与对方说话,或做某些事,它的目的就是要去达成面质、冒险、表达自我、试验新行为模式、促进成长及改变。例如,当某位成员不愿意融入团体,不愿意与别人说话,其实他的内心并非真的拒绝与别人交流,只是有顾虑,害怕会在别人面前出丑,或是被别人瞧不起,很不自信。此时心理咨询师可以引导来访者把内心的想法用语言向团体中的每位成员一一表达。当来访者向其他人不断重复地诉说自己的想法,这样绕了一个圈子后,不管其他人对他有任何表情,但他自己也会发现他所猜测的想法和实际情况有很大的差异。对自己原本很坚信的想法开始重新反思和调整。

(4)我负责技术。我负责技术(I take responsibility for...)是用一种陈述句式来进行自我反省的方法。心理咨询师会要求来访者在每个陈述之后加上"但我要为它负责"。例如,"我觉得无奈,但我要为我的无奈负责"、"我很失败,但我要为我的失败负责"、"我觉得受到排斥及孤独,但我要为此种受排斥感负责"。此种技术的进行可有效拓展个人的感觉领域,同时帮助个人接纳和认识本身的情感,以代替把自己的情感投射到他人身上。尽管这项技术显得有些机械,但却有一定的疗效。

(5)投射技术。投身技术(playing the projection)是指一个人在别人身上所看到的事物,其实正是自己所具有的但却不愿看到也不愿接纳的内容。一个人往往会花费很多精力去否定自己的情感并把某些动机转嫁到别人身上,因此,在团体里,当某人在说别人的时候,常常是他自己本身属性的投射。当心理咨询师看到来访者有投射情况时,会直率地对他说:"我无法相信你的说法,这可能是在说你自己!"来访者会因这样的质疑受到冲击,从而认可自己投射他人的内容就是自身的情况。

（6）反转技术。许多来访者的态度和言行往往是以反转的方式表现的。有人明明是对某异性有些爱慕，却表现出对此人的一种莫名其妙嫌弃。有些人明明喜好别人的赞赏，却表现出对别人对他赞赏的不屑一顾。心理咨询师运用反转技术（the reversal technique）让来访者"反转的姿态"再反转过来，使他回到真实的自我。

（7）预演技术。在日常生活中我们内心的许多想法其实都在预演中。我们常在想象的世界中预演我们在现实生活中所期望扮演的角色。而当实际表演开始时，因为怕自己演不好，就会出现恐惧和焦虑。由于内心的预演消耗了太多的精力，因此抑制了我们的主动性，也阻碍了我们去尝试新的行为模式。在团体治疗中，预演练习正是一种相互帮助的治疗方式。在团体治疗的氛围中，来访者们彼此分享预演的情境，可使他们察觉到他们内心预演各种社会角色的情形，同时也使得他们更能察觉他人对自己的期望，希望被他人赞美、接纳和喜欢的程度与范围。

（8）夸张技术。心理咨询师希望让来访者对自己身体语言所传递的微弱信息能够有敏锐的察觉，运用夸张技术可以达到此目的。尽管来访者的姿势和动作都能够传递出一些信息，但是这些表达很隐晦或者不完全。若心理咨询师能要求来访者重复、夸张地用全身的姿势，用幅度很大的动作来进行表达，这样传递给别人的信息就十分夸张，十分明朗，所表达的行为情感也十分强烈。由此，那些行为内在隐藏的意义就能更清楚地表现出来。例如，要表示内心的痛苦和愤怒，就可以大幅度地做抖动、弯腰、缩肩、握拳、皱眉、苦瓜脸、双手交叉在胸前等动作。又如，要表示内心的焦虑紧张，可以用匆匆的走路、搓手、蹬脚、挥汗等夸张的动作来表达。夸张练习也可应用在语言行为中。如心理咨询师可以教来访者重复地说出他想掩饰的话，且愈重复声音愈大，这样的操作常能使来访者开始真正倾听到自己的心声。

（9）感觉置留技术。当来访者在情感或情绪不愉快而想逃避的关键时刻，心理咨询师即要求对方保持着这样的感觉。例如，绝大多数的来访者都想逃避恐惧或不愉快的感觉，但心理咨询师却要求他们停留在恐惧或不愉快的体验中，并且即刻鼓励他们去思索这些想逃避的感觉。要求来访者去面对、体验这些感觉，要克服此时的不适，增进对于负性情绪的耐受性。这种技术也是一种"暴露"，只是让来访者暴露在负性情绪中，逐步消除对不良情绪的排斥。

完形疗法有其特点和优势，可以运用在个别或团体治疗中，这种行动式的治疗方法可以把冲突和挣扎带进现实情境。借助这种技术，来访者可以实际体验自己的冲突，而不只是以一种敷衍的态度，停留在侃侃而谈中。其结果能增加来访者体验的敏感度和提高对现实的察觉力，从而发现自己崭新的一面。

完形疗法运用的是一种活泼的方式，把过去的问题以及相关的部分带到当前来展现，然后再以生动的方式来处理这些过去的问题。心理咨询师用激励的方法调整来访者，帮助他们去觉察真实的自己并提高他们的能力去清除影响现实功能的障碍。此外，在治疗过程中心理咨询师鼓励来访者使用显明的语言及夸张的肢体动作，这也是一个有效的治疗方法。完形治疗可帮助来访者强化以此时此刻为中心的察觉力，使他们不但能察觉到当下的感觉与想法，同时也明白自己正在做些什么。经过这种治疗的历程后，他们便能对自己更加了解,并能提升对自己把握的能力。

完形疗法也存在一些不足之处。从事完形治疗的学者强调察觉和表达感觉,却往往忽视了来访者的思考成分。有些学者指出,要使完形治疗真正发挥功效,心理咨询师本人必须要有较高层次的人格发展。一方面能完全察觉自己的需求,且能让这些需要不干扰到来访者的治疗过程。另一方面能敏锐地处于此时此刻,同时能无防卫地自我显露。若咨询师欠缺纯熟的训练,极有可能会将治疗重心倾向于满足来访者的欲望,并在无形中以自己的价值观对来访者进行操纵。

三、存在主义疗法

存在主义疗法承认人类生存的这些状况,但是强调我们有自由去选择对环境的影响。存在主义的观点认为我们是自由的,因此要对自己的选择和行动负有责任。我们是自己生活的作者,我们为自己的生活规划蓝图。

存在主义疗法主要的目的是促进来访者对生活进行反思,认识到自己可以选择的范围,在各种选择中作出决定。一旦来访者开始认识到他们是怎样被动地接受了环境,并放弃了控制,就可以开始走上有意识地规划自己的道路。

存在主义疗法不是像传统医学模式那样对人进行"治疗"。在存在主义治疗中,把来访者看作是生活中出了问题,或生活不顺利。他们的生活需要帮助,需要决定走哪条路才是更合适的,以使他们最终能够发现自己的道路。存在主义治疗是一个在生活中寻找价值和意义的过程。

维克多·弗兰克尔(V. E. Frankl)、罗洛·梅(R. May)、杰姆斯·巴肯托(J. Bugental)和爱尔文·雅罗姆(I. Yalom)是存在主义心理治疗的先驱。他们都具有很强的存在主义和人本主义心理学的背景,并发展了心理治疗中的存在主义疗法。

弗兰克尔认为,生命在所有情况下都有意义,生命的中心动机是对意义的追求,在我们的思维中发现意义的自由,正合身体、心理和精神。按照弗兰克尔的观点,现代人有生活的手段,但经常没有生活的意义。治疗的目的在于促使个体通过苦难、工作和爱来发现生活的意义和目的。

梅认为,存在需要勇气,我们的选择决定着我们成为什么样的人。我们内心中不断存在着斗争。我们认识到成长常常是痛苦的过程。所以,在自己的成长中一直会有喜悦和痛苦之间的斗争。

巴肯托根据存在主义对个体当前存在的关心和人本主义对每个个体的整体强调建立了一种深入治疗的方法。巴肯托把治疗看作是心理咨询师和来访者深入到来访者主观世界的一次旅程。他强调说这一任务要求心理咨询师与自己的现象世界进行接触。治疗的主要问题是帮助来访者考察他们是怎样回答生活中有关存在的问题的,并促使他们改变回答,开始真实地生活。

(一)存在主义疗法的基本观点

存在主义疗法的注重点在于来访者感到独自生活在这个世界上,为孤独感到焦虑这种感觉。心理咨询师并不是建立治疗的规则,而是努力去理解人们深层的体验。心理咨询师认为存在的重要性从来不是固定不变的,人们不断通过各种任务来重新创造自己,人们总是在不断地变化、出现、进化、成为新的人。

根据存在主义疗法的观点,人们生活的基本方面包括:(1)自我知觉的能力;(2)自由和责任;(3)建立个人认同和建立与他人有意义的关系;(4)寻找意义、目标、价值;(5)焦虑是生活的一种状态;(6)对死亡和不存在的认识。

1. 自我知觉的能力

由于我们能够进行自我知觉,我们可以思考并进行决策。知觉得越多,获得自由的可能性越大。因此,扩展我们的知觉就是增加充分生活的能力。我们可以认识到以下一些理念。

(1) 我们是有限的,我们没有无限的时间来做我们想做的事情。

(2) 我们可以采取行动或不行动,不采取行动是一种选择。

(3) 我们选择自己的行动,因此我们可以部分地创造自己的命运。

(4) 意义不会自动地赋予我们,意义是寻找的结果,当我们发现了独特的目的的时候就发现了意义。

(5) 存在主义焦虑,基本上是对自己自由的一种意识,是生活中基本的一部分;当增加了对自己所具有的选择意识后,也会增加对这些选择后果应负责任的感觉。

(6) 我们都会感受到孤独、无意义、空虚、内疚、孤立。

(7) 我们基本上是单独的,但我们有机会与他人建立关系。

(8) 我们可以选择扩大或限制我们的知觉。因为自我知觉是人类能力中最根本的能力。

(9) 应该意识到自己是怎样用依赖的安全换来伴之而来的焦虑。

(10) 应该意识到自己的认同是建立在他人对自己的定义之上的;这就是说,他们在从他人那里,而不是从自己本身,寻求对自己生存的赞同和肯定。

(11) 应该意识到自己在许多方面都囿于过去的决定,认识到自己可以做新的决定。

(12) 应该意识到自己虽然不能改变生活中的一些事情,但是能够改变看待这些事情和对这些事情反应的方式。

(13) 应该意识到自己并不是命中注定未来将会与过去一样。因为他们可以从过去中学习,从而改变未来。

(14) 应该意识到自己过于注意死亡,因此没有很好地享受生活。

(15) 应该意识到可以接受自己的局限性,但仍然感到是有价值的,因为自己应该懂得人不必是完美的才有价值。

(16) 应该意识到自己没有很好地生活在当前的每一时刻,却是活在过去的生活中,对未来进行过多的考虑,或是想同时做过多的事情。

2. 自由和责任

人可以自由选择不同的道路,因此他们在自己命运的形成中扮演重要角色。我们虽然在进入这个世界时是没有选择的,但是我们在这个世界上生活的方式和成为什么样的人却是自己的选择。由于这种根本的自由,我们必须接受指导自己生活的责任。我们对自己的生活,对自己的行动,对自己不采取行动的决定,都负有责任。存在焦虑是因为认识到躲避了这种选择,或选择了不选择。这就是当没有真实地生活时所体验到的内疚感。不真实的存在方式表现在缺乏对自己生活个人负有责任的认识,被动地认为自己的存在大部分是被外部力量所控制的。真实的存在意味着真实地面对自己对什么是有价值的存在的评价。

心理咨询师要帮助来访者发现他们是怎样躲避自由的。鼓励他们学会使用这种自由。心理咨询师要让来访者知道,他们可以明确接受他们是有选择的,尽管在生活中的大部分时间里,他们都是在躲避这些选择。心理咨询师的任务是让来访者认识到他们是怎样让他人来为自己做决定的,鼓励他们开始自主。

3. 建立个人认同和建立与他人有意义的关系

人们对保持自己的特性和中心都很关心,同时也愿意与他人建立自然联系。每个人都愿意发现一个自我,认同自我。这不是一个自动的过程,它需要勇气。我们都在努力与他人建立联系,关心他人。许多人的问题是通过自己世界中的重要人物来寻求指导、答案、价值、信念,而不是相信自己,在内心寻找和发现生活中所存在的冲突的答案。我们成为他人希望所成为的人。我们的存在变成了要植根于别人的期望之中,我们与自己成为了陌生人。

心理咨询师对于来访者的帮助可以从以下四方面入手。

(1) 存在的勇气。心理咨询师应帮助来访者明白我们需要勇气发现真正的"存在基础",并使用这种力量来超越摧毁我们虚无的方面。来访者应努力发现、创造、保持深藏内心的核心,他们最大的恐惧之一是发现自己没有核心、没有自我、没有内容,只是其他人期望的反应。当来访者认识到这种恐惧的勇气,把认识变成语言并与他人共享,它就不再那么可怕。让来访者接受他们没有自我的生活方式,然后探索他们是如何失去了与自我的联系。

(2) 孤独的体验。存在主义学者认为人们生存环境的一部分就是孤独体验。我们可以从查看自己的体验中和感到分离的体验中获得力量。当我们认识到不能依靠任何人来获得对自己的肯定时,就会体验到孤独感;也就是说,我们自己必须给生活以意义,我们自己必须决定怎样生活。如果当我们处在独自一人时却不能容忍自己,怎么能够期望我们与别人在一起时使别人感到有所得? 在与他人建立稳固的关系之前,我们必须与自己建立关系。我们必须学会倾听自己。我们必须能够自己独立,才能够真正与他人站在一起。

(3) 与他人相连的体验。人依赖于与他人的关系。我们想要在他人的世界是重要的,我们也想感到他人的出现在我们的世界中是重要的。当我们能够独自站立时并且从自己的内部寻求力量时,我们与他人的关系是基于我们的成就,而不是我们的缺失。当我们感到缺失时,我们与他人的关系只是一种依赖、寄生的关系。存在主义治疗的一个功能就是帮助来访者能够区分过度依恋他人与能够使双方都能得到成长的合理关系。心理咨询师可以让来访者考察自己在与他人的关系中能得到什么,如何避免过分密切的接触,怎样使自己避免不平等的关系,怎样建立正性的、健康的、成熟的人际关系。

(4) 认同的共同奋斗。对自己最终是孤立状态的知觉会让人恐惧。有些来访者不愿意接受自我鼓励。由于害怕面对孤立,有些人就会陷入从童年早期获得的形象或认同中,不断作出仪式行为,陷入一种糟糕的模式。

在治疗中心理咨询师要让来访者考察他们是怎样离开自我认同的,特别是怎样让他人来为自己设计生活的。当来访者认识到他们将自己交给了他人,开始重新找回自己时,治疗便产生效果。心理咨询师会拒绝给出简单的答案,而是要让来访者面对现实,自己找出答案。

4. 寻找意义、目标、价值

人的一个突出特点就是从生活中努力寻找重要性和意义。人们的内部冲突常常就集中在这些问题上：我为什么在这里？我从生活中想要得到什么？什么可以使生活有目的？从哪里能够找到生活的意义？

存在主义疗法能够提供一个概念性的框架,它帮助来访者挑战生活的意义。心理咨询师向来访者提出类似的问题,例如："你是否喜欢你的生活方向？你对现在的生活满意吗？你今后要成为什么？如果你对自己是谁和想要什么感到困惑,你能做些什么来使自己清楚一些？"让来访者去思索和解答这些问题。心理咨询师一般使用以下一些方法来帮助来访者。

(1) 抛弃陈旧价值观。治疗中的问题之一是来访者在抛弃旧的价值观后能不能找到其他的、合适的价值观来代替原来的价值观。当来访者开始放弃以前从未怀疑过的价值观时,心理咨询师的任务就是要帮助他们去寻求合适的新的价值观,帮助来访者创造一个与他们的生存方式一致的价值系统。

心理咨询师应该相信来访者有能力发现一个来自于自己的、能够赋予生活意义的价值系统,也应该理解来访者由于缺乏清晰的价值观而感到焦虑。心理咨询师的信任对于来访者努力发现新的价值来源具有重要的意义。

(2) 体验无意义。当来访者对于生活的世界觉得无意义时,会考虑是否还值得继续奋斗,甚至是否还值得继续活下去。在现代生活中许多人都存在这种无意义感。生活中的无意义导致空虚和肤浅。因为没有事先设计好的生活,人要面临自己创造意义的任务。有些时候,人们会感到生活空虚,也不再努力去创造一个有目的的生活。体验到无意义状态和建立有作为、有意义的生活,这是生命存在的价值,让来访者意识到这种价值正是心理咨询师需要努力的目标。来访者的无意义感会使他感到内疚,也是他感到无能力的一种状态。因此来访者就会认为自己没能成为想要成为的人。心理咨询师就是要帮助来访者认识到自己的行动和选择没有表达出的自己的全部。真正能够体验到无意义感,这正是一种契机,可以增加来访者的需求去对此状况进行探索,以此来了解和改变自己的生活方式。

(3) 建立新的意义。心理咨询师要帮助来访者找到生活中的意义,并不是直接地告诉来访者他们生活中的意义是什么,而是指出即使是在苦难中也能发现意义。面对痛苦、内疚、绝望和死亡的人可以对绝望挑战从而取得胜利。然而,意义不是我们可以直接寻找和获得的。相反,我们越是理性地寻求它,越可能迷失它。意义与幸福一样,都只能间接地追求,找到生活的意义是一种投入过程,即投入创造、爱、工作和建设。

5. 焦虑是生活的一种状态

人类生存不可避免焦虑情绪的伴随。存在主义心理咨询师对正常和神经症性的焦虑给予区别,把焦虑看作成长的潜在来源。正常焦虑是面对一个事件时的合适反应。不必给予这种焦虑压抑,它可以用来激励改变。相反,神经症性的焦虑与情景不成比例。它通常不被意识,常常使个体忙乱行动。由于没有焦虑人类就不能生存,因此治疗目标并非是消除焦虑。心理健康意味着神经症性焦虑越少越好,接受作为生活一部分的不可避免存在的正常焦虑。

许多来访者要求得到可以消除焦虑的方法。减少焦虑似乎给我们的生活带来了安全感，其实这可能是一种自欺欺人。我们可以限制自己的生活来躲开焦虑，因此而减少选择。然而，每当我们开始新的生活时，可能意味着伴随新的焦虑。当避开焦虑时，我们可能会付出昂贵的代价。

心理咨询师应该认识到来访者存在的焦虑和指导他们建设性地应对焦虑的方法的重要性。存在主义疗法的目标不是消除焦虑，因为这样做将会消除人的活力源泉。心理咨询师的任务是鼓励来访者有勇气地去面对生活，坚定立场，作出行动或作决定。

6. 对死亡和不存在的认识

存在主义者对死亡没有消极看法，认为认识到死亡是人类的一个基本状态，能给予生活更重要的意义。如果要将生命看得重要，就需要对死亡进行思考。死亡不应该被认为是一种威胁。相反，死亡激励我们更完整地生活，抓住每一个机会做一些有意义的事情。如果我们保护自己，不让自己接受最终死亡的现实，生活就会变得平淡、无意义。但如果认识到我们都会死亡，我们就会知道我们没有无限的未来去完成我们的任务，现在每一时刻都是关键的。对死亡的意识是生活和创造的热情来源。生死相依，虽然死亡将毁灭我们，但关于死亡的想法却可以拯救我们。

心理咨询师可以向来访者直接谈论关于死亡的现实。人们对死亡的恐惧藏在内心，一直困扰着自己，直面这一恐惧可以帮助我们将死气沉沉的生活转变为更真实的生活。

存在主义疗法的一个重点是探讨来访者做他们认为有价值事情的程度。如果没有病态地总在想并不存在的恐惧，来访者就可以建立对死亡的一种健康知觉，以评价他们生活得如何，以及他们希望在生活中作出什么改变。害怕死亡的人也害怕生活。如果我们肯定生活，尽量活在完全的生活中，就不会不断地被生命的结束所困扰。

(二) 存在主义疗法的治疗过程

1. 治疗目标

存在主义疗法是让来访者认识到他们没有活在一种完全的、真实的生活中，并作出使自己成为可以想成为的人的决定。治疗的目的是帮助来访者转向真实，学会认识何时何地的他们是在自欺欺人。每一个人都不能逃避现实，因为我们总是要为现实负责。我们可以放弃面对现实，但是，这将是最大的不现实。

存在主义疗法鼓励来访者改变他们顽固的惯例，对狭隘的和强迫的方式进行挑战。虽然这个过程会使来访者有放松感，并增加自主性，但新的自主又会增加他们的焦虑。自主是走向新道路的一种冒险，而且不能肯定这些路会通向哪里。存在主义疗法就是要建立在一个有价值的真实的存在之上。

心理治疗的目的不是传统上所认为的对来访者进行"治疗"，而是帮助他们开始认识到他们在做什么，帮助他们走出受害人的角色。存在主义疗法的任务是教来访者倾听有关他们已经知道但又不是很明白的关于自己的事情。治疗是将来访者潜力挖掘出来的过程。

有学者指出，治疗有三个主要任务：(1)帮助来访者认识到在实际生活中被限制的一些问题；(2)支持来访者面对始终在避免的焦虑；(3)帮助来访者重新认识自己和世界，促进他们更真实地去接触世界。

更多的知觉是存在主义疗法的中心目标,使来访者可以发现当前还存在着以往已经认为不可能出现的其他可能性。来访者开始认识到他们可以改变在这个世界上存在的方式。由于存在主义疗法不只是解决一个问题,所以完成这些治疗任务需要一定的时间。

2. 心理咨询师的功能和作用

存在主义疗法主要关心的是来访者的主观世界,帮助他们对事物有新的理解与选择。着重点在于来访者当前的生活情景,不是帮助来访者重新发现自己的过去。他们主要的兴趣是每一位来访者独特的挣扎。存在主义心理咨询师让来访者直接发现他们"陷入困境"的原因。

存在主义心理咨询师通常接待的是被称为有局限性的人。这些来访者对自己只有有限的认识,对自己的问题本质很不清楚,对于自己的问题只能看到很少的选择,他们常常有被困住与无助的感觉。心理咨询师的中心任务是质询这些来访者有限存在的方式,或他们是怎样被困住的,帮助他们认识到自己在制造这种情形中的作用。用此方法,来访者可以看到他们是怎样成为现在的样子的,以及怎样拓宽自己的生活。一旦来访者面对他们的过去和现在存在的沉闷方式时,他们就可以开始接受为未来而改变的责任。

3. 来访者在治疗中的体验

在存在主义治疗中,心理咨询师应积极启发来访者认真地体验自己的世界,要求他们对自己选择的生活方式负起责任。心理咨询师要让来访者产生更好的领导疗效,就不能让他们只是停留在这个层面的认识上,而是要进一步鼓励他们以治疗过程中所建立起来的内省为基础,再付诸于实际行动。来访者应该走到世界中去,决定自己怎样开始不同的生活。来访者在治疗过程中要用积极的态度去探索自己的恐惧、内疚和焦虑。

对于接受治疗的来访者来说,在真正敞开自己的内心活动时,常常会感到强烈的害怕、激动、高兴、抑郁等,或者会有很多不同的感受交织在一起。实际上来访者在打开心灵之门的时候,他们也同步开始在解脱心理上沉重的负担。他们会逐渐地认识到自己的过去和现在,这样便能够更好地来决定自己向往的未来。通过治疗过程,来访者可以探索实现自己理想的多种途径和方法。

当来访者感到自己十分无助或者认为自己没有任何力量时,此刻也是他们在走向自在的道路上迈出的重要的一步。即使他们接下来的道路可能还会很艰难,但是来访者已经开始出发走出困境,走向自在的未来。

来访者在接受存在主义治疗的过程中应该做到不怕发现自己的局限性、不确定性、弱点和怀疑。只有带着这种开放和好奇的态度,才能面对每天难以估测的神秘,这可以帮助我们超越每天的困扰和痛苦,面对死亡,帮助我们重新发现。

来访者体验的另一个方面是面对终极思考,而不是应对当前的问题。治疗过程中一些主要的问题是焦虑、自由、责任、疏离、异化、死亡及其对生存的意义。存在主义心理咨询师就是要帮助来访者用勇气、希望、意愿来不断寻求生命的意义,从而面对生活。

4. 心理咨询师和来访者的关系

存在主义心理咨询师将与来访者的关系放在重要的位置,因为在治疗情景中这种一对一的接触可以刺激积极的改变。心理咨询师应相信自己可以提供给来访者诚实、正直和勇气。心理咨询师以真诚的关心和同情的态度与来访者分享他们的反应,整个治疗过程是心理咨询师和来访者共同经历的一次旅程。

治疗关系的核心是尊重,心理咨询师应从内心真实地理解来访者的困难并发现他们的生活方式。通过治疗,能够改变来访者从原先认为自己是无助的,转向积极的和负责任的姿态来对待自己的存在。

如果心理咨询师在治疗过程中把自己的内心完全隐藏起来,作出不真实的反应和行为,来访者也会产生抵触和戒备,就会坚持他们原来不真实的方式。所以心理咨询师必须通过示范真实的行为来使来访者成长。心理咨询师可以通过在合适的时间有选择地说出自己的反应,做一些自我暴露,消除来访者对心理咨询师的一种陌生感。当然,自我暴露并不意味着不加选择地说出自己所有的想法和反应。自我暴露的目的是增强治疗性关系,提高对来访者的信任及治疗效果。

（三）存在主义疗法的治疗技术与步骤

存在主义疗法与其他很多治疗不同,它不是技术取向的。存在主义心理咨询师所采用的干预方法是基于对人类存在本质的哲学观点。

存在主义治疗的一个基本原则是心理咨询师必须对来访者的创造性持有开放性态度。心理咨询师可以保持适合自己的个性风格,充分觉察到每一个来访者敏感的要求,并对此作出适宜、有效的反应。当心理咨询师自己心灵的最深处与来访者心灵的最深处相遇时,咨询过程就进入了最佳状态。

一般存在主义治疗都有三个阶段:

第一阶段,心理咨询师帮助来访者找出并弄清他们对世界的想法。

第二阶段,鼓励来访者更全面地考察他们当前价值系统的来源和权威。

第三阶段,帮助来访者将所学到的有关对自己的了解付诸行动。

存在主义治疗主要应用于有发展危机的来访者、有痛苦体验的来访者、面对死亡的来访者、面临重要决定有需要应对的来访者。实际上很多认知行为治疗的学者已经把存在主义治疗的理论以及技术融入到自己的实践之中。

存在主义治疗在实践中也暴露出一些局限性,比如过于注重个人因素而忽视了引起人们心理问题的社会因素。另外,它高度关注自我决定的哲学假设,而缺乏考虑人们所面临各种问题的复杂因素。

第七章 学校心理健康教育

学校心理健康教育是研究和培育学生健康人格的一门学问,主要研究学校心理健康教育的目标、任务、内容、途径、方法和管理,以及心理健康教育和咨询理论在学校教育情境中的应用。它是一门应用性、实践性和操作性都很强的应用心理学学科。在国外,一般把它称之为学校心理学(school psychology),或者学校心理咨询(school counseling),港台地区称之为心理辅导。根据我国大陆的具体国情,中小学心理健康教育概念内涵与"辅导"更为贴近,而在大学一般将心理健康教育与咨询并列提出。

一、学校心理健康教育的概念

学校心理健康教育的名称虽然有多种提法,如,学校心理辅导、学校心理卫生、学校心理咨询、学校心理学等,但是对学校心理健康教育概念的内涵、目标与内容等已基本形成共识。

(一)心理辅导基本含义

"辅导"一词,在英文里对应的术语是"guidance",有引导、辅助别人的意思。著名教育心理学专家张春兴对辅导的定义是,辅导是一个教育的历程,在辅导历程中,受过专业训练的辅导人员,运用其专业知能,协助受辅者了解自己,认识世界,根据其自身条件(如能力、兴趣、经验、需求等),建立有益于个人和社会的生活目标,并使之在教育、职业及人际关系等各方面的发展上,充分展现其性向,从而获得最佳的生活适应。

张春兴指出:"辅导有四个特征:其一,辅导是连续不断的历程,人的一生任何阶段均需辅导;其二,辅导是合作和民主式的协助,根据受辅者的需求而辅导,而非强迫式的指导;其三,辅导重视个别差异,旨在配合个人条件,辅其自主,导其自立;其四,辅导的目标是个人与社会兼顾,期使个体在发展中既利于己,也利于人。"[①]

另一个与辅导相关的术语是"counseling",一般译作"咨询",但也译作"辅导",有时两者混用。对于咨询有两种界定:一种是将咨询视为辅导的历程,基本含义同上。另一种是将咨询视为心理治疗过程,即咨询是一个再教育或习惯矫治的历程。在此历程中,受过专业训练的咨询员,运用其专业知能,对生活适应困难或心理失常者给予适当的帮助,使之改正不良习惯,重建人格,从而恢复其健康的人生。

(二)学校心理健康教育的含义

根据学校教育的目标,学校心理健康教育可以界定如下:

---

① 张春兴著:《张氏心理学辞典》,上海辞书出版社 1992 年版,第 292 页。

学校心理健康教育是指教育者运用心理学、教育学、社会学、行为科学乃至临床心理学等多种学科的理论和技术,通过小组辅导、个别心理辅导、心理健康教育课程以及家庭心理健康教育等多种形式,帮助学生自我认识、自我接纳、自我调节,从而充分开发自身潜能,促进其心理健康与人格和谐发展的一种教育活动。

这个表述有以下几点含义:

(1)学校心理健康教育的直接目标是提高全体学生的心理素质,最终目标是促进学生人格的健全发展。

(2)学校心理健康教育是帮助学生开发自身潜能、促进其成长发展的自我教育活动,通过他助、互助,培养其自助能力。

(3)学校心理健康教育是具有现代教育理念的方法和技术,它不是一种带有指示性的说教,而是耐心细致的聆听和诱导;它不是一种替代,而是一种协助和服务。

二、学校心理健康教育目标

学校心理健康教育有两类基本目标。从积极意义上讲,叫发展性目标,即通过提高每个学生的学习、生活、人际交往和社会适应等方面的心理素质,充分开发他们的潜能,使之健康成长。从消极意义上讲,叫防治性目标,即通过对学生心理问题的预防和矫治,进而促进他们的心理健康。学校心理健康教育应该以发展性目标为主,防治性目标为辅,这已经得到大家的基本认同。

台湾心理学家杨国枢教授认为,从广义的观点来看,辅导工作是教育工作的一环。因此,辅导的最终目标实际就是教育的目标。教育的目标是增进个人良好生活所需要的知能与态度。所谓"良好的生活",实际上是指"适应良好的生活",其中主要包括两方面内容:第一,个人在学习、工作、情绪及社会关系上适应良好。第二,个人就其能力所及,对于社会有贡献。

台湾心理学专家邓继强认为,一个人若是能做到以上两点,就可以说在相当程度上实现了自己的秉性和潜能。

香港心理学辅导专家林孟平教授认为,学生辅导目标除了协助学生有统整的发展,走向自我实现的终极目标外,还有下列中间目标:

(1)学问上奠定稳固的基础。

(2)为将来的工作和事业妥作准备。

(3)认识自己、接纳自己和欣赏自己,建立健康的自我形象。

(4)促进自信,加强自表能力。

(5)学习与他人发展良好的人际关系。

(6)培育独立自主的能力。

(7)学习与异性相处,对恋爱、婚姻、家庭有正确的观点与态度。

美国学校心理咨询协会制定的学校心理咨询国家标准中把学业发展、职业发展和个性/社会性发展作为学校辅导三大目标,同时该协会指出,这些"必定成为决定学校咨询规划质量和效能的重要因素"。施密特(J. J. Schmidt)将学业发展改为教育发展,认为后者含义更为宽泛，"所谓'教育'指追求终生学习；而学业则更接近特定学科和课程论文有关的成就"。其中，教育发展是指让所有的学生拥有取得学业成功的平等机会，例如，心理咨询人员和教师借助课堂指导活动以鼓励学生积极发展自我概念。职业发展是指为学生进行职业准备和职业选择的辅导，具体为：(1)提供有关工作世界图景和当前职业机会准确信息；(2)对学生的兴趣和能力进行评估，并对学生讲解测评结果，以便学生作出恰当的职业选择；(3)鼓励学生多作一些选择。个性和社会性发展是指让学生理解、接纳自我，与他人和谐相处。[①]

综合以上有关心理健康教育目标的阐述，学校心理健康教育的目标大致应包括以下两方面。

1. 发展性目标

(1) 帮助学生认识自己、接纳自己。

(2) 帮助学生学习发展良好的人际关系，培养合群性、同情心。

(3) 帮助学生适应学校生活环境，热爱学校生活。

(4) 帮助学生发展其学习能力，培养正确的学习观念、良好的学习兴趣与学习习惯。

(5) 帮助学生提高承受挫折的能力，培养良好的意志品质。

(6) 帮助学生在学习、生活中学会调节、控制自己的情绪，经常保持乐观、平和、愉快的心境。

(7) 帮助学生培养独立自主的精神，懂得对自己的行为负责。

(8) 帮助学生培养创造力和创新精神。

(9) 帮助学生进行生涯规划与发展。

2. 防治性目标

(1) 辅导学习困难的学生，改进他们的学业成绩。

(2) 辅导有情绪困扰、行为问题的学生，改善他们的情绪，矫正他们的行为。

(3) 辅导家庭环境不利的学生，帮助他们健康成长。

(4) 辅导学业优秀的学生与智力超常的学生，使他们获得更佳的发展。

三、学校心理健康教育内容

根据上述目标，学校心理健康教育内容可以分为学习辅导、人格辅导、生活辅导和生涯辅导四大主题。

(一) 学习辅导

学习辅导旨在帮助学生改进学业成就，提高其学习心理品质与技能，并对学生的各种学习心理问题进行辅导。学习辅导有积极的与消极的之分。积极的学习辅导是对学生良好的学习技能、学习方法、学习习惯和学习动机的态度进行训练与辅导，以培养学生良好的学习心理品质。消极的学习辅导是对学生在学习中产生的障碍进行矫治，如帮助学生克服厌学心理，矫治注意力障碍、自卑自弃心理、学校恐惧症等。

---

① ［美］施密特著，沈湘秦译：《学校心理咨询实用规划(第四版)》，中国轻工业出版社2005年版，第75—80页。

过去,我们常常将学习活动中的认知、情感、行为片面地割裂开来,有时强调认知,有时强调情感等,缺少整合的系统观。系统论告诉我们,一个系统只有在其内部形成有序的结构,才会有最佳的功能。人的心理是一个有机整体,知、情、行三者密不可分,这三者协调发展,就能使个体产生最佳的学习效率。我们应该认识到学习是人生智慧与经验获得的过程,也是人成长的过程。它需要人的热情、态度、价值信念、方法策略等。

(二)人格辅导

大中小学生正处于人格发展与形成的时期,人格健康发展是其心理健康的重要部分。人格辅导作为学校心理健康教育的一部分,旨在帮助、促进学生社会适应和人格健康成长的发展,即个性与社会性发展。

社会适应是社会性发展的主要体现,它既是人格成长与发展的基础和条件,又是人格特征赖以展现的载体,个体人格的稳定性和行为方式都直接体现在个体的社会适应中。个体要有良好的社会适应,必须既充分认识自己,又要充分认识自身之外的周围环境(包括自身之外的他人、物理环境、社会组织、社会文化等),并积极寻求两者的沟通和融合,从而达到个体与环境的良性互动和协调。

个性发展即努力培养适应社会现实要求的生活态度、价值观念和社会行为模式。就现代社会中的个体而言,必须具有现代人的人格特征。针对目前中国的现代化进程,有学者提出,当代中国人特别要重视耐挫能力、合作与合群品质、终身学习的态度和能力、尊重多元化价值并具有独立判断和选择能力等的培养。[1] 人格辅导的主要内容包括自我意识辅导、情绪辅导、人际交往辅导、青春期及性心理健康教育等。

(三)生活辅导

生活辅导包括两方面内容,一方面是通过丰富的日常休闲活动,培养学生健康的生活情趣;另一方面是帮助学生应对负性生活事件,培养乐观的生活态度。这对于学生将来获得幸福而充实的生活具有潜在的影响,同时对发展他们的个性、增长才干、提高学习效率也具有正向迁移作用。

休闲对人的发展的价值主要体现在休闲活动的性质和休闲活动的内容中。对学生而言,在闲暇时间里,如果以积极进取的方式取代消极的打发日子的方式,就能让休闲活动变得充实有益、丰富多彩,起到消除学习疲劳,缓解因学习紧张而带来的心理压力的作用。听音乐、欣赏戏剧、逛公园、练书法、游览名胜、参观展览以及阅读文学作品等,既可得到娱乐和休息,又可提高文化素养和审美鉴赏能力,升华道德境界。杜威在其著作《民主主义与教育》中提到,富于娱乐性的休闲不仅在当时有益于身体健康,更重要的是它对性情的陶冶可能有长期的作用。为此,教育的任务就是帮助人们为享受娱乐性的休闲而做好充分的准备。而目前的现实情况是学生学习压力大、课业负担重、学习时间长,他们很少有休闲的机会和时间。

生活中充满了各种丧失,如失去亲近的人、失去未来各种可能性以及身体的损害等,可

---

① 吴增强编著:《当代青少年心理辅导》,上海科学技术文献出版社 2003 年版,第 5—10 页。

以说丧失与成长共存，它们会带来生活的改变。儿童遇到的创伤性事件主要是亲人与同伴的亡故，这些丧失与哀伤事件会引起孩子巨大的心理悲痛和创伤，不仅影响他们当下的生活与学习，甚至会留下终身的阴影。自汶川地震以后，无数儿童失去亲人和同伴，人们对丧失与哀伤辅导、灾后心理干预给予了前所未有的重视。

近年来，随着互联网迅速的发展与普及，网络已成为学生获取知识、联系世界的重要途径。如何帮助学生合理利用网络，遵守网络道德，避免网络沉迷，树立网络安全意识等，已成为学生成长中的重要问题，这些也是生活辅导的重要内容。

（四）生涯辅导

升学与择业是人生发展的必然过程，是事关个人前途的重大事件。生涯辅导是为学生未来的生活作准备的，旨在帮助学生在了解自己的能力、特长、兴趣和社会就业条件的基础上，确立自己的职业意向，进行职业选择和准备，为今后顺利地踏上社会打下良好的基础。它通过对学生的生涯认知、生涯导向、生涯试探、生涯选择、生涯安置、生涯进展等一系列有步骤、有阶段的辅导活动，实现学生生涯成熟的目标。

（1）了解职业辅导。包括了解职业、了解专业和了解社会。主要介绍职业的分类，介绍高一级学校专业内容及与未来职业的关系，帮助学生研究职业内容和收集职业资料。

（2）了解自己辅导。帮助学生了解自己的职业能力、职业兴趣、职业个性等心理特点和自身的生理特点。

（3）人生探索辅导。树立正确的职业观和择业观，帮助学生了解职业的内涵和职业在人生中的重要意义，懂得学习与未来所从事的职业的关系。同时要教育学生正确对待社会分工和职业差别，树立正确的职业理想，能根据社会需要和自身条件选择专业或职业。

（4）合理选择辅导。帮助学生根据自己的身心特点和职业的要求，使学生发现自己的长处，找出不足，在选择职业的过程中能扬长避短，选择最适合自身特点的职业或专业。同时帮助学生面对自己未来的道路，通过理性分析和自身努力，达到自己的职业理想，然后辅导学生掌握填报升学志愿和求职择业的技巧。

四、心理健康教育与学校各育的关系

心理健康教育与学校各育的关系，可以用"殊途同归"四个字表述。所谓"殊途"是指出发点不同，德、智、体诸育主要是以社会需要为出发点，将社会的道德规范、伦理标准和文化知识传授给青年一代，从而使他们从自然人成长为社会人。这是一个教导的过程、规范的过程。心理健康教育主要是以学生成长的需要为出发点，解决他们在成长中的问题，促进其社会化。这是一个自我探索的过程和引导的过程。所谓"同归"是指最终目标是一致的，那就是使学生的素质得到全面的提高。由于心理健康教育的特殊性，决定了其观念、方法和技术不同于现有的学校教育。两者之间必须相互补充、相互结合。

有人主张心理健康教育应该成为学校独立的一"育"，而要真正让心理健康教育的精神在学校扎根，内涵的融合比形式上的独立更为重要。人是一个完整的生命体，其身体、心理与精神素养是相互紧密联系的整体。因此，心理健康教育与学校各育也应该是有机融合的,而不是强调各自的独立。例如,培养学生为人处事、自我品性修养等任务,可以通过心理健康教育与德育的融合;培养学生学习兴趣、激发学习动机、提高学习能力和效率,可以通过心理健康教育与智育的融合;培养学生强健身体、意志力、忍耐力和坚持性,可以通过心理健康教育与体育的融合;培养审美情趣、审美心理、求美意识,可以通过心理健康教育与美育的融合。

五、学校心理健康教育基本途径

学校心理健康教育作为一种人性化的教育服务,我们还要明确服务对象和范围。以上目标与内容的讨论是一个静态的构架,而要实现目标与内容,需要明确具体服务的途径与载体。就服务对象而言应该包括学生、教师和家长三种。尽管为三者提供的服务内容是不同的,但最终目标都是为了促进学生心智健康成长。学校心理健康教育基本途径一般为:心理健康教育课程、心理健康教育活动、个别心理辅导、团体心理辅导。

（一）心理健康教育课程

心理健康教育课程是指以团体心理辅导及其相关的理论与技术为指导,以解决学生成长中的问题为目标,以班级为单位的集体心理健康教育活动的形式。它不同于一般的班级主题活动,也不同于一般的小团体心理辅导,是学校团体心理辅导的一种形式。

心理健康教育课程的价值在于:可以体现促进全体学生心理健康的发展性目标;可以落实心理健康教育全员性策略;可以体现"以人的发展为本"的教育理念。从课程改革的视角,心理健康教育活动课程又恰恰是对学科课程的补充。学科课程的主要功能是将文化知识传递给学生,使学生获得智慧和技能。它的局限在于难以顾及个体发展的差异性和需要,难以发挥个体的主动性和创造性。而心理健康教育课程是以个体发展的取向为主,以个体的经验为载体,以活动为中介,通过学生参与、体验和感悟,认识自己,开发自己的潜能,获得自助能力。它可以极大地调动学生的主动性。

心理健康教育课程的活动形式是多种多样的,常用的形式有:游戏辅导、角色扮演、行为训练、价值澄清法、理性情绪法和音乐调适等。

1. 游戏辅导

游戏辅导是从游戏治疗发展而来的,它是以"游戏活动"为中介,将被辅导者的内心世界投射出来,并对其进行辅导的一种方法。近年来的班级心理健康教育活动常常采用游戏辅导。尤其适用于低年龄学生。儿童生性活泼好动,游戏不仅能满足儿童的身心活动,而且能在轻轻松松的嬉玩中,让他们观察与学习良好的行为,增进各项技能的发展。

2. 角色扮演

角色扮演是指运用戏剧表演的方法,通过学生对角色的模仿、想象、创造、感受、体验与讨论,达到团体心理辅导的目标。在班级辅导活动中,角色扮演有很多不同的表述形式,如角色游戏、小品表演、心理剧、情景剧等。它是辅导活动中常用的一种方法。

3. 行为训练

行为训练是根据行为主义学习理论,通过强化、惩罚等手段,增进学生的积极行为发生,减少并逐步克服不良的行为。班级心理健康教育中的行为训练，是以集体为单位实施的，一般适用于外显行为的训练。如，人际交往技能、注意力、发散性思维等。

4. 价值澄清法

价值澄清法是指让学生通过选择、评价和行动的过程，反省自己的生活、目标、感情、需求和过去的经验，最终发现他们价值观的一种方法。班级心理健康教育活动需要组织专题讨论时，常常要运用价值澄清方法。

5. 理性情绪法

理性情绪法是心理健康教育中用以调节情绪的一种方法，这种方法认为，决定人的情绪反应的不是事件本身，而是对事件的态度和想法。不同的人对同一件事会有不同的想法，产生不同的情绪；同一个人对同一件事也可能产生不同的想法，引起不同的情绪。因此，我们可以通过改变人的非理性想法，进而改变其情绪反应。

6. 音乐调适

音乐调适是指以音乐来调节改善人的心理状态，使之趋于和谐、平衡和宁静，从而促进其心理健康的一种辅导方法。音乐调适的理论与方法来源于音乐治疗，实践表明，音乐调适在辅导活动中往往可以唤起学生积极的情绪。

当然这些方法在心理健康教育课的实施过程中常常应该围绕活动主题系统设计、综合运用。

(二) 校园心理健康教育活动

校园心理健康教育活动设计形式多样，没有固定要求。如心理健康教育活动周、学生心理社团、校园心理剧、校园心理网站等。校园心理健康教育活动是向学生宣传、普及心理健康知识，进行心理自助的平台，近年来已经成为学校心理健康教育老师主要工作之一，而且颇受师生欢迎。以下简单介绍校园心理剧和学生心理社团。

校园心理剧是指把学生在成长过程中所感受到的各种心理问题和应对方式在一定的场所和群体中进行表演和讨论。校园心理剧的结构包括明确主题、解决问题和分享讨论三部分内容。通过校园心理剧的编写、表演、观看、讨论和思考，会使所有参与者意识到有关的心理问题及其解决的重要性，学会解决各种心理问题。虽然校园心理剧与心理剧其内涵有明显区别，但校园心理剧可以借鉴心理剧的角色互换、多重替身等角色扮演技术，不过需要理解其实质并根据校园心理剧的要求灵活运用。

校园心理剧是根据学生的真实问题编排而成的，在编排和观看心理剧的活动中学生会获得真切的体验和感悟，为他们应对生活中的心理问题提供经验。而且它能够调动学生的主动性和积极性，使其在活动中获得体验，在体验中获得感悟，有助于培养学生心理自助能力。同时，它又是同伴心理互助的重要方式，促使学生在同伴心理互助的过程中学会互助和自助。在同伴交往的过程中，学生形成了对某些事物的态度和价值观，获得了从他人角度看问题的能力，学会了交往和合作。

学生心理社团一般是在心理健康教育老师指导下，由学生自发组织的。由于学生可自主选择、志愿参加，活动形式活泼多样，深受同学们喜欢。

（三）个别心理辅导

个别心理辅导是学校心理健康教育中一项非常重要的工作。它是指通过鉴别、诊断分析和干预，解决学生个别心理困惑的一种辅导形式。学生的心理问题有共性的一面，但更多则表现为个性化的一面。面向全体学生的心理教育和针对不同学生的个别心理辅导，是学校心理健康教育的两个方面，缺一不可。相比之下，个别心理辅导所需要的专业知识和技能要求更高，它是衡量心理健康教育老师专业水平高低的重要标志。因此，个别心理辅导的理论、方法和技能，应该是每一位从事学校心理健康教育工作者必须要掌握的。

从学校心理健康教育实践情况看，大学生与中小学生对个别心理辅导的需求和形式是不同的，这与学生的年龄特点有关。小学生的个别心理辅导主要不是面询，由于小学生的语言表达能力局限，主动来访的更是寥寥无几。一般是由心理老师主动出击，对需要辅导的学生制定个案干预计划并予以实施，一般采用认知—行为干预技术为多，也有心理老师运用绘画、沙盘等投射技术了解学生的内心世界。初中生的个别心理辅导较之小学生来说，采用面询的机会增加了，主动来辅导室求助的增加了，这与青少年的心理需求有关。但是学校之间情况差异很大，有的学校心理健康教育室门庭若市，有的学校心理健康教育室却冷冷清清。这与心理健康教育教师的亲和力、专业能力有一定的关系。高中生的个别心理辅导，则更希望与心理健康教育老师就探索自我、学习问题、人际关系和社会适应等方面进行更为深入的探讨。大学生面临的学业、情感、人际相处和就业压力明显增多，加之心理求助比之中小学生更为主动、迫切，因此大学生个别咨询的需求日趋增强，这对大学心理健康教育老师带来了极大的挑战。

随着网络技术的发展，学生越来越喜欢用 QQ、微信等即时通讯软件向心理健康教育老师进行咨询。因此，个别心理辅导的手段正在趋于多样化、信息化。这就需要对学校心理健康教育室的设置进行改进。

（四）团体心理辅导

由于一对一的个别心理辅导需要耗费心理健康教育老师大量的时间和精力，对于有上千名学生的学校来说，一两位心理健康教育老师显然是力不从心、势薄力单，难以满足学生的需求。解决这个瓶颈问题有两个策略，一是扩大兼职队伍阵容，二是开展团体心理辅导。团体心理辅导是指对有相同辅导需求的学生，在辅导教师的带领下，围绕某一辅导主题，通过一定的活动形式与人际互动，相互启发、诱导，形成团体共识和目标，进而改变学生的错误观念、态度、情绪和行为。

团体心理辅导的规模一般在 6 至 12 人。它与心理健康教育活动课程的共同点是：其理论都是依据团体动力学，都是利用学生集体的辅导资源。不同点是成员结构不同，心理健康教育活动课程以班级为单位，一般为异质群体。而团体心理辅导打破了班级的界限，它可以是异质群体，也可以是同质群体。

团体心理辅导的价值除了节省时间、提高效益、降低成本，更重要的是向学生提供一个具有治疗功能的心理环境，有助于他们了解自己，了解他人，宣泄苦闷，获得支持、慰藉和帮助，减少孤独感和无助感，恢复自信。具体有以下几点：

（1）感受氛围，获得接纳。小组的良好氛围能够使成员产生一种安全、信赖、温暖和接纳的感觉。

（2）宣泄自我，调适情绪。倘若痛苦、不安和紧张的情绪长期积压，没有得到宣泄，则会加重焦虑、抑郁和恐惧症状。在小组里，将负面情绪释放出来，可以平复情绪。

（3）相互了解，获得支持。小组交流中，同学们会发现类似的苦恼不只属于自己一个人，自己并不孤单，由此会有一种释然感，有助于减少紧张的压力，并能从他人身上领悟到自身问题。

（4）以人为镜，观察学习。小组成员间的相互作用，提供了一个重新学习、塑造行为的机会。当事人能够在小组里学习其他成员的积极行为，也能够及时发现和调整自己不被其他成员欢迎的行为。

（5）学会助人，获得自信。当事人在小组里向其他同学提供意见和帮助时，常常会感到自己存在的价值，感到自己有能力帮助别人，从而增强自己的自信心和自我实现感。

团体心理辅导也是一项技术性较强的工作。如在小组的发动、目标的制定、凝聚力的形成、规范的建立、小组成员之间的冲突与协调，以及团体心理辅导员的角色地位等，都有一定的技术要求。这需要加强专业培训和实践探索，总结出符合我国学校实际的团体心理辅导模式。

第二节　心理健康教育课程

一、心理健康教育课程概述

心理健康教育课程（又称心理辅导课程）不是传统意义上的学科课程，而是帮助学生认识自我内心世界的特殊课程，所以它有与学科课程截然不同的内涵、意义和特点。了解这些特点，对于心理健康教育课程的有效实施有重要的意义。

（一）心理健康教育课程的概念界说

课程的本质是由一定育人目标、基本文化成果及学习活动方式组成的用以指导学校育人的规划和引导学生认识世界、了解自己、提高自己的媒体。

从课程的本质上我们可以看出，组成课程的三种基本成分是育人目标、学习内容和学习活动方式。这三种成分相互依存，相互制约，通过教育目标、教育内容和教育途径三要素，达到适应社会发展的要求。学生通过学习课程，进一步认识世界、认识环境、认识自己、发展自己、促进个性发展。

现代课程的本质一般都包含着学生成长所需要的认知经验要素、道德经验要素、审美经验要素和健身经验要素。一定的育人目标、基本文化成果和学习活动方式，是课程本质的三个要素。可见，课程本质是为使文化持续发展存在，而经过特殊选择并加以定式化、组织化的社会共同经验。

学校心理健康教育课程就是依据课程本质的要求，从心理健康教育课程的目标、辅导内容、辅导活动的方式这三种基本成分来规范和设计课程。心理健康教育课程的内容，可以发展和提高学生的心理品质，激发潜能，达到适应社会发展、个性和谐统一。

心理健康教育课程的本质,体现学生成长所需要的各种经验要素,反映上述的课程本质的三要素,即一定的育人目标、基本的文化成果和学习活动方式。

1. 育人目标

心理健康教育课程的最终目标是培养学生健全的人格,具有良好的社会适应性和良好的心理品质。根据这一要求,心理健康教育课程的目标又分为发展性目标和预防性目标。发展性目标侧重于学生心理潜能的开发、心理品质的培养,帮助学生完善自我,促进健康成长;预防性目标侧重于帮助学生及时发现自己在成长中的各种困惑和问题,学会如何调节心态,学会如何及时纠正和改变不健康的心理,确立积极健康的情绪,培养学生正确的自我观和良好的人际适应能力。

2. 基本的文化成果

这是心理健康教育课程的学习内容。它汇聚着人类学习、生活、工作、交往、社会、健康心理的各种理论和方法,以适应学生心理年龄特征为出发点来组织内容,以学生成长的需要为依据来选择内容,使课程内容更具有针对性。心理健康教育课程的内容可以根据学生年龄、心理特点设计,也可以根据学生的需求及心理发展中随机产生的问题设计,即所谓预设性与生成性相结合。

3. 学习活动方式

心理健康教育课程是以经验为载体,学习方式是个体的自觉接纳。它没有强制性的接受要求,更没有系统传授心理学知识的要求。课程主要是以活动的方式,在教师的设计和指导下,让学生在活动中去体验、感受,从而发现自己和发现别人,认识自己和认识别人,学会学习、学会生活、学会交往,这就是真正能体现以学生为中心的学习方式。

综上所述,心理健康教育课程是指根据学生心理发展的规律和特点,以团体心理辅导及其相关的理论与技术为指导,以班级为单位,通过各种辅导活动形式,培养、训练、提高学生的心理品质,激发潜能,增强社会适应,帮助解决学生成长中的各种心理问题,维护心理健康,达到塑造和完善人格的体验式课程。

心理健康教育课程与一般的班级主题活动和小组辅导有所不同。

其一,班级主题活动的范围比较广泛,包括德育的、智育的、体育的和社会实践活动等等。而心理健康教育课程的范围比较集中,主要围绕学生的心理健康。其二,心理健康教育课程需要有系统的心理辅导理论框架和专门的技术支持,而班级主题活动设计不一定有理论结构。如,班主任老师或同学设计一次迎国庆活动,事先并不需要思考依据什么理论。其三,心理健康教育课程往往是以学生的成长需求为出发点,并以此作为活动主题。如,学习困扰、人际交往问题、青春期问题等。班级主题活动可以围绕学生个人,也可以围绕社会,由于它是学校德育的一种形式,往往更具有社会取向。

虽然心理健康教育课程与小组辅导都以团体心理辅导理论为依据,是学校团体心理辅导的不同形式,但两者在形式上有很大的不同。小组辅导的规模比较小,一般在 6 至 12 人之间,团体成员的构成可以是同质的,也可以是异质的。心理健康教育课程是以班级为单位,规模比较大,成员不可能是同质的。另外,从辅导目标来看,小组辅导可以是发展性的,也可以是矫治性的,它一般需要专业人员来承担;心理健康教育课程主要是发展性的,它可以由受过一定培训的教师来承担。

（二）心理健康教育课程的特点

心理健康教育课程不同于传统意义上的学科课程，它有如下鲜明的特点。

1. 它是学生进行自我探索的过程

一个比较完善的学校教育体系应该教给学生三方面的知识：关于自然的知识、关于社会的知识和关于自己的知识。前两项在现行的学校课程里都得到了落实，唯独第三项知识很少体现。心理辅导就是让学生进行自我探索，认识自我、调节自我、完善自我，并解决自己成长中的各种问题，诸如学习、交往、情绪调适、理想抱负等。第三种知识的获得，主要不是靠教育者的灌输和说教，而是帮助学生发现自己的问题，找到解决问题的办法。学生只有经过自我探索，才会获得经验，才会得到真正意义上的成长。

2. 强调体验和感悟

如前所说，心理辅导活动是解决个体自身的问题，它需要以个体的经验为载体。按照杜威的观点，儿童的成长就是个体经验由坏变好的过程。这种经验既然是个人的，那么个人的自我体验就显得尤为重要。我们认为，对学生有意义的自我体验应该包括情感体验、价值体验和行动体验。这些自我体验可以通过在心理辅导活动中创设一定的情境，营造一定的氛围来实现。学生从体验中获得有意义的东西，这就是感悟。可见，心理健康教育课程是一种自我教育活动，它没有说教和灌输等显性教育的痕迹，但它可以通过学生自己的体验和感悟，潜移默化地影响他们的成长。

3. 以互助、自助为机制

心理辅导既然是自我教育活动，就必须积极调动学生自身的教育资源。保守的教育观念总是把学生看作教育的对象，心理辅导则认为学生是教育的主体。辅导活动是一种积极的人际互动过程，同龄伙伴有共同的爱好、共同的价值观和文化背景，彼此之间容易理解和沟通。他们可以不加掩饰，坦诚直言，以心对心地进行交流。心理健康教育课程一般都有主题和目标，它是依据学生一定的心理需求制定的，容易达成共识，为学生接受。学生作为集体中的一员，在辅导活动中既是受助者，又是助人者。这种互助可以增进学生对自信、自尊的体验，从而达到自助。教师作为辅导者，应该创设良好的集体舆论、和谐的人际关系、民主自由的气氛，来充分开发集体的教育资源，以利于这种良性机制的形成。

二、心理健康教育课程的教学组织

心理健康教育课程的教学组织要体现以学生发展为中心的教学思想。人本主义心理学大师罗杰斯对传统教师与新型教师的教学设计做过一番比较。他认为，在教学设计中，一个优秀的传统教师考虑的问题是如何针对不同年龄阶段和发展水平的学生设计出最适合的课程？我能为学生设计出一套好课程吗？怎样培养学生对该课程的学习动机？用什么方式能使学生学到知识？这些问题都集中在获得知识方面。而新型教师要考虑的问题则应该是学生希望学习什么？什么事情使他们困惑？他们希望解决什么问题？显然，罗杰斯强调要从学生本身的需要出发，努力引导他们进行自我思考、自我指导和自我评价，力图把课程变成满足学生成长需要的体验过程。因此,心理健康教育课程应该在教学组织即教学准备、教学进行和教学结束的各个环节,努力体现这些思想。

（一）教学准备

要上好一堂心理健康教育课,课前的准备显得尤为重要,具体包括了解学生、建立关系、专题确定、内容选择和活动设计等方面。[①]

1. 了解学生

了解学生是教育好学生的前提,是有效进行教学组织的基础。优秀教师常说,备课不仅要备教材,更要备学生。只有充分了解学生,才能有的放矢地设计教学活动和得心应手地驾驭教学过程,为提高教学效果提供依据。从心理健康教育课程的特点和要求来说,首先,要了解学生的年龄特点、心理特点和该年龄段学生易产生的心理矛盾和心理期待;其次,要了解学生近阶段关注的热点和需求,以及已经产生或可能产生的困惑;第三,要了解学生对心理健康教育课程的要求,学生在这方面有哪些需要,有什么具体问题,有什么期待,迫切程度如何,以及喜欢的活动形式,有什么建议等;第四,要了解发生在学生身边和周围的、引起大家关注的或可讨论和引导的典型案例。以上这些要了解和收集的素材都能为提高教学效果提供依据。了解学生的方法有观察、访谈、聊天、小型座谈和简单的书面调查等。

2. 建立关系

师生之间融洽的关系是心理辅导活动取得良好效果的基础。教师要在课前利用一切可能的条件与机会,与学生接触、熟悉,让学生喜欢教师、信赖教师,愿意与教师接近、与教师聊天,这将有助于教学活动的开展和把握。由于心理辅导是一个问题讨论、心灵沟通的过程,师生之间的彼此尊重、相互理解是沟通的前提和条件,因此,师生关系应该是平等的、民主的和尊重的。从某种意义来说,这种关系甚至比找资料、选题、设计活动等更重要,更需要贯穿和体现在与学生的一切接触当中,包括语言和非语言的,因而建立关系并不仅仅在课堂上,而更应该在课堂以外的一切时空当中。罗杰斯认为,教师对学生抱真诚(表里如一)、接受(无条件的积极的关心)和理解(移情地理解学生)的三种情感和态度,是让学生感受到自尊、自信,从而增强其行为责任感的重要条件。教师的任务是创设一种真诚、坦率、赞扬、鼓励和主动投入的课堂气氛,以引导学生从课程中获取个人自由发展的经验。因此,他认为,应该把教师的名称改为学习的促进者。这非常精辟地说明了师生关系的重要,也是上好心理健康教育课课前准备的必要内容。

3. 确定专题

专题的确定包括选话题和定标题。心理健康教育课作为帮助学生成长的体验性课程,不应该按照教材按部就班地进行教学,更不能拿着教材照本宣读,它需要从学生的实际出发去组织教学,因而专题选择就显得尤为重要。在课前,教师要根据对学生的了解,选择学生饶有兴趣的话题,并用确切的语言来表述。俗话说"秧好一半谷,题好一半文",一堂成功的课首先就要体现在课的标题上。标题是一节课的中心或灵魂,好的标题不但能起到画龙点

---

① 吴增强、蒋薇美著:《心理健康教育课程设计》,中国轻工业出版社2007年版,第97—101页。

睛的作用,突出主题,吸引学生,还能发人深省,引发相关的思维活动。题目生动简洁的思想表达本身也显示了教师的思维能力和文学素养。处于成长中的儿童青少年,对于各种与自身发展有关的知识、现象都有着极大的好奇心和探求欲望,而且,这种探求兴趣往往是由某个新奇的名称引起的,教师可以通过这一点有效调动他们参与的积极性。话题选择要符合学生的年龄特点与心理需求,既要生动吸引,富有情趣,又要有丰富的内涵、引人咀嚼,并富有兴趣性、时代性和启迪性等特点。定标题要清晰、简洁、生动、贴切,并尽可能采用学生的语言和口气,让学生一看到标题,就有一种要参与的欲望。

具体来说,确定标题要注意以下几点:第一,非灌输式、指导式的标题。在题目的设计上,教师要注意变换自身的立场和思维方式,即进行角色置换,从学生的认识角度提出问题,避免以成人对于问题的理解来代替学生的思维,要打破以往教育中常见的那种生硬的、灌输式的标题设计,如"早恋的危害"、"远离聊天室"等,这样的题目不容易接近学生。第二,趣味性、探索性的标题。标题设计要能吸引人的注意,能拓展想象空间,使人一看即感觉"有意思"、"这正是我想知道的",从而产生浓厚的兴趣,调动学生思维的积极性。如果一个标题让人感到是老生常谈,或与自己无多大关系,那么,它是不可能发挥其应有的作用的。

以下是比较有特色的一些标题:

小学:我真的很不错

有伙伴真好

嗨,男孩女孩

和"?"交朋友

自己的色彩

初中:你喜欢绰号吗?

我欣赏的男生女生

我"形"我"秀"

面对生活的不如意……

我的幸福指数

高中:我最在乎的……

朋友,我该离你有多远?

DIY Your Life

谈情说爱

生命中的美丽与忧愁

4. 内容选择

成功的教学标题设计可以吸引学生的注意和兴趣,但要让学生始终都保持这种注意和兴趣,教学内容的选择和组织就显得非常重要。心理健康教育课程可以不受某种教材和传统教学方法的限制,教师可以根据社会的发展和学生的不同情况,充分发挥自身的创造性,自行确定教学内容和方法,使课程从形式到内容都充满新意和活力,富有吸引力。教学内容的设计要做到选材适宜,紧扣主题,贴近生活,亲近学生。

具体应着重把握以下几点:第一,选择与学生成长有密切关系的或已引起学生普遍关注的内容。青少年学生在成长过程中会遇到许多困惑和难题,如性成熟及其有关性别角色、异性相处、自我定位问题;还有同学相处、师生关系、与父母的代沟问题;更有直接由学习状况引发的关于自我评价、自我期待的可能偏差问题。此外,像网络游戏、交友、聊天、恋爱等新异刺激,青少年学生的整容美容风潮、校园的高消费和攀比之风、离家出走和自杀倾向等现象,都已对青少年的成长构成了极大的不良影响。心理健康教育课程应该触及这些问题,让学生在对现实的思考和选择中成长。第二,选择与学生经历有密切联系的并符合学生思维水平的内容。在总体内容的设计上,可以心理发展的形式或内容为纵向的"经",如以自我认识、自我体验、自我调节或生理自我、社会自我、心理自我为"经";以各年龄段的不同表现或特征为横向的"纬",来"编织"一张个体心理发展的"全景图"。这样,即使不同年级学习心理健康教育课程,也可以保证在具体内容上决不出现简单重复的现象。第三,选择与学生心理品质优化有积极意义和培养学生乐观进取的内容。心理健康教育课程的内容应以优化学生心理品质为主,应避免为引起学生的好奇或重视,而故意夸大或渲染各种心理疾病、心理障碍的范围和影响,尤其要注意避免给学生以不良的暗示,使之疑虑丛生,"对号入座"。我们的教学应该带给学生积极的影响;应该使学生对自己的状态和发展有信心,而不是成天担惊受怕,怀疑自己的心理问题;应该使学生提高对生活的满意度和幸福感,对自己在成长过程中所获得一切关爱和帮助抱有由衷的感恩之情,而不是只会怨天尤人,文过饰非;应该使学生增强自我价值感和自我效能感,悦纳自己、相信自己,敢于负责、勇于创新,而不是自惭形秽,因循守旧,对人生持消极或偏差的态度。

5. 活动设计

下面是一个比较完整、系统的心理辅导的专题和内容。

为帮助刚进中学的同学之间的熟悉和了解,增进集体的形成和凝聚力,培养学生的团队合作精神,提高解决、处理问题的才能,教师设计了如下八个小单元的心理辅导的专题和内容。

(1) 萍水相逢。让刚相识的同学相互了解和熟悉。

(2) 喜怒哀乐。增强学生之间的情感交流,增近彼此的了解。

(3) 旋转沟通。强化团体内聚力,加深相互认识、熟悉的程度。

(4) 七嘴八舌。培养学生客观公正的态度,尊重他人的不同意见。

(5) "我是国王还是兵"。训练团体中分配工作、承担责任和善用权力等领导才能。

(6) "和事佬"。掌握控制自己情绪和调解同伴之间冲突的能力。

(7) "武功"秘诀。培养学生处理问题和解决问题的能力。

(8) 生活馅饼。让学生形成时间管理的观念和学会自己调配时间。

(二) 教学进行

要把一堂心理健康教育课上好,教师要组织学生积极参与游戏和活动、讨论和分享,这就必须抓好三个主要的环节:专题的导入、活动的展开、发问与反馈。①

---

① 吴增强、蒋薇美著:《心理健康教育课程设计》,中国轻工业出版社 2007 年版,第 102—108 页。

1. 专题的导入

上课伊始，教师的主要任务是激发学生参与活动的积极性，让同学们提高兴趣和有所期待，以便能更好地配合教学。在座位的安排上，可以打破传统的秧田式，采用环形、矩形、马蹄形、梅花形等的排列方式(如图7-1所示)，如果班级人数比较多的话，可以采用双环形、多矩形、双马蹄形、多朵梅花形等方式。这样的座位方式，可以使同学们面对面地直接进行交流和沟通，也便于与老师实现无阻隔式的交流与沟通，有助于促进课程的展开。

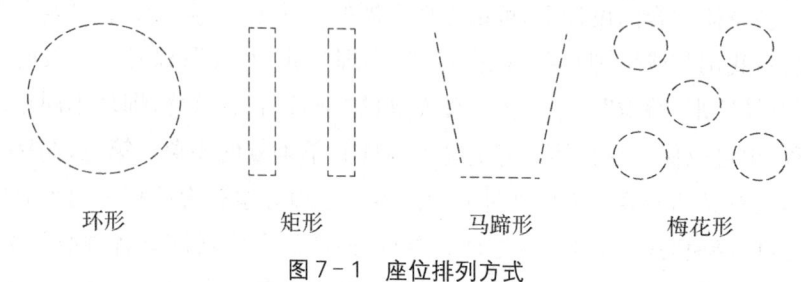

环形　　　　　　矩形　　　　　　马蹄形　　　　梅花形

图7-1　座位排列方式

根据实践的总结，专题的导入有以下几种方法：

(1) 热身法。在课程开始时，可采用一些唱唱跳跳或听音乐歌曲等的方式，来调适原本比较严肃或紧张的气氛，以"激活"学生参与活动的积极性，并使学生集中注意、精神抖擞、调整心态，准备上课。热身活动的内容，一般都与本课的专题有关。热身活动的形式要根据学生的年龄特点来设计。

(2) 开门见山法。教师以生动有趣、简洁清晰的话语作开场白，一开始就直截了当地引出要讨论的主题，以解除学生的困惑，增强其活动的意识性和目的性。如一堂高中学生的专题为"天生我材"的心理辅导活动课，教师在上课一开始就说："你生来就是冠军，一出生你就成功了。在你的人生道路上，你是一步一步走向更大的成功，这就是今天这节课的主题：天生我材。请说说你对成功的理解，你认为什么是成功？"

(3) 发问法。通过提出与主题有显性联系或隐性联系的设问导入。如一堂初中学生的专题为"思维陷阱"的心理辅导课，上课开始教师对同学们提问："什么老鼠用两条腿走路？"学生马上就回答，米老鼠；老师接着问："什么鸭子用两条腿走路？"学生又立刻回答，唐老鸭。话音刚落，学生马上就发现了问题，因为所有的鸭子都用两条腿走路。老师就在同学们的笑声中引出了本节课的专题：思维陷阱。

(4) 案例法。教师可选择发生在学生身边的事情，可通过教师讲述或事先用摄像机拍下部分场景或让学生用小品的形式表演等方式来表达，从而引入专题。

(5) 故事(影片、录象)法。老师可借助同学们熟悉的或不熟悉的故事，或者播放事先剪辑好的影片片断，看完后又提出一些相关的问题，从而引出主题。

(6) 自我袒露法。通过教师向学生真诚袒露发生在自己身上的事情以及感受来导入主题。如一位小学教师问同学们，你们已经注意到老师今天的情绪不好，想不想知道我的心情为什么不好？……这次是我第三次去参加普通话考试了，心里一直很紧张，不知道自己这一次能否通过，心情很不好。……有谁能帮助我吗？……今天我们的活动主题是"解心结"。

你们是否也有与我一样的烦恼和困惑呢?

除此以外,还有"引导回忆法"(让学生回忆曾经有过的生活经历)、"自我测试法"(让学生进行与主题有关的、有兴趣的简单的测试题)、"游戏活动法"、"悬念法"、"创设情景法"等。

总之,在心理健康教育课开始阶段,教师应力求营造一种平等、轻松、和谐、愉悦、开放、欢快的课堂气氛,让学生从中感受到本课程的特点和吸引力,使其带着期待和希望去进入角色。"好的开始是成功的一半",学生能够从一开始就对课程形成一种良好的印象和"乐之"、"好之"的态度,对以后的学习及其效果,都有重要的影响。

2. 活动的展开

心理健康教育课有许多游戏和活动,但游戏和活动都不是教学的真正目的,它们只是实现教学目标的手段,为了让学生能在活动和游戏中获得体验与感受,增强情绪情感的影响力、感染力,教师可运用以下方法对教学进行组织。

(1) 引导方法。在教学过程中,教师应善于引导学生投入角色、活动之中,积极参与讨论。教师要注意调整自己的身份(通常是扮演一个较为次要的角色);要注意自己的站位或坐位(教师要融入在学生当中,面向全体学生,与他们"平起平坐");要注意自己的语言、语调,教师要有亲和力、亲切感,用商量、尊重、接纳的语言来引导学生。在学生思考问题前后,教师可以用诸如"你是说……"、"你觉得……"、"你相信……"等话语,引导学生思考并充分表达自己的情感和想法,以促进团体的分享和沟通。教师的作用是促进讨论和对讨论活动进行适当调节,保证讨论不离题、不冷场。教师可用如下的语言和方法来引导学生深入讨论:"让我们看看,我们正在讨论的……对于×××同学刚才提到的想法,你的看法如何呢?""我看到有些同学似乎有不同的看法,能与大家说一说吗?""我觉得,这个观点只看到了问题的一个方面,谁想到了另一个方面?"……通过这些语言,力求激发学生的思考活动并使其充分表达自己的思想情感,以促进团体内开放性的沟通。

(2) 明朗化方法。教师除了反馈学生所说的话或者表明的情感外,有时还需要进一步将学生想要说而没说清楚的情感和领悟明确化,也就是说,教师要把学生模糊隐含、未能明确表达的情感和想法充分地表达出来,以帮助学生了解自己,增进同学们之间的理解和沟通,这有助于师生之间的情感沟通和融洽。

(3) 面质方法。学生有时会回避自己的真实想法和情感,或逃避自我应负的责任,或为自己的不当行为寻找各种借口。在这种情况下,教师有必要面质学生,帮助学生觉察自己的感觉、态度、观念和行为上不一致或欠缺协调的地方,促使其自我思考、分析、判断,勇敢面对现实。当然,在面质时,教师要注意语言和语调,要建立在对学生理解、尊重和接纳的基础上,既要肯定学生已有的思考和想法,又要用平等的、商量的口吻来点出学生不愿面对的现实和问题,切忌以居高临下的姿态,自上而下的语气去指责或批评学生。教师可以用假设的态度,缓和而有弹性的语气来提问,如可以用这样的话语:"事情可能会不会是这样的,你(你们)想成为……,但并不一定都能梦想成真?""刚才,你们(或×××同学)已经说出了自己的想法,可是,老师似乎觉得还缺少点什么,能否对……,大家再深入思考一下,再想一想,再议一议,你们一定会有新的想法和认识。"

(4) 连接方法。连接方法犹如以线穿珠,即在教学过程中,教师要把零碎的资料、素材,通过连接、归纳、总结等方式,形成较为完整的资料,以帮助学生获得完整而系统的经验。另外,在活动或游戏之间也要注意自然的衔接和引导,以便于学生感悟。

3. 发问与反馈

心理健康教育课强调让学生在参与活动中体验和感悟,活动后的感受分享与教师的引导是必不可少的,心理课的互动性和开放性特点要在此得到充分的体现;心理课"参与、体验、分享、感悟、自助、发展"的境界也要在此得到切实的贯彻,这就需要掌握发问和反馈的技巧。

(1)关于发问。一般来说,心理健康教育课有如下各种情况的发问:导入主题的发问;创设情景后的发问;游戏活动后的发问;角色扮演后的发问;引导学生讨论或思考的发问;出现"冷场"的发问;教学结束的发问(归纳与延伸)等。

教师的发问在心理健康教育课中的作用很重要,教师不能是为了提问而提问,而是要围绕教学目标来设问。通过发问,可以引发学生的思考和讨论,从而提高教学目标的达标度。因而,教师的发问要注意以下要求:

第一,要重在情感(而不是重在认知),慎用"为什么"。教师发问的着眼点在于引导学生感受情感,表达情感,并充分考虑和尊重学生的感受,避免伤害和触及隐私。心理课要"让学生向你倾诉衷肠"、"明白感受要比明白真相更重要",这就要求教师在提问时要慎用甚至不用"为什么",因为我们知道,当老师提出"为什么"后,学生的回答就不再在情感上,而转向了认知和讲大道理了。

第二,要有针对性,有一定的深度。问题涉及的内容应该符合最近发展区的要求。苏联心理学家维果茨基结合教学活动提出了"最近发展区"的概念。它认为,为了使教学能真正促进学生的发展,至少应该确定儿童两种发展水平:一种是已经达到的发展水平,表现为儿童能够独立解决智力任务;另一种是儿童可能完成的发展水平,表现为儿童还不能独立地解决任务,但在成人的帮助下,在集体活动中,通过摹仿,却能够解决这些任务。在这两个水平之间的区域就是"最近发展区"。维果茨基认为,教学提出任务的要求只有落在"最近发展区"内,才能有效地推动人的发展。也就是说,教师提出的问题不是学生一下子就能回答的,但又是经过思考讨论以后能够回答的,这就是最近发展区的问题;要避免或尽可能少地问"好不好"、"要不要"、"有没有"之类的简单、封闭式的问题。同时也要注意提问要符合学生的基础,充分考虑学生的感受程度、接受程度与认知水平;发问内容要来自学生生活中的体验、感受或困惑。

第三,内容要具体、明确、有效。提问的内容要避免空洞说教,一般可选择开放式的提问方法,并且可在问题的前面加上一定的范围,如"通过这个活动,你想到了什么?"和"这个活动,对我们与父母的沟通技巧方面有何启示?",后者的问题就比前者要来得具体,表面上看起来这给同学们的感悟加上了限制,而实际上是引导了他们,使他们找到了方向,又让这种感受分享促进了教学目标的实现。提问要有效,是指所提的问题要是同学能看到、听到或能悟到的,是能够引起他们兴趣的。比如,在上"面对异性交往中的困惑……"的专题中,老师要通过事先对同学们的困惑进行收集和整理,总结出几个具有代表性的问题——"高中生不谈恋爱是不是落伍?""我觉得我喜欢上了一位女生,我是否要向她表白?"

这些来自同学中的问题才可以引起他们的共鸣,使他们更积极地参与讨论之中,这样的提问才是有效的。

第四,要注意语言的言简意赅,语气的亲切婉转。心理健康教育课的引导更多是通过提问和归纳来完成的,教师提问的语言不可啰嗦,不要兜圈子。一般情况下,要尽可能做到直截了当、一针见血(有时也可有例外),让人恍然大悟,而要做到这些不仅要求教师有精深的专业知识,还要求教师有深厚的语言功底和严谨、敏锐的思维能力,需要教师的学习、再学习,实践、再实践。提问的时候,要让学生感到教师对他们的一种信任和期待,感到教师对他们的关爱和理解,这就特别要注意讲话的语气、表情和肢体语言。

第五,要尊重学生的感受。教师要用尊重、平等、理解来营造心理课的氛围,进而强化师生之间的尊重、平等和理解,这将有助于学生的心理健康和教学目标的良好实现。心理活动课上,学生的发言以自愿为主,老师的提问也不是传统教学中的提问,不是一定要学生回答有是非对错的提问,心理活动课上的提问仅仅是为了提出话题,引发学生自由地讨论。所以,提问要充分考虑学生的感受,要能带给学生平等交流的感觉。教师的提问不要有对立性,也不要咄咄逼人,让学生感到有一种压力而难以回答,或不愿回答。例如如下的发问:"你认为是否有必要向他人表达你对他的欣赏,即赞美他人?"……"为什么?"当同学站起来回答了第一个问题之后,又紧接着追问为什么,这第二个问题就有了一些强加的意味。也很可能让学生因为感到意外而不快,有些同学这时就会回答:"没有理由。"这样既无法达到发问的目的,又破坏了课堂的氛围。所以,在课堂上,要注意把这种先问"是否",再问"为什么"的问法转变为"你对……怎么看?"的提问,这就让学生感到教师对他的尊重,并能引导学生充分发表自己的见解。

第六,要根据班级、学生的情况而选择不同的方式。不同的班级有不同的班风,不同的学生有不同的性格,比如有的班级氛围活跃,很容易引起讨论,那么可以直接给他们一些开放性的问题,让他们自由发言、讨论。而有的班级比较沉闷,就可以先用封闭式的问题,让同学选择,然后再找到同学间观念上的分歧,"刺激"他们展开讨论。比如在讨论中学生恋爱现象时,可以先请比较赞成中学生恋爱的同学举手,再请不太赞成中学生恋爱的同学举手,最后让双方分别阐述理由,引起讨论。

心理健康教育课上提问的技巧还有很多,许多技巧与其他学科有共通之处,无法归纳周全,但还想要提醒的是,心理健康教育课的主要目的是要促进学生的心理健康、人格完善,所以,要注意提问面的广泛性,给予每一个学生尤其是较内向的、不善言谈的学生更多的鼓励、认可和机会,使他们在参与中完善自我。

(2)关于反馈。一般来说,心理健康教育课有如下各种情况的反馈:学生分享交流后的反馈;游戏活动之间的反馈连接;"突发情况"的反馈;教学结束的反馈(归纳小结)等。

教师的反馈同样也在心理健康教育课中有重要的作用。反馈就像一面镜子,可以清楚、真实地把学生的情感和想法反映出来。这面镜子也给学生提供了自觉、自动修改自己意见和观点的机会。因而,教师的反馈要注意以下要求:

第一,要注意及时效应。教师要及时、正确地把握学生所表达的思想情感,并将其反馈给学生,让学生知道老师和同学是关注他、接纳他和理解他的。同时,也使学生能更好地了解和澄清自己的思想。

第二,要用询问、征求意见的语气。反馈是一种认可,更是一种引导,通过教师询问式的反馈,让学生可以进一步去思考、去分析、去比较、去判断、去选择。如,在学生交流分享了自己的感受后,教师可以问:"×××,你是说……,对不对?"也可以请另一个同学来概括前一个同学的想法,等等。

第三,适当运用教师的"自我表露"。在学生交流分享过程中,有些感受与领悟可能与教师自身的经历有相似之处,但学生的思考又不够深入,比较肤浅,教师可以用反馈的方式向学生分享自己的亲身经历与感悟,这既体现了师生之间的真诚平等的交流,还可以启发学生深层次的思考和领悟。教师运用"自我表露"要做到确实是真有其事,不要虚假编造;要适当、适度,不要喧宾夺主。

第四,要注意教师情感投入的"三情":真情、激情和煽情。心理健康教育课非常注重的是师生之间的心灵沟通和情感交流,非常强调的是师生之间的真情表露和浓浓分享,这些都集中在一个"真"字和一个"情"字上,因而对于教师来讲,特别要注意真实情感的投入,教师要有真情,而不要虚假;要有激情,而不要无情;要善于"煽情",而不要无动于衷。而这些,就要体现在教师对学生的反馈之中,只有这样,心理健康教育课才有感染力,才有吸引力,才会真正受到学生的欢迎和喜爱。

综合以上所说的发问与反馈,在心理健康教育课的教学组织中,要注意把握好以下引导分享与反馈的三步曲,也就是说,在具体引导学生思考、讨论、分享的过程中,教师的发问和反馈可分成如下三步进行:第一,发生了什么(游戏活动过程中团体成员的互动情况,目标怎么达到的,任务怎么完成的,等等);第二,所以怎么样(从刚才的游戏或活动中,从团队整体中发现了什么,学习、领悟到了什么,等等);第三,现在又怎么样(回想所习得的、所感受的,与实际生活有无联系、帮助和启发,如何运用,等等)。

(三)教学结束

心理健康教育课的结束通常不必如学科教学那样对所讲所学的知识进行归纳与总结,但它也要有一个结束的表达。一般可采用以下一些方法。

1. 回顾与反省

师生共同回顾刚刚进行的讨论和活动,引出最有感受的,并提出自己的看法和建议;也可反思刚才活动的过程中有什么需要改进的地方。这不但可以培养学生的责任感,也可以加强学生对心理健康教育课的参与感,提高学习的积极性。

2. 计划与展望

教师可引导学生对自己在课后(或今后)进行规划和展望,激发其改变和实践的积极性;也可以让学生对以后的课程内容和方法提出希望和建议。这样做有助于促进学生对学习的个人意义的发现,让学生在一定程度上参与选择有关的学习活动内容。这更是体现了心理辅导"以人为本"的基本指导思想。

3. 祝福与激励

师生之间、同学之间,可以自制一些小卡片、小礼物互相赠送,也可以通过教师对学生、学生对学生讲一些祝福语等互相祝福，以资鼓励。

以上三种方法是为了巩固教学效果，留下美好回忆；是为了启发学生思考、发现，促进其健康成长。在进行教学结束语时，教师可以运用提问式、期盼式、阅读式（发放一些阅读资料给学生）、活动式、强化式、点题式、暗示式和归纳式的方法进行。

下面是一位老师的结束语。这是一节高一学生的主题为"我的声明书"的心理健康教育课。

"今天这堂课的活动到这里暂时告一段落。今天，我们了解了自己的时间管理状态，我们也感受到了时间的紧迫感，同时我们也去探索了一下自己的价值观和人生观，然后了解了时间管理的原则。在这众多的活动之后，我们完成了个人的声明书。我们每个人都十分有感触，可能你的感触就如×××同学那样很有个性，可能你也感受到像×××同学那样要珍惜时间，也可能你像……。我希望每个同学都将这份感触带回去，带到你的日常生活中，也可将你的时间馅饼重新做一下分割，这些都留给大家课后去完成，下次我们再来交流，并学习管理时间的具体技巧。"

此外，教师在教学组织过程中，还要注意一些问题，如情景的构建、环境的布置、时间的把握、主题的渐进；对学生的欣赏、平等、公正，以及善于观察、适当参与和表现幽默等。

经过多年的探索和实践，我们总结了心理健康教育课的一般流程图，具体如图7－2如示。

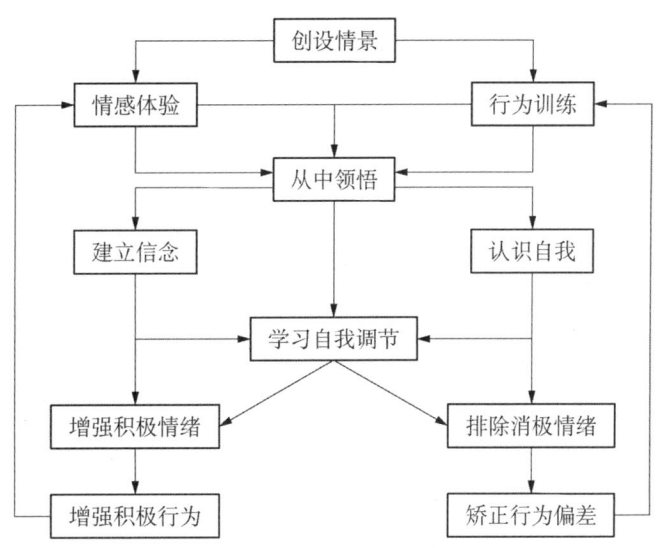

图7-2　心理健康教育课程流程图

三、心理健康教育课程的评价

由于心理健康教育课程建设在我国还处于初步探索阶段，不论在理论还是在实践上都存在不少问题，需要思考和解决。课程评价是课程实施的重要一环，我们需要思考什么是心理健康教育课程的评价目标与方式，什么是一堂好课的标准等一系列问题。这对于心理健康教育课程的推广有着重要的导向作用。

（一）心理健康教育课程评价宗旨

通过上述各节讨论以及近年来国内中小学心理健康教育课程开展中存在的问题,以下几条评价宗旨,对于心理健康教育课程的健康推进尤为重要。

1. 凸显学生成长的主题,防止学科化倾向

心理健康教育课程,固然要向学生讲授有关心理发展和心理健康的知识,这些知识可以帮助学生解决成长中的困惑,促进他们心理健康。如果按照心理学学科知识体系来设计课程,以知识掌握为目的,那就本末倒置了。1999年教育部颁布的《关于加强中小学心理辅导的若干意见》(以下简称"意见")中明确指出,要注意防止心理辅导医学化和学科化的倾向。不能把心理辅导搞成心理学知识的传授和心理学理论的教育。从目前已经出版的心理辅导教材来看,学科化倾向的痕迹已经逐渐减少,表明这个观点基本得到大家的认同。这对于许多还没有开展心理辅导的地区来说,是一个有益的建议。

2. 课内外多样化途径结合,防止单一课程化倾向

所谓课程化倾向,是指把心理健康教育课程作为学校心理辅导的唯一途径,而忽视了多样化的途径。课程化倾向的弊端一是不能满足学生多样化的辅导需求。心理健康教育课可以解决学生共性的问题,但是难以顾及学生个别的辅导需求。"意见"就心理辅导的原则,提出在面向全体学生的同时,还要关注个别差异,根据不同学生的不同需要开展多种形式的教育和辅导,提高他们的心理健康水平。二是不能调动学校更多的教育力量,形成心理辅导教师单打独斗的局面。当然,学校在刚刚启动阶段,专业力量比较薄弱的情况下,可以以心理辅导课为切入口,逐步推动。防止课程化的基本策略是将心理辅导与学校各项教育活动有机融合,通过多样化途径促进学生的健康成长。

3. 注重实效,防止形式主义倾向

形式主义表现之一,是把心理健康教育课程当作"摆设",形同虚设,应付各种检查。正如有人所说,上级检查时重要,平常教学中次要,抓统考升学时不要。形式主义表现之二,是把心理健康教育课程当作"表演"课。心理健康教育课需要活动设计以加强学生的参与和体验,但不要"为了活动而活动",有些课形式上很热闹,似乎效果不错,但是并未解决学生的实际问题。有的为了公开课展示成果的需要,通过精心排练,心理健康教育课成了学生表演课,这样的课有违于心理辅导的基本精神。这就需要我们在设计课程时,以培养学生健康心理为落脚点,强调活动的有效性,让学生确有所获。

4. 贴近学生心路历程,防止理想主义倾向

目前心理健康教育课程设计中,过于理想化倾向比较普遍。理想主义倾向表现为,从教育者角度设计课程的目标和内容,有些目标过于理想,有些目标过于理论、空泛,不太符合学生的实际状况。这就需要教师平时要比较深入地与学生沟通,了解学生的内心世界和需求,这样的心理健康教育课程才会受到学生的欢迎,才真正体现了以学生成长为中心的原则。

5. 主流价值引导,防止自由主义倾向

心理健康教育课程是否需要主流价值引导?有些教师将心理咨询中的"价值中立"原则运用在心理辅导课中,认为具体教学过程中不需要价值引导。我们认为,对成年人的心理咨

询与青少年的心理辅导还是有一定的区别的,最显著的区别就是教育干预性。面对多元文化的社会影响,帮助学生建立积极的主流价值观,以适应变化的社会是心理健康教育课程重要的教育目标。价值引导不是一味地说教和灌输;价值引导也不影响学生进行自我探索。价值引导给教师如何上好心理健康教育课提出了更多的挑战。

(二)评价的实施

对一节心理健康教育课的评价,大体可从以下几方面实施。

1. 教学目标的达成——目标要清晰、具体

教学目标是课的灵魂和核心,一节成功的心理健康教育课必须有明确和清晰的目标,而且目标要适应时代需要,要符合学生的年龄特点和实际状况,目标要具体和有层次,切口要小,并贯穿在整节课的全过程,这样才能在短短的 45 分钟中得以贯彻和达成。如果目标过大过空,就会导致一节课无中心、无主题。

2. 教学内容的适切——内容要适宜、贴切

教学内容是为教学目标服务的,因而教学内容是要围绕教学目标而进行选择的。在选择教学内容时,要注意适应性、针对性、即时性和有效性。具体来说,适应性是指选材要紧扣主题,要有明显的时代特点,适合时代发展的要求;针对性是指要适合学生的年龄、心理特点,并能为学生所理解和把握;即时性是指要关注学生成长和发展过程中的需求和现象,选择学生当前迫切需要了解的内容和解决的问题;有效性是指内容要贴近学生的生活,亲近学生的心灵,让学生有一种亲切感,有兴趣参与,并且与自己的生活实际密切相关,从而也就会活跃思维,讨论热烈,提高实效。

3. 教学方法的实效——方法要适合、多样

教学方法应服从教学内容的需要并为教学内容服务。教学方法的采用并不是越新颖越好,越离奇越好,花样越多越好,同样要注意符合学生的年龄心理特点,吻合学生的需求和喜好。为了调动学生参与的热情和积极性,教师围绕教学目标,根据教学内容,可采用生动活泼、富有情趣的活动为主要手段,强调全员性参与和体验性学习,体现生生之间的平等和谐,让学生在轻松、活跃的氛围中,在欢声笑语中获得体验和感悟,得到互助、自助和提高。在一节心理健康教育课中,教学的方法和形式要有一定的变化,注意动静相宜和应用灵活,以免学生因单调而感到乏味,但也不是多多益善,而要根据主题的需要,把握好节奏和手段的变化;教学媒体的制作和选择要恰当,并为教学内容服务。

4. 教学效果的显现——效果要明显、即时

对一节心理辅导课的当堂评价,重要的是要看学生参与的态度和表现的情况,看学生显现出来的对教学的满意程度。首先,要看学生的关心度,即学生对本课讨论话题的关注程度和责任感;其次要看学生的参与度,即学生参与活动的情况是否达到全员,是否摆脱了事不关己的旁观者角色,要让学生带着责任感或兴趣投入活动,并成为积极的行动者。若大多数学生是观众或听众,哪怕这节课教师的活动设计得再多、再新颖、再有趣,也不是一节成功的课;再次,看学生的进取度,即看学生在活动中参与的热情、思维的活跃、兴趣的浓厚、气氛的融洽、真情是否袒露、交流是否坦诚等,这些都是评价当堂效果是否明显的指标。除此以外,

还可评价一下学生在活动中表现出来的人际交往能力、语言与沟通能力、协调与合作能力，以及学生的自主能力与创新能力等。

当然，整堂课是否有安全、接纳、温暖、尊重的团体气氛，是否建立了民主、平等、合作的关系，是否有广泛的生生、师生之间的互动也是教学效果显现的重要内容。

5. 教学能力的体现——能力强，素养好

上好心理健康教育课对教师的要求是很高的。共情、真诚、关注是心理教师应具备的人格特质。教师自身的素养如何，教师的专业化水平如何，教师的教学能力如何，在一节心理健康教育课中都会体现出来。评价过程中，首先要看教师的备课及教学材料的准备是否充分，教师是否了解、熟悉学生；其次要看教师的教态、语言和仪表是否恰到好处，教师能否公正、宽容、平等、有亲和力，能否取得学生的喜欢和信任；再次看在组织教学的过程中，教师的思路是否清晰，条理是否清楚，教学环节的连接是否自然流畅，教学过程的组织是否有序、灵活，教师是否具有相当的机敏性和应变性，是否有较强的驾驭课堂的能力等。

在具体评价一堂心理辅导活动课的时候，我们认为不但要参考以上五方面的因素，还要考虑它们各自的权重因素才比较合理。以下为心理辅导课的评价记录表（见表7-1）。

表7-1 心理辅导课评价表

学校_____　　　　　　班　级_____
专题_____　　　　　　执教老师_____

评价项目	评价要素及要求	评价等第及分值				评价要素总分（满分20分）
		A	B	C	D	
目标	目的确切　符合实际 立意具体　贯穿全程	5	4	3	2	
内容	选材适宜　紧扣主题 贴近生活　亲近学生	4	3	2	1	
方法	生动活泼　形式多样 富有情趣　节奏适度	3	2	1	0	
效果	全员参与　真情表露 坦率交流　浓浓分享	5	4	3	2	
能力	教态自然　语言贴切 思路清晰　应变灵活	3	2	1	0	
总体评价					特色分	总评分

注：1. B、C、D三项均可有加半分的打法；
　　2. 确有特色的可另加1~2分；
　　3. "总评分"为"评价要素总分"与"特色分"之和。

评价人_____
年　　月　　日

一、个别心理辅导的概念

个别心理辅导是指辅导者与来访者建立开放、协调的辅导关系,运用心理辅导的原理和技术,帮助来访者解决其个别心理困惑,以促进其心理健康的辅导活动。具体来说有以下几点。

(1)建立良好的辅导关系(咨访关系)是基础,心理辅导教师能否与来访学生建立信任、安全的关系,是咨询能否取得成效的关键,只有建立了这样良好的关系,来访者才会倾诉心里的烦恼。

(2)主要技术是指临床心理鉴别、诊断和干预。个别心理辅导需要的技术专业,这些专业技能需要经过严格训练,并在案例实践中积累经验。

(3)学生心理问题是具有高度异质性和个别化特点的,心理辅导教师应学习别人的个案经验,不能照搬照套,而要取其精华,结合自己的能力和个案的特点进行咨询服务,做到"一把钥匙开一把锁"。

(4)临床咨询专业性强,辅导效果具有两面性,方法得当可以解决来访者的心理困惑,方法不当也可能加重来访者的心理问题,因此加强个案督导是非常重要的一项专业支持工作。

二、个别心理辅导的目标、范围与功能

(一)个别心理辅导的目标

个别心理辅导的目标之一是帮助学生更有效地处理自己面临的问题,使之达到更好的适应。每个学生都会遇到生活、学习、人际交往、社会适应和应激事件的困扰。个别心理辅导就是帮助学生解决自己成长中的烦恼,提高其心理自助能力。目标之二是帮助学生开发自身潜能,使生活更有意义。每个学生内心都有积极的力量,关键在于心理辅导教师引导其发现自己的特长和禀赋,在生活实践中积累积极的经验,这些经验包括积极的信念,积极的情感和行为方式。

(二)个别心理辅导的范围

为了明确学校心理辅导教师的服务边界,必须界定个别心理辅导的范围。按照学校心理健康三级预防的概念,个别心理辅导的服务范围重点有三个层次。第一,帮助每个学生解决成长中的困惑;第二,对高危学生的重点预防性辅导,高危学生包括:学习困难的、人际关系紧张的、性格缺失的、有行为问题的、家庭环境不利的、面临突发危机事件的学生;第三,对少数心理障碍学生的转介和后续辅导。

高危学生是个别心理辅导的重点所在,下面对上述不同类型学生稍作补充说明。

(1)学习困难学生。由于这些学生学业经常失败,自尊心受到打击,有时会一蹶不振,使得他们的精力向另外方面发展,成为问题学生。

(2)行为问题学生。行为问题包括品行不良、攻击性行为、退避行为、多动行为和强迫行为等。

（3）身体有缺陷学生。身体缺陷不仅影响学习效能，同时也影响其人格发展。一个生理有缺陷的学生，在社会适应上无形中会增加很多困难。他们往往会受到别人的歧视和嘲笑，以致自卑、退缩、孤独等人格特征加剧。

（4）情绪困扰学生。情绪困扰是影响学生学习的重要因素。儿童若早期遇到过多的困难或挫折而无法克服，很容易产生焦虑和不安全感，影响学习的动机、热情和效率。有的学生由于情绪困扰，容易冲动、过度紧张、孤僻冷漠、喜怒无常，严重影响他们人格的发展。

（5）家庭环境不利学生。急剧的社会变迁导致离异家庭、寄养家庭、贫困家庭逐渐增多，处于这些不利家庭环境的孩子一方面缺乏情感上的关爱，另一方面面临经济上贫困的压力。这双重压力又会引起情绪和行为问题。

另外，人际适应不良的学生以及有着各种成长烦恼的学生都应该是个别心理辅导的对象。

（三）个别心理辅导的功能

1. 了解学生心理问题的症结所在

我们面对的需要辅导的学生可能有许多问题，而且大多属于多种困扰交错，如学习困难、人际关系不良或者情绪、行为问题并存。个案辅导就是要通过鉴别和诊断，找到最重要的问题。

2. 洞察学生行为背后的动机

班杜拉有一句名言："人们只有怎样思想才会怎样行动"。行为背后总有一定的动机，过去的学校教育工作，往往注重学生行为后果，根据行为后果决定处分的轻重。其实，在许多情况下，行为与动机未必一致，"好心办坏事"的现象时常存在。如：圣诞节临近了，某中学附近俱乐部舞厅里的一棵漂亮的圣诞树不翼而飞。俱乐部经理找到了学校，对校长说，据人反映，贵校学生偷了舞厅的圣诞树，希望帮助查找一下。学校经调查，果然是本校实验班的几位学习困难生干的。班主任张老师先不是急于批评，而是仔细了解这些学生为什么要"偷"圣诞树。原来过几天班里举行圣诞庆祝晚会，他们想用这棵圣诞树装点一下晚会的气氛，给大家一个惊喜。

这个就是学生的动机是好的，但行为后果不好的事例。如果老师只是批评，难以使学生接受。张老师首先肯定他们能关心班级，为班级晚会出力，这个出发点是好的，然后指出实现这个愿望的手段是不正当的，错误的。这样的处理使这些学生口服心服，他们不仅去向俱乐部的经理赔礼道歉，而且还将功补过，组成了"绿化近卫军"，每天早晨为学校的花坛浇水。

因此，个别心理辅导就是要对学生行为的动机做深入的分析：（1）了解学生身心发展过程。通过对学生个案辅导，可以使教师深入了解学生心理发展的历程，只有在此基础上，才会理解学生，与学生平等对话，帮助他们健康成长。（2）解决学生成长中的烦恼和危机。个案辅导最终目的是帮助学生解决他们成长中的烦恼和危机，这既是个案辅导的起点，也是个案辅导的终点。（3）加速学校心理辅导教师专业发展。

目前，大多数从事学校心理辅导的人员缺少系统的专业培训。尽管现在教育系统有各种各样的培训，但这些培训大多既缺乏系统性，又缺乏实践性。在这种情况下，如何加速从事学校心理辅导人员的专业成长是一个非常紧迫的问题。只有热情，没有一支合格的学校心理辅导人员队伍，任何美好的设想都只能停留在纸上。

加速学校心理辅导人员的专业成长可以有以下几条对策：培训课程专业化，尤其要加强心理辅导人员自身伦理和职业道德修养，加强临床实践培训；学校心理辅导人员持证上岗；从事心理辅导研究。其中"加强临床实践"尤为重要。在培训实践中，我们发现对案例进行实践和研究，是加速学校心理辅导教师专业成长的重要途径。心理辅导人员不光要有理论还要有技术，技术需要通过个体的经验转化而来。这就如同医生，医科大学毕业只是说明受过医学专业背景的教育，而要真正成为一个医生，还需要多年的临床实践。案例研究，不仅要求心理辅导教师按照严格的心理评估、诊断和干预方法解决当事人的问题，更重要的是要对自己做的案例进行反思、实践、再反思、再实践，从而提高自己的辅导技术①。

三、个别心理辅导的步骤

个别心理辅导步骤可以分为两大阶段，六个步骤。

（一）第一阶段：评估问题

评估问题对于个案辅导是非常关键的阶段，这就如同我们到医院去看病，如果诊断错误，将会耽误病情。评估问题包括收集和加工信息的各种程序，而信息则是从整个辅导过程中不断产生出来的。评估的目的有以下几项：获得相关信息，提供干预依据；鉴别与问题相关联的控制及影响因素；确定当事人对辅导的预期；确定基础数据与信息。

评估问题阶段具体分为三个步骤。

（1）确定对象的问题与症状。解决问题的第一步就是发现问题。判断学生的问题是属于学习困难、品行问题、情绪问题还是人际适应不良问题等。

（2）收集资料。要详尽地了解个案辅导对象，需要三方面资料，即个人的历史资料、现状资料与背景资料，以便对当事人有比较全面、深入的了解。精神分析理论认为，过去的创伤性经历对人的心理和行为会有很大的影响。

（3）诊断分析。"诊断"一词是从临床医学上移植而来的。其含义是通过对需要个案辅导学生的具体问题和有关个人资料的分析和综合，判断其心理或行为问题的特征、性质和原因。准确、科学的诊断是有效干预的前提。

（二）第二阶段：进行干预

干预阶段具体也分为三个步骤：

（1）制定干预方案。干预方案包括干预目标和干预措施。干预目标要注意适切性、针对性和可操作性。干预措施要具体，并且要与当事人和其家长共同商议，形成"契约"。因为在干预过程中，当事人和他们的家长都是可以调动的辅导资源。

（2）实施干预。干预方案实施的过程中，需要运用多种干预技术。一般来说，学校个案辅导主要可以应用人本主义的"当事人中心"疗法、行为干预法、认知干预法等。这些干预技

---

① 吴增强主编：《野百合也有春天——学生心理辅导案例精选》，上海教育出版社 2003 年版，第 1—2 页。

术都需要经过一定的专业培训才能掌握。

（3）效果评估和后续辅导。干预过程往往会几经反复，不会一次轻易成功，对于这一点，心理辅导教师要有足够的思想准备。因此，要及时对干预效果进行评估，以便反馈调整，使干预更有针对性。

第四节　团体心理辅导

一、团体与团体心理辅导的概念

什么叫团体？团体的英文是"group"，又可译为群体。在体育场观看足球比赛的观众是团体吗？在机场候机的乘客是团体吗？这些陈述从日常生活概念出发，都可以看作是团体。但严格地说，都不是学术意义上的团体。当然学者们对此也各有见解。

E·W·伯吉斯（E. W. Burgess）（1929）在《人格和社会群体》一书中，将团体定义为"若干互动的具有特定人格的个人的集合"。

勒温（K. Lewin）（1948）认为，不管团体的大小、结构及活动如何，所有称为团体的都需建立在其成员彼此的互动上。

哈默斯（Hamals）（1950）指出，所谓团体是指一群人彼此互相沟通一段时间，以使每个人不需通过他人，能与其他人面对面地沟通。

贝斯（Bass）（1960）说，团体是指一群人的集合，团体的存在对于他们有报偿价值。

贝克（A. T. Beck）（1977）在《社会心理学》一书中，概括了团体的不同界定：团体的概念，关键是它的所有成员彼此之间必须以一种可观察到的和有意义的方式相联系；个体间的互动使人们成为一个群体；为一个共同目标而努力奋斗的一批人组成了一个群体；越来越多的研究者认为，团体是所有上述涵义，或者更多涵义的混合体。

简言之，团体是一群人在同一目标的指引和同一规范的约束之下，彼此影响、相互作用和协同活动的一个组合[①]。

团体一般具有以下特征。

（1）团体不是一群人的凑合，而是有序的组织。在大部分团体中，成员间的关系是稳定而有序的。团体中的组织性由三种要素决定，即角色、规范和成员间的关系。每个成员在团体中都在扮演一定的角色。例如，在班级群体中，有的是学生干部，有的是体育明星，有的是歌星，有的是班上的"红人"，有的是班上的"嫌弃儿"等。规则则是群体成员遵循的行为准则，它保证了团体目标和利益的实现。成员间的关系是紧密型的，还是松散型的；是权威型的，还是民主型的等，这些关系对团体的效能有很大的影响。

（2）团体有一定的目标。团体通常是为了某种目的而存在的，成员聚集在一起来完成他们独自无法完成的目标。在现今社会里，有越来越多的事无法由个人来完成，而是要靠群体的力量。在团体里，成员们共同解决问题、沟通观念、切磋技艺、创作生产、寻找乐趣，甚至使

---

① 时蓉华著：《社会心理学》，浙江教育出版社1998年版，第490页。

个人获得安全感、自尊和爱的力量。因此在实现群体目标的同时,也满足了个人的心理需求。

（3）组成团体的各个成员都具有团体意识。每个成员都能意识到自己是团体的一员,意识到其他成员的存在,与他们相互影响,建立起相互依存的关系和情感,以"我们"的称呼来区别其他的群体。团体成员在心理上必定有一定的联系,发生相互影响,才会有"我们"的团体意识。

（4）团体成员之间具有紧密的社会互动。团体成员通过语言和非语言方式,相互交流,彼此分享感受,相互启迪。互动是团体达到目标的重要条件,互动促进了个人对自己和他人的觉知,并从中得到支持、反馈,从而获得成长。

根据以上对团体的讨论,我们可以为团体心理辅导做一个描述性界定:团体心理辅导是指在团体领导者的带领下,团体成员围绕某一共同关心的问题,通过一定的活动形式与人际互动,相互启发、诱导,形成团体的共识与目标,进而改变成员的观念、态度和行为。

需要说明的是,学校团体心理辅导中的领导者,一般由心理辅导教师担纲。

二、团体心理辅导的功能

团体心理辅导主要有六大功能。

（1）经验与感受分享,产生"和别人一样"的体验。当个人遭遇到困难或者情绪不佳时,常常会感到恐惧、无助和失望,并且常常会认为自己是天下最不幸的人。这种消极情绪有时在个别心理辅导的情境中虽然经过辅导老师的努力处理,但未必能够消除。如果在团体心理辅导情境中,局面则会有所不同,这些成员在团体中会发现和自己相同处境的人居然还不少,其孤独感便会不知不觉地降低,不再会认为自己是天下最可怜的人了。例如,离异家庭的孩子、失去孩子的父母、怀孕的女学生、新到一所学校的孩子、高考落榜生、新近离婚的人等。当他们发现彼此"同是天涯沦落人"时,便会产生"我们"的感觉。这种经验感受的分担具有治疗功能,可以消除个体自卑、自责、退缩等不良情绪,增加彼此的理解和支持。这也是个别心理辅导难以达到的功效。

（2）多元价值观与信息的冲击。团体成员各自有不同的背景和经验,对问题有不同的观点和理解。这种不同视角、不同立场的多元信息,无疑为团体成员提供了丰富的背景资料,开启了他们的思路。个体的经验和信息毕竟是有限的,若得不到这些观念、信息的冲击,自我封闭,缺少启示,当然就无法解决自己成长的问题。当然,多元观念的冲击也有一个适度的问题,过于开放,难以形成共识,也不会达到辅导的目的。

（3）在互动中增进对自己和他人的了解。在团体心理辅导中,由于成员间的人际互动,他人的存在对自己就像一面镜子,有时自己不能清醒地认识自己,"不识庐山真面目,只缘身在此山中",而他人的意见可以促进自我反思,更好地了解自己、了解别人。

（4）反馈。团体心理辅导能够提供给成员丰富的接受反馈的机会。团体中的他人建议、反应和观点往往是很有价值的。在团体心理辅导活动中,成员能够有更多的机会听到别人对自己的看法、别人对自己的第一印象。团体的反馈比之个别情境的反馈更有冲击力,能够有效地改变自己原来的想法。

（5）提高现实生活的适应能力。团体是社会的缩影,也是社会的真实反映。利夫顿（R.

J. Lifton)说过,团体咨询提供成员在一个与真实生活类似的情境中,接受多元的刺激,学习面对、处理自己的困难与问题。

(6)服务效率。在学校里,一对一的个别心理辅导形式,虽然比较深入细致,但是效率很低。如果一所学校有 1000 名学生,有 10% 的学生需要辅导,仅靠一两位心理辅导老师是难以应付的。所以,将有共同需求的学生集合起来进行团体心理辅导,既省时间,又省人力,提高了学校心理服务效率。

学校中的团体心理辅导模式基本有三种(如表 7-2 所示):小组辅导,一般 6～12 人,本章主要讨论这类团体心理辅导模式。班级辅导活动和心理辅导活动课程,则是以班级为单位的集体辅导活动,是团体心理辅导的两种变式。

表 7-2　学校中的团体心理辅导模式

	小组辅导	班级辅导	心理辅导活动课程
成员性质	同质或者异质	异质	异质
辅导取向	矫治性或发展性	发展性	发展性
规模	规模小	规模大	规模大
活动结构	结构性	非结构	结构性
承担者	专职辅导教师	班主任或辅导教师	班主任或辅导教师

三、团体心理辅导的实施

团体心理辅导的实施一般有以下步骤:(1)确定团体心理辅导活动的主题和目标;(2)设计团体心理辅导活动方案;(3)甄选团体成员;(4)实施团体心理辅导计划;(5)进行团体心理辅导评估。

（一）团体心理辅导活动目标设计

团体心理辅导的目标大致可以分为三类。

第一类,以开发潜能,健全人格,增进心理健康为目标。学校里的团体心理辅导大多数是属于这一类的,它面向全体学生。

第二类,以敏感性训练为主,训练如何有效地处理人际关系、增进生活技能和社会适应。这类团体心理辅导主要面向企业、政府机关,以及社会团体的管理人员、经营人员等,当然也常常在学校中运用。

第三类,以矫治性为目标,以解决参与者已经形成的心理冲突和困扰。主要用于医疗机构或专业心理咨询机构。学校里针对少数学生的行为和情绪矫治,也可以归为这一类。

目标是对团体心理辅导活动过程的预期,是集体活动的导向,团体心理辅导活动的内容和形式都是围绕目标制定的。同时,目标又对团体成员起到凝聚作用,团体目标与成员的主观需求密切相关,其一致性越高,目标的凝聚力越强。因此,在学校团体心理辅导中,建立活动目标和主题应该注意以下几点:

(1)主题应与学生成长密切相关。学校团体心理辅导常常围绕下列目标和主题:自我意识(包括缺乏自尊、自信、过分依从或者盲目自大等)、情绪困扰(包括情绪不稳、情绪调控力差、不善于表达自己的喜怒哀乐、过于焦虑忧郁等)、人际关系(包括对人缺乏信任、多疑、不善于与人合作、社交退缩、难以与人亲近等)、学习行为(包括不良的学习习惯和学习方法等)。上述这些具体目标都是从问题出发,属于矫治性目标。

(2)目标应明确具体。活动目标切忌笼统抽象。如"调适不良情绪",这句话太含糊,不如改为"认识不良情绪对自己生活、学习所带来的危害,寻找缓解和消除不良情绪的几种方法,增强对情绪的调控能力"。目标越具体,就越容易在行动上实践,就越容易进行评估。

(3)选择学生关注的主题。在设计活动方案时,首先要了解学生的真实想法,他们希望从团体心理辅导活动中学到什么,想解决什么问题,在此基础上,与学生一起磋商可能形成的主题,大家探讨出来的主题,更容易被学生看作是"自己的"主题。有位辅导老师曾经设计了这样一个主题,叫"我所喜欢的少男少女形象"。这个题目怎么来的?她写道:"我班学生进入初二后,某些学生的衣着打扮开始追求'港式'风格,男孩梳着小分头,敞着衣服,认为是一种时髦、潇洒;女孩刻意打扮,故作姿态,也认为是一种美。在学生中这是一个带普遍性的问题。我启发学生提出'什么是少男少女的良好形象'的热门话题进行讨论。"事实表明学生很欢迎这个活动。这位老师总结活动时写道:"几乎所有的学生都认为男孩应是彬彬有礼、富有责任心,有良好的气质风度。讲脏话、粗话是一种不文明,使人厌恶的举止,不受女孩欢迎。认为女孩应是落落大方、富有爱心、个性开朗活泼的。爱哭、撒娇、太泼辣的女孩也不受男孩欢迎。这次热门话题讨论后,同学们逐渐重视了自身的形象。"①

(二)团体心理辅导内容设计

团体心理辅导活动的内容类型是多种多样的,可以根据不同的辅导目标设计不同类型的活动。以下我们介绍一些常用的活动设计。

1. 建立相互信任的活动

心理健康教育课程的目标之一是提高学生的人际沟通与交往能力。一般可以设计下列活动,由浅入深地帮助学生建立相互信任、相互理解与接纳的技能。

活动 1：信任之旅

目的：通过助人与受助的体验,增加对他人的信任与接纳。

活动实施：

指导者事先要选择好盲行路线道路,最好不是坦途,有些障碍,如上坡、下坡、拐弯,室内外结合等。每人准备一条蒙眼睛用的毛巾或者头巾。

班级同学两人一组,一位做盲人,一位做帮助盲人的人,盲人蒙上眼睛,原地转 3 圈,暂时失去方向感,然后在助人的搀扶下,沿着指导者选定的路线,带领"盲人"绕室内外活动。其间两人不能讲话,只能用手势、动作帮助"盲人"体验各种感觉。

活动结束后,两人坐下交流当"盲人"的感觉,与帮助别人的感觉,并在小组里交流。然后互换角色,再来一遍,然后互相交流。可以集中在以下几个问题讨论:你当盲人,看不见后

---

① 吴增强、沈之菲等编著:《班级心理辅导》,上海教育出版社 2001 年版,第 69 页。

是什么感觉？这使你想起什么？你对你的同学的帮助是否满意，为什么？你对自己或他人有什么新发现？你作为助人者，你怎样理解你的伙伴？你是怎样想方设法帮助他的？这使你想起什么？

活动2：优点轰炸

目的：学习发现并欣赏别人的优点，促进相互间的肯定与接纳。

活动实施：

5～10人一组围圈坐。请一位同学坐或站在中间，其他同学轮流说出他的优点及欣赏之处（如性格、相貌、待人处事……）。然后被称赞者说出哪些优点是自己以前觉察到的，哪些是不知道的。每个成员到中央被戴一次"高帽子"。规则是必须说出优点，态度要真诚，努力去发现他人的长处，不能毫无根据地吹捧，这样反而会伤害别人。参加者要注意体验被人称赞时的感受如何，怎样用心去发现他人的长处，怎样做一个乐于欣赏他人的人。

活动结束时，大家心情愉快，同学之间相互接纳性提高。

活动3：哑口无言

目的：学会通过非语言的形式理解他人的感受。

活动实施：

5～10人一组围成圈坐，然后闭上眼睛回忆一下这一周内生活的感受，是疲乏、兴奋，还是焦虑、烦闷。然后每人用手势和表情等体态语言表达出自己内心的感受，让其他同学猜猜动作和表情所反映的感受是什么。被猜者说明他人的猜测是否准确，为什么？通过这一活动，学会从他人的手势、表情、眼神、动作等非语言的沟通方式理解他人，训练自己敏锐观察他人感受的能力。

活动4：信任考验

目的：增加同学之间的相互信任。

活动实施：

教师让同学就下列事件选择其中的一个，写在纸上。（1）最怕发生的事；（2）最不敢想的事；（3）最不容易忘记的事；（4）从未告诉过别人的事。等全班同学写完后，教师请其中一位同学朗读自己所写的内容，然后问他能不能对外公开，如果不能，是否可以告诉某人，请他在如图7-3的量尺上选一点，表示可以向谁吐露，并说明原因。接着请其他组内同学发表意见，说说各自的想法，认为这件事可以告诉谁，在量尺上找一点。看一看个人与其他同学的选择有无区别？为什么？小组成员依次发言。最后将讨论重点放在：对同学之间的信任有什么发现？小组内哪些行为阻扰了彼此之间的信任？有什么办法获得别人的信任？[①]

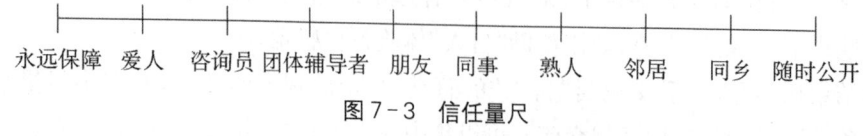

图7-3　信任量尺

① 活动1—4引自樊富珉著：《团体咨询的理论与实践》，清华大学出版社1996年版，第202—207页。

学校心理咨询专业理论与技术

活动 5：龙头龙尾

目的：培养团队精神,增强对集体的认同感。

活动实施：

8~10 人一组,每组各向同一方向排成一行,后面的同学用手抱着前面同学的腰部(也可以搭在肩膀上)串成一条条小龙。排头的人称为龙头,排尾的称为龙尾。扮演龙尾的同学腰部需系一条手绢,用来当做一条龙尾巴。

开始时,龙头带领队伍前后左右移动地练习,熟练后,龙头带领整条龙设法抓住其他龙的尾巴,并尽量避免自己的龙尾巴被别的龙抓住。

当龙头抓住另一条龙尾巴后,便把那条龙(吞掉)合成一条更长的龙,直到把所有的龙合成一条长龙为止。

小组分享时,可以请同学们围绕以下问题谈感受：当龙头时,胜了是什么感受？被人抓了龙尾巴时是什么感受？我们的龙抓了别组的龙尾是什么感受？我们的龙尾被别人抓了,应该怎么吸取教训和改进？

活动 6：一元五角

目的：体会被团体接纳或者拒绝的感受。

活动实施：

同学们先围成一个圈,主持人在圈内,发给每人一张卡纸,每张写有"一元"或者"五角"。随后,主持人宣布一个钱款数字,如一元五角、二元五角、三元等,同学们听后便按照规定的款项组合(抱成团)。组合完毕,剩下来的人便被淘汰出局。

主持人检查小组的组合是否正确,错误的小组也被淘汰。活动继续进行,直至最后没有被淘汰的小组获胜。活动规则还可以变化为,男生代表一元,女生代表五角。

小组分享时,可以围绕下列问题谈感受：能按数字组合在一起的时候,你的感受如何？在寻找其他伙伴时,有什么困难？有没有被拒绝？如果有,你是如何面对和解决的？被人拒绝或者接纳的感觉如何？刚才有人找不到"伙伴",那时候你的感觉又如何？日常生活中你有没有遇到类似这样的境遇呢？怎样对待？组合错了被淘汰,说明了什么？在社会生活中有类似的现象吗？①

2. 自我探索的活动

在辅导活动中,帮助学生进行自我探索和自我表达,以深入地了解自己、悦纳自己,形成健康的自我形象是最主要的活动内容之一,是心理健康教育课程的基本模块。

活动 1：自画像

目的：强化学生的自我认识,促进自觉。

活动实施：

主持人给每个学生发一张图画纸,每人或几个人合用一盒彩笔。然后,可以根据自己意思,用任何的形式来画出自己,抽象的、形象的、写实的、动物的、植物的都可以。总之,把自

---

① 活动 5—6 引自苏东辉、汤礼深、戴育红主编：《互动成长游戏心理辅导手册》,广东教育出版社 2003 年版,第 11—12 页,第 35—36 页。

己心目中的最能代表自己的东西画出来。这种方法可以使学生发现隐藏在潜意识层面的自我，不知不觉中对自己作出评估和内省。画完后挂在墙上"展览"，让同学们自由观看别人的画，先不加评论。欣赏完毕，请每位学生对自己的画解释并答疑。

图7-4 学生自画像

自画像用非语言的方法将人的内心投射出来，这是一种独特的自我探索、自我分析、自我展示的方法。通过小组交流，可以促进学生深化自我认识，加深对别人的认识和理解。

图7-4是林孟平教授做团体心理辅导时的一个青少年学生的自画像。他说："我是一棵大树。不，我应该说，我希望自己是一棵大树，有浓密的树叶，可以去荫蔽其他有需要的人……"

林孟平分析道："作者所说的，根据其后我和小组协助他所进行的自我探索，原来真的只是他对自己的期望，而不是事实。也正因为如此，他在整个探索过程中表现得很沉重，也流了许多泪。事实上，大家看他所绘的图，树相当大，却完全没有根，也找不到土地。根据他自己的解释，由于父母长年累月地争吵不和，家庭已经名存实亡，而他也从来没有得到过照顾与爱护，所以觉得很孤单痛苦。当讲述到此，他流泪痛哭地说：'我时时觉得很害怕，很不安。当他们打架时我会吓得躲在床底下，内心不断担心有恐怖的事情发生，很想有人可以保护我……我想做一棵大树，因为我相信世界上还有许多像我一样的人需要帮助。倘若我是一棵大树，就可以将他们放在我的树荫下，安然睡觉，不必受阳光的暴晒。'基于他个人的经历，他很想帮助人，但同时令人痛心的是，他也知道自己无能为力，因为他的大树是悬空的，没有根，也没有可生长的土地"[①]。

活动2：别人眼中的我

目的：促进学生全面认识自我。

活动实施：

每人发一张表（见表7-3），自己思考后填写，填完后大家一起交流。填写的过程会反映出不同的心态。有些学生再一次积极肯定自我，但有些同学却引发了一些长期压抑的感受。教师要特别注意：学生对哪一个人的看法最重视？为什么？最难填写的是什么？为什么有人不会填？同学们填的内容多是正面的还是负面的？然后引导学生探索。

表7-3 认识自我

父亲眼中的我	母亲眼中的我	老师眼中的我
同学眼中的我	自己眼中的我	自己理想中的我

---

① 林孟平著：《小组辅导与心理治疗》，上海教育出版社2005年版，第272页。

活动3：人生透视

目的：自我认识，人生探索。

活动实施：

教师给每人发一张表（见表7-4），让大家思考一下，然后大约花10分钟时间填写。填写完毕后，在小组内交流。交流分为三轮：第一轮每个学生轮流介绍过去的生活情况，并说明为什么这样填写；第二轮轮流介绍现在的生活，并说明理由；第三轮介绍对未来生活的展望及理由。同学们可以在分析自己、了解他人的过程中增强自觉反思，相互理解。

表7-4 人生透视

我过去的生活

兴趣＿＿＿＿＿＿＿＿＿＿＿＿＿＿＿＿＿＿＿＿＿＿＿＿＿＿＿＿＿＿＿＿＿

问题＿＿＿＿＿＿＿＿＿＿＿＿＿＿＿＿＿＿＿＿＿＿＿＿＿＿＿＿＿＿＿＿＿

希望＿＿＿＿＿＿＿＿＿＿＿＿＿＿＿＿＿＿＿＿＿＿＿＿＿＿＿＿＿＿＿＿＿

我现在的生活

兴趣＿＿＿＿＿＿＿＿＿＿＿＿＿＿＿＿＿＿＿＿＿＿＿＿＿＿＿＿＿＿＿＿＿

问题＿＿＿＿＿＿＿＿＿＿＿＿＿＿＿＿＿＿＿＿＿＿＿＿＿＿＿＿＿＿＿＿＿

希望＿＿＿＿＿＿＿＿＿＿＿＿＿＿＿＿＿＿＿＿＿＿＿＿＿＿＿＿＿＿＿＿＿

十年后的情形

兴趣＿＿＿＿＿＿＿＿＿＿＿＿＿＿＿＿＿＿＿＿＿＿＿＿＿＿＿＿＿＿＿＿＿

问题＿＿＿＿＿＿＿＿＿＿＿＿＿＿＿＿＿＿＿＿＿＿＿＿＿＿＿＿＿＿＿＿＿

希望＿＿＿＿＿＿＿＿＿＿＿＿＿＿＿＿＿＿＿＿＿＿＿＿＿＿＿＿＿＿＿＿＿

活动4：生命线

目的：帮助学生对自己的生命历程进行自我评估，并展望自己的未来。

活动实施：

教师向学生说明图7-5的内容，然后请同学们自行填写，10分钟后分组进行分享交流。教师可以提出以下问题供同学们讨论：你对过去的人生经历满意吗？人活着有什么意义？你认为自己生命的质量如何？你的生活有意义吗？[①]

　　下面一条线代表你的生命线，起点是你出生的时候，终点是你预测的死亡年龄。请在生命线的某个位置画上×号，代表你今天在人生历程中所处的位置。然后，在×的左边写出你过去两、三项最难忘的事；在右边写出你未来渴望做的事，数目不限。

　　出生————————————————————————————预测死亡年龄

图7-5 生命线

3. 价值澄清活动

价值澄清是指让学生通过选择、评价和行动的过程，反思自己的生活、目标、感情、需求和过去的经验，建立积极价值观的过程。在辅导活动进行专题讨论时，常常要设计一些价值

---

① 活动1和4引自林孟平：《小组辅导与心理治疗》，上海教育出版社2005年版，第271—272页，第288—289页。
　活动2和3引自樊富珉著：《团体咨询的理论与实践》，清华大学出版社1996年版，第210—211页。

澄清活动。

活动 1：生存选择

目的：帮助学生探讨、澄清价值观，认识生活中最有价值的东西。

活动实施：

教师先交代价值问题背景：地球上发生了核战争，人类将要灭亡。科学家发明了一个特别的核保护装置，如果谁能进入其中，谁就能生存下去。现在有 10 个人，但是核保护装置、生化水、食品和空间有限，只能容纳 7 个人。请你决定谁应该活下去，谁只能面对死亡，为什么？请排出先后次序。

这 10 个人分别是：小学教师、怀孕的妇女、足球运动员、12 岁的小女孩、优秀的警察、著名的作家、外科医生、年长的和尚、知名演员、生病的老人。

学生听完问题后认真思考，作出自己的选择，并将自己的选择和理由记录下来。同学们在小组里交流，大家充分讨论，各抒己见，每个人可以在讨论后修正自己的意见。然后每个小组派代表介绍小组的决定和讨论情况。小组成员可以保留与小组决定不一致的意见。

出示 10 个人物的象征意义：

小学教师——知识，怀孕的妇女——生命，足球运动员——运动，12 岁的小女孩——未来，优秀警察——秩序，著名作家——文化，外科医生——健康，年长的和尚——宗教，知名演员——娱乐，生病的老人——道德。

这项活动蕴涵着丰富的寓意，可以比较充分地反映每个学生的价值观、理想和对未来社会的憧憬。讨论并不为求得一致的结论，而在于让学生在讨论过程中了解自己和他人的价值观。并通过他人的启发，调整自己的认识，认清生活中最重要最有意义的是什么。①

活动 2：我的价值观

目的：促进学生对个人价值观作出探索，以期在人生种种选择过程中有比较具体的思考。

活动实施：

首先，教师分发给每个学生一张白纸，请他们写出个人生命中最珍贵的五项事物。这些事物可以是人物，也可以是事件；可以是过去的，也可以是未来的；可以是具体的，也可以是抽象的。同学们在书写时不必排序。接着，教师告诉同学们，现在面临一个特殊环境，每人不再全部拥有这五项珍贵的东西，一定要舍弃其中的一项。每人思考并作出决定，大家交流舍弃的感受。依次类推，学生们在主持人的要求下逐次放弃，只剩下一项为止。每次都要在分享交流后结束。

活动 3：价值尺

目的：帮助学生学会对生活问题理性的判断，克服思维上的绝对化倾向。

活动实施：

教师将准备好的问题写在黑板上，在问题下面画一条长长的虚线，作为价值尺度。然后

---

① 活动 1 和 3 引自吴增强、沈之菲等编著：《班级心理辅导》，上海教育出版社 2001 年版，第 195—197 页，第 197—199 页。
　　活动 2 和 4 引自林孟平著：《小组辅导与心理治疗》，上海教育出版社 2005 年版，第 289—290 页。

确定这个问题的两种相反的观点,将这两种截然不同的观点写在虚线的两头。教师告诉同学,在这两种观点之间,有若干其他的观点,你们在这个问题上选择哪一点,并说说各自的理由。

问题示例如下:

(1) 属于自己的事,你觉得自己有多少自主权?

价值尺 ··

　　　　　完全没有　　　　　　什么事都由自己决定

(2) 你对家庭的依赖性如何?

价值尺 ··

　　　　　十分依赖　　　　　　完全不依赖

(3) 你花钱的方式:

价值尺 ··

　　　有钱就花,顾前不顾后　　一毛不拔,分文不浪费

(4) 一天中你有多少时间觉得很快乐?

价值尺 ··

　　　　　0%　　　　　　　　100%

(5) 你觉得学校里学得功课有用吗?

价值尺 ··

　　　　　非常有用　　　　　　毫无用处

(6) 你觉得自己目前的学习状况:

价值尺 ··

　　　　　非常认真　　　　　　敷衍了事

(7) 你将来做父母想用什么方式养育下一代?

价值尺 ··

　　　　　严厉控制　　　　　　完全放任

(8) 你喜欢竞争吗?

价值尺 ··

　　　非常喜欢,全力以赴　　　非常不喜欢

学生在说明理由时可能会有困难,教师可以适当帮助整理,对有些学生讲不清的问题不一定要说明理由。价值尺的意义是,在现实生活中,许多问题并不是非此即彼的,实际上,在两个极端之间存在一个很大范围的延续体,理性的选择和判断往往是在两极之间。

活动 4: 人生的最后时刻

目的:探索个人的人生价值观。

活动实施:

教师告诉全班同学,由于某种原因,现在我们每个人只剩下最后一天的寿命,也就是我们只有 24 小时可以利用。如果每个人身体如常,可以自由思考和行动,你会如何使用这仅剩的 24 小时? 每个学生认真思考后写下来,在小组内交流,通过自我探索与他人分享,使学生

对自己的人生价值观有更深入的了解,并指导自己的日常生活。

4. 脑力激荡活动

脑力激荡、集思广益是团体心理辅导活动独特的优势,常常在心理健康教育课程活动中为人采用。

活动 1: 比谁想得多

目的: 培养学生发散性思维。

活动实施:

教师先给同学们讲一些科学家的故事,启发学生感受什么是发散性思维以及它的作用。如,"第一台电报机的诞生":

> 1832 年秋,已是"不惑之年"的画家莫尔斯和医生杰克逊乘同一艘海轮由法兰西赴美国。一天,杰克逊向莫尔斯展示了一块电磁铁,并绘声绘色地讲起它的原理——环绕铁块的线圈接通电流,就会产生磁场,铁块即具有磁性;而断掉电流,磁场就消失,铁块即失去磁性。莫尔斯听后,脑海中涌起了新奇的联想到的问题——如果用电磁铁传送信号,岂不是能在瞬息之间将消息遥传千里之外? 于是,他抛却了当艺术家的念头,决心通过解决上述疑难"问题",去攀登前人未曾征服过的科技高峰。经过 5 年的攻坚战,莫尔斯终于用自己的智慧和双手,成功地制造出世界上第一台电报机。

然后教师可以向同学们安排些脑力激荡的作业。如,在一分钟写出带有"金"字旁的字,写得越多越好。小组讨论砖的用处,各组派代表到黑板上写出,看谁写得多。相关作业还可以有,铅笔的用处,报纸的用处等。

活动 2: 比谁说得快

目的: 训练思维的敏捷性。

活动实施:

(1) 8～10 人一组,分组进行说反义词、近义词比赛,要求既快又正确。

① 请用最快的速度正确说出下列词语的反义词。

批评、建设、支持、集中、隐瞒、成功、讨厌、怀疑、沉着、增加

上升、延长、黑暗、特殊、陈旧、谦虚、深刻、安全、复杂、容易

② 请用最快速度说出下列词语的近义词。

聪明、浪费、开始、宽敞、迟缓、简便、遵守、反对、冷淡、公开

文明、抓紧、犹豫、集中、崎岖、懒惰、善良、粗糙、暂时、巨大

(2) 学说"绕口令"比赛,要求吐字清晰、发音准确。

四是四,十是十,十不是四,四不是十,不要把十四读成四十,也不要把四十读成十四。

我属龙,不能说成虫;蚱蜢是虫,不能说成龙。龙就是龙,虫就是虫,把龙说成虫,把虫说成龙,就会龙虫不分,虫龙不分,把虫当作龙,把龙当作虫。

建议比赛可设主持人一名,助理主持人四名、记分员一名。主持人向各组的参赛者逐个出示比赛题卡片;助理主持人分别坐在每组中,每组参赛者在 10 秒钟内向助理支持人说出答

案;答对者,由助理主持人报告记分员;记分员在黑板上记录各组得分;再由主持人统计各组比赛成绩,并评出优胜组。

活动 3:集思广益

目的:发挥集体力量探讨解决问题的有效办法。

活动实施:

8~10 人为一组,每组在主持人给定的时间内就某个题目发表意见(每题限时 5~10 分钟),但需遵守三条规则:(1)不评论他人意见正确与否;(2)尽可能多地出主意;(3)争取超过别的小组。

题目可以事先根据团体目标设定,要求具体可操作。例如,"怎样减轻学习压力"、"怎样提高学习效率"、"怎样改进人际沟通"、"怎样克服受挫心理"等。

当主持人宣布开始,每个小组派一位同学记录,其他人出主意,相互启发,列举各种可能的方法。主持人说"停",各组把自己小组的意见贴在墙上,选一位代表解释这些方法。全班同学一起评论,看哪个小组办法最多,可以获得"优胜奖",此外还可以评"幽默奖"、"实用奖"、"有趣奖"等。

四、团体心理辅导活动的准备

(一) 选择活动场所

团体心理辅导活动的场所对于团体心理辅导的效果有相当的影响,其基本要求有以下几点:

(1)避免团体成员分心,保证团体成员在没有干扰的条件下,集中精力投入团体心理辅导活动。

(2)让团体成员有安全感,能够保护团体成员的隐私,不会有被别人偷窥、监视的感觉。

(3)有足够的活动空间,可以随意走动、活动身体、成圈围坐。

(4)环境舒适、温馨、优雅,使人情绪稳定、放松。

(5)宽敞、清洁、空气流通,最好有隔音设备,没有固定桌椅。[①]

(二) 团体成员的选择与发动

一般来说,团体成员的选择应该具备三个条件:自愿报名参加,并有改变自我现状的强烈需求;愿意与他人交流,并具有与他人交流的能力;能够坚持参加团体活动全过程,并遵守团体的各项规则。

团体成员的来源主要有三种途径:一是通过宣传,成员自愿报名参加;二是辅导教师根据平时咨询情况,选择有共同辅导需求的人,建议他们报名参加;三是其他渠道,如班主任介绍或者其他辅导教师转介而来。[②]

团体成员选择完成之后,就要发动成员逐步投入团体。团体心理辅导的效果往往与团体成员是否乐意参加,是否积极投入密切有关。

---

① 樊富珉著:《团体咨询的理论与实践》,清华大学出版社 1996 年版,第 143 页。

② 同上注,第 152 页。

在团体活动开始之前,发动团体成员投入团体主要有五种方法:阅读资料、观看影像资料、面谈、签定契约、召开预备会。

(1) 阅读资料。有时团体心理辅导活动开展之前,团体领导者要求成员阅读一些资料,如,团体心理辅导活动目标的解释与说明,团体心理辅导活动计划,团体心理辅导所使用的技巧和程序,团体中成员的责任等。

(2) 观看影像资料。有时团体领导者组织成员观看与团体活动有关的录像、电影。通过观看,使成员尽快了解团体心理辅导活动的实际情况,作好心理准备。有关资料表明,与没准备的团体相比,有准备的团体成员对团体更有信心,人际互动更为积极。

(3) 面谈。面谈是团体领导者与申请加入者双向选择的过程。一方面,团体领导者要向申请加入者作出保密的承诺,消除申请者不必要的思想顾虑;另一方面,可以了解申请者的参加团体心理辅导的动机,必要时可以作些解释、澄清和建议。

(4) 签定契约。契约是指团体成员与团体领导者之间的协议,主要是为了引导团体成员达到团体目标。契约规定了团体成员的权利和责任、团体内部必须遵循的规则。签定契约的过程是一个协商的过程。通过协商加强了团体成员和团体领导者之间的沟通,协商体现了团体成员与团体领导者之间的平等。布朗(Brown,1984)提出团体心理辅导中的契约应该包括以下几项内容:

① 清楚说明团体目的。

② 个别成员的目标和希望在团体获得的一些东西,要与团体的整体目标相配合。

③ 团体运作的方法。例如讨论、游戏等及成员是否有权利随时放弃参与不喜欢的项目。

④ 团体的聚会时间、地点、次数。

⑤ 有关守则、奖励与惩罚细则。

⑥ 要求成员对团体有认同感、投入感,包括准时到会,不能无故缺席等。

⑦ 要求保密。

⑧ 个别成员若有需要时能否单独约见团体领导者。

契约可以定得细致,也可以定得简单;可以是口头的,也可以是书面的。以下是教师参加团体心理辅导活动中其中一个组签定的契约,比较简单明了,仅供参考。

小组公约

1. 积极参与团体活动
2. 活动设计要有创意
3. 队员要笑口常开,永保童心,要有积极心态
4. 注意倾听,大胆发表个人意见,真诚开放自我
5. 互助互爱,塑造"可爱的 QQ 人"形象。

QQ 小组全体成员

×年×月×日

---

(5) 召开预备会。在预备会上,团体领导者要让每个人都能说说参加团体的目的、期望,然后向成员说明团体的目标、团体活动的安排,回答成员提出的问题,澄清不正确的观念,建立基本的团体规则。

五、团体心理辅导活动的开展

团体心理辅导活动的开展分为导入阶段、展开阶段和结束阶段。

1. 导入阶段

这一阶段的活动着重于加强成员之间的认识和沟通,使成员之间建立相互信任的关系。以下几项热身活动可用于这一阶段。[①]

活动 1:轻柔体操

目的:放松、减轻焦虑、活跃气氛。体操可以协助成员对自己的身体更加敏感。

时间:酌情而定,15~30 分钟。

准备:全体成员围成一个圈,团体心理辅导者在圆心,要求有足够的空间。

操作:团体心理辅导者带头做一个动作,要求成员不评价、不思考,模仿做三遍。然后每个人依次做一个自己想出来的动作,大家一起模仿。只要能达到放松、减轻紧张气氛的作用,无论什么动作都可以。有时,一些有创意的动作会让大家愉快活跃氛围。

活动 2:最佳搭档

目的:彼此相识,建立互动关系。

时间:约 30 分钟。

准备:彩色纸剪成三角形或正方形,并一分为二,胶水和硬纸板。

操作:团体成员自由抽取裁好的彩色纸。然后,成员必须找到自己同色与形状相匹配的另一半。找到后,将色纸贴在硬纸板上,并在彩色纸上写上两个人的名字,两人自由交谈五分钟、相互认识。然后全体成员围圈坐下,每一对轮流向大家介绍对方,让团体中每个人都能相识。

活动 3:棒打"薄情郎"

目的:尽快相识,增进团体凝聚力。

时间:约 20 分钟。

准备:用挂历纸或旧报纸卷成一根纸棒。

操作:初次聚会,全体成员围圈而坐,轮流介绍自己的名字、兴趣、出生年月等个人资料。每个人都专心去记其他成员的资料。然后站成一圈,选一个执棒者站在圈中间,由他对面的人开始大声叫出一个成员的姓名。执棒者马上跑到那个被叫的人面前。被叫的人马上再叫出另一个成员的姓名。如果叫不出来,就会受当头一棒,然后由他执棒。依次类推,直到大家熟悉互相的姓名为止。如果一个人被打三次就必须出来表演,作为惩罚。

2. 展开阶段

这一阶段的活动形式要根据辅导目的、问题类型、对象的不同而各有差异。例如,发展性团体大多通过一些有趣的活动,如自我探索、价值观探索、脑力激荡等。自我探索的活动有:我是谁、生命线、自画像、墓志铭、生命计划等。价值观探索常用的活动有:临终遗命、生存选择、姑娘与水手等。

---

① 樊富珉著:《团体咨询的理论与实践》,清华大学出版社 1996 年版,第 198—201 页。

这一阶段的关键是要激活成员的心理历程。鼓励成员参与团体心理辅导活动,最终要让他们的心智得到成长。成员的参与程度也是影响辅导活动效果的一项重要因素。而成员的参与度又与辅导教师能在多大程度上激活成员的心理历程有关。

首先,要引起学生的参与动机。一般来说,活动主题是与学生学习、交往、生活密切有关的,但能否成为他们关注的焦点,还需要辅导教师设置一些有吸引力的情景,引入主题。有位老师在"生日活动的喜和忧"中设计了这样一段开场白:"同学们,在一个人的生命历程中,每个人都有一个十分重要的纪念日——生日。老师十分想知道你们是怎样庆祝生日的,希望可以分享你们的快乐。"这段话亲切自然,内容又是学生最熟悉的事情,自然可以引发学生的参与动机。

对低年级学生则可以设计游戏或小品表演,引起孩子的兴趣。如"团结就是力量"辅导活动,就是通过游戏"找朋友"引入活动。对高年级学生则可以带有更理性的成分,从他们关心的社会事件或者生活事件开始。例如,有位高中教师在"天生我材必有用"的辅导活动中,先讲述一个高一女生适应不良的故事,然后问班上同学:"假如你是这个同学或者是这个同学的好朋友,该怎么办?"

其二,创设宽松的心理环境,鼓励学生自我表露。辅导活动就是要让学生表达自己真实的情绪情感,说出自己真实的想法,而不是掩饰自己、伪装自己。这样,教师才能了解到学生真实的内心世界,与学生进行心灵间的对话。

有一个初级中学曾经发生这样一件事,初二(1)班是这个学校的先进班,可偏偏在班主任外出的那天下午,发生了历史课测验集体作弊事件。班主任获知此事后,没有全班批评训话,而是举行了一次团体心理辅导活动,主题是"作弊问题讨论"。其中设计了四个问题:什么叫作弊?为什么要作弊?作弊后的感受?怎样防止作弊?班主任一开场说道:"今天进行一次专题讨论,讨论有关班上作弊的事,希望大家畅开思想,说真话。"由于班主任一开始注意营造宽松的气氛,不少参与作弊的同学如释重负,纷纷说出了作弊的真实想法。有的学生说:"作弊如同小偷第一次偷东西一样,很刺激,有一种莫名其妙的兴奋感。"有的学生说:"大家都作弊,我不作弊不是吃亏了吗?"还有的学生说:"反正不是我一个人作弊,那么多人作弊,要处分,大家一起受处分。"从中可知学生的作弊动机各种各样,有些想法老师根本想不到。

在谈到作弊后的感受时,有的学生说:"作弊得来的好分数就好比偷来的东西,心里不踏实。"也有的学生说:"当东窗事发,以后每次测验老师总是用特别'关照'的眼光看着你,心里多不好受哇。"由于同学们都能畅所欲言,讨论很充分,辅导活动达到了预期的效果。

其三,调动学生的积极情绪。情绪是人的心理活动中最敏感、最为活跃的心理成分,它对人的心理历程具有动力作用。在心理辅导活动中,教师能否调动学生的积极情绪,能否与学生产生强烈的情感共鸣,对于活动气氛的营造和学生参与的质量至关重要。这就首先要求教师自己在活动中情绪饱满和放松。有位班主任同时上两个班级的心理辅导活动课,在自己班级上得很沉闷,而在任课班级上得很活跃。究其原因非常简单,就是老师的情绪,她在自己班级老是绷着脸,课堂气氛难以松弛、活跃,在任课的班级,大概不是班主任的缘故,情绪很放松,学生们也很轻松。另外,教师要充分运用语言的感染力调动学生的积极情绪。

3. 结束阶段

这一阶段往往容易被忽视。但有经验的辅导老师会充分而有效地把握住机会"画龙点睛",为团体心理辅导活动划上一个圆满的句号。以下两个结束活动设计可供参考。[①]

活动 1：大团圆

目的：通过身体的接触给成员们带来温暖和力量，使其在结束前更实在地肯定团体的团结，体验在一起的感受，获得支持与信心。

时间：约 30 分钟。

准备：足够的空间。

操作：在团体最后一次活动结束时，辅导老师请大家站立，围成圆圈，将两手搭在两侧成员的肩上，聚拢默数 30 秒。然后轻轻地哼唱大家共同熟悉的歌曲，并随着歌曲旋律，自由摇摆。从儿童歌曲到乡村歌曲，尽量找大家熟悉和会演唱的，一首接一首。使全体成员在一个温馨甜蜜而有内聚力的情境中告别团体，留下美好的回忆。

活动 2：把心留住

目的：结束团体活动，展望未来。

时间：60～70 分钟。

准备：笔、心形小卡片、录音机、录音带。

操作：播放轻柔的音乐，辅导老师给每个成员发若干张心形卡片，请成员在每张卡片上写出自己所拥有的、所想要的好的东西或品质，一张卡片写一种。这些卡片就是成员的一颗心，请成员衡量自己及其他人的需要，送给每个成员自己的一点心意。全部送完后，围圈坐下，请每个人谈谈送礼物的心情以及离开团体后自己的打算。

辅导教师要注意把握团体气氛，不要过分依恋，而应该充满活力。

六、团体心理辅导效果评估

团体心理辅导效果评估可以分为形成性评估、总结性评估和追踪性评估三种。

形成性评估是指团体在进行过程中，通过观察、问卷等方法，了解成员在团体内的表现和团体特征，可以决定团体应该终结还是应该延续。根据评估情况，发现问题，改善团体过程。例如，我们可以通过团体成员自我评估问卷（如表 7-4 所示），了解团体成员的反应，估计团体发展的趋势。

表 7-4　团体成员自我评估表

利用下面的句子，以 1 到 5 的尺度等级估量你自己参与团体的状况。1 代表"我决不是这样"，5 代表"我总是这样"。
　　1. 在团体里，我是一个积极投入的成员。（　　　）
　　2. 我愿意完全投入团体，并且与大家分享。（　　　）
　　3. 我认为自己愿意在团体里尝试新的行为。（　　　）
　　4. 我愿意尽力表达自己的感情，就像其他人一样。（　　　）

① 樊富珉：《团体咨询的理论与实践》，清华大学出版社 1996 年版，第 223—224 页。

第七章　学校心理健康教育

5. 在每次团体讨论之前，我总会花一些时间准备，结束后我也会花些时间反省自己的参与情况。（ ）

6. 我尽量以真诚的反应面对其他人。（ ）

7. 在团体里，我总是不断地追求澄清我的目标。（ ）

8. 我总是注意倾听别人在说什么，也会把我的感受直接地告诉他们。（ ）

9. 我会与别人分享我的想法，将自己如何看他们及如何受他们的影响告诉他们。（ ）

10. 在团体里，我尽量让自己做别人的模范。（ ）

11. 我愿意参加团体各种不同的活动。（ ）

12. 我常会想要参加团体的讲座。（ ）

13. 不必等他人开口，我就会主动帮助他们。（ ）

14. 在团体建立信任感的过程中，我采取主动的角色。（ ）

15. 我是在没有防卫的心态下，坦诚地接受别人的反馈。（ ）

16. 我尽量把团体里所学习到的东西，应用到外面的生活。（ ）

17. 我会注意自己对团体领导者的反应，并说出他们是个怎样的人。（ ）

18. 我会避免标定自己和团体其他的人。（ ）

19. 我会避免询问别人问题和给予他们忠告。（ ）

20. 我对自己在团体里的学习负责。（ ）

总结性评估是指在团体结束时所作的评估。总结性评估的内容包括：了解团体成员对团体的满意程度，对团体活动的看法，对团体的感受，以及自己的行为变化，以便团体领导者客观评估团体心理辅导的成果。可以采用团体领导者设计好的评估表，也可以采用定性评价的方法，如让成员写感想和收获等，以此来评估团体心理辅导的效果。

追踪性评估是指团体结束后三个月至两年内进行的评估，目的是了解团体效果能否持续，是否对团体成员本人或者其社会环境产生有利和不利的影响，同时也观察团体成员是否有满意的改变。

第五节　学校心理健康教育管理

近20年学校心理健康教育的实践表明，要完成学校心理服务的基本任务，学校必须要有系统可行的规划和组织保障。学校心理健康教育需要依托一定的网络与机构来组织人员实施，而机构的运作又涉及管理问题。相应的心理辅导网络、机构与管理是学校有效开展心理健康教育的组织保障。

一、组织与管理

（一）组织机构

首先，学校应该成立心理健康教育工作小组，小组由学校分管校长负责管理，在其领导下，由分管教导主任、各年级的年级组长、学校团队干部、学校心理辅导专职教师、教导员和教师代表组成。学校心理辅导工作组担负着对辅导员、班主任、家长的心理教育与辅导；对专职心理辅导教师的管理和培养；对任课教师和学生心理服务员的培训和指导；对学生进行心理健康教育和辅导。学校心理辅导专职教师通过心理辅导活动课程，对全体学生进行教育与训练，提高他们的共性心理品质。心理辅导工作者要深入了解教师、家长和学生，做好个别学生的心理辅导与咨询,帮助他们解决成长中的心理问题,促进他们的个性发展。心理专职教师和辅导工作者还应承担对辅导员、班主任、教师和家长心理教育知识传授和辅导技能的培训,创设一个健康的、积极向上的、有利于学生心理发展的学习心理氛围。对确实患有心理疾病的学生通过转介服务,使他们得到及时的治疗并得以康复。

（二）学校行政的管理功能

1. 校长室

提出学校规划,确定学校心理健康教育的目标、心理健康教育课程、心理辅导工作内容;定期召开心理辅导工作会议,了解和规划学校心理辅导工作,制定各年级学生心理健康和发展目标、教育内容、手段方式;对各级心理辅导成员进行培训、提出要求、进行考查;定期了解学校心理辅导工作的开展情况,认真评估学校心理辅导工作;检查和考核心理辅导专职教师的工作业绩,加强培训提高心理辅导教师的专业化水平。

2. 学校心理辅导工作小组

由分管校长、分管教导主任、专职教师、心理辅导员组成。选择和编写符合学校学生心理发展的辅导课程教材、组织培训、指导教研、个案研究、协调各方力量。积极开展对辅导员、班主任、任课教师、家长进行心理辅导的培训,定期研究学校心理辅导工作情况,组织心理辅导活动,发现问题,总结经验,促进提高。

3. 学校心理辅导室

学校心理辅导室是为学生提供各种心理服务的校内机构。具体可以有：心理咨询室、心理测量室、心理松弛室、心理阅览室和心理活动室等。心理咨询室要安静、使人不受干扰、温馨,让当事人有安全感。心理测量室需要备有常规心理测量量表、问卷和心理实验器材,以保证心理测量的准确和建立必要的学生心理档案。心理松弛室可以应用各种心理松弛方法指导学生放松训练。心理阅览室配以必要的心理图书、报刊杂志等资料,为师生提供选择。心理活动室是为学生参加班级心理辅导活动课和团体心理辅导活动而设置。心理辅导室的设施应遵循保证学校正常开展心理健康教育的最基本设施,以充分使用为原则来建设。心理辅导室要尽可能多功能使用,保证有限的资源为全体学生提供心理健康服务。

（三）对学校各类人员的要求

1. 辅导员、班主任

高校辅导员和中小学班主任要了解学生心理健康和心理发展水平,选用心理健康教育课程教材,参与个别学生心理辅导,对家庭教育进行指导,协调教师与学生的关系。

辅导员、班主任是承担着对学生管理、教育、指导、帮助、爱护的一支特殊队伍,他们负有教育培养好每个学生的责任,具有了解学生、爱护学生、关心学生良好的职业道德要求,具有倾听、谈心、交流、教育指导的工作能力。辅导员、班主任通过与家长联系,取得家长的支持,开展家庭教育,提高父母正确教育子女的方法,帮助创设家庭良好的心理氛围。辅导员、班主任要善于沟通和协调任课教师之间,教师与学生之间的关系。辅导员、班主任具有开展心理辅导工作的基本素质和优势,更是学校心理辅导工作不可缺少的力量。具体要注意把握以下要点。

（1）信任是心理辅导的基本原则，辅导员、班主任要做好心理辅导离不开这一基本原则。学生自小就把老师作为最优秀的人物，进入学校又把辅导员、班主任老师当作最可信赖的师长，凡是辅导员、班主任说的就一定要做。这种信赖和"服从"使得学生愿意把自己的心里话讲给老师听，渴望得到老师真诚的帮助。学生把辅导员、班主任看作朋友、亲人，他们希望得到辅导员、班主任的关注、呵护、爱抚。学生这种心灵上的需求，给辅导员、班主任开展心理辅导和心理辅导活动课工作带来了基本保证。

（2）关爱是辅导员、班主任对学生心理辅导的基本素养。热爱学生应该贯穿于辅导员、班主任心理辅导工作的全过程，辅导员、班主任在爱的感召下，凭借自己各种教育经验，去理解学生、关心学生，真诚地帮助学生解决各种困难和由此而产生的各种心理问题。他们会体谅学生的无知，疏导学生种种消极的情绪，激励学生的潜能，提高学生抗挫能力，塑造学生良好的心理品质。

（3）家长对辅导员、班主任工作的支持是心理辅导的基本力量。辅导员、班主任进行心理辅导就要充分运用和调动这一力量。从学生进入学校第一天起，家长就会对孩子说要听老师的话，要按老师说的做。虽然现在家庭教育还存在很多问题，但家长愿意根据辅导员、班主任的指导去教育学生，重视学生的健康心理，有意识地培养学生良好的心理品质，这是十分可贵的。为了让学生心理更加健康，辅导员、班主任要十分重视指导开展正确的家庭教育，要让家长懂得如何提高子女的心理健康水平，懂得如何与子女经常交流，懂得以自己的健康、良好的人格去影响孩子的人格品质。

凡此种种，说明辅导员、班主任参与学校心理辅导的重要性和可能性，辅导员、班主任是心理辅导工作的基本队伍。不过，以上所说并不代表辅导员、班主任就能胜任心理辅导工作，就是一个称职的心理辅导工作者。我们认为，根据辅导员、班主任工作的特定地位和条件，辅导员、班主任经过指导、培训完全可以参与心理辅导的基础工作，至少通过辅导员、班主任的工作可以避免因任课教师、家长的教育不当而使学生产生心理问题，也可以及时辅导学生的各种心理问题，提高学生心理素质，促进心理发展，完成学校心理健康教育的任务。

2. 学校心理辅导教师

学校心理辅导教师要负责心理辅导活动课程教学和选编教材，负责对学生进行心理咨询和心理辅导服务，对学校教育教学工作（办学目标、内容、方法、策略、评估等）进行顾问和建议，对老师和家长进行培训指导及心理辅导，负责学校心理测量、档案与使用，对个别有心理疾病的学生做好转介工作。

具体地说，心理辅导老师必须熟悉和了解各个年级、各个班级学生的心理发展需求，了解他们心理发展的水平，了解他们共性的心理问题；辅导老师应该认真组织教材和选择教材，针对学生共同的心理问题，组织各种心理辅导活动给予辅导和训练；辅导老师要及时分析班级和年级学生可能发生的心理问题，为辅导员、班主任老师提供咨询服务；辅导老师要针对学生特殊的、突发的、偶然的心理问题自编辅导活动内容，开展必要的辅导；心理辅导专职老师要善于发现在心理辅导活动中个别学生的心理问题，为学生心理咨询提供及时的服务。

3.任课教师

任课老师要在教育教学活动中不断提高自身心理健康素质,树立正确的教育观念,不违反教育教学规律,自觉运用心理辅导技术和方法,创设良好的心理氛围,自觉参与对学生的心理辅导。

4.学生心理辅导服务员

学生心理辅导服务员是学校心理辅导工作的辅助队伍,他们是心理辅导工作的志愿者,具有比较健康的心理品质,有热心于为其他学生服务的精神。学生心理辅导服务员可以由辅导员、班主任推荐,也可以由心理辅导专职老师和咨询师指定。学生心理辅导服务员有四个任务:(1)积极配合心理辅导活动课程教学,在辅导课程活动中起骨干组织作用,通过他们的参与、组织来感染其他学生。(2)课后能随时帮助其他同学,协助疏导心理问题或及时把同学中的心理问题反应给心理辅导老师,起到辅导老师和同学的中介作用。(3)是学校心理辅导活动室的服务员,通过他们热心无私的服务,使其他同学受益于学校心理辅导室。(4)以自己亲身的体验,积极健康的心理品质,去服务帮助低年级学生,达到相互服务的目的。

二、心理辅导室的功能与设置

(一)心理辅导室的功能

心理辅导室作为落实学校心理服务基本目标的场所,应该具有以下功能。

(1)规划功能。心理辅导是一项有计划的合作性的教育过程,所有有关心理辅导的综合计划与年度计划,应由心理辅导室负责制定,并协调全校各有关单位,共同推行。

(2)评估功能。心理辅导工作有赖于对学生心理健康状况的评估和评估数据的管理。这些数据包括公开的评估数据和个案辅导数据,对于评估数据的经常搜集、整理与保管,是辅导室的主要任务之一。

(3)协调功能。心理辅导人员不但要负责从事个别和团体心理辅导工作,并需要对辅导员、班主任及其他任课教师提供有关心理辅导的技术与服务,以促进全校教师参与辅导工作。

(4)研究功能。心理辅导室要承担学生心理辅导相关课题研究,例如,研究学生心理健康的问题和干预方法;对于辅导学生的技术及学校辅导工作绩效的评价等。通过研究,进一步了解学生心理发展状况,改进心理服务工作,提高心理服务水平。

关于心理咨询室位置设置问题,有不同的主张,归类如下:

(1)心理咨询室应靠近校门,以便与家长及小区人士接触,而建立良好的公共关系。

(2)心理咨询室应与学校行政中心接近,以便于行政联系。

(3)心理咨询室应与保健室或健康中心相邻,便于配合。

(4)心理咨询室应靠近图书馆,便于学生使用有关数据。

(5)心理咨询室应与辅导员、班主任办公室及上课教室相邻,便于利用心理咨询室。

到底哪一种位置较为适当呢?可谓各有利弊得失,各有偏好,难有定论,唯下列原则是必须考虑的:

(1)环境要安静。安静的环境有利于学生会谈咨询,心理辅导教师(以下简称心辅师)易于专注于学生的问题,学生也不至于受到外来的干扰而分心。因此,靠近运动场、走廊通道及其他人声嘈杂的地方，皆不适宜。

（2）要有隐秘性。咨询室的位置，不可置于大庭广众前，以免学生与教师会谈咨询，引起其他学生的好奇与关注，事后询问不已，使当事人深感不安。任何一位来谈的学生，都希望自己的隐私得到保护。因此，咨询室应注意其隐秘性，但也不可有过度的神秘感。

（3）光线要充足。阳光不足、阴暗的地方，通风不良、空气沉闷，会令人产生压迫感，有碍于咨询工作的进行。

（二）心理辅导室的基本设置

根据心理辅导室的功能定位，心理辅导室的基本设置如下。

1. 心理咨询室

心理咨询室是帮助学生解决心理问题的专用房间，所以要求心理咨询室必须安静，要保证当事人和心理辅导老师的谈话不受干扰；心理咨询室要求有比较好的隔离，这是因为心理咨询要遵循为当事人保密的原则，使当事人有安全感。心理咨询室内部设施可以简单，但咨询室的布置要让学生感受到和谐、亲切、平静、安全、放松。心理咨询室可以采用中性或偏暖的色调，房间装修尽可能减少硬线条和棱角，室内要整洁，光线要柔和，在必要的地方要放上鲜花或盆花，以示生命力。咨询室内可以放置办公桌椅、电脑、书橱等。咨询谈话的椅子放置要符合个别咨询的要求。

2. 心理测量室

心理测量是针对不同的当事人，需要了解当事人的一般心理状态和问题，采用必要的问卷进行测量。心理测量室需要备有常规心理测量量表，有测量心理健康的量表，如 Achenbach 儿童行为量表、明尼苏达多相人格调查表、卡特尔 16 种人格因素问卷等；测量学生一般心理状况的量表，如智商量表、个性量表、气质量表、自我状态测验（EGPT）、注意力测验（QPT）、问题行为早期发现测验（PPCT）、亲子关系诊断测验（PCRT）、学习动机诊断测验（MAAT）、学习适应性测验（AAT）、心理健康诊断测验（MHT）、学习情况问卷（学习态度、学习方法、学习兴趣、学习环境、学习习惯）、意志品质量表、人际交往量表等。

心理测量室不一定和咨询室放在一起，房间的面积也不要很大，但必须要有一个安静的独立的房间，配有电脑进行统计测量，以保证心理测量正确，不受干扰。心理测量室要为学生建立规范的心理档案，只要学生经过心理测量和心理咨询，就要给学生建档。学生心理档案可以按年度、年级、班级分类，按集体和个别分类，也可以按问卷性质分类。

3. 心理松弛室

心理松弛室是专为学生需要心理放松而设立的放松室。心理辅导师在心理松弛室应用各种心理松弛的方法指导学生进行放松。心理松弛室可以让学生自己放松，可以听各类音乐自己放松，可以在辅导老师的指导下配合指导语进行放松，也可以按录音配指导语进行放松。心理松弛室一般可以坐 20 人左右，通过肌肉放松、呼吸放松、想象放松、暗示放松、音乐放松、运动放松等放松疗法让学生得到放松。松弛室可以用浅绿或浅蓝色布置，并配有舒适的座椅。

4. 心理阅览室

心理阅览室是心理图书资料专用阅览室，阅览室可以根据学校条件构建，面积一般至少可以容纳 20 人以上。心理阅览室可以集中配置有关心理健康和促进心理发展方面的报纸、杂志,同时集中放置有关帮助和提高学生心理品质方面的书籍。心理阅览室可以让学生在任何时候选择自己所需要的资料,得到帮助和启示。

5. 心理辅导课专用教室

心理辅导课专用教室是为配合心理辅导活动而设置的,一般也可以直接使用学生的教室。建立它的目的只是为了进行班级或小组辅导活动,同时也是为了创设一种心理环境,让学生在心理辅导活动室中,感受到辅导老师设计的情景教育。学生在活动中可以扮演各种角色,体验角色心理,达到心理平衡。有条件的还可以作为心理反应和行为反应的实验观察室。

6. 团体心理辅导室

学校团体心理辅导是辅导成本比较低的一种有效的辅导模式。因为在一部分学生群体中,由于大家的心理问题程度不一,在心理辅导教师的组织调动下,可以激发每个个体的积极性,通过每个学生的参与和互动,自觉地袒露心底、宣泄情绪、调整认知。这样的辅导,教师可以充分地运用学生自身理性的认识,去疏导和干预学生中非理性的认知,并在参与互动的过程中得到启示和解脱。学生在团体心理辅导中也不会自卑和焦虑,不会顾虑心理辅导一对一的那种紧张场面。团体心理辅导一般组织 12～16 人左右,团体过大或过小对团体中每个人的参与和互动不是过少就是过量,这样的组织无法达到预期效果。

7. 心理督导观察室

心理督导观察室是利用单向玻璃的功能而设置的,主要用于会诊和督导:其一,为在不让当事人知觉的情况下,通过观察去发现和了解当事人的行为表现,从而进行有针对性的辅导会诊。其二,在心理辅导人员督导培训中,通过观察可以让学员观察心理辅导老师对学生辅导的过程、举止、行为,帮助学员纠正不正确的辅导行为,规范辅导过程。心理观察室可大可小,按学校的可能和使用的功能而定。

三、心理评估与心理档案管理

学校心理健康教育人员运用心理评价工具和评价程序来评估学生的需求、兴趣、智力发展以及学业成就,是学校心理健康教育的基本服务之一。

(一)建立科学的学生心理测评系统的价值

对学生的心理发展与心理健康需求进行评估是基于以下三类需要。

1. 发现与鉴别学生的心理问题

与欧美国家相比,国内标准化评估工具相对比较落后,引进国外的量表比较多,一是有文化差异的问题,二是缺少常模难以比较和评估。另外,易为教师使用的非标准化测评工具(如日常观察、课堂行为评定等)也没有得到系统开发。这些都是迫切需要组织力量协同攻关的课题。

2. 客观评价学校开展心理健康教育工作的成效

学生的心理健康水平是否提高、心理素质是否提高,应该是衡量学校这方面工作的重要标准。

3. 有助于学校进行心理健康教育的实验课题研究

不论是实验的前测、后测,还是实验过程,都需要准确地收集定性的、定量的学生心理、行为方面的资料,以便分析、制定干预方案,评估实验效果。

心理测评在学校的具体运用便是建立学生心理档案。心理档案有两大类,一类是为个案辅导所用,另一类是为心理教育所用。前一类可以建立详案,后一类可以建立简案。心理档案的运用,要注意结果解释的科学性和内容的保密性。如何运用学生心理档案开展发展性心理健康教育,是一个值得继续实践的课题。

根据施密特的观点,评估工作除了学生评估,还应该包括环境评估。环境因素包括校园氛围、班级风气、同伴群体以及家庭环境。他认为,最好的校园氛围可能对于那些家庭贫困、或者被忽视、虐待的学生毫无帮助。通过家庭环境评估,心理健康教育老师能够理解学生在家庭得到的支持水平,并为其选择恰当的社区服务。[①]

(二) 心理档案的分类

1. 按建档方式分

可分为测验类(仪器测量和问卷测量)、非测验类心理档案两类。如果采用仪器测量和问卷测量的方法建立的心理档案就是测验类心理档案,那么采用观察法、谈话法、个案分析等方法建立的心理档案就属于非测验类心理档案了。

2. 按评定方式分

可分为自评与他评两类。心理档案的建立如果主要采用学生自评的方式,那么这一类的心理档案就是自评类心理档案;而心理档案的建立如果主要采用他评的方式,那么这一类的心理档案就是他评类心理档案。

3. 按人数分

可分为团体心理档案、个别心理档案两类。如果只是针对学生个人的心理档案则称为个别心理档案,如果针对学生群体的心理档案则称为团体心理档案,一般团体心理档案具有很强的统计功能。

4. 按评定性质分

可分为筛查类、诊断类两类。建立心理档案如果是为了筛查,那么该类心理档案就是筛查类心理档案,如果建立心理档案主要是为了诊断,那么该类心理档案就是诊断类心理档案。

5. 按评定用途分

按照心理档案评定的用途,通常心理档案又分为教育类心理档案、保健类心理档案和治疗类心理档案三种。

(三) 建立学生心理档案的原则

建立心理档案,必须遵循一定的原则,才能保证所建立的心理档案真正为每个学生的发展服务。其中,客观性原则、适用性原则、保密性原则、发展性原则是我们在建立心理档案时

① [美]施密特著,沈湘秦译:《学校心理咨询实用规划(第四版)》,中国轻工业出版社 2005 年版,第 121 页。

必须考虑的四项原则。

1. 客观性原则

建立心理档案的目的是通过了解学生以促进其发展,因此心理档案的客观性是达到此目的的基本保证。客观性原则是指我们在建立心理档案过程中要尊重学生客观的心理事实,要以客观、求实的态度来对待建档工作,不可以先入为主,以自己的主观态度对待建档工作。

2. 适用性原则

一是尽量采用团体心理测验,测验有团体测验和个别测验之分。从学校心理辅导要面向全体学生角度出发,个别测验显然费时费力,很难适合实际工作的展开。我们在建立学生心理档案过程中,应该尽量选用团体心理测验。二是采用电脑化操作,对心理档案中各种测量评价工具,如果都是手工操作、处理、分析,那么占用的工作量将是无法计算的,心理档案的建立者也会因为建档工作的烦琐而失去继续建档的信心。如果能把全部测验放在一个软件包内,运用该软件包,不仅可以省去大量统计、查常模、画剖面图的时间,还能够提供对结果的基本解释。同时,还可以用作个别或团体心理测验,让学生在电脑上单机或者联机进行测试,或在心理咨询中对咨询者实施个别测验。该软件包应对各类计算机具有很大兼容性,才能最大限度地满足各地、各级、各类学校开展心理辅导工作的需要。

3. 保密性原则

心理档案有严格的保密性,心理档案的保密性原则是指在尊重学生人格的前提下,心理档案的资料不可以向非心理工作者泄露。它是心理档案建设和使用过程中最需要遵循的原则,是心理档案客观性和适用性的保证。它要求在心理档案的建设和使用过程中除了少数几个档案的建设者和研究者能接触档案的内容以外,就是学生本人也只能有限度地了解有关档案的内容,而建档者或者管档者绝对不能随意外泄心理档案的内容,这是职业道德,有利于维持良好的建档机构的公众形象。如果是由有权奖惩学生的学生管理部门控制,那么势必会使学生心存顾忌,担心心理档案的保密性得不到保证,可能会危及自己的切身利益,而在心理测量中弄虚作假或在心理咨询时闪烁其词,这样建立起来的心理档案缺少科学性和客观性,自然就无法利用,建档工作也只能是劳民伤财。

4. 发展性原则

要以发展的眼光看待世间万物,变化是绝对的,不变则是相对的,这是唯物辩证法的精髓。人的心理总是在不断发展变化的,青少年时期的学生更是如此,因此心理档案只能是学生心理发展的一种依据,是一种对过去某阶段心理状况的记录,并不代表学生的心理发展水平永远如此,也不代表学生今后的心理发展就是如此。我们建立学生心理档案是为了帮助学生更好地了解自我、发展自我,而不是为他算命定终身,学生的心理发展虽然具有一定的稳定性,但是更充满了可塑性,所以一定要用发展的眼光来看待学生的心理档案。

四、学生心理健康服务转介与协调

学校心理健康教育除了面向每个学生的发展性心理健康教育,还要帮助个别有心理障碍的学生。面对少数学生的心理障碍,超越学校心理专业人员能力的职责以外的个案,则需要转介的医院或者高一层次的心理咨询专业机构去处理。贝克等指出,所有的专业人员在专业和精力上都是有限的,有时他需要把当事人转给能为之提供更合适服务的专业人员;同时学校心理健康教育人员也接受其他人员由于本身专业技能有限或者时间有限而转介过来的当事人。因此,要求学校心理健康教育人员应掌握如下技能:作出转介、安排接收他人的转介,以及在作出转介或接收转介之后对整个过程进行协调。学校心理老师有时承担"学校、家庭、社区和医院"的联络人角色。因此,转介和协调是学校心理服务必不可少的环节。

学生哪些心理问题可以转介? 转介到哪里? 转介以后的后续工作该做什么? 在美国已建立了一套系统的操作规范和程序。以把当事人转介到何处为例,美国的学校转介资源远远不止医院,而是社会的各种资源,他们把社区里一切可以为学生成长服务的机构都视为一种转介资源,包括地方志愿组织(职业安排服务、强暴危机中心、看护服务部门、咨询服务部门、计划生育协会等);政府机构及服务部门(县援助委员会、县健康服务协会、家庭健康服务部门、精神健康、智力落后协会、州立医院、儿童福利服务);全国非营利性组织(全国离家热线、残疾儿童联合会、美国癌症社团、基督教青年会等)。[①]

虽然我国内地目前学校心理服务转介资源远远不足,但受美国学校心理服务转介资源社会化的启示,也应该整合各种社会资源。可喜的是近年来我国政府部门越来越关注青少年心理健康,把这项服务纳入到未成年人思想道德建设体系之中。2010 年,中央文明办在南京进行了未成年人心理健康辅导工作集中调研,就做好建设未成年人心理健康辅导站(中心)、推进未成年人心理健康教育工作作出了部署。

按照中央文明办的统一部署,上海市文明办贯彻《关于加强中小学心理健康教育的若干意见》、《中小学心理健康教育指导纲要》和《上海市中长期教育改革与发展规划纲要》等文件精神,在市文明办的关心和指导下,2010 年开始与各区文明办、教育局联合推动《心理健康教育指导中心》项目的启动。将在全市推进区县未成年人心理健康辅导中心建设。上海市文明办已将推进未成年人心理健康教育工作纳入上海精神文明建设"十二五"规划和上海市教育中长期规划纲要,将按照中央文明办要求,会同教育、团委、妇联等有关部门用 1 到 2 年时间,建设 2 到 3 个市级未成年人心理健康辅导中心,每个区县也都要建成 1 个未成年人心理健康辅导中心,并利用学校、社区现有心理健康辅导点的资源,最终形成市、区县、街镇学校三级未成年人心理健康教育辅导网络,为未成年人及其家长提供心理帮助、心理咨询与治疗,并开展危机干预等公益服务。

当然,如何形成一个有效的、能够提供专业服务的转介系统,尚有待我们作出更深入细致的实践探索。

---

① [美]格勒、贝克著;王工斌、焦青、任芳辉等译:《21 世纪的学校咨询(第四版)》,中国轻工业出版社 2008 年,第 175 页。

第八章　学生的心理危机干预

世界上每天都有可能发生洪涝、水灾、地震、雪灾、台风、泥石流、滑坡等自然灾害与战争、交通事故、火灾、泄毒、化学爆炸、环境污染、工程事故、运营事故等人为灾害。除此以外，在个人生活中也可能因患疾病、人际矛盾、学习与工作压力、家庭冲突等带来心理的严重干扰甚至失衡状态。为了有效地帮助人们应对困境、渡过心理难关、恢复心理平衡状态，数十年来，精神病学家、心理学家发展出了一种有效的心理社会干预方法，即危机干预，旨在在尽可能短的时间里帮助当事人疏泄压抑的情感，撼动扭曲的认知，发现自身的内外部资源，学习问题的解决技巧和应对方式，恢复与建设有力的支持系统，并且不断推动当事人在实践中巩固新习得的应对策略与技巧，恢复已经失衡的心理状态。

第一节　危机与心理危机概述

随着学校应激的增加以及社会的迅速变迁，学校出现了比以往相对更多、更为凸显的危机，学生的危机防御与干预工作已成为促进学生心理健康必备的诸多社会功能之一。作为专业人员，首先需要对危机与心理危机有基本的认识与了解。

一、危机的一般定义与相关概念

从一般意义上来说，危机是指严重的危害，甚至是到了成败生死的紧迫关头。无论是在社会政治、经济、生活领域还是自然灾害、人为灾害，凡是严重的、可能造成直接或间接后果的，突发、来势凶猛或出乎意料的，具有紧迫时限性并可能在特定时空迅速产生重大后果的，都属于危机的范畴。

（一）广义与狭义的危机

仅仅从字面解释来看，危机是有危险又有机会的时刻，是测试决策和体现问题解决能力的关键一刻，是人生、团体、社会发展的转折点，是生死攸关、利益转移、有如分岔路口的紧迫关头。一般来说危机具有意外性、聚焦性、破坏性和紧迫性等特点。在中国的传统文化中，危机这个词汇则具有辩证思维的智慧，即体现危险与机遇并存的时刻。从心理学而言，狭义的危机是指心理上的严重困境，当事人遭遇到超出其自身承受能力范围的紧张刺激而陷入极度焦虑抑郁、失去自主性与控制性且难以自拔的状态。

（二）与危机相关的若干概念

危机与应激、压力、创伤、挫折等概念含义较为接近，也确实存在着相关性，但是它们之间又不能够划上等号。为了明确心理危机的研究范畴，有必要对这些相关概念予以厘清。

1. 危机与应激、压力的关系

应激是由紧张刺激引起的、伴有躯体机能以及心理活动改变的一种身心紧张状态。应激这个词汇对应于英语中的"stress"，它亦可解释为压力，所以我们可以把应激与压力视作同义词。心理学研究表明，在当事人遭遇到超出个体正常承受水平的刺激强度，或是由刺激物引起自身陷入两种或两种以上的矛盾情境而难以作出抉择，亦或是当事人因为刺激物不随自己行为而变化和转移，从而引发紧张恐惧的心理，这些就构成了可能威胁当事人的具备超负荷、冲突、不可控制性这三个基本特点的应激源。但是应激源不一定会带来破坏性的情绪体验。相反，适度的应激或压力能够帮助个体增强警觉性，使个体的感知功能敏锐，注意力集中，思维活跃性提升，从而有利于当事人应对外界的挑战与威胁，这就是所谓的正应激。那些能积极参与投入相应的学习、工作与生活，自认为有能力控制生活变故及紧张的状况和能把生活、学习、工作的变化作为对自己挑战的个体，更可能在紧张性刺激或情境面前表现出特别的耐受力。可见，对同样的应激源不同的当事人可能作出不同的应激反应，反之则相反。只有当应激或者压力大到当事人无法承受时危机才可能产生。

2. 危机与挫折、创伤的关系

挫折在心理学上是指个体有目的的行为受到阻碍而产生的情绪反应。一般情况下，挫折情境的严重程度与挫折反应的强烈程度呈正相关，但是个体对挫折情境的认知会对其挫折反应的性质与程度带来很大影响。对某些人可能构成挫折的情境与事件，对另一些人则可能反之，这就是个体感受的差异。就心理学而言，创伤是指可能引起或加剧心理不适的事件或经历。创伤通常会让人感到无能为力或是产生无助感和麻痹感，甚至对当事人身心产生广泛严重的影响。但是创伤状态不一定会导致创伤模式甚至陷入危机，如果当事人从主观上发展出一种创伤代偿模式，主动寻求平衡与应对资源，就有可能使行为方式发生积极的变化。可见，危机是一种心理状态，挫折、创伤与危机之间存在着关联，但并非必然的因果关系。

二、心理危机的定义

（一）如何定义心理危机

现实生活中的人们不可能永远生存在顺境之中，遭遇各种应激与挫折在所难免。当这种应激与挫折超出自身能够应对的限度时，就可能产生心理的失衡，而这种心理的失衡状态就被称之为心理危机。

目前，常用的心理危机定义有6种。

（1）当人们在追求自身重要生活目标时遭遇到阻碍而产生的一种状态，这就是危机。这里所说的阻碍是指在一定时间之内，当事人运用其常规的解决问题的方式应对而没有奏效，因而导致了自身在一段时间里处于精神迷茫与情绪紊乱的状态之中。

（2）危机产生于通向自身生活目标时所遭遇的阻碍，且当事人相信使用常规的选择与行为无法克服这种阻碍。

（3）危机之所以称其为危机，是因为当事人知道自己无法对某种境遇作出反应。

（4）危机是当事人面对困境时不仅无能为力，同时完全丧失了对自己生活的主动控制力。

（5）危机是一种生活解体状态，身处此状态的当事人经历着重要生活目标的挫折，或者其生活周期与应对挫折的方式受到严重的破坏。这里主要指的是当事人因这种破坏而产生的害怕、震惊与悲伤等感觉,而不是这种状态本身。

(6)从危机发展的过程来做定义,首先是当事人生活中出现了重要的变故或关键性的境遇,当事人将对此进行分析,判断自身通常的应对机制能否顺利应对;其次是随着事态的发展,当事人的紧张与混乱程度不断增加,逐渐超出其个人的应对能力;再次是当事人产生了对外部帮助资源诸如心理咨询的需求;最后是求助于专业心理治疗以解决当事人主要的人格解体问题。

综合上述观点,可以认为危机是个体面临突然或重大的生活逆遇,既无法回避,又无法运用自身寻常的应付机制去解决问题,因而陷入的心理失衡状态。一般说来,确定危机应包含如下三方面的内容:①存在对当事人具有重大心理影响的应激事件;②导致了当事人在认知、情感与行为方面出现急性的功能紊乱;③当事人以自己惯常的应对方式应对无效或者暂时无法应对。

实际上心理危机在实践应用中很难准确地定义,它涉及一系列生理、心理、社会的复杂因素。有些生活事件在一些人的眼中可能具有应激性,但是在其他人眼中也许并非如此。如果我们忽视这一点,就可能在必要时看不到危机的存在,或者反之作出令当事人过度确认危机的判断。因此把危机理解为一个内容宽泛的症候群可能更加合适。

(二)关于危机的理论溯源

关于危机的理论很难在某种单一的理论或者学派中进行系统的阐述和全面的归纳。我们谨在此概要地介绍基本危机理论、扩展危机理论和应用危机理论等相关的内容。

1. 基本危机理论

这是由林德曼(E. Lindeman)和卡普兰(G. Caplan)等创立的。该理论对理解因亲人死亡所导致的悲哀性危机作出了实质性的贡献。他们认为,经历亲人丧失时当事人出现悲哀是正常的、暂时的行为反应,林德曼主要关注因丧失亲人而导致的悲哀这一特殊形式的危机反应的即时解决。卡普兰则将林德曼的观点进一步扩展运用到由全部创伤事件所构成的所有危机领域。他认为,危机是一种状态,造成这种状态的原因是生活目标的实现受到阻碍,且当事人用常规的行为无法克服;阻碍既可以是关乎人生发展的,也可以是境遇性的;人在自己的生命历程中都会在某些时候遭受心理创伤。应激和创伤的紧急状况二者本身都不构成危机。只有当创伤性事件被当事人主观上认为威胁到自身需要的满足、安全和有意义的存在时,个体才会进入应激状态。危机既伴随着暂时的不平衡,也蕴藏着成长的契机,危机的解决有可能产生积极的、富有建设性的结果,如提升自身的应对能力、减少消极的、自我挫败的与功能失调的行为。

2. 扩展危机理论

扩展危机理论是在继承了林德曼等的基本危机理论同时,又吸取了其他较为先进的理论成分,如心理分析理论、系统理论、适应理论和人际关系理论等的基础上而形成的。

心理分析理论假设某些儿童早期的固着可能是某一事件是否会演化成危机的主要的原因。通过获得个体无意识思想和过去情绪经历的路径,可以理解危机当事人不平衡状态的内在动力和原因。

系统理论不只是单独强调处于危机中的个体的内部反应，而是关注构成系统的所有要素之间的相互联系和影响。在人与人、人与事的关联中，任何一个成分的改变都会导致整个系统的改变。需要说明的是，这里涉及的是一个情绪系统、一个沟通系统及一个需要满足系统。

适应理论认为当事人的适应不良行为、消极的思想和破坏性的防御机制会对危机起到引发和维持的作用。当通过学习过程将适应不良行为改变为适应性行为时，危机就会消退。

人际关系理论认为如果人们将自我评价的权力让给别人，他们就会依赖于外部获得自信，这就意味着失去了对自己命运的主宰。将控制点外移给他人多久，危机就将持续多久。如果人们既相信自己，也相信别人，并且具有自我实现和战胜危机的信心，那么个人的危机就不会持续很长的时间。

3. 应用危机理论

危机理论的应用需要有一种弹性灵活的态度，因为每一个人和每一次危机都是独特的。布拉默(Brammer)在实际中将危机分为正常发展性危机、境遇性危机和存在性危机。正常发展性危机指个体在正常发展成长的过程中因急剧变化或转折所导致的异常反应，这虽然对于大多数人而言属于正常范畴之内，但必须重点关注个体的差异性；境遇性危机是指当事人因为面对无法预测和控制超乎寻常的事件而导致的危机反应，它无论在强度还是突发性等方面都超出一般；存在性危机更明显基于因压倒性、持续性或者伴随自身重要的人生问题等而出现的内部冲突与焦虑。

当今危机干预的理论研究更多地将各种理论和方法结合在一起，并从任务指向操作。因此，学校学生心理危机防御与干预不应局限于任何教条式的理论方法，我们需要从所有危机干预的方法中，有意识地、系统地选择和整合各种有效的概念与策略，以切合学生的需求，有效地帮助危机个体。

三、心理危机的一般特征

了解心理危机的一般特征可以对危机的定义获得更为深切的认识。概括心理危机的特征主要包含以下 6 个方面。

(一) 危险与机会共存

顾名思义，危机自然包含有危险之意。因为，它可能导致当事人严重的病态反应，甚至在极端的情形下危及自身与他人的生命。但是危机同样也意味着机会。因为遭遇危机的当事人如果能够选择有效地应对危机，从中获得经验，发展自己，那就有可能摆脱威胁或危险，使心理平衡恢复甚至超过危机前的水平，达成积极的、富有建设性的改变，获得个体成长和自我实现的机会。对于正处于成长发展过程中的青少年学生尤其如此。当然，如果当事人将与危机相伴随的负性情绪情感阻隔在意识之外，没有觉知，那么通过消极的心理防御机制即使度过了危机，也可能给自己的未来生活带来困扰。还有的当事人面对危机心理彻底崩溃，甚至丧失了伸手求助的欲望，就可能导致危险的结果。预后取决于个人的素质、适应能力和主动作用，以及他人的帮助或干预。

（二）诱因、表现与结果的复杂性

危机的发生常常是多因素综合作用的结果，而不是某一个因素单独造成的独特结果。不仅急性应激强度和长期慢性的心理压力与危机存在着关联，他们之间的相互作用也会带来影响。事实上，我们通常难以找到特殊的容易导致危机发生的生活事件，常常是负性生活事件导致的心理累加效应所致；当事人的个人素质、所处的环境、社会支持系统等都是诱发危机的可能影响因素。总之，我们难以从简单的因果关系去分析危机产生的诱因。与危机相伴随的各种症状亦是复杂多样，涉及当事人生活的各个方面。危机干预的效果也同样受到个体所处生活环境与自身资源条件等的影响，诸如家庭背景、支持系统和其他内外部资源等，它们直接关系到问题的解决和新的平衡的建立。

（三）成长的契机

身处危机的失衡状态，当事人一般都存在强烈或持久的焦虑情绪。这种情绪在困扰当事人的同时也存在正向意义，因为它导致的紧张、冲突为当事人的改变提供了内在的动力。可以说，危机在一定意义上是个体成长的契机或催化剂，它能够打破当事人原有的定势与平衡，在被唤醒的警觉反应中去寻求新的解决问题的路径与方法，如此过程也是增强自身对挫折的耐受性，提升适应环境能力的过程。但要注意的是，当事人常常会在焦虑情绪达到自己的顶点时，因为强烈的生理与心理的痛苦才会承认问题失去了控制，进而寻求帮助。事实上，当事人的求助欲望与问题的严重程度之间呈现倒 U 字曲线的关系，如果种种阻碍导致当事人没有伸出求援之手或者求助无门，危险就有可能发生。青少年由于结伴的需要强烈，他们在有需求时更倾向于向同龄人求援，但同龄人可能同样缺乏资源，因而导致可能的危险出现。

（四）问题解决的困难性

帮助当事人摆脱危机、恢复心理平衡可以采用很多干预方法，也有着很多成功的经验。一般来说较多运用简单心理咨询与治疗的方法，诸如支持、理解、家庭干预、认知干预、行为干预、情绪干预等，其中一些方法被称为短程疗法。当然还有围绕问题解决的危机干预策略。但是由于当事人陷入危机常常是多因素作用的结果，其中的一部分人处于沉疴已久的状态，难以找到普适、快速、有效的解决方法。而且处于痛苦中的当事人常常迫切想要迅速解决问题，虽然必要时需要进行药物治疗，但心理与社会层面的康复难以仅凭药物而奏效。因此，问题解决的困难性是危机的特征之一。

（五）选择的必要性

无论是否承认，生活本身就是由一系列挑战与危机构成的。面对危机，因为问题的紧迫性，当事人无可避免地要做出选择。选择面对，选择求助，选择尝试采取某种积极的计划与行动，这就为超越危机、恢复平衡、达成未来的成长与发展带来可能。因为，在任何时候、任何情况下，一个人实际拥有的资源与支持者，一定比其意识到的要多得多。如果在危机中被动等待，甚至任其泛滥无动于衷，其实也是一种选择，这就是放弃改变的任何可能，从长远而言只能面对消极与破坏性的结果。

（六）普遍性与特殊性

之所以说危机具有普遍性，是因为任何人、任何形式的危机都包含有当事人生活的失衡与解体状况。身处特定情形下，没有人能够幸免危机的发生。纵观人的一生，没有人可以绝对确保个人应对机制能永远有效避免危机的发生。但是危机又具有特殊性，这是指即使同样面对环境事件，有的人能够有效地应对甚至摆脱、战胜危机，有的人则反之。这里相关联的影响因素包括个体的机体特点、过往的生活经验、个性特征的不同、个体的认知评价、个体的应对能力、个体的社会支持状况等。具体是指：个体的机体特点，在机体状态不佳的情况下对应激的反应更加敏感；过往的生活经验，曾经的适应不良或应付失败会导致自身愈加地难以承受；个性特征的不同，会影响个体面对应激而产生不同的耐受性；个体的认知评价，在对面临的应激与应对作出有意义的评价时，更可能动员自身内外部资源进行努力的调整与适应，反之很可能放弃这种努力，最终导致心理障碍甚至心理失衡的发生。个体的应对能力，如果能够恰当地进行估计，更容易适应良好，反之任何高估或者低估等可能导致挫折或自暴自弃。个体的社会支持状况，多与少会直接影响其应对危机的资源，也间接影响当事人对应激的认知评价和对自身应对能力的估计。

四、心理危机的演变过程与一般表现形式

（一）心理危机演变的四阶段说

卡普兰 1964 年在他的危机理论中将心理危机的形成和演变过程分为四个阶段。

1. 警觉阶段

遭遇到创伤性应激事件的当事人，感受到生活的突变或即将发生突变，内心原有的平衡被打破了，出现了警觉性提高的反应，情绪的焦虑水平上升，并影响到自己的日常生活。此时，为了抵抗应激反应带给自己的种种不适，恢复原有的心理平衡，当事人会采用自身惯常的应对机制作出行动。此时当事人很少有求助的欲望。

2. 功能恶化阶段

当事人经过努力与尝试，发现惯常的应对机制难以奏效，创伤性的应激反应不仅持续存在，而且生理与心理的问题表现不断加重甚至恶化，自身的社会适应功能明显损害或减退，于是当事人开始进行新的尝试以期摆脱困境。但由于过度的紧张焦虑的情绪影响其理性的思考与有效的行为选择，采取的应对方式很可能是无效的甚至是错误的。此阶段的当事人即便开始有了求助动机，但那也只是他尝试错误的一种方式。

3. 求助阶段

在尝试错误的情况之下依然没能有效地应对问题，当事人的情绪、行为与精神症状可能进一步加重，当事人在内心持续增强的紧张促使之下进一步探寻一切可能的解决问题的应对途径与方式，以减轻心理危机和情绪困扰。此时常常可见当事人表现出强烈的求助动机，也可能采取一些超乎寻常的无效行动，宣泄情绪。事实上，诸如无规律的饮食起居、酗酒、放弃学习、沉迷网络等行为不仅无助于问题的解决，反而更易增加当事人的紧张程度与挫折感，使得其自我评价更低，且有害身体健康。此阶段的当事人最容易受到他人的影响和暗示，因而也是咨询师能够对当事人产生最大影响的时机。

4. 危机阶段

在经历了前面三个阶段之后如果依然没能有效解决问题,当事人可能丧失了对未来的希望和对自己的信心,甚至对生命的意义与价值产生动摇。强大的心理压力有可能触发其从未完全解决的、曾被各种方式掩盖的内心深层冲突,有的当事人出现精神崩溃和人格解体,有的甚至企图以放弃生命的方式帮助自己摆脱困境和痛苦。此时,生命中重要的人的关怀、理解、支持和从事心理帮助的专业人员等的外源性帮助十分必要,透过帮助当事人加深了对自己处境和内心情感的理解、逐步恢复自信与自尊,进而帮助其学习建设性地解决问题、摆脱困境。

(二)心理危机的一般表现形式

心理危机的表现形式多种多样,这里,我们仅从常见的危机表现来加以描述。

1. 行为方面

心理危机的当事人多以不同于常人的行为方式表现出危机状态。这些反常的行为表现包括:逃避工作,逃避学业,或者工作、学习的效率与业绩明显下降,表现混乱糟糕;社交退缩,逃避与疏离,或者冲突加剧,抱有敌意,自责或者责怪他人;滥用酒精或者药物;故意超越行为规范,甚至故意违法;不注意个人卫生,明显不关注对自己的照料,打破生活规律,尤其是改变睡眠习惯;行为明显不同于大多数人或者自己以往的情形等。

2. 情绪方面

情绪是人与动物都具有的心理活动,是有机体对于客观事物是否符合自身主观需要而产生的态度和体验。心理危机的当事人在情绪方面的表现一般包括:(1)焦虑。莫名的紧张、担心、不安,总感觉有潜在的威胁存在,常常伴有心悸、出汗、胸闷、四肢发冷、震颤等自主神经功能失调的表现,严重的情况下还可能出现惊恐发作。如果焦虑泛化,可能影响个体在面临环境变化时的有效应对。(2)恐惧。表现出强烈的心慌、极度不安、逃避或进攻以及强烈的自主神经功能紊乱,且涉及具体的恐惧对象或者事件。恐惧中个体的意识、认知和行为均会发生改变,行为的有效性几乎丧失。(3)抑郁。内心悲观、失望、沮丧、冷漠、无助、无望感强烈,活动性反应性降低,对任何人和事物都缺乏兴趣,过分伤感流泪,情绪易激惹、易怒或者过分冷淡,乏力,饮食和睡眠习惯都发生改变。抑郁常常是个体面临无法应对的困境和严重后果的情绪反应,它进一步影响个体对环境和自身的认知评价,消极的评价又可反过来加重抑郁。(4)愤怒。对人或事情的反应超乎寻常,语言或行为的暴力,并且可能伴随有一系列的生理反应,诸如出现与愤怒相关的表情与姿态,血压升高、心跳加快,冲动明显,难以理性地对待人和事等。

3. 认知方面

心理危机的当事人常常表现出认知方面的失调。因心理失衡、心理挫败感强烈,当事人思维变得窄化和消极,使其对危机的认知常常与真实缺乏一致性,对危机的解释通常是夸大的,改变危机的想法随着危机程度的加剧而逐渐减弱。可见,危机常常使得当事人认知功能遭受严重的损害,甚至可能达到认知功能障碍的程度,消极情绪又会与其负性扭曲的认知形成恶性循环,不断加剧认知的扭曲。

4. 生理方面

危机中的生理反应涉及全身各个器官与系统。危机中的当事人受到应激源的作用,通过自主神经系统、下丘脑—腺垂体—靶线轴和免疫系统调节着自身的生理反应,出现心跳加快、血压升高、通气量加大、血糖升高、中枢神经系统兴奋性增高等生理表现,出现"全身适应综合征",特别是强烈的消极情绪会导致免疫系统的功能受到抑制。

第二节　危机干预的基本理论与技术

一、危机干预的定义

(一) 危机干预的概念

危机干预是针对处于困境或者遭受挫折的当事人予以关怀和帮助的一种有效的心理社会干预方法。具体说来,危机干预指的是借用简单心理治疗的手段,帮助当事人处理迫在眉睫的问题,恢复心理平衡,安全度过危机。

尽管大多数国家将此列为精神医学服务的范围,但是危机干预的对象不一定是"患者",以下都是危机干预的适用人群:由某一特别诱发事件直接引发心理失衡状态的人群;有急性的极度焦虑、紧张、抑郁等情绪反应或有自杀风险的当事人;因内外部原因近期丧失解决问题能力的当事人;求助动机明确并且有潜在能力改善的当事人;尚未从适应不良性应对方式中继发性获益的当事人。

(二) 危机干预的目标

在当事人陷入混乱不安的状态时,通过危机干预这种积极主动影响其心理社会运作的方式,能够有效减少具有破坏性的生活事件给当事人带来的冲击,协助激活当事人明显的与潜在的心理能力与社会支持资源,以便能适当地应对生活压力事件与自身内在因素相互作用带来的结果。因此,危机干预的目的在于:帮助危机当事人获得生理心理上的安全感,帮助减轻情感压力,缓解乃至稳定由危机引发的强烈的负性情绪,预防进一步的应激发生;帮助危机当事人组织调动其支持系统以应付需要,处理引起危机的特殊因素,减少出现慢性适应障碍的危险;帮助当事人恢复心理平衡与动力,对自己近期的生活有所调整,并学习到应对危机有效的策略与健康的行为,增进心理健康。

因此,危机干预目标通常包括公共卫生干预目标与医疗体系的危机预防目标,是干预性目标与预防性目标的整合。

公共卫生危机干预目标是:

第一级:努力减轻当事人经历的危机状况;

第二级:降低危机状态的严重性,缩短危机造成的功能受损时间,减轻或消除心理行为的功能失调状况;

第三级:预防危机当事人在当前或在未来生活中的精神崩溃。

医疗体系危机预防目标是:

第一级:针对特殊人群的预防性干预,以减少他们可能面对压倒性危机时的压力;

第二级：针对群体或个人突然处于危机事件时所进行的选择性干预；

第三级：为经历过突发性生活压力事件而出现功能失调、创伤后应激障碍（PTSD）和急性情感危机等症状的当事人提供象征性干预。

二、危机干预的基本理论

实施危机干预可以有很多不同的策略和技术方法，但是它们需要以一定的理论作为基础。在危机干预领域中，具有代表性的理论和模型包含以下几种。

（一）平衡模型

平衡模型实际上应该称之为平衡/失衡模型。该模型认为，危机中的当事人处于一种心理失衡状态，他们原有的应付机制和解决问题的方法失去了效用，难以满足他们当前的紧迫需要。危机干预的工作重点应放在稳定当事人的情绪，帮助其恢复到危机前的平衡状态上。

平衡模型主要适用于进行危机的早期干预。在危机的早期，当事人极度茫然、混乱、无措，失去了对自己的控制，分不清解决问题的方向且难以作出适当的选择，此时的干预重点在于帮助其稳定情绪，直到达到相当程度的稳定性之前，都不适合也不能够采取进一步的干预举措。影响危机当事人心理平衡状态的打破及其恢复的因素包括：对危机事件是否能有切合实际的知觉、是否拥有充分的情境支持、是否拥有充分的应付机制等。

（二）认知模型

危机干预的认知模型认为，危机导致心理伤害的主要原因是植根于对事件和围绕事件的境遇的错误认知，而不是事件本身或与事件、境遇有关的事实。基于此观点，该模型的干预目标在于帮助危机当事人认清危机事件或境遇的真相，改变他们对此扭曲的观点与信念，从而重新获得思维中的理性和自我肯定的成分，进而实现对生活中的危机予以控制。

认知模型主要适合于危机稳定下来并回到了接近危机前平衡状态的求助者。在危机事件中，持续的、折磨人的处境使人衰竭，不知不觉之中推动着当事人对境遇的内部感知向着越来越消极、扭曲的方向发展，这种扭曲往往与危机的实际情境大相径庭，直到任何人都无法使他们接受危机情境中客观存在的某些积极因素。伴随着消极认知的发展，他们的行为也变得消极，最终在恶性循环之中导致危机情境见不到解决的任何希望。如果通过认知模型帮助当事人改变思维方式，尤其是通过认识其认知中的非理性和自我否定部分，发现、接受、反复强化巩固关于危机情境的积极思想，从而排挤掉原来的扭曲部分，于是他们的情绪和行为也会发生相应的转变并带来对危机局面的控制。

（三）心理社会转换模型

心理社会转换模型认为，人同时具有自然属性与社会属性，人是遗传禀赋和特定的社会环境中的学习经验共同作用的结果。个体一生都处在发展变化之中，作为个体变化背景的社会环境以及由此产生的社会影响也同样如此。因此，考察危机、干预危机时，个体内外部因素及其相互影响都应该成为关键的关注点。

危机绝不仅仅是个体的一种内部状态，它的产生既可能与当事人的内部因素诸如心理困难等有关，也可能与外部的社会及环境困境有关。在心理社会模型视角下，实施危机干预需要与当事人合作,评估其与危机有关的内、外部因素及其对危机的影响程度,进而帮助他们调整现有的行为、态度,学习充分发现或挖掘环境资源,并将适当的内部应付方式与社会支持、环境资源相结合,以获得对自己生活的自主控制。心理社会转换模型与认知模型一样,也主要在当事人的情绪到了相当的稳定程度之后才适合使用。

(四)折衷的危机干预模型

折衷的危机干预模型是指在危机干预的任务指向下,自觉而系统地从所有危机干预理论中汲取相应的概念与策略,并加以整合,以帮助危机当事人。这种整合不关注理论概念的探讨,而是以危机干预的实际工作为导向,并在此基础上,关注以下几个方面:其一,分析所有危机干预体系中的有效成分,并将其整合成为一个内部一致的整体,以包容所有需要阐述的行为资料;其二,分析所有相关的理论、方法和标准,以形成一个综合模式,用以对临床资料加以评价处理;其三,不拘泥于任何理论,以开放的态度去检验那些在实践中获得成功的方法和策略。

折衷的危机干预模型将两个看似对立,实则并不排斥的普遍主题融合在一起。第一个主题是所有的人和所有的危机都是独特的;第二个主题是所有的人和所有的危机都是类似的。独特性是因为每个人都是独一无二的,不同个体即使遭遇同样的危机情境也可能产生不同的反应,针对不同人群、不同应激情境做深度拓展,发挥干预的特异性效果,这是必须关注的;类似性是因为所有特殊而具体的危机都具有普遍的共性成分,危机干预的一般指导原则依然必要和有效。折衷的危机干预模型强调针对不同阶段、不同的危机当事人,将不同的干预模式、支持资源加以整合,使干预的效果达到最佳水平。

三、危机干预的主要技术

专业人员实施危机干预可以有很多途径,其中主要包括:便捷、匿名、经济但仅有声音信息传递的热线电话危机干预;主要内容为建立各种自助组织以获取心理支持,普及心理卫生知识以提升公众意识,识别高危人群,预防危机产生不良后果的以社区为基础的危机干预;现场通过面谈进行倾听,评价及干预的现场面谈危机干预。实施危机干预还可以建立由心理咨询师、精神科医护人员、社工、志愿者等相关人员组成的危机快速反应服务组,在危机发生时进入现场提供有效的危机干预服务。学校危机干预将在下一节中进行专门详述。

危机干预的主要技术分为四大类:沟通技术、支持技术、干预技术、提供应对技巧及社会支持。

(一)沟通技术

心理咨询师与当事人建立关系、探寻问题、寻求改变,这一切都伴随彼此之间逐步深入的交流过程,因此,沟通技术是心理咨询过程中不可或缺的、最为基本的专业技术之一。对于危机干预而言,咨询师与危机当事人能否通过良好的沟通建立信任、合作的治疗同盟关系也是能否实现有效干预的最为基础的前提条件,因为达不成如此的前提,危机干预以及有关的处理策略难以得到贯彻实施,干预的效果很大程度上受到制约影响。

影响人际沟通的因素很多,不仅涉及心理学,还涉及社会学、文化人类学、生态学、社会语言学等诸多方面。在治疗性的咨访关系之中,尤其在帮助当事人恢复心理平衡的危机干预过程中,更加强调危机干预工作者应注意以下几个问题:(1)尽力消除内外部的各种干扰,以免影响双方的诚恳沟通与表达;(2)避免双重的、矛盾的信息交流,从言语、非言语等一致的信息传递过程中达成良好沟通的目的;(3)避免给予危机当事人过多的不切实际的承诺,因为专业人员的能力资源毕竟有限,言过其实容易让人感觉不真诚;(4)避免运用过于专业的、难以让一般人理解的术语进行沟通交流,毕竟交流最基本的目的是让对方能够理解含义所在;(5)具备必要的自信,以在干预过程中能把握必要的机会,有力量去改善、促进当事人的自我内省、自我感知。

(二)支持技术

通过为危机当事人提供心理支持,帮助其表达内心的积郁,感受来自于危机干预工作者的共感、尊重与温暖、真诚、积极的关注、无条件的接纳,获得必要的指导和保证,必要时运用环境改变或转介精神卫生医疗机构以获得必要的医疗资源帮助,使得当事人的失衡的情绪恢复稳定。

支持技术主要包含以下几种:

(1)倾听。倾听是心理咨询的基本、核心技术,也是危机干预支持技术最为基本的内容。倾听要求危机干预工作者以认真、投入、理解、换位体验思考的态度对待当事人,尽可能多地去获得对方想要表达的信息与真实内涵,使得当事人感受到危机干预工作者对其的关怀与理解。

(2)减轻痛苦。鼓励当事人通过表达自己的情绪来减轻苦恼,合适的内心情感的表达对情绪宣泄、情绪稳定和缓解心理逆遇具有一定的效果。

(3)解释与指导。以当事人能够理解的方式就其对自己、对他人与环境的扭曲认识进行解释,尤其要聚焦于帮助其认识自身关于自杀观念的误区。此时的解释与指导避免过多就自杀原因作分析,避免进行深入的心理教育,这是在危机解除之后康复过程中才可能面对的任务。

(三)干预技术

干预技术也称为问题解决技术,这是一种融合了认知、情绪、行为干预的综合方法。通过聚焦当事人面对的现实与心理困境,运用解决问题的技术,帮助其提高适应水平,学会应对困难与挫折的一般方法,度过当下的危机,也有助于危机后的适应,这是危机干预的重要目标。

干预技术在实施时应注意以下两点:

(1)提供心理支持本身包含干预功能。主动倾听、热情关怀,鼓励当事人表达内心情感,通过解释与指导使其理解目前的境遇和觉知扭曲的认识,帮助当事人看到希望、提高信心,鼓励当事人自我帮助并愿意努力寻求社会支持,这些都有助于当事人走出危机。

(2)有步骤的问题解决技术旨在帮助当事人通过应对问题,逐步看到、恢复和巩固发展自身应对问题的能力,恢复心理平衡,并不强调改变长期存在的人格问题。

（四）提供应对技巧及社会支持

在当事人遭遇过度的应激事件时，诸如突发的严重的天灾人祸，或是由丧失、适应、冲突，或者激烈的人际纠纷所带来的激烈的情绪波动，难以用通常的应对方式去处理问题。此时需要危机干预工作者帮助当事人拓展自己的思路，发现和学习一些积极有效的应对技巧。同时，调动一切可能调动的社会资源给予危机当事人支持和帮助，比如，来自于当事人家庭、朋友、同学、社会组织等的支持。尤其是面对突发的灾难，当事人如果得不到足够的社会支持，罹患创伤后应激障碍的可能性便会增加，反之则相反。

四、危机干预的实施步骤

可能引发危机产生的急性应激因素有很大的不同，个体在生活当中遭遇的慢性应激因素更是千差万别，再叠加上个体的独特的个性基础，当事人所面对的各种危机不可能一概而论，更难以提供简单划一的应对方式。但是，危机干预工作者还是希望能够有一个相对简单、明了且行之有效的危机干预模型。下面介绍的危机干预六步骤（Gilliland，1982）就是一个被广泛运用的危机干预模型，它将各种有效的危机干预策略整合到解决问题的全过程之中，而且系统化、结构化、渐进化，可用于帮助多种类型危机的当事人。

（一）确定问题

这是一个问题界定的起始步骤。此时需要专业人员运用积极倾听的技术去理解和确定当事人面对困境所认知的问题，即从当事人的角度探索并界定其问题的性质。如果没有对当事人的共情、理解、尊重、真诚、积极关注、无条件的接纳等基本的态度，难以以当事人同样的方式感知、理解其危机情境，准确贴切的评估无从谈起，随后所有的干预也将是无的放矢，不具有任何意义。可以说，危机干预工作者能否很好地运用倾听技术是能够有效实施危机干预的基本点所在。

（二）确保求助者的安全

这是危机干预的第二个步骤。尽管这里将确保求助者安全置于危机干预的第二个步骤，事实上，它是危机干预的首要目标，而且必须贯穿危机干预的始终。这里所说的安全，指的是当事人无论在身体上还是在心理上，如若存在着对自己或者对他人与社会造成危险的可能性，危机干预工作者需要尽最大努力去降低这种危险，尽力保证安全。评估当事人的安全风险，采取各种有效措施努力确保安全，在危机干预工作中最为基本和重要，因为生命一旦丧失，其他都将无从谈起。确保求助者的安全需要采取各种有效的措施，此时还需要正当泄密。

（三）给予当事人支持

这是危机干预的第三个步骤。在危机干预过程中，给予当事人最为直接的支持来自于危机干预工作者。因为陷入心理失衡状态，当事人事实上缺乏或者难以感知到自己存在的支持资源，自觉孤立无助，此时来自于专业助人者的心理支持非常重要甚至极为关键。因为专业伦理的避免多重关系的要求，一般说来，专业人员与当事人不存在相识、相知的关系，因此,单靠着危机干预工作者的言语保证难以被当事人接受,需要强调专业人员与当事人的沟通交流,使当事人深深感受到自己被理解、被尊重、被关注、被无条件的接纳,确信危机干预工作者就是一个愿意也能够给予自己支持的人。

(四)共同探寻可变通的应对方式

这是危机干预的第四个步骤。此前三个步骤的侧重点在于倾听,自本步骤及以后的三个步骤则更多地侧重在干预之上。严重受创而陷入危机的当事人思维常常变得窄化,能动性下降,难以看到或难以判断自己所拥有的可能的选择机会,一些深陷绝望的当事人甚至认为自己已经陷入绝境、无路可走。此时的专业人员需要帮助当事人一起去探寻可变通的应对方式,并且去验证当事人的哪些应对方式会更加可行、有效。作为专业人员,可以协助当事人从如下几个角度去思考探究:(1)外部支持。这是指当事人自身以外,在其过往以及当下已经或者可能给其帮助资源的人。即便当事人一时看不到,但并不等于外部支持也就是环境支持绝对不存在。(2)应付机制。这是指通过专业人员的帮助,协助当事人去探寻为了摆脱困境自己可以采取的行动,以调动自身与外部的资源去应对危机。(3)积极的、富有建设性的思维方式。认知扭曲常常是危机当事人心理失衡的重要原因与结果。帮助当事人重新审视自身面对的危机情境,改变自己对问题的不合理的想法,可能减轻与缓解当事人的激烈的应激反应。

(五)制定行动计划

这是危机干预的第五个步骤。失去心理平衡的危机当事人即便通过专业人员的协助探寻到对自身而言有意义的可变通的应对方式,但要把想法付诸于行动还是一个艰难的过程,因为情绪的波动、动机与动力的不足或动摇等都是可能的阻力。因此,危机干预工作者与当事人共同协商,制定出切合危机干预目标的切实可行的行动计划,帮助当事人恢复情绪平衡,是一个必要、重要的步骤。这里需要注意的是:(1)行动计划需要与当事人共同商讨制定。不能使得当事人感觉自己的权力、独立与自尊被剥夺,感觉计划是被强加的,这不仅可能导致计划实施过程中的阻力,也可能导致当事人对专业人员的依赖。(2)实施计划的过程中要有支持者。这个支持者无论是个体、团体还是其他相关机构,只要能够在当事人实施计划过程中提供必要的帮助、支持即可。(3)提供应付机制。这里所说的应付机制是指当事人能够立即着手去做的、具体积极的事情。如果行动计划所涉及的内容,不切合当事人的实际,或是其现实能力难以达成的行动,更将使当事人产生挫败感。

(六)给出承诺

这是危机干预的第六个步骤。此步骤可以视作第五个步骤的自然延伸,前者的任务完成的是否满意与后者的顺利实施直接相关。获得当事人对于执行行动计划的诚实、直接、恰当的承诺,表达认真履行行动计划中的具体内容的决心,会对当事人积极、建设性的行为改变带来进一步的推力。

专业人员在此过程中特别要关注持续评估当事人的控制性与自主性是否在逐步恢复,因为干预的目标就是在于帮助当事人重新获得对于生活的控制感。因此,贯穿危机干预始终需要进行评估,它以行动为导向,以情境为基础,是一个积极果断、主动连续的过程,从评估到倾听再到行动,以帮助当事人恢复到危机之前的平衡状态。

第三节　基于学校的心理危机防御与干预

在对心理危机的研究中,最具挑战和最为困难的就是原因分析。大量研究显示,个体心理危机的发生与诸多原因有关。其中就人口学因素而言,涉及年龄、性别、婚姻状况与阶层等;就遗传学因素而言,与诸多遗传基因有关;就躯体疾病而言,许多躯体疾病可能增加自杀的危险性;就社会和环境因素而言,涉及负性生活事件、社会支持系统、家庭功能失调等;就个体心理因素而言,涉及自杀态度、人格特征、自我概念、精神疾患等。处于成长发展阶段的青少年学生,他们的心理危机除了共性的影响因素和特征以外,还具有独特之处,因而青少年心理危机的防御与干预亦应有相应的系统构建。

一、学生心理危机的特点及主要影响因素

各个年龄段的学生都要面临特定的身体、认知、情绪和其他成长问题。因此,发展中的青少年的心理危机无论在其特点还是主要影响因素方面,都具有区别于成年人的独特之处。

（一）学生心理危机的主要特点

1. 发展性

青少年学生身处不同的年龄阶段,而发展性却是他们的共同特征。人在一生的各个不同阶段有着该阶段的重要发展课题与任务。对学生角色而言,认识自己、接纳自己;学习发展良好的人际关系,培养合群性、同理心;适应学校生活环境,热爱学校生活;发展学习能力,培养正确的学习观念、良好的学习习惯与兴趣;提升承受挫折的能力,培养良好的意志品质;在学习生活中学会调控自己的情绪,经常保持乐观、平和、愉快的心境;培养独立自主的精神,懂得对自己的行为负责;培养创造力和创造精神;完善性别角色,正确处理两性关系;树立作为社会成员所需具备的人生价值观;确立和完善自己的社会角色与任务;为选择职业和生涯发展作准备等,都是重要的发展任务。这些角色的适应、发展与完善本身就会使青少年学生产生角色压力,再加上处在发展转变尤其是迅速变化中的个体极易受到应激事件的影响,青少年学生心理危机在急慢性应激作用下的发展性特点显而易见。

2. 交互性

学生心理危机的发生常常是各种因素共同作用的结果。面临的当阶段刻不容缓的发展任务,而个体身心的不成熟性又使得自身在应对应激时资源不足,如果同时叠加上特定的生活事件,各种问题互相缠绕、相互牵涉、互为因果,很容易引发学生的心理危机。

3. 易发性

心理危机的产生是个体内外部条件共同作用的结果。学生在成长历程中,尤其是进入青年期之初及以后,生理逐渐成熟,身体内部机能增强,性发育也走向成熟,但是心理的发展却处于由不成熟到成熟的过渡期。而且当今时代青年的生物性成熟超前,社会性成熟滞后,

有着漫长的过渡期,其间相伴随的积极与消极、自负与自卑等矛盾冲突十分突出。任何一个也许在成年人眼中的寻常现象都可能引发学生的心理危机,如果得不到及时和有效的发现与干预很可能导致悲剧性的后果。学生的冲动自杀和激情犯罪多与此特征有关。

4. 潜在性

学生的心理危机有时并非以直接爆发的方式体现,而是呈潜藏于个体之中的非典型表现,当遭遇到激发事件时,在个体的易感性之下,才引发心理危机。尤其是进入青少年期的学生,他们的心理特点更加表现出闭锁而动荡的特征,一如平静的海面下掩藏着湍流漩涡,负性心理的累积与渐进,恰似一个潜在的量变过程,一旦达到质变,就可能使潜在的危机变成现实的危机。这一特点也为我们觉察学生心理危机的警号带来了挑战。

(二)学生心理危机的主要影响因素

总体来说,人往往在极度生气、悲痛和低自尊时容易出现心理的危机,甚至由消极、绝望等负性情感导致自我伤害行为。然而究竟危机甚至自杀缘何发生?虽经循证研究也难以得出确定、可靠的结论,但是大量的研究还是给出了重要的因果关系结论。

学生心理危机的发生,主要的影响因素来自于以下四个方面。

1. 个性特点因素

(1)缺乏问题解决能力。这样的青少年在遭遇问题困扰时,会更多依赖他人,解决问题的思维不够活跃,缺少自己在问题解决方面对未来途径的思考,容易导致明显的不良情绪反应。(2)冲动。这样的青少年在面对困境时缺乏必要的思考,冲动性和攻击性行为倾向使他们更容易在面对自己眼中的困境时发生针对自己或他人的冲动甚至极端的行为,很多研究发现绝大多数的青少年自杀都具有冲动指征。(3)绝望。这样的青少年可能因为抑郁症状或障碍而出现的绝望使之做出自杀的构想。(4)愤怒和敌意。有自杀企图的青年人和具有可比性的其他人相对照,他们对人更加充满敌意。

2. 精神障碍因素

对青少年而言,心理健康问题会增加出现致命和非致命的自杀行为的危险性,比如抑郁、成瘾行为、行为障碍等,越来越多的针对青少年的研究支持了这一结论。而且有研究显示,有自杀行为的青少年存在多种精神障碍的共病现象。

3. 家庭因素

虽然有心理危机甚至自杀问题的青少年不一定来自于破碎的家庭,但是家庭关系不良、过高的家庭期待、缺少温暖、家庭不稳定以及父母离异、单亲家庭、留守儿童家庭等都成为青少年心理危机的家庭危险因素。

4. 媒体因素

研究发现,自杀可以通过模仿而习得。媒体对自杀行为进行具体、渲染、扭曲的描述,简单的自杀归因,但同时缺乏对帮助资源的介绍,缺乏对心理健康问题与自杀行为之间关联的分析,缺乏对青少年人生观、生死观的正确导引,从而导致因模仿效应而使青少年自杀的继发连锁反应。

简而言之,青少年内外部因素的交互作用,对心理危机的发生起到重要甚至是决定性的影响。

二、学生心理危机干预中的评估

实施学生心理危机干预,评估是其中的重要内容,而且,它必须贯穿整个危机干预的始终。评估一般包括危机严重程度的评估、情绪状态的评估、应对方式与支持系统的评估和自杀危险评估。

(一)危机严重程度的评估

学校心理咨询师在必要时可与来访学生建立危机导向的咨询关系。然而要提供这样的专业服务,需在最初的咨询过程,并且从评估学生面临的危险程度和危机水平开始建立。危机严重程度的评估一般从认知状态、情绪反应和精神活动等方面进行。

1. 认知状态评估

在急性情绪创伤或自杀准备阶段,当事人的注意力往往过分集中于自己眼中看到的"灾难"和悲伤反应,认知能力下降或窄化,思维模式消极扭曲。咨询师需要对当事人的认知状态进行评估,敏锐地观察其对于危机的认识是否符合真实情况,是否存在偏差和曲解以及偏差与扭曲的程度、持续时间、是否对自己的扭曲的认知存在质疑等。扭曲程度越大,持续时间越长,自我反思越弱,一般显示危机越严重。

2. 情绪反应评估

情绪的变化十分敏感,情绪异常一般是危机中的当事人最先出现的心理征象。心理咨询师在评估危机严重程度时,需通过观察、会谈和借助心理测验,了解当事人的情绪状态,是否与引发情绪的情境相一致,是否在情绪的极性、强度、持续时间等方面表现适当,是否有情绪的过度激动与失控或低落与淡漠等。

3. 精神活动评估

处于危机情境中的当事人常常会出现精神活动的失衡,有的表现为迟滞、退缩、回避甚至无所适从,有的可能无比亢奋。当事学生的精神活动体现了其承受危机的能力,咨询师可以通过对当事人精神活动的评估判断其危机的严重程度。

(二)情绪状态的评估

因为情绪常常是危机的首发征象,因而在危机的评估中还需对求助学生的当前情绪状态进行评估,其中危机的持续时间和当事人对当下危机的情绪承受能力是主要要素。

1. 情绪反应频度的评估

要评估当事人情绪反应的频度,何时出现,持续多长时间以及变化规律等。学生生活中应激的发生有时是急性的,可能强度比较大,但呈现一过性,有的则可能是较为长期的应激,二者在干预时的关注点是有区别的。对于急性应激所导致的危机,干预时需要了解当前当事人遭遇的社会生活事件与压力构成,引导其应用合适的应对方法,努力寻求社会的帮助资源与自身的应付机制,尽可能独立地走出危机境遇,恢复情绪平衡状态。对于慢性应激所导致的危机,干预时则需要更为全面地评估构成当事人危机的整体因素,干预的过程也可能更加艰巨,渐进地帮助当事人建立信心、构建新的应对策略、恢复情绪平衡是咨询师必需要有的心理准备。

2. 情绪控制能力的评估

面对不同的危机,当事人在情绪控制能力方面存在着个体差异,而且处于危机之中的当事人残存的情绪力量也不同。有的人基本绝望,可以说情绪力量趋近于零;有的人则还有一定的情绪力量,也就是尚有一定的情绪控制能力。心理咨询师需要对危机当事人的情绪控制能力进行评估,不仅关注个体差异,更关注其当前的情绪状态。

评估当事人当前的情绪状态,需要全面了解影响危机学生情绪控制能力的各种个体相关因素,诸如年龄、个性特征、智力水平、学业状况、经济状况、人际关系、健康状况、家庭状况、亲子关系、过往经历等,客观地对当事人的自我情绪控制能力作出评估。

(三)应对方式与支持系统的评估

心理咨询师在对当事人进行危机评估的过程中,不可忽视的是对其应对方式与支持系统的关注。身处危机的当事人出于趋利避害的本能,会采取自认为合适的方式进行应对,但事实上这些应对方式可能是错误的,也可能是无力的或无效的。应对方式越是错误、无力,危机就可能越是严重。社会支持系统对危机当事人而言就是生命的拉力,当事人可利用的社会支持系统越少,危机就越是严重。

对危机当事人应对方式与支持系统的评估不仅是危机评估的关键之处,而且干预和影响本身就在此过程当中了。

(四)自杀危险评估

虽然在学校心理咨询中自杀并不很常见,但心理咨询师必须对危机当事人的自杀危险性评估予以高度重视,切不可掉以轻心,因为,生命的丧失无可挽回。

表8-1是一份在自杀危险性评估中常用的工具,分数越高则提示当事人自杀的危险性越高。

表8-1 自杀的危险性评估

与自杀企图有关的事项	
1. 孤立	0 身边有人伴随 1 附近有人或保持联系(如通过电话) 2 附近无人或失去联系
2. 时间	0 有时间给予干预 1 不大可能有时间干预 2 几乎不可能有干预的时间
3. 警惕被发现/或干预	0 不警惕 1 被动警惕,如回避他人,但并不阻止他人对自己的干预(一人在房间中,但却不锁上门) 2 不与帮助者联系或不告知他
4. 在企图自杀期间或之后有想得到帮助的行动	0 有自杀企图时能告知帮助者 1 有自杀企图时与帮助者保持联系但并不特别告知他 2 不与帮助者联系或不告知他

与自杀企图有关的事项

5. 预料死亡期间的最后行动	0 没有 1 不完全的准备或设想 2 制定了明确计划
6. 自杀遗书	0 没有写遗书 1 写了遗书但又撕毁 2 留下遗书

自　我　报　告

1. 当事人对致死性的陈述	0 认为他的所作所为不会对他构成生命危险 1 不能确定他的所作所为是否有生命危险 2 坚信他的所作所为将对他构成生命危险
2. 陈述的意图	0 不想去死 1 不能肯定或者不能保证继续活着还是去死 2 想去死
3. 预谋	0 感情冲动的,没有预谋 1 对自杀行动考虑的时间不足 1 小时 2 对自杀行动考虑的时间不足 1 天 3 对自杀行动考虑的时间大于 1 天
4. 对自杀行为的反应	0 当事人很乐意他被抢救脱险 1 当事人能确定他是感到高兴还是后悔 2 当事人后悔他被抢救脱险

危　险　性

1. 根据当事人行为的致死性和已知有关事项来推测可能的结果	0 肯定能活着 1 不大可能会死亡 2 可能或者肯定死亡
2. 如果没有专业处理,当事人会发生死亡吗?	0 不会死亡 1 不一定 2 会死亡

＊评分达到或超过 10 分提示有较高的自杀危险性

　　学生危机干预中的评估有别于一般心理咨询中的评估,其显著的特征是需要在尽可能短的时间里收集有关信息资料,快速判断,并为进一步的、必要的联系学生监护人、转介或有针对性的干预作好准备。

三、学生心理危机防御与干预的学校管理

　　学生遭遇任何超出正常经验范围的事件,并且在应对过程中出现了超乎寻常的困难,甚至超出当事人可使用的资源和能力的范围,进而引起急性的认知、情感、躯体和行为等方面

的失衡或危险状态,此时学校有责任及时地提供危机干预,并且为相关学生、教职员工和学生家长提供支持;学校有责任根据校园的实际需求进行危机干预工作;学校有责任提供必要的且他人力所不能及的帮助。

(一)工作原则与组织体系

校园危机干预工作的开展,应遵循以下原则:(1)以人为本。危机干预工作,应尊重学生人格,维护学生尊严,保护学生隐私,促进学生发展。(2)关爱生命。危机干预工作应将保障学生人身安全和身心健康作为首要任务,最大限度地减少不良后果。(3)整合资源。危机干预工作应在学校有关工作领导机构的统一指挥和协调下,整合校内外各方力量,尤其是学生的家庭资源,形成合力。(4)快速反应。学校各相关部门及人员在面对危机事件或征兆时,均应立即作出积极响应,协同合作,尽可能减少伤害或不利影响。

学校学生心理危机干预工作的组织体系应包括以下几个方面。

1. 领导机构

学校应设立学生心理危机干预工作领导机构,其成员由领导、学生教育管理、宣传、保卫、教学管理、后勤服务等相关部门的主要负责人构成,学生心理咨询专业部门是其中的重要成员部门,其职能为从专业角度全面领导、部署和协调学生心理危机干预工作,监督相关单位、部门和个人认真履行危机干预工作职责,对重大危机事件的处置进行决策,并为危机干预工作的开展提供必要的条件保障。

2. 工作体系

学生教育管理部门是学生心理危机干预工作的常设工作机构,在学校领导小组的领导下,具体负责危机干预工作的开展、组织和协调各院系(年级、班级)及相关部门实施危机干预工作;学生所在院系(年级、班级)分管学生工作的负责人组织相关人员,具体负责危机干预工作,对学生心理危机事件进行预防、处理、监控和信息上报,其他教职员工亦有责任和义务关心学生心理健康,协助、配合做好学生心理危机干预工作;学校宣传部门负责有关信息监控与对外发布;保卫部门负责配合做好心理问题学生监护、转介过程中的安全,以及对事发现场的勘察和保护,防止事态扩散和对其他学生的不良刺激,协调配合有关方面对事件调查处理等;教务部门负责学生学业问题相关危机信息的及时通报、预警,处理涉及心理危机学生的学习和考试等相关事项;后勤及学生生活管理部门负责对具有潜在危险地点或地域的预防性管理,落实危机学生的相关生活保障;学校其他相关部门应各司其职,相互配合,共同维护学生的身心健康与生命安全。

除此以外,在高校或普教高年级学段的学生层面应成立由心理委员、班干部、寝室长等组成的学生骨干队伍,在学生工作教师的指导下协助参与危机干预,实施朋辈互助。

全校所有教职员工均有责任和义务关心、关注并维护学生的心理健康,参与或配合学生心理危机干预工作的实施。

3. 专业团队

学校心理咨询中心专业人员必要时要和聘请的校内外心理咨询与治疗领域的有关专家,组成学校学生心理危机干预的专业团队,对学生心理危机进行评估、提出干预建议,或直接参与危机干预工作。

（二）工作运行机制

1. 针对学校广大教职员工的教育

针对学校的广大教职员工尤其是直接与学生教育、教学、管理、服务相关的人员开展学生心理健康教育和危机干预知识的学习与培训，或组织校内外专家、专业人员进行案例讨论与督导活动，提升他们的心理健康意识，提高他们识别心理危机警号的能力，并明确各自在心理危机的识别和处理中的岗位职责与应对措施。

2. 针对广大学生的教育

通过各类心理健康教育课程及心理讲座、学生心理社团、团体心理辅导、心理情景剧、朋辈心理互助等形式，在学生中长效、常态地普及心理健康知识，引导学生热爱生活、热爱生命，认识自我、发展自我，增强心理调适能力、提高心理健康水平，并知晓心理危机及其表现形式，掌握帮助和关怀出现心理危机同学的同伴互助的知识与技能，学会自助与助人。这不仅仅是宣传教育活动，它本身就是学生社会支持系统构建的关键。

3. 早期预警

心理咨询专业人员可针对学校新生开展心理健康普查，对筛查出可能存在心理问题的学生进行登记，建立心理危机预警数据库，并及时进行必要的约见和会谈评估，详细记录谈话内容及个人的初步评估意见；应于必要时在遵守专业伦理的前提下通报院系（年级、班级），以便多方共同关注或予以帮助。学生心理健康普查的相关材料和结果，相关人员须妥善保管，严格保密。必要时应酌情与学生家属沟通，或邀请心理咨询、危机干预专家组成员对学生心理案例进行会诊。对可能患有精神障碍的，应当建议其转诊/转介至市（区）精神卫生中心/综合医院的心理科。

4. 常规心理援助系统的设立

学校须利用各种渠道向全校师生宣传学校心理咨询中心的联系方式、校保卫处值班电话、校医院值班电话以及心理危机援助社会资源。有条件的学校可开通心理咨询与危机干预热线电话，以便学生在有紧急需求时能方便地找到帮助资源。

5. 干预实施

建立学生心理危机三级干预预案，以便在有需求时快速有效反应。经学校心理咨询中心（或邀请专家组）专业人员进行评估，对符合危机干预工作对象的特征，但仍有正常学习、生活的意愿和能力者，启动Ⅲ级预案（以强化学校关注与家属监护为主旨）；对属于危机干预的适用范围，不能或基本不能正常学习、生活，或对学习、生活明显缺乏兴趣者，启动Ⅱ级预案（以学校向家属的监护责任转移为主旨）；在任何情况下，一旦出现即将进行、正在进行或已经完毕的自杀自伤、伤害他人或其他危害社会秩序及校园安全的事件，相关部门或个人应在确认无误情况下立即向学校保卫处、学生工作部（处）报告，立即启动Ⅰ级预案（以医教结合快速转介为主旨）。各级预案均体现系统架构、各司其职、分工明确、专业核心、家属为主、反应快速、生命第一的基本特点。

（三）学生心理危机的前瞻性防御

就学校学生心理危机的前瞻性防御而言，一个重要任务就是及时发现并阻断危机发展的历程。由于个体和情境的差异,危机警号与线索也将有不同形式的呈现。但是,如果能够通过各类培训使得学校不同方面的人员能够对此提高觉察能力,同时提升应对处置能力,那么更多的危机能够被前瞻性地识别并得到有效干预。

(1) 传递危机警号的直接言语信息包括:"我不活了"、"我希望我已经死了"、"我想要自杀"、"我想让这一切都结束"、"如果……无法实现,我就会杀了自己"等。

(2) 传递危机警号的间接言语信息包括:"我已经对生活厌倦了"、"还有什么好继续下去的"、"我除了给家人添麻烦,没别的"、"如果我死了,不会有人在乎"、"我不想再继续下去了"、"我就是想离开"、"我对一切都已经厌倦了"、"如果没有我,你会更好"、"生活已经没有意义"、"很快我就解脱了"、"一切都没意思"、"你会为你对待我的方式而后悔的"、"拿走吧,我不再需要了"、"没有人再需要我了"等。

(3) 传递危机警号的行为线索包括:沉迷网络,放弃学业;整理个人物品;将自己心爱的东西送给他人;新建或改变一个愿望;与同学、朋友和家人的关系突然改变(断绝或和解);行为的改变,诸如尖叫、捶打、扔东西等;删除自己电脑中的所有资料;对过去感兴趣的事物失去了兴趣;丧失技能,心智混乱,失去理解力、判断力或丧失记忆;烦躁并激越;极度懒惰、拖延,甚至懒于打理自己等。

(4) 传递危机警号的情境线索包括:学业失败或重要的阶段目标挫折;失恋;人际关系疏离;罹患绝症或长期难以治愈的慢性疾病;搬家或转学,尤其是在并非出自本人意愿的情况下;丧失同学、朋友、家人,尤其是因自杀或意外导致的情形中;不明原因地对亲友发怒等。

通过学校心理咨询师的专业努力,在学校范围乃至家庭、社区之中,普及危机防御的有关知识,一定能够有效地降低危机的风险,为当事学生带来更多的希望。

第九章 学校心理咨询的伦理规范

自 20 世纪 80 年代中期至今,我国学校的心理健康教育与咨询事业已经有了长足的发展,其主要动力来自于社会全面、综合、深刻的变革和学生成长、成才、实现全人发展的需要。学校心理健康教育与咨询在防治心理问题、增进心理健康和优化心理品质、学会积极适应以及开发心理潜能、促进自我实现等不同层面上的目标定位,着眼于构建覆盖学生培养全程、全方位、多层面的相互关联、有机组合的大系统设计,都已经在理论与实践层面上达成高度共识。更为重要的是,作为心理健康教育与咨询事业发展的基础与前提,学校心理咨询教师的专业化、职业化被高度关注,并且正处于扎实推进的进程中。

学校心理咨询的服务对象主要是学生,主要关注领域为学生的人格、身心发展以及认知、学习、适应等,同时也会依据学校教育工作的需要,为教师和学生家长提供适当的心理援助与咨询。由于心理咨询是一种特殊的专业服务工作,涉及寻求帮助者的隐私,涉及复杂的人际关系,更涉及人的心灵,因此,它既可以助人,也可能伤人。从业人员具备专业工作所需要的人格特征,具备不断成长的专业工作能力,了解和遵守相关的职业伦理,了解并恪守与专业相关的法律法规,是做好专业工作的基本要求。

第一节 学校心理咨询师的伦理责任

学校心理健康教育与咨询是一项助人的专业工作。作为从业人员除必须具备专业的助人能力以外,恪守专业伦理是更为关键的部分。伦理是人际关系中互动的规范或原则,心理健康教育与咨询的专业伦理则是专业人员以专业角色与他人互动时的行为规范。助人工作的专业伦理对内规范着专业人员的专业行为,并维护其助人工作的服务品质;对外有助于在社会大众中获得对专业工作的信任。学校心理咨询师对自身的伦理责任应有明确的认知。

一、对自身健康的关注

(一)心理咨询师自身健康的重要性

这是由专业工作本身的特点所决定的。心理咨询学家艾鲍(Appell)在言及心理咨询过程中最为重要的影响因素时说:"在心理咨询过程中,咨询师能带进咨询关系中最有意义的资源,就是他自己。"已经有大量研究探究了心理咨询师人格因素的重要性和其一般心理健康对于咨询有效性的关联。一个好的咨询师,应该表现出更高水平的一般情绪调节能力,具有更好的自我揭露的能力,并在更深层面上对个人生命意义有清晰的认识。如果在咨询过程中,咨询师不能体验并且不相信自己是一个有价值、有独特个性的个体,即便掌握了所有咨询技巧,也不可能为咨询过程注入丰盛的人性资源,不可能成为一个具有良好的意志并关心来访者成长的助人者。可以说,在心理咨询中,能够使咨询成功的关键就是咨询师的修养和基本素质。

（二）心理咨询师的个人修养与特质

那么，心理咨询专业工作对心理咨询师的个人修养和特质提出什么样的要求呢？心理咨询学家伊根归纳为以下十五个方面：（1）积极面对自我的成长，这里包含了身体、智能、社会、情绪和精神的层面，因为他知道自己将作为来访者的楷模。（2）注意身体健康，以便有旺盛的精力来生活、工作。（3）有适度的智能，同时不断主动地阅读学习来提高自己，以便更好地帮助他人。（4）拥有良好的常识和社会生活能力，同时有能力对他人广泛的需要作出回应。（5）关注来访者整个人，注意倾听对方的说话，也能够从来访者的角度来了解对方。（6）尊重来访者，不去批评对方，相信其有潜在的动力和资源能够帮助他自己尽力有效地生活。（7）真挚诚恳，能够在需要时与来访者进行个人分享。（8）表达是具体而简洁的。（9）能够协助来访者将自己的经验、感受和行为作出整合。（10）在必要的时候，能够出自于关心而与来访者对质。（11）明白仅仅有自我认识是不够的，因此会协助来访者作出行动上的改变。（12）是个注重实效的人，明白整个心理咨询的过程是引导来访者建设性地改变自己行为的过程。（13）拥有自己咨询的模式与风格，能够在咨询中视不同的情形加以灵活地运用和变更。（14）喜欢与人相处，不害怕进入别人生活的深层，与他们去共同面对生活中的烦恼忧愁；而且，并不是靠帮助他人来解决自己的需要，而是很珍惜和尊重自己有帮助他人的权利。（15）不会逃避自己生活中的问题，而是会去探讨、去认识自己，做一个不断发展的人，了解受人帮助是怎么一回事，明白在此过程中如果不能为他人提供助力，就会有害于别人，因此能够十分谨慎小心地工作。

我们也可以将成功的心理咨询师的素质归纳为积极地对待他人的品格、积极地对待自己的品格以及热忱助人。积极地对待他人是指对来访者有信心，相信其存在着潜能；信赖来访者；相信他是友善的；也尊重他的价值，因为每个人都有其重要性；信任来访者具有向上、求进步的潜质，并有着创造力和动力。积极地对待自己是指意识到自己是社会中的一员，能与别人认同；相信自己有足够的能力处理自身的问题，也有能力帮助他人去应对问题；相信自己是有价值的，能自尊自爱，人格完善；对自己能充分发挥潜能去帮助别人具有充分的自信。热忱助人是指愿意帮助来访者释放自己、迈向成长；对他人有足够的关怀、关注而不单单关注自己；关注事物的深刻性和深远性，能把握事物发展的规律；接纳自己的感受和短处，愿意在必要时与他人分享，而不是刻意去隐藏；深入投身于助人的过程中，以自己的方式与来访者融洽相处；鼓励和促进来访者在咨询过程中的参与，着眼于来访者的转变过程而不是仅仅聚焦目的。

（三）心理咨询师自身的情绪困扰及调节

当今社会的急剧变革给职业世界中的人们带来了巨大的压力，而从事心理健康教育与咨询事业的专业人员更是属于诸多职业群体中的"高压力"群体。许多调查给出了相关的令人不安的检测数据。因为心理咨询是以生命影响生命的事业，心理咨询的过程是双向互动的过程，因此咨询过程不仅会对来访者产生影响，同样也会对心理咨询师自身带来影响。也许这种影响能使之感到愉悦、满足、有成就，激发心理咨询师更加热忱、深入地投身助人过程,鼓励和促进来访者达成积极的建设性的改变。但是,在帮助生活在极度痛苦之中的来访者时,也许心理咨询师会对他人的情绪变得不敏感,也许因为经历过量过急的感受而把自己封闭起来,还可能因为咨询中产生持续的不协调而对他人的琐事反应过度等。

对于从事助人的专业工作的心理咨询师而言,摆脱不良情绪对自己的困扰既是十分必要又是有可能的事。这里,除了保持积极心态、放松心情、转移注意、行为调节、意志锻炼、寻求社会支持等一般的情绪调控策略外,还可以运用以下一些方法。

（1）运用认知调节的有效策略,识别、矫正曲解的认知,改变不合理的思考与观念,这样,情绪困扰会在很大程度上得以改善。比如,改变"非黑即白"的绝对性思考,容忍每个人包括自己都会有限制,不去盲目追求完美;改变"应该倾向",不去苛求自己实现诸多的"应该"和"必须",对自己的要求保持合理的弹性;改变"选择性概括",摆脱只根据局部甚至更小范围的问题推及整体的"以偏概全"的倾向;改变"个人化",不去承担那些原本就不应该由自己承担的责任,等等。

（2）为自己创造获取成就感的条件,正确了解自我,为自己独特的成功下定义;扬长避短,确立合适的目标定位与自我要求水平;努力去做想做、喜欢做、通过自身可控制的努力有可能做成的事,尝试做不得不做的事;通过调整自己的工作生活以躲避可能出现但又暂时无力应对的挑战,等等。

（3）识别构成情绪问题内在根源的性格弱点,不断完善自己的性格。比如,压抑、逃避冲突的性格弱点反映了想面面俱到、表现忍让美德的内心深处欲望,而以自我肯定与平常心表现自己是改变的方向与目标;多虑、承担过多的性格弱点反映了想控制一切的内心欲望,培养洒脱和善解的态度是改变的方向与目标;恐慌和内在不安的性格弱点反映了想追求一切目标、想得到更多的内心深处欲望,承认自己的有限性和欠缺是改变的方向与目标;拘谨、过于认真的性格弱点反映了想担当更多更大责任的内心欲求,培养豁达宽广的胸怀是改变的方向与目标;自卑和畏惧退缩的性格弱点反映了不想输给任何人、不被人瞧不起的内心欲望,自我激励与尊重是改变的方向与目标,等等。

（4）提升自己的精神境界,形成积极的人生态度和正确的工作态度,由衷地热爱,乐意甚至矢志于、献身于这一助人的事业,快乐、幸福感强烈,精神饱满、振奋,而学生的成长又让自己充分看到自身的价值,充分地体验到精神上的愉悦和满足,这样就比较容易在高尚精神的引领下进行自我的调适。

（四）心理咨询师的自我保护

心理咨询师在助人过程中可能遭遇如下的情形,需要有察觉、应对的意识以及应对的策略与方法。

（1）有助人者情结,把助人看成是解决自己问题的途径,通过对弱者施助而获取优越感,以掩藏自卑。这样容易因得不到及时的肯定而感到耗竭。

（2）由于个人付出太多、工作压力太大、治疗中遭遇挫折等而缺乏成就感;或者面对来访者的阻抗而难以获得咨询的进展;或是由于缺乏支持系统以及个人有未解决的冲突而陷入职业上的耗竭。

（3）被来访者卷入，过多地为来访者担心，把对方的神经质纳入自己的人格；或过于投入，激发起了自己被潜抑的内心痛苦并体验与当事人相似的内心挣扎，无意识地通过认同来访者来认同自己等。

（4）有新手焦虑，害怕因袒露自己而露怯；或拘泥于治疗理论，缺乏洞察力与灵感；或追求完美，期望能了解所有的咨询技术；渴望得到当事人的赞许，不能拒绝当事人的过度要求，也不敢面质当事人，为当事人所掌控。

对此，需要心理咨询师自身接受足够的自我体验，去评价自己的职业动机、欲望与权利、自我价值观和需求、生活和情感的态度与方式；理解自己的感觉，知道自己在帮助别人时无意识中会获取什么；重温自己人生的经历、体验以及与重要关系人的关系等；探索关于安全感、权利、性欲、生与死、情感、父母关系、危机、罪恶感、恐惧与不完美感等重大课题。通过自我体验帮助咨询师更深地感觉和理解自己。这样，当在带领来访者进行生活探索时就能觉察和处理自己内心存在的冲突与困境，学习理解和处理反移情。同时，还应保持有节制和平稳的工作节奏，培养工作以外的爱好，或尝试多样化的工作，丰富自己的生活，学习处理压力和肯定自己。当然，寻找专业督导、定期讨论困难个案、参加专业小组、与同事保持协作等，也是十分必要的。

二、对自我限制的了解

（一）心理咨询师的自我限制

在心理咨询中，常常会出现来访者由于对心理咨询的工作范围不够了解而提出超越专业服务范围要求的情形。还有，因心理咨询师自身客观存在的无法逾越的局限性，使得他们不可能胜任本专业内的所有问题，因此，心理咨询师需要对自我限制有必要的了解，并在自己专业能力范围内，根据自己所接受的教育、培训和督导的经历与工作经验，为不同的来访者提供适宜而有效的专业服务。

心理咨询师是在咨询过程中起主导作用的重要角色。在来访者的视角里，咨询师无异于一种楷模。他们心目中的理想的心理咨询师应具备以下一些特质：

（1）具有足够潜能和行动意志。

（2）具有充沛精力、能够有效地工作。

（3）具备足够知识和助人的能力。

（4）熟谙人情事理、具有良好的社会知识。

（5）能够帮助来访者去探索自己的经验、情感和行为的世界并作出整合。

（6）富有想象力也能够帮助来访者唤醒他们的想象力。

（7）是不断完善生命、创造生活的人。

（8）是无论面对什么样的来访者或者团体都能够轻松自如应对的人。

但是，现实中的心理咨询师不可能永远处在理想状态，再好的心理咨询师也有可能在某个时候或者某个方面偏离这种理想的模式。

因此，我们需要认识到，所谓理想模式，只是一种努力的方向，可以无限趋近，但永远不可能完美。再有水平的咨询师，也会存在自身的不足与限制。而在每一次的咨询中，咨询师都会带着个人的特质与曾受过影响的经验。这就要求心理咨询师有足够的自觉,对自己能力和局限有一个清醒的自我意识。具体说来,包括以下四个方面。

第一,认识自己的需要,特别是在助人关系中出现的个人心理需求。在觉察的基础之上,通过监管自己的行为不让其影响有效的助人过程,同时寻求满足它们的建设性的途径。

第二,认识自己的信念与价值,觉察它们的性质,特别是需要觉察自己的信念与价值观会产生怎样的影响,从而不把自己的价值观念强加于求助者,以弹性、开放的态度去接纳他们。

第三,认识自己的人生经验,直面一些自己的内心障碍,觉察与自己人生伴随的矛盾冲突,避免在咨询中产生投射与反向移情,失去客观性,从而无法清晰地分辩咨询过程中出现的感受与分析问题。

第四,认识自己的能力,坦然、真诚地承认自己的不足。事实上没有人能够全知全能,在咨询过程中,咨询师难免会遇到自己不懂或没有经历过的、不合适去处理的问题。妥善的做法是进行必要的转介,同时愿意去通过各种方式不断学习,以充实完善自己。

总之,只有明白自身的限制,才不会在咨询过程中既伤到别人又伤到自己;只有分清哪些是自己能做到的,哪些是做不到的,才能真正有效地发挥咨询的功能。

(二)心理咨询师的自我成长

心理咨询师作为专业的助人者,不仅应对自身限制有了解,更需要不断达成自我成长。这里所说的自我成长包含着个人成长和职业成长两个部分。个人成长是指参与来访者生命进程的心理咨询师需要具备不断成长的强烈意识,要拓展视野,愿意面对自己,认识自己,增进自我认知,努力鞭策自己去积极地面对生命,学习改变,学习突破自己,发展自己的潜能,使自己不断成长。正如心理咨询学家伊根所概括的咨询师个人成长任务一样,主要包括:对个人能力和自主性的确认;了解自己的价值观;对自己有清晰明了的认识和了解;确认自己拥有建立与他人之间亲密关系的能力;了解自己对待性的态度以及爱情、婚姻和家庭生活的品质;了解自己的职业能力,自己对职业的态度;个人扩展自己生活范围的能力以及闲暇生活的打理。

由于心理咨询的专业助人工作性质,决定了与个人成长同样重要的职业成长也是心理咨询师需要面对的重要发展课题。职业成长课题包括以下一些内容:

(1)不仅将心理咨询作为一种职业,更作为一种关心人类心灵层面需求的有意义的事业,从中可以获得更多的愉悦、满足和价值感。

(2)在与人心灵互动的过程中,需要咨询师存有参与他人生命过程的感激之心,并且以爱心、热忱、亲和、内省、自信等伴随来访者共度生命中的艰苦历程。

(3)承认每个人有自己选择的权利,在坚守自己价值观的同时能够以宽广的心胸理解与接纳来访者多元的价值观。

(4)从知识的增加和技能的提升这两个主要方面来达成自己的专业成长,尽可能拓展自己的知识结构,不仅具备心理咨询学科的基础、专业方面的知识,也包含对来访者作为"处在系统中的人"的理解,对自己服务对象的需求和问题的理解,以及对与专业相关的更为广泛的知识的学习了解,还要掌握并能根据咨询需要灵活运用理论知识和技能技巧的能力。

（5）尽管心理咨询作为事业需要我们付出知识、能力、责任心、爱、热情和智慧,但它的专业助人的崇高意义又是以职业形式表现出来的,因此,应严格遵守职业化的工作理念、态度和方式,在工作场所布置、工作制度设置、工作时间安排、工作仪态选择等方面都要充分体现这一点。

（6）心理咨询师需要具备自我管理的能力,对自己的个人生涯进行有效的、现实的规划,有选择和决定的能力,设立现实的工作目标,能够合适地处理问题,关注自身心理健康,合理地调控自己的情绪,认识自己的限制,负责任地促进来访者发生积极的建设性的改变。

三、对心理咨询工作范围的认识

（一）对心理咨询工作范围的一般认识

心理咨询是心理咨询师运用心理学的原则和技巧,通过语言、文字、表情、姿势等媒介进行人际互动,给咨询对象以帮助、启发和引导,使咨询对象的情感与态度发生变化,解决其在学习、工作、生活、婚恋、教育、疾病康复等方面出现的心理问题,从而更好地适应环境、保持身心健康,并且促进人格向健康、协调方向发展的过程。

心理咨询最一般、最主要的对象是健康人群或存在心理问题的人群。健康人群会面对许多家庭、择业、求学、社会适应等问题,他们期待做出理想的选择,顺利地度过人生的各个阶段,以求得自身能力的最大发挥和寻求生活的良好质量。心理咨询师从心理学的角度,强调个人的力量与价值;强调认知因素,尤其是其在理性选择和决定中的作用;研究个人在制定目标计划、扮演社会角色方面的个性差异;充分考虑情境环境因素,强调人对环境资源的利用,以及必要时对环境的影响和改变,提供中肯的发展咨询,给出相应的帮助。另外,当来访者感觉上述问题已经影响到自身的生活、学习、工作,并且难以通过自我调适平衡来减轻或消除时,心理问题就出现了。此时,需要心理咨询师以系统的分析与引导、合适而科学的咨询,帮助缓解乃至消除来访者的情绪困扰和内心冲突。当然,有时很难在一般心理问题、心理紊乱和心理疾病之间划定清晰的界限,因此,需要心理咨询师有能力进行鉴别和进行必要的转介。

（二）学校心理咨询的工作范围

不同于一般的心理咨询机构,学校心理咨询遵循"发展咨询为主、障碍咨询为辅"的方针,着眼于构建覆盖学生培养全程、全方位、多层面的相互关联、有机组合的大系统,其工作范围有了很大的也是必要的拓展。

（1）组织团体心理测量,作为咨询和帮助学生自我探索的参考,为学生提供更为个性化的服务,并展开必要的预防性的工作。

（2）开展个别咨询服务,内容主要包括发展性问题和障碍性问题,也包含危机干预的内容,具体分为学习技巧、学习困难、时间管理等智能问题;自我认识、自我接纳、自信心、情绪管理等情绪问题;交友、恋爱、家庭冲突、沟通技巧等社群问题;睡眠困难、体重问题等身体问题;个人价值观、人生意义等精神问题;事业发展、生涯规划等事业问题等。

（3）进行团体心理辅导,一组学生在辅导老师指导之下探讨、训练,学习有效地处理他们所面临的共同课题。小组成员少则三至五人,多则十几人,甚至几十人。通过几次或十几次团体活动,成员相互交往,彼此启发,支持鼓励,达到了解自己、了解他人、改善人际关系、增强社会适应性、促进人格成长的目标。团体心理辅导涉及广泛的主题,它既是一种有效的心理咨询活动,又是一种有效的教育成长活动。

(4)开设心理健康教育课程或举办各类讲座,向学生传授、普及心理健康知识,帮助学生正确认识自己并学习有效地调控自己的心理与行为。

(5)组织大型宣传活动,选择每个学年中的一些关节点,如新生入校、相关纪念日等,开展大型的心理健康普及宣传活动,主要有讲座、发放宣传资料、工作坊、团体辅导、影视作品评析、心理剧、网上心理聊天室、主题辩论赛、演讲、征文比赛、出版专刊、问卷调查、相关的游戏活动等形式。

(6)建立学生心理社团,在教师指导之下,通过组织校园文化活动、讲座、沙龙、工作坊、社会实践、外展训练、创办心理刊物、心理剧汇演、心理网站建设、参与心理课题研究等方式实现自助与助人的目的。

(7)实现心理健康教育线上线下的互动,设立学生心理健康教育网站,内容与心理健康教育目标相匹配,并且注重形式的活泼多样。同时,注重内容上与学生需要紧密结合,注重体现对学生健全人格形成的合适指导,注重促进学生的自我探索,注重线上线下的互动模式的构建,起到较好的教育效果。

(8)完备建立心理健康教育和危机防御的三级网络,并且有效地运作。第一级网络由心理社团学生和学校及各学院(系、年级、班级)的心理健康教育学生助理(简称心理助理)组成,他们的主要作用是在学生中间开展朋辈互助,为心理健康教育发展营造广泛的学生基础和氛围,加强学生与老师之间的信息流通。第二级网络以各学院(系、年级)的心理辅导员(以心理健康教育为专业发展方向的专职辅导员或兼职咨询师)为主,学生辅导员为辅,负责所在组织的心理健康教育工作,积极配合学校心理咨询中心的工作,并对第一级网络的建设起引导和监督的作用。第三级网络为学校心理健康教育与咨询机构。

对于学校心理咨询而言,其主要服务对象就是学生,同时也在必要时服务学校的教职员工或学生家长。

四、促进来访者自立自强

学校心理咨询的目标包含调适与发展两个层面。调适是指调节与适应学校心理咨询的基础目标。调节即是处理个体内部精神生活的各个方面及其相互关系,重点在于个人的内心体验。要学会正确对待自己,接纳自己,化解冲突情绪,确立合适的志向水平,保持个人精神生活的内部和谐。适应即是处理个体与周围环境的关系问题,重点在于人的行为。要学会表现符合社会规范的适应行为,矫正不适应的行为,消除人际交往障碍,提高交往质量。寻求发展、寻求建设性的积极健康的成长是学校心理咨询的高级目标。心理咨询师要引导来访者认清自己的潜力与特长,确立有价值的生活目标,承担起生活的责任,扩展生活方式,发展建设性的人际关系,发挥主动性、创造性以及作为社会成员的良好的社会功能,过积极而富有效率的生活。

心理咨询对来访者在学习、心理、人格、适应和社会性发展等方面所进行的指导与援助是一种积极的干预。但是,它不仅应该关注个体的现时生存,还应关注其未来发展,因为,青年学生在成长、发展的漫长人生道路上会有不尽的困难与挑战,最终还必须凭借自身的坚实步伐前行。助人是为了提升来访者自助的能力。只有当心理援助对象明白自己必须承担成长的责任,也有信心、有能力担当这种责任时,他们才真正获得更大的进步。这也就是助人自助的心理咨询的理念。

因此,咨询师在实施心理咨询的过程中,对于来访者自身也会产生以下一些自助的功能。

(1)在了解自身情绪问题的根源及恶化的原因的基础上,增强对情绪和行为的理性控制能力。

(2)学会与他人建立和维持更为有意义的、满意的人际关系。

(3)增强了自觉性,能够更加准确地认识自我,并培养起看待自我的积极态度;能把自己互相冲突的方面进行合适的调适、整合,充满活力且有能力使自己处于不断完善之中。

(4)使自身能够达到一个更高的精神觉醒状态。

(5)获得社会技能。

(6)能够修正和改变自己非理性的信念、不合适的思维方式以及不合适的行为方式。

(7)产生系统的改变,并能够把变化引入社会组织系统的运作中。

(8)学会掌握自己的生活,并能够表现出关心他人的能力与行为。

总之,心理咨询的目的不是去帮助来访者解决一个又一个无尽的问题,而是唤起来访者承担责任的热情,提升其负责的能力,促进来访者自立自强。

第二节　学校心理咨询的伦理原则

现代社会发展中,人与人、人与社会、人与自然的关系广泛复杂,其中的伦理问题日益凸显,而在心理咨询尤其是学校心理咨询的实践中,伦理问题更是不可回避的,它贯穿于学校心理咨询的全过程,甚至从某种意义上说,它体现了心理咨询助人工作的核心价值。

一、学校心理咨询专业伦理的基本原则

出于维护学生权益与福祉的考虑,同时基于心理咨询专业的自身要求,学校心理咨询专业人员在遵守国家教育相关法律法规的同时,需遵循以下的基本伦理原则。

(一)善行

心理咨询师应自觉将学生福祉置于首位,保障学生的权益,努力使学生得到适当的教育或服务并避免伤害。因为心理咨询师的工作目的是使学生从其工作中获益,提高学生心理健康水平,促进其心理发展,协助其完善和健全自身人格,增进其福祉和根本利益。

(二)责任

心理咨询师应认清自己所负有的专业、伦理及法律责任,谨言慎行,维护学校心理健康教育与咨询工作的专业信誉。心理咨询师应注意维护自身身心健康,努力保持工作的最高水准,主动参加业务学习,提升业务水平。

（三）诚信

心理咨询师在教育教学、咨询辅导、科学研究等工作中，应诚实和守信，不得弄虚作假、蒙蔽欺骗。

（四）公正

心理咨询师应公平、公正地对待自己的工作和其他人员，应采取谨慎的态度和适当的措施防止偏见。应确保在自己能力范围内工作，防止因自身专业限制导致的不当行为。

（五）尊重

心理咨询师应尊重学生的自尊、价值、个人隐私权、保密权和自我决定权。要对文化、角色以及各种个体差异有充分的觉察和尊重。

二、心理咨询的保密原则

（一）保密

心理咨询是一个较为特殊的服务领域。前来求助的当事人大都有着具有一定隐私性的心理问题。作为心理咨询重要的专业守则之一的保密原则，能够帮助来访者建立对咨询师的信任，能够帮助咨询过程顺利进行，能够为咨询获得成效提供必要的保证。

这里，我们首先需要明白什么是个人隐私。就内容而言，个人隐私一般是对个人说来具有亲密性、隐私性，但对社会却没有实质性负面影响的那些信息。如果通过合法、公开的途径便可知道的信息，即使知晓的人并不多，也不能算做个人隐私。就个人信息的社会影响而言，那些不侵犯他人、与社会没有实质性联系但具有个人性的信息，可能成为个人隐私。特别是，一旦为人所知，可能因社会道德或普遍的习惯而影响到社会对当事人评价的，更属于个人隐私的范围。有些信息对维护当事人的自尊和社会形象有直接的关系，尽管也许可能只对个人或少数与其关系密切的人会产生影响，它们依然属于隐私权保护的范畴。还有一些信息虽然具有隐私性，可能有损于社会公众利益，那就不再属于个人隐私。

心理咨询的保密原则强调，心理咨询师有责任保护来访者的隐私权，同时认识到隐私权在内容和范围上受到国家法律和专业伦理规范的保护与约束。心理咨询师在专业工作中，有责任向来访者说明工作的保密原则，以及这一原则应用的限度。在家庭治疗、团体咨询开始时，也应首先在咨询团体中确立保密原则，并提示团体成员重视自己的隐私权以及表露自己个人内心隐私的限度。保密原则要求在没有得到当事人同意的情况下，不得将在咨询场合下对方的言行随意泄露给任何个人和机关；只有在得到来访者书面同意的情况下，心理咨询师才能对心理咨询过程进行录音、录像或演示；心理咨询师专业服务工作的有关信息包括个案记录、测验资料、信件、录音、录像和其他资料，均属于专业信息，应在严格保密的情况下进行保存，仅经过授权的心理咨询师可以接触这类资料；心理咨询师因专业工作需要对心理咨询的案例进行讨论，或采用案例进行教学、科研、写作等工作时，应隐去那些可能会据此辨认出来访者的有关信息（得到来访者书面许可的情况例外）；心理咨询师在演示来访者的录音或录像、或发表其完整的案例前，需得到对方的书面同意。

其他涉及保密的问题还有：当他人委托希望了解当事人的咨询情况时，除非具有当事人的书面同意,否则无权将其咨询情况透露给他人;心理咨询或者进行评估等会议的场所如果存在隔音不全等问题,无法做到保密;在公共场所进行心理咨询服务,尽管有普及宣传的功能存在,但是依然有违咨询保密原则的初衷;至于放松闲聊时将咨询个案作为话题,也容易违反保密原则。

保密原则的应用也存在限度。当发生下列情形时保密原则是例外的:当心理咨询师发现来访者有伤害自身或伤害他人的严重危险时,有义务、有必要采取措施防止危险情况发生;当寻求专业服务者有致命的传染性疾病等且可能危及他人时,与之经常接触者或可能与之接触的不特定人有权知晓这一事实;未成年人在受到性侵犯或虐待时,心理咨询师有向对方合法监护人预警的责任;当按照法律规定需要披露时,心理咨询师有遵循法律规定的义务,但须要求法庭及相关人员出示合法的书面要求,并要求法庭及相关人员确保此种披露不会对专业关系带来直接损害或潜在危害。

(二)泄密

保密是心理咨询中需要遵守的重要的专业守则。心理咨询师应严防泄露来访者的有关信息,有义务维护其隐私。一旦咨询师泄密,来访者有诉诸法律的权利。

泄密为什么会发生?除去为心理咨询师个人需求而置来访者利益不顾等明显违反职业伦理的情形,主要有以下两种情形。

1. 缺乏自制力,难以承受保密的压力

心理咨询师作为个体也可能有着自己的秘密,同时,作为一个咨询师,会背负着许多来访者的秘密,这会给人带来压力。如果自我控制的能力缺乏,如同孩童向家长毫无保留地打开自己内心一样,就可能出现难以保守秘密的情形。

2. 缺乏必要的技巧,智慧的判断和操作能力欠缺

尽管心理咨询的保密原则是最为重要的职业伦理,但是在执行中间需要技巧与智慧。比如,来访者的某些情绪调整问题需要在不伤害其自尊心的基础上获得他人的配合。那么,如何进行这种与他人的沟通呢?如果操作不当就可能导致过度暴露来访者信息的情形。

有时,心理咨询师会遭遇第三方出面请求对某当事人提供服务的情形,这在学校心理咨询中更为多见,这里的第三方常常是当事人家长、老师等,他们与当事人存在某种保护或从属关系。由于这样的特殊情形,第三方常常会向心理咨询师提出知情等要求。此时,心理咨询师需要坚守优先保护当事人权益的原则,如果咨询师在判断这种委托关系对当事人可能造成潜在损害时,应拒绝给予咨询。

这里有必要对正当泄密进行说明。所谓正当泄密也就是前面所述的超出保密限制的范围。因为,要求心理咨询师一言一行以来访者的利益为重,但是同时不能有损于他人和社会的利益。

三、建立咨询关系的原则

(一)对来访者的尊重

心理咨询是在咨询师与来访者之间的一种独特的专业关系中进行的。但是,它又与其他许多的专业关系相区别,因为,这是需要心理帮助的人与能够提供这种帮助的人之间结成

的独特的人际关系,通过这种关系可以达到心理改善、促进个人成长的效果。

良好的咨询关系是取得良好的咨询效果的基础,而且其本身就具有治疗功能。具体体现在以下三个方面。

第一,良好的咨询关系能使来访者产生积极的情绪体验,使之在被尊重、接纳、理解之中自由地表达和探索情绪,并产生对咨询师的信赖和安全感。

第二,良好的咨询关系能使来访者提高自尊,因为咨询师无条件的接纳而使来访者减轻了压力,增添了对自己的信心,进而生成更多积极的情绪体验。

第三,良好的咨询关系能促使认同和移情发生,在对咨询师信任和好感的基础上,来访者认同咨询师的态度,并可能促使自己形成新的积极改变。

尊重来访者是影响咨询关系的重要因素,而且,它与其他影响咨询关系的因素之间存在很高的相关。那么,究竟什么是尊重呢? 尊重似乎难以用一个确定的概念来定义。一般说来,心理咨询中的尊重,是指理解与珍视人的多样性与个性,尊重来访者的现状,以及他们的价值观、人格和合理合法的权益,接纳、关注、爱护来访者;在咨询过程中为来访者创造一个安全、温暖的氛围,使之感受到被尊重、被接纳,获得自我价值感。

要使尊重在咨询中产生影响,就不能仅仅将其作为一种态度或观察他人的方式。需要以行动来表达对来访者的尊重,具体应该做到以下一些方面。

(1) 彼此平等,决不因心理咨询师在专业、经验等方面的优势而去卖弄甚至盛气凌人,使对方感觉无知、无力,也不能把自己的想法、观念、行为模式强加于人。

(2) 以礼待人,对来访者一视同仁,不能有厚此薄彼的轻视或奉承的心理行为,也不能因个别来访者的失礼言行而表现出不克制、贬损对方等行为。

(3) 不要伤害人,不要因为自身缺乏原则或能力给来访者造成负面的影响,因为助人不是造福于人,就是会贻害于人,从来就没有中性的情形;更不能以心理咨询师的有利地位对来访者进行控制甚至盘剥。

(4) 重视多样性,尊重来访者与他人的差异,也要努力去理解来访者与我们自身的差异;在善于洞察多样性的同时不为其所迷惑。

(5) 将来访者视作独特的个体,珍视其个性,支持每个来访者寻找自我,并且使助人的过程个别化,以适合不同来访者的需要、能力和资源。但尊重并不意味着鼓励来访者对自身和他人都产生不利的态度与行为方式,心理咨询师促进的方向是使来访者能够更有效地参与社会生活。

(6) 搁置是非评判,也不需要去宽恕,更不能把咨询师自己的价值观强加在来访者身上,需要做的只是帮助来访者认定、反省和评估自己的价值观所产生的后果,留有足够的余地使其进行自我探索。

(7) 真正体现出为来访者着想,认真为他们的利益考虑,帮助他们向自己提出要求,有时甚至也需要向他们挑战,因为尊重既需要仁厚,也需要讲求实际而不为感情所支配。

(8) 乐意为来访者服务,和来访者在一起时要有全身心的投入,愿意进入他们的世界去理解其抵触,并且欣然地帮助其去克服之。

在学校心理咨询中,我们会遇到这样一个独特的挑战,即学校心理咨询师不仅承担心理咨询的专业工作,还要在心理健康教育的更加广阔的"课堂"上为学生提供相应的资源。于是,学校心理咨询师与学生的关系既有作为平等的个人对个人的关系,也有指导者、教育者对被指导者、受教育者的关系。再加上我国文化传统的原因,人们习惯于以长者、有地位者、有专业权威者为尊,因此,咨询师容易以高高在上、权威的态度对待受助的一方,要求对方尊重自己而忽视对对方的尊重,夸耀自己的成就,以命令的口吻说话,不注意倾听,不理会来访者的倾诉,把自己的意见、解释、价值观强加给对方,这会严重影响良好咨询关系的建立,进而影响咨询效果。这些应该引起我们的重视。

(二)避免多重关系

在心理咨询的专业伦理中,要求心理咨询师避免与来访者形成多重关系。作为为来访者提供专业帮助的心理咨询师,只应与其建立和维持单纯的咨询关系,这有助于心理咨询的实施。如果心理咨询师与来访者形成了多重的关系,诸如具有社会、商业、钱财及职业特点的关系,就会干扰心理咨询的进行,使咨询的效果大打折扣,甚至带来糟糕的负面影响。因此,避免与自己的亲友、同事、学生、部属、生意伙伴等做心理咨询,或者避免与自己的咨询对象形成其他关系是十分必要的。

那么,多重关系有什么危害呢?为什么专业伦理对此多有强调呢?很多研究表明,这会影响心理咨询师对来访者问题的判断,会伤害来访者的利益,会不利于取得好的咨询效果。具体表现在以下一些方面。

(1)影响形成必要的治疗性的关系,使得心理咨询师无法与来访者保持一定的距离与界限,还可能因为咨询关系的本质发生改变而直接影响咨询过程的顺利进行。

(2)影响对来访者问题的客观评估,因为多重关系而难以始终将来访者的利益置于首位,在可能的利益冲突中难以排除对心理咨询师自身利益的关注,从而影响对问题的判断,甚至可能出于对自身利益的选择而操控来访者,对其造成伤害。

(3)即便心理咨询师努力去避免多重关系对咨询的影响,还是可能影响来访者的认知过程,影响来访者对咨询目标的坚定,甚至影响咨询中必要的配合。

(4)打破了应有的平等的咨询关系,当来访者认为咨询过程中出现问题且有必要通过有关的正规途径解决时,可能因为纠结其中的其他关系而难以处理。

(5)当心理咨询师与来访者的关系建立在商业、经济利益等基础之上时,咨询的性质就发生了改变,心理咨询师就可能在利益的驱动下利用咨询机会去达成自己的需要和满足,伤害来访者无疑是必然的代价。

除以上情形以外,甚至可能出现与心理咨询师建立了多重关系的来访者在咨询关系结束后控告心理咨询师的情形。因此,心理咨询师必须认真对待每一位来访者,并且郑重思考自己应该承担的责任和义务,理解、明白并且自觉遵守有关法律、法规和专业伦理规范中的有关限制。

但是,在心理咨询的整个过程中,尤其对于学校心理咨询师而言,时刻保持清晰的专业伦理界限有时会比较困难。因为学校心理咨询师不仅从事心理咨询的专业工作,还可能同时兼任学校的学生辅导员、班主任、德育教师甚至管理干部、领导干部等工作,这本身就会产生与咨询对象的多重关系,这种关系也常常会使自己处于两难选择的境地。因此,更加需要心理咨询师时刻将来访者的利益放在首位,并且在对自己有更深入了解的基础上承担选择的责任。当然,在可能的情况下,还是应尽量避免与咨询对象的多重关系。

(三)转介

心理咨询师从专业角度而言,可以说是一种权威,也就是具有比较丰富的基础专业知识、经历心理咨询专业训练、能够更好地理解来访者并给予其必要帮助的专业人员。但是,这绝不等于心理咨询师无所不能,也绝不等于心理咨询师可以"包打天下"。在必要的时候,心理咨询师必须将自己的来访者介绍给其他咨询机构、医疗机构或者其他咨询师处接受咨询或者治疗,这就是转介。

需要转介的原因通常有以下一些情况。

(1)由于心理咨询自身存在的限制,即根据自己所接受的教育、培训和督导的经历与工作经验等,无法为自己专业能力范围以外的来访者提供适宜而有效的专业服务,这就需要进行及时的转介。如果为维护自身形象而继续维持咨询,会对来访者造成伤害,是严重违背专业伦理的,同时也会给自己造成莫大压力,并损害自身的形象。

(2)当发现来访者可能患有较严重的精神障碍时,本着《中华人民共和国精神卫生法》的规定和对来访者负责的精神,心理咨询师需要有能力及时对此有觉察,迅速作出初步判断并转介至符合《中华人民共和国精神卫生法》规定的医疗机构进行进一步的诊断和治疗,并协助做好其监护人的心理教育工作。

(3)当来访者出现移情,即将心理咨询师视为过去生活环境中与自己有着重要关系的他人,从而把感情移植到心理咨询师身上时,咨询师需要敏锐地加以判断,如若继续下去将会对咨询发展不利,就应及时采取转介行动。

(4)在咨询过程中,由于一些客观因素导致心理咨询师与来访者有了双重乃至多重的关系时,阻碍了咨询师继续为其提供合适、有效的帮助,也需要积极采取转介措施使之得到必要的帮助。

学校心理咨询专业工作还可以构建咨询工作组的模式,即有一群相互协调、共同努力的专业工作者,他们以心理咨询师为核心,也包括了学习心理学专家、职业咨询师、心理卫生专家等,通过通力合作为学生提供各种咨询服务。此时,学生的自由选择权虽然必须尊重,但是由于工作组内部有分工协调,当来访者选择不当时,接待的咨询人员可以出于对来访者利益考虑而将其转介给其他专家。

需要说明的是,尽管转介是基于对来访者利益的考虑,是符合心理咨询专业伦理要求的,也是对各种相关资源的优化利用,但是,依然有一个细致的过程,有时这个过程甚至会很艰难。比如,需要向来访者说明转介的目的和必要性,说明新的服务者或服务机构的情况,说明将要提供的服务的可能作用并帮助获得信息,说明保密的限制,必要时应征询来访者家属的意见,整理有关转介的资料,协助联系工作等。

四、心理咨询师的越界行为

(一)广义的越界行为

从广义而言,凡是超越了自己工作范围的界限,或者超越了自我限制的界限,均属于越界的情形。心理咨询师的工作目的是为了帮助寻求专业服务者从自己提供的专业服务中受益,因此,尽力保持自己专业服务的最高水准、保障来访者的权利、努力使其得到适当的服务并且避免伤害来访者,是心理咨询师的责任。因此,心理健康教育与咨询的专业人员需要高度重视自己所从事的咨询工作,不断充实提高自己的专业知识与能力,促进专业成长,提升服务品质。心理咨询师为了避免越界行为应该做到以下一些方面:

(1) 有愿望、有能力协助来访者学习解决问题的知识与技巧,并且提供完整、客观、正确的相关资讯。

(2) 在实施咨询服务时,明白自己对来访者生活的影响作用和对社会的责任,谨慎言行,避免贻害社会和来访者。

(3) 在面对未成年的来访者或当事人时,表现出对于其家长或监护人合法监护权的尊重。

(4) 认清自身对国家、社会或第三者的责任,在来访者的行为对上述团体或个人有安全顾虑时提出必要的预警。

(5) 向来访者说明自己的专业资格、咨询过程、目标和技术的运用等,以利于来访者决定是否接受咨询。

(6) 保守咨询秘密,不泄露任何咨询内容或其他咨询资料。

(7) 对心理测量的性质、目的、信度与效度以及研究方法等有适当的了解,并且向来访者做必要的解释。

(8) 对心理咨询的范围有正确的认识,也要对自身限制有深刻的了解,在必要时需进行及时的转介。

(9) 需要在心理咨询中避免与来访者形成多重关系。

(10) 需要接受有效而适当的督导,不断自我成长。

(二) 狭义的越界行为

从狭义的角度而言,心理咨询师需要与来访者保持一种职业关系。在心理咨询过程中,心理咨询师与来访者之间有着高度的信任与亲密,但这是服从于专业工作需要的,一旦咨询服务结束,这种关系就立即消失。甚至可以这样认为,越是简单的咨询关系,心理咨询师越容易发挥其作用,也越不容易被来访者的情绪卷入、侵袭。因此,在心理咨询中,我们将任何超越职业关系的行为都视作越界的行为,诸如,为自己的熟人进行咨询;不顾心理咨询必要的专业设置,为来访者登门咨询;除了咨询活动以外,私下与来访者接触,建立朋友等双重关系;在来访者面前宣扬自己,希望得到来访者的欣赏,以满足咨询师自身的表现欲;对异性来访者表现多情,或故意鼓励对方过度移情以满足私欲;因为过分担心来访者的愤怒而不敢对其进行必要的挑战或质疑,表现出明显的无力感,无法为来访者提供必要的支持;为了讨好来访者而随意延长咨询时间,或者不必要地拖长咨询过程,增加咨询次数;在自己的休息时间接待来访者,忽视自己应该有的权益;通过控制和支配来访者而获得自己的快感;强迫地向来访者推销自己的忠告,以表现自己的权利欲;收取来访者的财物;陪来访者吃饭;利用来访者得到利益,以满足自己的贪欲,等等。

作为心理咨询师,更应严格遵守专业伦理。如果咨询师与来访者产生情感接触与性接触(包括不当的身体接触、性挑逗和要求来访者叙述性和身体方面的细节);咨询师与来访者产生生意行为;或违反保密原则,泄露来访者的资料,与朋友讨论来访者,改头换面用来访者的故事写文章和书籍等,都属于违反专业伦理的、可以被投诉的行为。

第三节　学校心理咨询组织管理的伦理规范

有别于面向社会大众的心理咨询服务,学校心理咨询主要的服务对象是学生、家长和教师,其目标、任务、管理体系与流程、实施途径与技术方法、评估、心理咨询师的角色等都具有一定的独特性,因此,在学校心理咨询的组织管理中须有相应的伦理规范。虽然不同的伦理议题存在着复杂性和不确定性,但基本的伦理规范应予明确。

一、学生心理咨询专业服务中的伦理规范

心理咨询师应面向有需要的学生开展心理咨询服务,咨询中应尊重当事学生的尊严,保障其权益,促进其自我成长与发展。咨询中应遵守相关法律法规和专业伦理,以保障当事学生福祉为首要考虑,密切注意保护学生的身心健康,避免对学生造成伤害。

(1)心理咨询师必须取得心理咨询的专业资格,完成必要的实习,接受必要的督导,具备心理咨询的专业技能,此后方可独立为学生提供心理咨询专业服务。

(2)心理咨询师应尊重每一个当事学生,不得以任何缘由歧视当事学生。当事学生对咨询有自由决定权,可以接受、拒绝、退出或结束咨询,心理咨询师应当尊重其选择,并告知咨询的性质、目的、过程、技术的运用、限制及损益等,以帮助当事学生作决定。若当事学生未成年或其他原因导致无能力作决定时,心理教师应着眼于学生的根本利益,并尊重其合法监护人的意见。

(3)心理咨询师不得从事心理治疗,发现当事学生可能患有较严重精神障碍时,应当建议其到符合精神卫生法规定的医疗机构进行进一步的诊断和治疗,并协助做好其监护人的心理教育工作。

(4)心理咨询师有责任保护当事学生的隐私权,其隐私权在内容和范围上受国家法律和专业伦理规范的保护与约束。同时,心理咨询师应清楚保密原则的应用限度。下列情况为保密原则的例外:

① 当事学生有伤害自身或伤害他人的严重危险时。

② 当事学生有致命的传染性疾病且可能危及他人时。

③ 未成年人在受到性侵犯或虐待时。

④ 法律规定需要披露时。

在遇到以上保密例外的情况时,心理咨询师应依据法律法规采取适当的报告或预警等措施,以保障当事人及相关人员的安全及利益。

(5)心理咨询师在咨询过程中应尊重当事人的价值观,不替当事人作决定,不强制其接受心理咨询师的价值观。在咨询关系中的一切活动,应有助于当事人自我适应与心理成长,

不使当事人过于依赖心理咨询师。

（6）心理咨询师应与当事学生建立良好的咨访关系，不得利用这种关系谋取其他的利益。不宜为存在咨询以外的其他关系的学生进行咨询，避免与当事学生发展咨询以外的其他关系，严禁与咨询学生之间发生亲密或性关系。与学生存在直接的课程教学、行政管理、考核评估等关系时，不宜进行咨询，可转介他人咨询，或在上述关系结束之后再进行心理咨询。

（7）心理咨询师应严格遵守咨询时间，对于无法协调的时间更改，应提前向当事学生说明。咨询进程中遇到较长的假期（如寒假、暑假、心理咨询师或学生的病假、事假等），应对当事学生的咨询进行妥善安排。因故不能继续给当事学生咨询时，应说明缘由后予以转介。

（8）当事学生不再需要继续咨询或者目前的咨询不能使其继续受益时，心理咨询师应与学生协商结束咨询或进行转介，并应对咨询的结束有明确的交代，还应处理当事学生可能存在的咨询依赖，帮助当事学生适应现实生活。若当事学生自主要求结束咨询，而心理咨询师认为其需要继续咨询时，宜建议当事学生寻求其他帮助。

（9）心理咨询师应及时完成咨询记录，记录要真实、清晰、准确。只有经过当事学生的书面同意，心理咨询师才能对心理咨询过程进行录音、录像或演示。所有咨询记录，包括笔录、测验资料、信函、影音资料等均应作为专业资料予以保密，凡是要在咨询工作之外的情况下使用，均须得到当事学生的书面同意。心理咨询师因专业工作需要对心理咨询案例进行讨论，或采用案例进行教学、科研、写作等工作时，应隐去可能据此辨认出当事学生的有关信息。

（10）团体心理咨询在遵守上述工作规范的基础上，必须首先筛选团体成员，以符合团体的性质、目的及成员的需要，并维护其他成员的权益。在团体咨询中，关于团体成员的自我揭露，心理咨询师须事先设定保密标准，应告知成员保密的重要性及可能的困难，随时提醒成员保密的责任，并提醒每个成员为自己设定公开隐私的程度与界限。心理咨询师应注意营造安全的团体氛围，采取合理的预防措施，避免学生在团体互动中受到伤害。

（11）当心理咨询师通过互联网技术开展心理咨询和督导时，在遵守心理咨询的普遍伦理原则的基础上，应对可能存在的风险和限制有所评估，采取确实的措施保障沟通过程中所有信息的安全性。咨询前，应告知当事学生有关网络使用的安全措施、咨询资料的保存方式，以及潜在风险与限制。当身份不易确认时，应采取必要措施避免冒名顶替。网络咨询应界定适用范围、咨询时间和紧急情况下的实地联络方式。心理咨询师还应对于网络咨询中可能的危机状况有所觉察、评估，并制定相应的干预预案。

（12）从事心理咨询督导的专业人员须具备心理咨询和咨询督导的专业资质，督导工作须以保障受督者和当事者双方福祉为出发点，帮助受督者觉察和处理咨询中存在的问题和困难，促进其专业成长。督导师须遵守心理咨询的专业规范和伦理守则，同时有责任明辨受督者工作中存在的失范行为，并督促其改进。

二、学生心理危机预防与干预中的伦理规范

心理咨询师应从尊重生命、维护学生生命安全的高度，履行学生心理危机预防与干预工作责任，大力普及心理危机预防相关知识，完善心理危机识别发现和干预工作机制，协调多

方力量共同实施危机预防与干预工作,确保危机风险高的学生的福祉。

（1）心理咨询师应接受心理危机干预的专门培训,具备实施心理危机预防与干预所必须的专业知识与技能;应熟悉本校危机预防与干预流程、权责分工与操作规范。

（2）应面向师生员工开展心理危机预防与干预相关知识宣传普及,引导受众知晓心理危机及其表现形式,提升帮助遭遇心理危机学生的能力,并了解学校内外各种帮助资源。在心理危机预防的各类宣传教育活动中,应对所有学生一视同仁,不可以滥贴敏感标签。

（3）在心理健康测评工作中发现存在危机风险的学生,心理咨询师应及时干预,必要时应寻求学生所在组织、相关部门或学生家长的支持。应积极关注心理危机预警数据库信息,动态更新数据库。

（4）对于不愿意接受个别心理咨询,却又存在心理危机征兆的学生,心理咨询师应向学生所在组织或相关部门提供专业支持,以便进一步确认或排除心理危机。

（5）心理咨询师在日常工作中发现或被告知学生出现或可能出现心理危机时,须尽快报告、及时评估与干预。在危机处理中,应注意自身局限,必要时邀请业界专家进行案例会商,或向精神卫生医疗机构转诊,并做好备案工作。

（6）心理咨询师应以专业的视角,正确引导媒体对学校严重突发事件的报道,严禁私自在网上或向大众传媒发表有关危机事件的言论,避免因不当或过度的渲染而产生不良影响。

（7）心理咨询师有责任专业地向家庭、学校解释危机当事学生在校、家、专业医院等不同环境下所面临的风险,以及相关注意事项,协助做好学生所在组织、学校管理部门与学生家长之间的沟通工作。

三、学生心理测量与档案管理中的伦理规范

心理咨询师应正确理解心理测评在学校心理健康教育与心理咨询服务工作中的意义和作用,选择使用可靠、可信、有益的测评工具,严格遵照测评规范实施测评,促进学生健康发展与成长成才,促进学生福祉。须避免心理测评给学生造成身心伤害,应防止对测评的依赖或滥用,不得用测评手段为个人牟取经济或其他相关利益。

（1）心理咨询师应在接受过心理测量相关专业培训后,对特定心理测验及相关测评工具拥有必备的专业知识、技能和经验,对所使用的测验有全面、系统和科学的认识,对测验结果能进行准确、客观、全面的解释,方可使用相关测验实施测评。心理咨询师不得提供超出自身能力或资质范围的测评服务。

（2）心理咨询师应尊重学生对测评结果进行了解和获得解释的权利,在实施测评之后,应保持谨慎、科学的态度对测评结果进行准确、客观、完整的解释,慎用专业术语,确保当事学生全面、准确地理解测验结果。应妥善保管当事学生参加测验的信息、测验资料、作答情况和结果报告等信息,并严格保密。

（3）心理咨询师在将学生个体的心理测评资料应用于教学、科研、研讨、督导等必要的专业活动时,须获得当事学生的许可和授权,同时最大限度地做好去身份化的处理,以保护学生隐私。在因工作或研究需要须对群体学生的测评数据进行批量收集和使用时,须告知学生其目的和用途,并切实采取匿名保护措施。

（4）应根据工作所需，为全校学生建立心理发展或心理健康档案。主动采集学生心理发展信息，把握学生心理动态，并据此及时更新相关内容。学生接受心理咨询时所填写的资料卡、签署的知情同意书、咨询自述或主诉、心理咨询师所做的咨询记录等信息，应作为学生心理健康档案的重要组成部分，纳入保存。学生心理健康档案资料必须严格保密。

四、心理健康教育教学与研究中的伦理规范

遵循大学生心理发展规律和教育教学活动的规律，建立健全学生心理健康教育课程体系和主题教育、活动体系，面向全体学生开展课程教学和专题教育活动，是学校心理健康教育的主渠道，而开展学生心理健康相关专业研究亦是学校心理健康教育深化拓展的关键。

首先，心理咨询师必须具有从事心理健康课程教育与活动开展所必须的资质和专业能力方可独立授课或开展活动。

其次，心理咨询师应根据学生心理发展和教育教学活动的规律，采用科学有效的教学手段和方法开展教学。应努力发展有意义的和值得尊重的专业关系，对课堂教学、专题活动持认真负责的态度，严格遵守教学活动的相关纪律。

第三，在课程教学或专题活动中应尊重学生意愿、保护学生隐私，防止有害于学生的言行或侵犯学生合法权益的行为。课堂或活动中，应在尊重学生意愿和自主的基础上，鼓励学生参与、接受挑战，同时要注意保护学生免受伤害。教学或活动中涉及案例时，必须严格保护当事学生的隐私。

最后，在从事研究工作时，应遵守伦理、法律、服务机构的相关规定以及人类科学研究的标准，尊重和保障研究对象的权益。研究成果与发表过程中，应遵守学术规范，充分尊重和保护相关人员的知识产权。

第四节 学校心理咨询相关的法律法规

一、《中华人民共和国精神卫生法》

2012 年 10 月 26 日，《中华人民共和国精神卫生法》由中华人民共和国第十一届全国人民代表大会常务委员会于第二十九次会议通过，自 2013 年 5 月 1 日起施行。

《中华人民共和国精神卫生法》中相关心理健康教育与咨询的法律条文主要有以下内容。

第二条 在中华人民共和国境内开展维护和增进公民心理健康、预防和治疗精神障碍、促进精神障碍患者康复的活动，适用本法。

第三条 精神卫生工作实行预防为主的方针，坚持预防、治疗和康复相结合的原则。

第四条 精神障碍患者的人格尊严、人身和财产安全不受侵犯。精神障碍患者的教育、劳动、医疗以及从国家和社会获得物质帮助等方面的合法权益受法律保护。有关单位和个人应当对精神障碍患者的姓名、肖像、住址、工作单位、病历资料以及其他可能推断出其身份的信息予以保密；但是，依法履行职责需要公开的除外。

第五条 全社会应当尊重、理解、关爱精神障碍患者。任何组织或者个人不得歧视、侮

辱、虐待精神障碍患者,不得非法限制精神障碍患者的人身自由。新闻报道和文学艺术作品等不得含有歧视、侮辱精神障碍患者的内容。

第九条　精神障碍患者的监护人应当履行监护职责,维护精神障碍患者的合法权益。禁止对精神障碍患者实施家庭暴力,禁止遗弃精神障碍患者。

第十四条　各级人民政府和县级以上人民政府有关部门制定的突发事件应急预案,应当包括心理援助的内容。发生突发事件,履行统一领导职责或者组织处置突发事件的人民政府应当根据突发事件的具体情况,按照应急预案的规定,组织开展心理援助工作。

第十五条　用人单位应当创造有益于职工身心健康的工作环境,关注职工的心理健康;对处于职业发展特定时期或者在特殊岗位工作的职工,应当有针对性地开展心理健康教育。

第十六条　各级各类学校应当对学生进行精神卫生知识教育;配备或者聘请心理健康教育教师、辅导人员,并可以设立心理健康辅导室,对学生进行心理健康教育。学前教育机构应当对幼儿开展符合其特点的心理健康教育。

发生自然灾害、意外伤害、公共安全事件等可能影响学生心理健康的事件,学校应当及时组织专业人员对学生进行心理援助。

教师应当学习和了解相关的精神卫生知识,关注学生心理健康状况,正确引导、激励学生。地方各级人民政府教育行政部门和学校应当重视教师心理健康。

学校和教师应当与学生父母或者其他监护人、近亲属沟通学生心理健康情况。

第二十一条　家庭成员之间应当相互关爱,创造良好、和睦的家庭环境,提高精神障碍预防意识;发现家庭成员可能患有精神障碍的,应当帮助其及时就诊,照顾其生活,做好看护管理。

第二十二条　国家鼓励和支持新闻媒体、社会组织开展精神卫生的公益性宣传,普及精神卫生知识,引导公众关注心理健康,预防精神障碍的发生。

第二十三条　心理咨询人员应当提高业务素质,遵守执业规范,为社会公众提供专业化的心理咨询服务。心理咨询人员不得从事心理治疗或者精神障碍的诊断、治疗。心理咨询人员发现接受咨询的人员可能患有精神障碍的,应当建议其到符合本法规定的医疗机构就诊。心理咨询人员应当尊重接受咨询人员的隐私,并为其保守秘密。

第二十五条　开展精神障碍诊断、治疗活动,应当具备下列条件,并依照医疗机构的管理规定办理有关手续:

(一)有与从事的精神障碍诊断、治疗相适应的精神科执业医师、护士;

(二)有满足开展精神障碍诊断、治疗需要的设施和设备;

(三)有完善的精神障碍诊断、治疗管理制度和质量监控制度。

从事精神障碍诊断、治疗的专科医疗机构还应当配备从事心理治疗的人员。

第二十六条　精神障碍的诊断、治疗,应当遵循维护患者合法权益、尊重患者人格尊严的原则,保障患者在现有条件下获得良好的精神卫生服务。精神障碍分类、诊断标准和治疗规范,由国务院卫生行政部门组织制定。

第二十八条　除个人自行到医疗机构进行精神障碍诊断外,疑似精神障碍患者的近亲属可以将其送往医疗机构进行精神障碍诊断。对查找不到近亲属的流浪乞讨疑似精神障碍患者,由当地民政等有关部门按照职责分工,帮助送往医疗机构进行精神障碍诊断。疑似精神障碍患者发生伤害自身、危害他人安全的行为,或者有伤害自身、危害他人安全的危险的,其近亲属、所在单位、当地公安机关应当立即采取措施予以制止,并将其送往医疗机构进行精神障碍诊断。医疗机构接到送诊的疑似精神障碍患者,不得拒绝为其作出诊断。

第三十条　精神障碍的住院治疗实行自愿原则。诊断结论、病情评估表明,就诊者为严重精神障碍患者并有下列情形之一的,应当对其实施住院治疗:

(一)已经发生伤害自身的行为,或者有伤害自身的危险的;

(二)已经发生危害他人安全的行为,或者有危害他人安全的危险的。

第三十一条　精神障碍患者有本法第三十条第二款第一项情形的,经其监护人同意,医疗机构应当对患者实施住院治疗;监护人不同意的,医疗机构不得对患者实施住院治疗。监护人应当对在家居住的患者做好看护管理。

第三十二条　精神障碍患者有本法第三十条第二款第二项情形,患者或者其监护人对需要住院治疗的诊断结论有异议,不同意对患者实施住院治疗的,可以要求再次诊断和鉴定。

依照前款规定要求再次诊断的,应当自收到诊断结论之日起三日内向原医疗机构或者其他具有合法资质的医疗机构提出。承担再次诊断的医疗机构应当在接到再次诊断要求后指派二名初次诊断医师以外的精神科执业医师进行再次诊断,并及时出具再次诊断结论。承担再次诊断的执业医师应当到收治患者的医疗机构面见、询问患者,该医疗机构应当予以配合。对再次诊断结论有异议的,可以自主委托依法取得执业资质的鉴定机构进行精神障碍医学鉴定;医疗机构应当公示经公告的鉴定机构名单和联系方式。接受委托的鉴定机构应当指定本机构具有该鉴定事项执业资格的二名以上鉴定人共同进行鉴定,并及时出具鉴定报告。

第四十九条　精神障碍患者的监护人应当妥善看护未住院治疗的患者,按照医嘱督促其按时服药、接受随访或者治疗。村民委员会、居民委员会、患者所在单位等应当依患者或者其监护人的请求,对监护人看护患者提供必要的帮助。

第五十一条　心理治疗活动应当在医疗机构内开展。专门从事心理治疗的人员不得从事精神障碍的诊断,不得为精神障碍患者开具处方或者提供外科治疗。心理治疗的技术规范由国务院卫生行政部门制定。

第六十七条　师范院校应当为学生开设精神卫生课程;医学院校应当为非精神医学专业的学生开设精神卫生课程。

县级以上人民政府教育行政部门对教师进行上岗前和在岗培训,应当有精神卫生的内容,并定期组织心理健康教育教师、辅导人员进行专业培训。

第八十三条　本法所称精神障碍,是指由各种原因引起的感知、情感和思维等精神活动的紊乱或者异常,导致患者明显的心理痛苦或者社会适应等功能损害。

本法所称严重精神障碍,是指疾病症状严重,导致患者社会适应等功能严重损害、对自身健康状况或者客观现实不能完整认识,或者不能处理自身事务的精神障碍。

本法所称精神障碍患者的监护人,是指依照民法通则的有关规定可以担任监护人的人。

二、《中华人民共和国婚姻法》

婚姻法是民法的重要组成部分,它是指调整婚姻家庭关系的成立和终止以及由此产生的亲属之间特定权利义务关系的法律规范的总和。1950 年颁布的《中华人民共和国婚姻法》是中国第一部成文法律。它规定的实行婚姻自由、一夫一妻、男女平等的婚姻制度,对于建立和维护平等、和睦、文明的婚姻家庭关系,维护社会安定,促进社会进步,发挥了积极作用。

1980 年 9 月,第五届全国人民代表大会第三次会议通过的《中华人民共和国婚姻法》,是在 1950 年《中华人民共和国婚姻法》的基础上修订的。随着我国改革开放的进一步深化,经济持续发展,人们的思想观念也在发生变化,在婚姻家庭方面出现了一些新课题。2001 年 4 月第九届全国人民代表大会常务委员会第二十一次会议通过了对 1980 年《中华人民共和国婚姻法》进行修改的决定。也就是现行的婚姻法。

婚姻法中相关心理健康教育与咨询的法律条文主要有以下内容。

第二条 实行婚姻自由、一夫一妻、男女平等的婚姻制度。保护妇女、儿童和老人的合法权益。实行计划生育。

第三条 禁止包办、买卖婚姻和其他干涉婚姻自由的行为。禁止借婚姻索取财物。禁止重婚。禁止有配偶者与他人同居。禁止家庭暴力。禁止家庭成员间的虐待和遗弃。

第四条 夫妻应当互相忠实,互相尊重;家庭成员间应当敬老爱幼,互相帮助,维护平等、和睦、文明的婚姻家庭关系。

第十三条 夫妻在家庭中地位平等。

第十五条 夫妻双方都有参加生产、工作、学习和社会活动的自由,一方不得对他方加以限制或干涉。

第二十三条 父母有保护和教育未成年子女的权利和义务。在未成年子女对国家、集体或他人造成损害时,父母有承担民事责任的义务。

第三十条 子女应当尊重父母的婚姻权利,不得干涉父母再婚以及婚后的生活。子女对父母的赡养义务,不因父母的婚姻关系变化而终止。

第三十六条 父母与子女间的关系,不因父母离婚而消除。离婚后,子女无论由父或母直接抚养,仍是父母双方的子女。离婚后,父母对于子女仍有抚养和教育的权利和义务。

第三十八条 离婚后,不直接抚养子女的父或母,有探望子女的权利,另一方有协助的义务。行使探望权利的方式、时间由当事人协议;协议不成时,由人民法院判决。父或母探望子女,不利于子女身心健康的,由人民法院依法中止探望的权利;中止的事由消失后,应当恢复探望的权利。

第四十三条 实施家庭暴力或虐待家庭成员,受害人有权提出请求,居民委员会、村民委员会以及所在单位应当予以劝阻、调解。对正在实施的家庭暴力,受害人有权提出请求,居民委员会、村民委员会应当予以劝阻;公安机关应当予以制止。实施家庭暴力或虐待家庭成员,受害人提出请求的,公安机关应当依照治安管理处罚的法律规定予以行政处罚。

三、《中华人民共和国妇女权益保障法》

《中华人民共和国妇女权益保障法》是我国第一部以妇女为主体、以全面保护妇女合法权益为主要内容的基本法。为了保障妇女的合法权益,促进男女平等,充分发挥妇女在社会主义现代化建设中的作用,根据宪法和我国的实际情况,1992 年 4 月第七届全国人民代表大会第五次会议通过了中华人民共和国妇女权益保障法,并于 1992 年 10 月起实施。2005 年 8 月第十届全国人民代表大会常务委员会第十七次会议作了《关于修改〈中华人民共和国妇女权益保障法〉的决定》,对此进行了修正。该法律的核心观点是维护妇女的合法权益,促进男女平等。

妇女权益保障法中相关心理健康教育与咨询的法律条文主要有以下内容。

第二条　妇女在政治的、经济的、文化的、社会的和家庭的生活等各方面享有同男子平等的权利。

实行男女平等是国家的基本国策。国家采取必要措施,逐步完善保障妇女权益的各项制度,消除对妇女一切形式的歧视。

国家保护妇女依法享有的特殊权益。

禁止歧视、虐待、遗弃、残害妇女。

第十五条　国家保障妇女享有与男子平等的文化教育权利。

第十六条　学校和有关部门应当执行国家有关规定,保障妇女在入学、升学、毕业分配、授予学位、派出留学等方面享有与男子平等的权利。

学校在录取学生时,除特殊专业外,不得以性别为由拒绝录取女性或者提高对女性的录取标准。

第十七条　学校应当根据女性青少年的特点,在教育、管理、设施等方面采取措施,保障女性青少年身心健康发展。

第十八条　父母或者其他监护人必须履行保障适龄女性儿童少年接受义务教育的义务。

除因疾病或者其他特殊情况经当地人民政府批准的以外,对不送适龄女性儿童少年入学的父母或者其他监护人,由当地人民政府予以批评教育,并采取有效措施,责令送适龄女性儿童少年入学。

政府、社会、学校应当采取有效措施,解决适龄女性儿童少年就学存在的实际困难,并创造条件,保证贫困、残疾和流动人口中的适龄女性儿童少年完成义务教育。

第二十二条　国家保障妇女享有与男子平等的劳动权利和社会保障权利。

第四十条　禁止对妇女实施性骚扰。受害妇女有权向单位和有关机关投诉。

第四十三条　国家保障妇女享有与男子平等的婚姻家庭权利。

第四十四条　国家保护妇女的婚姻自主权。禁止干涉妇女的结婚、离婚自由。

第四十六条　禁止对妇女实施家庭暴力。

国家采取措施,预防和制止家庭暴力。

公安、民政、司法行政等部门以及城乡基层群众性自治组织、社会团体,应当在各自的职责范围内预防和制止家庭暴力,依法为受害妇女提供救助。

四、《中华人民共和国未成年人保护法》

《中华人民共和国未成年人保护法》是为了保护未成年人的身心健康,保障未成年人的合法权益,促进未成年人在品德、智力、体质等方面全面发展,培养有理想、有道德、有文化、有纪律的社会主义建设者和接班人,而根据宪法制定的法律规范。1991年9月第七届全国人民代表大会常务委员会第二十一次会议审议通过了《中华人民共和国未成年人保护法》,在2006年12月第十届全国人民代表大会常务委员会第二十五次会议上又对该法进行了修订,2012年10月第十一届全国人民代表大会常务委员会第二十九次会议通过自2013年1月1日起施行《全国人民代表大会常务委员会关于修改〈中华人民共和国未成年人保护法〉的决定》第二次修正。

未成年人保护法中相关心理健康教育与咨询的法律条文主要有以下内容

第三条　未成年人享有生存权、发展权、受保护权、参与权等权利,国家根据未成年人身心发展特点给予特殊、优先保护,保障未成年人的合法权益不受侵犯。

未成年人享有受教育权,国家、社会、学校和家庭尊重和保障未成年人的受教育权。

未成年人不分性别、民族、种族、家庭财产状况、宗教信仰等,依法平等地享有权利。

第四条　国家、社会、学校和家庭对未成年人进行理想教育、道德教育、文化教育、纪律和法制教育,进行爱国主义、集体主义和社会主义的教育,提倡爱祖国、爱人民、爱劳动、爱科学、爱社会主义的公德,反对资本主义的、封建主义的和其他的腐朽思想的侵蚀。

第五条　保护未成年人的工作,应当遵循下列原则:

(一) 尊重未成年人的人格尊严;

(二) 适应未成年人身心发展的规律和特点;

(三) 教育与保护相结合。

第六条　保护未成年人,是国家机关、武装力量、政党、社会团体、企业事业组织、城乡基层群众性自治组织、未成年人的监护人和其他成年公民的共同责任。

对侵犯未成年人合法权益的行为,任何组织和个人都有权予以劝阻、制止或者向有关部门提出检举或者控告。

国家、社会、学校和家庭应当教育和帮助未成年人维护自己的合法权益,增强自我保护的意识和能力,增强社会责任感。

第十条　父母或者其他监护人应当创造良好、和睦的家庭环境,依法履行对未成年人的监护职责和抚养义务。

禁止对未成年人实施家庭暴力,禁止虐待、遗弃未成年人,禁止溺婴和其他残害婴儿的行为,不得歧视女性未成年人或者有残疾的未成年人。

第十一条　父母或者其他监护人应当关注未成年人的生理、心理状况和行为习惯,以健康的思想、良好的品行和适当的方法教育和影响未成年人,引导未成年人进行有益身心健康的活动,预防和制止未成年人吸烟、酗酒、流浪、沉迷网络以及赌博、吸毒、卖淫等行为。

第十二条　父母或者其他监护人应当学习家庭教育知识,正确履行监护职责,抚养教育未成年人。

有关国家机关和社会组织应当为未成年人的父母或者其他监护人提供家庭教育指导。

第十七条　学校应当全面贯彻国家的教育方针,实施素质教育,提高教育质量,注重培养未成年学生独立思考能力、创新能力和实践能力,促进未成年学生全面发展。

第十八条　学校应当尊重未成年学生受教育的权利,关心、爱护学生,对品行有缺点、学习有困难的学生,应当耐心教育、帮助,不得歧视,不得违反法律和国家规定开除未成年学生。

第十九条　学校应当根据未成年学生身心发展的特点,对他们进行社会生活指导、心理健康辅导和青春期教育。

第二十五条　对于在学校接受教育的有严重不良行为的未成年学生,学校和父母或者其他监护人应当互相配合加以管教;无力管教或者管教无效的,可以按照有关规定将其送专门学校继续接受教育。

依法设置专门学校的地方人民政府应当保障专门学校的办学条件,教育行政部门应当加强对专门学校的管理和指导,有关部门应当给予协助和配合。

专门学校应当对在校就读的未成年学生进行思想教育、文化教育、纪律和法制教育、劳动技术教育和职业教育。

专门学校的教职员工应当关心、爱护、尊重学生,不得歧视、厌弃。

第三十三条　国家采取措施,预防未成年人沉迷网络。

国家鼓励研究开发有利于未成年人健康成长的网络产品,推广用于阻止未成年人沉迷网络的新技术。

第三十四条　禁止任何组织、个人制作或者向未成年人出售、出租或者以其他方式传播淫秽、暴力、凶杀、恐怖、赌博等毒害未成年人的图书、报刊、音像制品、电子出版物以及网络信息等。

第三十五条　生产、销售用于未成年人的食品、药品、玩具、用具和游乐设施等,应当符合国家标准或者行业标准,不得有害于未成年人的安全和健康;需要标明注意事项的,应当在显著位置标明。

第三十六条　中小学校园周边不得设置营业性歌舞娱乐场所、互联网上网服务营业场所等不适宜未成年人活动的场所。

营业性歌舞娱乐场所、互联网上网服务营业场所等不适宜未成年人活动的场所,不得允许未成年人进入,经营者应当在显著位置设置未成年人禁入标志;对难以判明是否已成年的,应当要求其出示身份证件。

第三十七条　禁止向未成年人出售烟酒,经营者应当在显著位置设置不向未成年人出售烟酒的标志;对难以判明是否已成年的,应当要求其出示身份证件。

任何人不得在中小学校、幼儿园、托儿所的教室、寝室、活动室和其他未成年人集中活动的场所吸烟、饮酒。

第三十九条　任何组织或者个人不得披露未成年人的个人隐私。

对未成年人的信件、日记、电子邮件,任何组织或者个人不得隐匿、毁弃;除因追查犯罪的需要,由公安机关或者人民检察院依法进行检查,或者对无行为能力的未成年人的信件、日记、电子邮件由其父母或者其他监护人代为开拆、查阅外,任何组织或者个人不得开拆、查阅。

第四十七条　未成年人已经完成规定年限的义务教育不再升学的,政府有关部门和社会团体、企业事业组织应当根据实际情况,对他们进行职业教育,为他们创造劳动就业条件。

第四十九条　未成年人的合法权益受到侵害的,被侵害人及其监护人或者其他组织和个人有权向有关部门投诉,有关部门应当依法及时处理。

第六十条　侵害未成年人的合法权益,其他法律、法规已规定行政处罚的,从其规定;造成人身财产损失或者其他损害的,依法承担民事责任;构成犯罪的,依法追究刑事责任。

五、《中华人民共和国义务教育法》

为了保障适龄儿童、少年接受义务教育的权利,保证义务教育的实施,提高全民族的素质,1986年4月第六届全国人民代表大会第四次会议通过了《中华人民共和国义务教育法》,并于1986年7月1日起施行。以宪法和教育法为根据制定的义务教育法,从颁布实施以来,发挥了重要的作用。但是,随着经济、社会的快速发展,义务教育出现了一些新情况、新问题。为此,2006年6月第十届全国人民代表大会常务委员会第二十二次会议对《中华人民共和国义务教育法》进行了修订,进一步明确了义务教育的性质、教育资源的配置、就近入学、保障学校安全、义务教育教师、义务教育经费保障等问题。

义务教育法中相关心理健康教育与咨询的法律条文主要有以下内容。

第二条　国家实行九年义务教育制度。

义务教育是国家统一实施的所有适龄儿童、少年必须接受的教育,是国家必须予以保障的公益性事业。

实施义务教育,不收学费、杂费。

国家建立义务教育经费保障机制,保证义务教育制度实施。

第三条　义务教育必须贯彻国家的教育方针,实施素质教育,提高教育质量,使适龄儿童、少年在品德、智力、体质等方面全面发展,为培养有理想、有道德、有文化、有纪律的社会主义建设者和接班人奠定基础。

第五条　各级人民政府及其有关部门应当履行本法规定的各项职责,保障适龄儿童、少年接受义务教育的权利。

适龄儿童、少年的父母或者其他法定监护人应当依法保证其按时入学接受并完成义务教育。

依法实施义务教育的学校应当按照规定标准完成教育教学任务,保证教育教学质量。

社会组织和个人应当为适龄儿童、少年接受义务教育创造良好的环境。

第九条　任何社会组织或者个人有权对违反本法的行为向有关国家机关提出检举或者控告。

发生违反本法的重大事件,妨碍义务教育实施,造成重大社会影响的,负有领导责任的人民政府或者人民政府教育行政部门负责人应当引咎辞职。

第十四条　禁止用人单位招用应当接受义务教育的适龄儿童、少年。

根据国家有关规定经批准招收适龄儿童、少年进行文艺、体育等专业训练的社会组织,应当保证所招收的适龄儿童、少年接受义务教育;自行实施义务教育的,应当经县级人民政府教育行政部门批准。

第二十条 县级以上地方人民政府根据需要,为具有预防未成年人犯罪法规定的严重不良行为的适龄少年设置专门的学校实施义务教育。

第二十三条 各级人民政府及其有关部门依法维护学校周边秩序,保护学生、教师、学校的合法权益,为学校提供安全保障。

第二十四条 学校应当建立、健全安全制度和应急机制,对学生进行安全教育,加强管理,及时消除隐患,预防发生事故。

县级以上地方人民政府定期对学校校舍安全进行检查;对需要维修、改造的,及时予以维修、改造。

学校不得聘用曾经因故意犯罪被依法剥夺政治权利或者其他不适合从事义务教育工作的人担任工作人员。

第二十七条 对违反学校管理制度的学生,学校应当予以批评教育,不得开除。

第二十八条 教师享有法律规定的权利,履行法律规定的义务,应当为人师表,忠诚于人民的教育事业。

全社会应当尊重教师。

第二十九条 教师在教育教学中应当平等对待学生,关注学生的个体差异,因材施教,促进学生的充分发展。

教师应当尊重学生的人格,不得歧视学生,不得对学生实施体罚、变相体罚或者其他侮辱人格尊严的行为,不得侵犯学生合法权益。

第三十四条 教育教学工作应当符合教育规律和学生身心发展特点,面向全体学生,教书育人,将德育、智育、体育、美育等有机统一在教育教学活动中,注重培养学生独立思考能力、创新能力和实践能力,促进学生全面发展。

第三十五条 国务院教育行政部门根据适龄儿童、少年身心发展的状况和实际情况,确定教学制度、教育教学内容和课程设置,改革考试制度,并改进高级中等学校招生办法,推进实施素质教育。

学校和教师按照确定的教育教学内容和课程设置开展教育教学活动,保证达到国家规定的基本质量要求。

国家鼓励学校和教师采用启发式教育等教育教学方法,提高教育教学质量。

第三十六条 学校应当把德育放在首位,寓德育于教育教学之中,开展与学生年龄相适应的社会实践活动,形成学校、家庭、社会相互配合的思想道德教育体系,促进学生养成良好的思想品德和行为习惯。

第三十七条 学校应当保证学生的课外活动时间,组织开展文化娱乐等课外活动。社会公共文化体育设施应当为学校开展课外活动提供便利。

第五十五条 学校或者教师在义务教育工作中违反教育法、教师法规定的,依照教育法、教师法的有关规定处罚。

第五十八条 适龄儿童、少年的父母或者其他法定监护人无正当理由未依照本法规定送适龄儿童、少年入学接受义务教育的,由当地乡镇人民政府或者县级人民政府教育行政部门给予批评教育,责令限期改正。

第五十九条　有下列情形之一的,依照有关法律、行政法规的规定予以处罚:

(一)胁迫或者诱骗应当接受义务教育的适龄儿童、少年失学、辍学的;

(二)非法招用应当接受义务教育的适龄儿童、少年的;

(三)出版未经依法审定的教科书的。

第六十条　违反本法规定,构成犯罪的,依法追究刑事责任。

主要参考文献

1. 陈福国著：《实用认知心理治疗学》，上海人民出版社 2012 年版。

2. 陈福国主编：《医学心理学》，上海科学技术出版社 2012 年版。

3. 陈福国主编：《学校心理咨询专业理论与技术》，上海人民出版社 2009 年版。

4. 钱铭怡编著：《心理咨询与心理治疗》，北京师范大学出版社 1994 年版。

5. 顾海根著：《应用心理测量学》，北京大学出版社 2010 年版。

6. 金瑜主编：《心理测量》，华东师范大学出版社 2001 年版。

7. 戴海崎，张锋，陈雪枫主编：《心理与教育测量（修订本）》，暨南大学出版社 2007 年版。

8. 汪向东等编：《心理卫生评定量表手册》，中国心理卫生杂志社 1993 年版。

9. 凌文辁，方俐洛著：《心理与行为测量》，机械工业出版社 2004 年版。

10. 郑日昌，蔡永红，周益群著：《心理测量学》，人民教育出版社 1999 年版。

11. 李正云主编：《学校心理咨询》，中国轻工业出版社 2002 年版。

12. 邵志芳著：《认知心理学——理论、实验和应用》，上海教育出版社 2006 年版。

13. 郭本禹主编：《西方心理学史》，人民卫生出版社 2007 年版。

14. 樊富珉著：《团体咨询的理论与实践》，清华大学出版社 1996 年版。

15. 吴增强，沈之菲等编著：《班级心理辅导》，上海教育出版社 2001 年版。

16. 苏东辉，汤礼深，戴育红主编：《互动成长游戏心理辅导手册》，广东教育出版社 2003 年版。

17. 吴增强主编：《野百合也有春天——学生心理辅导案例精选》，上海教育出版社 2003 年版。

18. 吴增强，蒋薇美著：《心理健康教育课程设计》，中国轻工业出版社 2007 年版。

19. 吴增强编著：《当代青少年心理辅导》，上海科学技术文献出版社 2003 年版。

20. 时蓉华著：《社会心理学》，浙江教育出版社 1998 年版。

21. 叶澜著：《教育概论》，人民教育出版社 1991 年版。

22. 林孟平著：《小组辅导与心理治疗》，上海教育出版社 2005 年版。

23. 廖哲勋著：《课程学》，华中师范大学出版社 1991 年版。

24. 张春兴著：《张氏心理学辞典》，上海辞书出版社 1992 年版。

25. 季建林，赵静波主编：《自杀预防与危机干预》，华东师范大学出版社 2007 年版。

26. 樊富珉，张天舒主编：《自杀及其预防与干预研究》，清华大学出版社 2009 年版。

27. 傅安球主编：《心理咨询师培训教程（第二版）》，华东师范大学出版社 2010 年版。

28. 王明旭，李小龙编著：《大学生自杀与干预》，人民卫生出版社 2012 年版。

29. 牛格正，王智弘著：《助人专业伦理》，心灵工坊文化事业股份有限公司 2008 年版。

30. 吴增强著：《学校心理辅导实用规划》，中国轻工业出版社 2012 年版。

31. 季建林，赵静波著：《心理咨询和心理治疗的伦理学问题》，复旦大学出版社 2006 年版。

32. 王岳著：《精神卫生法律问题研究》，中国检察出版社 2014 年版。

33. 黄晞建，朱健主编：《高校心理健康教育理论与实践》，上海交通大学出版社 2015 年版。

34. 王晓刚著：《高校心理健康教育规范化发展探索》，杭州出版社 2009 年版。

35. 费立鹏：《中国的自杀现状及未来的工作方向》，《中华流行病学杂志》2004 年第 4 期。

36. 周国涛：《中小学校园心理剧探析》，《现代教育科学》2007 年第 4 期。

37. [美]奥昆著，高申春等译：《如何有效地助人：会谈与咨询的技术》，高等教育出版社 2009 年版。

38. [美]杰拉德·科里著，谭晨译：《心理咨询与治疗的理论及实践（第八版）》，中国轻工业出版社 2010 年版。

39. [美]克拉拉·E·希尔著，胡博等译：《助人技术：探索、领悟、行动三阶段模式》，中国人民大学出版社

2013 年版。

40. [美]萨默斯-弗拉纳根等著,陈祉妍等译:《心理咨询面谈技术(第4版)》,中国轻工业出版社 2014 年版。

41. [美]韦尔费勒,帕特森著;高申春等译:《心理咨询的过程——多元理论取向的整合探索(第六版)》,高等教育出版社 2009 年版。

42. 美国精神医学学会编著,[美]张道龙等译:《精神障碍诊断与统计手册》,北京大学医学出版社 2016 年版。

43. [英]米尔腾伯格著,石林等译:《行为矫正——原理与方法》,中国轻工业出版社 2012 年版。

44. [美]乔·卡巴金著,王俊兰译:《正念:此刻是一枝花》,机械工业出版社 2015 年版。

45. [美]乔·卡巴金著,陈德中译:《不分心:初学者的正念书》,中国华侨出版社 2014 年版。

46. [美]麦坚泰,米勒著;骆方,孙晓敏译:《心理测量(第二版)》,中国轻工业出版社 2009 年版。

47. [美]凯温·R·墨菲,查尔斯·O·大卫夏弗著;张娜等译:《心理测验:原理和应用(第6版)》,上海社会科学院出版社 2006 年版。

48. [美]安妮·安娜斯塔西,苏珊娜·厄比纳著;缪小春,竺培梁译:《心理测验》浙江教育出版社 2001 年版。

49. [美]罗纳德·科恩,马克·斯维尔德里克,爱德华·斯特曼著:《心理测验与评估(第8版)(英文版)》,人民邮电出版社 2015 年版。

50. [美]吉拉德·伊根著,郑维廉译:《高明的心理助人者:处理问题并发展机会的助人途径(第8版)》,上海教育出版社 2008 年版。

51. [美]莱斯·帕罗特著,郭本禹等译:《咨询与心理治疗》,高等教育出版社 2009 年版。

52. [美]格勒,贝克著;王工斌,焦青,伍芳辉等译:《21世纪的学校咨询(第四版)》,中国轻工出版社 2008 年版。

53. [美]施密特著,沈湘秦译:《学校心理咨询实用规划(第四版)》,中国轻工业出版社 2005 年版。

54. [美]约翰·杜威著,王承旭译:《民主主义与教育》,人民教育出版社 2001 年版。

55. [美]吉利兰,詹姆斯著;高申春等译:《危机干预策略》,高等教育出版社 2009 年版。

56. [美]J·J·施密特著,刘翔平等译:《学校中的心理咨询:为所有学生提供反应性服务的全面的项目》,华东师范大学出版社 2008 年版。

57. [爱尔兰]希尔达·洛克伦著,曾红等译:《不同理论视角下的危机心理干预》,知识产权出版社 2013 年版。

58. [美]伊丽莎白·雷诺兹·维尔福著,侯志瑾等译:《心理咨询与治疗伦理》,世界图书出版公司 2010 年版。

59. [美]莱恩·斯佩里著,侯志瑾等译:《心理咨询的伦理与实践》,中国人民大学出版社 2012 年版。

后　记

　　心理健康是学生成长发展过程中的重要方面,也是学校对学生全面素质教育的必要内容。为了进一步提高学校心理咨询人员的专业理论水平及实践能力,根据《上海市学校心理咨询专业技术水平认证考试标准》,我们编写了《学校心理咨询专业理论与技术》一书,以满足学校心理咨询师的深造以及学校心理健康教育教师继续教育的需要。

　　本书共分九章,第一章"心理咨询概述"、第二章"心理咨询的基础理论"由李正云撰写,第三章"心理健康与异常心理"、第六章"学校心理咨询的常用技术"由陈福国撰写,第四章"心理测评"由顾海根撰写,第五章"学校心理咨询的过程"由刘明波撰写,第七章"学校心理健康教育"由吴增强撰写,第八章"学生的心理危机干预"、第九章"学校心理咨询的伦理规范"由张海燕撰写。在编写过程中得到了其他学校心理咨询专家,上海市教育人才交流服务中心和华东师范大学出版社等各方面的热情支持与帮助,谨此致以衷心的感谢。

陈福国

2017 年 5 月